Arthur Benz

Politik in Mehrebenensystemen

Governance
Band 5

Herausgegeben von

Arthur Benz
Susanne Lütz
Uwe Schimank
Georg Simonis

Arthur Benz

Politik in Mehrebenen-
systemen

VS VERLAG FÜR SOZIALWISSENSCHAFTEN

Bibliografische Information der Deutschen Nationalbibliothek
Die Deutsche Nationalbibliothek verzeichnet diese Publikation in der
Deutschen Nationalbibliografie; detaillierte bibliografische Daten sind im Internet über
<http://dnb.d-nb.de> abrufbar.

1. Auflage 2009

Alle Rechte vorbehalten
© VS Verlag für Sozialwissenschaften | GWV Fachverlage GmbH, Wiesbaden 2009

Lektorat: Frank Schindler

VS Verlag für Sozialwissenschaften ist Teil der Fachverlagsgruppe Springer Science+Business Media.
www.vs-verlag.de

Umschlaggestaltung: KünkelLopka Medienentwicklung, Heidelberg
Druck und buchbinderische Verarbeitung: Krips b.v., Meppel
Gedruckt auf säurefreiem und chlorfrei gebleichtem Papier
Printed in the Netherlands

ISBN 978-3-531-14530-3

Vorwort der Herausgeber

Regieren in modernen Gesellschaften wird zunehmend komplexer. Dies zeigt sich in der Gewaltenteilung in demokratischen Regierungssystemen, der funktionalen Differenzierung von Regierungsorganisationen in Politiksektoren und der Gliederung politischer Systeme in Ebenen. Angesichts der gleichzeitig wachsenden Interdependenzen von Entscheidungen bzw. Aufgaben der einzelnen Institutionen auf den unterschiedlichen Ebenen wird koordiniertes Handeln immer wichtiger, aber auch immer schwieriger. Analysen zum Regieren enden daher nicht selten mit Hinweisen auf gravierende Defizite der Regierbarkeit, der Koordination oder der demokratischen Legitimation.

Prozesse der Internationalisierung, der Europäischen Integration und der Regionalisierung haben in den vergangenen Jahrzehnten die Ausdifferenzierung von politischen Systemen in Ebenen verstärkt, soweit sie nicht ohnehin durch eine föderative oder regionalisierte Staatsorganisation gegeben war. Jedenfalls nahm der Koordinationsbedarf zu. Dementsprechend rückte Mehrebenenpolitik bzw. „multilevel governance" in den Mittelpunkt der Diskussionen in der Politikwissenschaft. Beiträge hierzu finden wir in verschiedenen Teildisziplinen des Fachs, die bisher noch nicht zufriedenstellend verbunden sind. Oft sind die verwendeten Konzepte auf bestimmte Bereiche verengt, was sowohl vergleichende Untersuchungen als auch die Fortentwicklung von Theorien erschwert. Gleichwohl hat die Forschung in diesem Bereich in der jüngsten Vergangenheit erhebliche Fortschritte gemacht.

Das vorliegende Buch dient der notwendigen Bestandsaufnahme der Forschung zu Governance in Mehrebenensystemen. Darüber hinaus stellt es einen analytischen Rahmen vor, der es erlaubt, verschiedene Formen von Mehrebenenpolitik systematisch zu vergleichen. Die Governance-Perspektive, die der Darstellung zugrunde liegt, dient dazu, verständlich zu machen, wie und unter welchen Bedingungen in komplexen Mehrebenensystemen effektive und demokratisch legitimierte Entscheidungen möglich sind. Statt generell Blockaden oder Blockadegefahren oder Legitimationsdefizite zu konstatieren, fordert der Autor eine differenziertere Beurteilung von Politik in Mehrebenensystemen, indem er auf Variationen von Governance-Formen und institutionellen Konfigurationen, aber auch auf Handlungsoptionen und Interaktionsstrategien von Akteuren aufmerksam macht.

Hagen, im November 2008
Arthur Benz, Helmut Breitmeier, Uwe Schimank, Georg Simonis

Inhalt

Vorwort des Autors

Das vorliegende Buch wurde als Lehrtext geschrieben. Adressaten sind fortgeschrittene Studierende in Masterstudiengängen. Zudem beruht der Text auf eigenen theoretischen und empirischen Untersuchungen der letzten etwa 15 Jahre, die hier zum ersten Mal zusammengeführt sind. Insofern lege ich mit dieser Publikation auch einen Beitrag zur politikwissenschaftlichen Diskussion und Forschung über „multilevel governance" vor. Dies erklärt, warum die Darstellung, mehr als dies vielleicht für ein Lehrbuch angemessen ist, durch eine spezifische theoretisch-analytische Perspektive geprägt ist. Gleichwohl hoffe ich, den Stand der Forschung in der erforderlichen Breite wiedergegeben zu haben. Geleitet hat mich jedenfalls das Bemühen, Forschung und Lehre zu integrieren.

Im Kern geht es in dem Buch um eine Paradoxie, die sich in der Politik immer wieder stellt: Kollektives Entscheiden in der Demokratie ist, wie immer es organisiert wird, schwierig und droht ständig an Widerständen, Konflikten oder nicht intendierten Effekten von Interaktionen zu scheitern. Dies lässt sich nicht ändern, will man Demokratie erhalten. In demokratischen Regierungssystemen sind Gefahren von Störungen oder gar Blockaden notwendigerweise angelegt, gleichzeitig müssen geeignete institutionelle Arrangements und Verfahrensregeln es ermöglichen, Entscheidungen zu treffen und durchzusetzen. Die Balance von „Machtbegrenzung" und „Machtschaffung", auf die schon James Madison hinwies, bleibt immer prekär. In konkreter Praxis sind die handelnden Akteure gefordert, dieses Dilemma in intelligenter Weise zu bewältigen. Das Zusammenwirken von Institutionen und Interaktionen ist somit entscheidend für kollektives Handeln in einer Demokratie, und es macht die Dynamik der Prozesse aus, die in die Blockade hineinführen können, aber auch geeignet sind, Lernprozesse zu erzeugen. Zu untersuchen, unter welchen Bedingungen das eine oder das andere zutrifft, ist eine der wichtigsten Aufgaben der Politikwissenschaft. Die Erforschung des demokratischen Regierens in Mehrebenensystemen erweist sich als besonders geeignet, zum Verständnis dieser Zusammenhänge beizutragen.

Meine Forschung zur Mehrebenenpolitik ist, in jeweils verschiedener Weise, durch verschiedene Kolleginnen und Kollegen beeinflusst worden. Die Kooperation mit Fritz W. Scharpf und Gerhard Lehmbruch ist an erster Stelle zu erwähnen, an zweiter Stelle meine Beteiligung im Schwerpunktprogramm „Regieren in der Europäischen Union", das Markus Jachtenfuchs und Beate Kohler initiierten, inspirierten und koordinierten. Drittens profitierte ich von der Zusammenarbeit mit Roland Czada, Susanne Lütz, Uwe Schimank und Georg Simonis im Institut für Politikwissenschaft an der FernUniversität in Hagen sowie von langjähriger Kommunikation mit Dietmar Braun, César Colino, Edgar Grande, Adrienne Héritier, Katharina Holzinger, Renate Mayntz, Yannis Papadopoulos, Reinhard Zintl und anderen. Schließlich gewann ich neue Einsichten durch einen Forschungsaufenthalt in Kanada und durch Gespräche mit vielen Kolleginnen und Kollegen, unter denen ich Joan DeBardeleben, Achim Hurrelmann,

Thomas Hueglin und Richard Simeon nennen möchte. Ihnen allen bin ich zu Dank verpflichtet.

Besonderen Dank schulde ich Katrin Auel, Nathalie Behnke Rainer Eising und Anna Meincke, die mich im Laufe der Jahre durch Mitarbeit in Forschungs-projekten und kritische Diskussionen unterstützten, sowie Sandra Wirth für die Erstellung der Druckvorlage. Für die Ergebnisse meiner Forschung und den Inhalt dieses Buchs bin ich trotz aller Unterstützung, die mir zugute kam, allein verantwortlich.

Hagen, im November 2008
Arthur Benz

1 Einleitung

Gegenstand des vorliegenden Textes ist das Regieren in komplexen Mehrebenensystemen (multilevel governance). Mit der Einführung dieses Begriffs bricht die Politikwissenschaft mit einer lange verbreiteten Prämisse, wonach Herrschaft in der modernen Gesellschaft überwiegend in autonomen und hierarchisch gegliederten Organisationen des Regierens ausgeübt wird. Wenngleich sich dieser Perspektivenwandel lange abzeichnete und eher schleichend vollzog, kommt er erst neuerdings in Konzepten des Politischen deutlich zum Ausdruck. Multilevel governance ist eines dieser Konzepte.

Die Vorstellung, Gesellschaften würden in hierarchisch geordneten Einheiten gesteuert, hat lange Zeit nicht nur das Denken über Wirtschaftsbetriebe, Verbände und Verwaltungen beeinflusst, die als Unternehmen oder Bürokratie betrachtet wurden, sie prägte vor allem auch die Beschreibung politischer Systeme als Staaten. Der Begriff des modernen Staates erfasst eine Vereinigung von Menschen zu einer Staatsbürgernation, die durch Selbstbestimmung die Herrschaft in einem nach außen abgegrenzten Gebiet organisiert (Benz 2008: 105-168). Dabei wurde vielfach unterstellt, der Staat konstituiere eine Einheit von Staatsgebiet, Staatsvolk und souveräner Staatsgewalt. Diese Annahme ist jedoch nicht nur theoretisch unangemessen, weil zu abstrakt, sie ignoriert auch unterschiedliche Formen der politischen Herrschaft, die im Laufe der Geschichte entstanden. Die genannte Definition berücksichtigt nicht, dass die interne Struktur eines konkreten Staates in territorialer und funktionaler Hinsicht differenziert ist. Die Verfassung, die demokratische Ordnung und die Verwaltung sind auf konkrete politische Entscheidungen zurückzuführen, die in spezifischen historischen Bedingungen getroffen wurden und Formen von Staaten erzeugten, die einem Begriff widersprechen, der territoriale und soziale Einheit sowie Souveränität unterstellt.

Die funktionale Differenzierung der Staatsorganisation war in allen Staaten mit der Entwicklung der Verwaltung verbunden. Deren Ursprünge werden allgemein auf die Verwaltungsstäbe der Fürsten im frühmodernen Staat zurückgeführt (Hintze 1970: 275-320; Jeserich/Pohl/von Unruh 1983). Die Fürsten sahen sich allerdings schon frühzeitig dazu gezwungen, neben einem zentralen Stab auch dezentrale Vollzugsinstanzen einzurichten, was sie veranlasste, bestehende lokale Verwaltungen, die schon im Mittelalter existierten, ganz oder teilweise zu „verstaatlichen". In den Staaten, in denen die Vereinheitlichung der Herrschaft auf einem großen Gebiet frühzeitig gelang (etwa in Frankreich und England), bauten die Fürsten lokale und regionale Verwaltungseinheiten auf, um ihre Macht effektiv ausüben zu können. Die Friedensrichter in England, die Intendanten in Frankreich (die Vorläufer der Präfekten, die unter Napoleon eingesetzt wurden) und später die Regierungspräsidenten und Landräte in Preußen sind die bekanntesten Beispiele einer derartigen Verwaltungsdezentralisierung. Formal waren sie den Weisungen des Königs unterworfen, faktisch aber entwickelten sie

Einheit und Differenzierung im modernen Staat

Dezentralisierung der Staats- und Verwaltungsorganisation

ihre eigenen Beziehungen zu den gesellschaftlichen Eliten in ihrem Zuständigkeitsgebiet und gewannen dadurch eine beträchtliche Autonomie. Mit der Ausdehnung staatlicher Leistungen nahm der Umfang des zentralen Verwaltungsap-
parats in allen Staaten zu, gleichzeitig stieg aber auch die Bedeutung der dezentralen Verwaltungseinheiten für den Vollzug staatlicher Programme. Diese übernahmen vor allem Aufgaben der Versorgung der Bevölkerung mit grundlegenden Leistungen, die nur begrenzt durch zentrale Gesetzgebung geregelt werden
konnten, weshalb die Autonomie der regionalen und lokalen Verwaltungen zu-
nahm. Dieser Prozess bewirkte eine polymorphe Struktur des modernen Staates
(Mann 1993: 358-395), eine nach Ebenen unterteilte Staatsorganisation, in der
Aufgaben zwischen größeren und kleineren Gebietseinheiten aufgeteilt wurden.
Die meisten demokratischen politischen Systeme können daher, selbst wenn sie
formal als Einheitsstaaten organisiert sind, als Mehrebenensysteme betrachtet
werden, weil in ihnen regionale oder lokale Einheiten existieren, in denen eigenständige Regierungsmacht ausgeübt wird (Marks/Hooghe 2004).

Föderative Staaten
Besonders ausgeprägt ist der Mehrebenencharakter der Politik in föderativen Staaten, die der traditionell auf die Einheit des Staates fixierten kontinental-
europäischen Staatslehre lange Zeit Verständnisprobleme bereiteten. In Europa
bildeten sich, noch bevor die Staatenbildung vollendet war, föderative Herr-
schaftsformen im „mitteleuropäischen Städtegürtel" (Rokkan 1999), der von
Oberitalien bis zur Nord- und Ostsee reichte. Zu nennen sind die oberitalieni-
schen und nordeuropäischen Städtebünde, die schweizerische Föderation freier
Landgemeinden, das Deutsche Reich sowie der niederländische Bund. Für die
am Staatsbegriff Bodins orientierte Staatslehre galten diese fragmentierten Gebilde als Abweichungen vom Normalfall einer einheitlichen Souveränität. Mit
dem Nationalstaatsbegriff des 19. Jahrhunderts wurden sie vollends für obsolet
erklärt.

Vertikale Gewaltenteilung
Rückblickend betrachtet stehen die föderativen Staaten in Europa, von denen heute nur noch die Schweiz, Deutschland, Österreich und Belgien als Bundesstaaten existieren, für eine eigenständige Variante der modernen Herrschaftsordnung. Diese wurde in einem Zweig der Ideengeschichte reflektiert, dessen
Wurzeln im jüdisch-christlichen Vertragskonzept liegen. In dieser Richtung des
politischen Denkens wurden Gemeinwesen als freiwillige Zusammenschlüsse
kleiner gesellschaftlicher oder politischer Einheiten betrachtet. Diese Ideen wurden im 16. und 17. Jahrhundert im reformierten Protestantismus aufgegriffen und
ausgearbeitet. Wie wir heute wissen, spielten sie bei der Gründung des amerikanischen Bundesstaats eine Rolle. In der Verfassung der USA setzte sich aber
letztlich ein anderes Modell einer föderativen Organisation durch. Föderalismus
diente hier der Machtbeschränkung in einem großen Staat, dessen Regierung
wegen der Distanz zu den Bürgern als anfällig für Korruption (d.h. eine Politik
im eigenen Interesse statt im Interesse des Gemeinwohls) betrachtet wurde. Die
Gründer der Vereinigten Staaten konstituierten einen souveränen Staat, der den
außenpolitischen Bedrohungen standhalten konnte; aber die Staatsgewalt wurde
aufgeteilt, um sie zu begrenzen und die Freiheit der Bürger gegen unverhältnis-
mäßige Eingriffe der Regierung zu schützen.

Multinationale Staaten
Föderative Verfassungskonstruktionen wurden auch für Staaten attraktiv, in
denen regionale Bevölkerungsgruppen sich gegen eine unitarische Politik wehr-

ten, die ihre wirtschaftliche und kulturelle Eigenständigkeit beeinträchtigte. Der Mehrebenencharakter der Staatsorganisation wird hier anders begründet als in der amerikanischen Föderalismustheorie. Er dient dem Zusammenhalt von Regionen, die ihre sozio-kulturellen Eigenarten in einem Staat bewahren wollen. Durch Verzicht auf zentrale Mehrheitsentscheidungen zu Lasten strukturell unterlegener Regionen wird ein Ausgleich zwischen regionalen Bevölkerungsgruppen angestrebt („holding-together federalism": Linz 1999 und Stepan 1999; „multinational federalism": Kymlicka 2005).

In der Gegenwart gewinnen föderative Konstruktionen an Bedeutung, um die angesichts der Internationalisierung oder Globalisierung von Politik und Gesellschaft erforderlichen transnationalen politischen Prozesse zu organisieren. Anders als dies vielfach behauptet wurde, können wir in diesem Prozess keinem Niedergang des Staates feststellen. Der Staat unterliegt vielmehr einem Strukturwandel, in dessen Verlauf neue Formen von Mehrebenensystemen entstanden sind. In Europa führte diese Entwicklung zu einer fortgeschrittenen Form eines transnationalen Regierungssystems, das sich in Richtung auf einen „Mehrebenenstaat" (Wessels 2000) hinbewegt. Ich habe diese Veränderungen der Staatlichkeit an anderer Stelle ausführlicher beschrieben (Benz 2008). *(Internationalisierung von Politik)*

Festzustellen ist also, dass Mehrebenenstrukturen der Politik schon in der Vergangenheit vorhanden waren. Die Ausdifferenzierung des Politischen in Ebenen nimmt im Zuge von Föderalisierungsprozessen in Staaten und mit der Ausbildung transnationaler Institutionen weiter zu. Alle Staaten müssen sich an die Bedingungen einer sich zunehmend international und global konstituierenden, gleichzeitig regional und sektoral differenzierten Gesellschaft anpassen. Deshalb kommt es zur Verflechtung von Staaten und zu internationalen Mehrebenenstrukturen. Parallel finden innerhalb von Staaten Dezentralisierungsprozesse statt, die deren Mehrebenencharakter verstärken. Diese veränderte Realität erklärt den Perspektivenwechsel in der Politikwissenschaft, mit dem zunehmend das Konzept des Mehrebenensystems in den Vordergrund rückt. *(Perspektivenwechsel: Vom Staat zum Mehrebenensystem)*

Der Begriff Governance im Mehrebenensystem (multilevel governance) steht für einen weiteren Perspektivenwechsel: Er verweist darauf, dass sich Ebenen nicht in einer gestuften Ordnung befinden, in der auf jeder Ebene autonom regiert wird, sondern dass Regieren im Wesentlichen in der Koordination zwischen Ebenen besteht. Der Begriff berücksichtigt zudem, dass neben den Beziehungen zwischen Regierungen auf unterschiedlichen Ebenen auch „horizontale" Beziehungen von Akteuren innerhalb der Ebenen die Politik beeinflussen. Politische Mehrebenensysteme werden also weder von einem Zentrum aus regiert, noch werden öffentliche Aufgaben nach Ebenen getrennt innerhalb von staatlichen Gebietseinheiten erfüllt. Regieren beruht auf dem Zusammenwirken von inter- und intragouvernementalen Strukturen und Prozessen. *(Multilevel governance)*

Diese Erkenntnis, dass Regieren notwendigerweise mehrere Ebenen betrifft, ist alles andere als neu, wird aber oft ignoriert. Anders als es manche Modelle eines Trennsystems suggerieren, die in den letzten beiden Jahrzehnten die Reformdiskussionen in Bundesstaaten beherrschten, zeigt die vergleichende Föderalismusforschung (dazu Benz/Lehmbruch 2002; Hueglin/Fenna 2006; McKay 2001; Watts 2008), dass moderne Bundesstaaten zwar der Idee der Gewaltenteilung zwischen Bund und Gliedstaaten folgen mögen, eine Trennung der Ebenen *(Anwendungsbereiche)* aber nicht realisierbar ist. In den USA, deren Verfassung das Modell eines dualen Bundesstaats verwirklichen sollte, wurde schon in der ersten Hälfte des 20. Jahrhunderts von einem kooperativen Föderalismus gesprochen (vgl. Walker 1995). In der amerikanischen Politikwissenschaft entstand der Begriff „intergouvernmental relations" (Wright 1988), der Verhandlungsbeziehungen zwischen Regierungen oder auch Parlamentariern bei der Formulierung von Programmen sowie die Zusammenarbeit von Verwaltungen bei der Durchführung von Programmen erfasst. In Einheitsstaaten beschreibt der Begriff Beziehungen zwischen Staat und Lokalverwaltungen (Rhodes 1981; Crozier/Thoenig 1976; Thoenig 1978). In Deutschland wird seit den 1960er Jahren von „Politikverflechtung" zwischen Bund, Ländern und Gemeinden gesprochen (Scharpf/Reissert/Schnabel 1976; Hesse 1978). In den Theorien der internationalen Beziehungen wurde der „linkage approach" (Putnam 1988) entworfen, der den Blick auf das Zusammenspiel von internationaler und nationaler Politik lenkte, zugleich entdeckte man die Rolle privater Akteure im Kontext internationaler Regime und internationaler Organisationen. Seit den 1990er Jahren verwenden Europaforscher die Bezeichnung „multilevel governance", nachdem man feststellte, dass im institutionell verflochtenen „Staatenverbund" der Europäischen Union die regionale Ebene an Bedeutung gewann und die ohnehin ausgeprägten Interdependenzen zwischen den Ebenen ausgedehnt wurden (Bache/Flinders 2004; Benz 2003, 2004; Gualini 2004: 30-55; Grande/Jachtenfuchs 2000; Marks/ Hooghe/Blanck 1996; Hooghe/Marks 2001). Dieser Begriff wird inzwischen auch für die Analyse föderativer Staaten (Marks/Hooghe 2004) und der Beziehungen zwischen Staat und Gemeinden genutzt (Reigner 2001; Painter 2001; Pierre/Stoker 2000).

Der Begriff "multilevel governance" beschreibt einerseits die politischen Strukturen und Prozesse, die transnationale, nationale oder regionale Institutionen verbinden, andererseits aber auch das Zusammenwirken vertikaler und horizontaler Interdependenzen zwischen staatlichen und nicht-staatlichen Organisationen.

> "The multi-level governance concept thus contained both vertical and horizontal dimensions. 'Multi-level' referred to the increasing interdependence of governments operating at different territorial levels, while 'governance' signalled the growing interdependence between governments and non-governmental actors at various territorial levels" (Bache/Flinders 2004a: 3).

Internationale Formen des Regierens im Mehrebenensystem wie auch der bereits weit entwickelte „Mehrebenenstaat" der Europäischen Union unterscheiden sich in vielerlei Hinsicht von etablierten Bundesstaaten oder dezentralisierten Einheitsstaaten. Angesichts der begrenzten Bereitschaft von Staaten, Souveränitätsrechte abzugeben, werden meistens nur partielle Kompetenzen in Aufgabenbereichen auf internationale Organisationen oder europäische Institutionen verlagert, was die Tendenz zur Kompetenzteilung und -verflechtung verstärkt. Ferner ist Mehrebenenpolitik jenseits des Nationalstaats stärker sektoral fragmentiert und beruht auf einer bestenfalls durch Staatsverträge gestalteten, jedenfalls instabilen Verfassungsordnung. Die Zahl der Akteure ist wesentlich größer und heterogener als im Nationalstaat, was die Koordinationsschwierigkeiten erhöht. Gleichzeitig bieten die Regeln der Koordination größere Flexibilität, die es erlaubt, den Kreis der Beteiligten zu verändern, vermittelnde Akteure zu mobilisieren und Probleme zwischen den Ebenen zu verlagern (Holzinger 2005: 140-142). Bei genauer Betrachtung der realen Strukturen von Politik sind die Unterschiede allerdings eher gradueller Natur. Gemeinsam ist allen diesen politischen Systemen die Aufteilung von Herrschaftskompetenzen und -ressourcen auf mehrere Ebenen, ferner die Tatsache, dass Entscheidungen der einzelnen Regierungen interdependent sind und daher koordiniert werden müssen. Auch im Staat findet Politik zunehmend im Zusammenspiel von Akteuren in vertikalen und horizontalen Beziehungen statt, in denen kein eindeutiges Zentrum existiert. Ähnlich wie in der internationalen und europäischen Politik spielen im Übrigen auch in nationalen Mehrebenensystemen private Akteure eine wichtige Rolle, wodurch sich intergouvernementale Beziehungen zu multilevel governance im engeren Sinn wandeln (vgl. Benz 2004). Wir können daher die künstliche Trennung der Teildisziplinen der Politikwissenschaft ignorieren und die Ebenendifferenzierung und -verflechtung mit einem Begriff erfassen. Dies erlaubt es, unterschiedliche Ausprägungen in nationalen wie internationalen Kontexten im Hinblick auf die spezifischen Merkmale von Mehrebenenpolitik vergleichend zu analysieren (Bache/ Flinders 2004).

Der Begriff Governance im Mehrebenensystem (multilevel governance) kann wie folgt definiert werden:

Begriffsdefinition:

- Als Mehrebenensystem bezeichnen wir ein politisches System, in dem Kompetenzen und Ressourcen auf „Ebenen" aufgeteilt sind. Mit Ebenen sind territoriale Einheiten gemeint, selbst wenn diese nur für spezifische Funktionen zuständig sind. Ebenen können durch staatliche oder staatsähnliche Institutionen gebildet werden (wie in Bundesstaaten oder in Internationalen Organisationen), oder sie entstehen als mehr oder weniger lose Zusammenschlüsse von in einem Gebiet interagierenden Akteuren, deren Zusammenwirken durch Institutionen und Regeln geordnet und stabilisiert ist (Staatenbund; interregionale oder interkommunale Zusammenarbeit).[1] Mehrebenensysteme entstehen also grundsätzlich durch Aufteilung von Kompetenzen und Mitteln zur Verwirklichung verbindlicher Entscheidungen auf territorial abgegrenzte Organisationen, die sich ihrerseits zu einem eigenen territorialen Gebilde formieren.

  - Territoriale Einheiten

- Von Mehrebenenpolitik sollten wir nur dann sprechen, wenn politische Prozesse eine Ebene überschreiten, wenn also Akteure, die Institutionen auf unterschiedlichen Ebenen angehören, in Beziehung zueinander treten, um Entscheidungen zu koordinieren. Die in der Föderalismusdiskussion vielfach negativ bewertete „Verflechtung" stellt somit ein wesentliches Merkmal von multilevel governance dar, wobei Verflechtung nicht nur Kooperation bedeutet, sondern auch andere Formen der Interdependenzbewältigung (einschließlich der wechselseitigen Anpassung) einschließt. Zentraler Ge-

  - Interdependenz und Verflechtung

---

1 Im Folgenden werde ich aus Gründen der Vereinfachung in der Regel die Bezeichnung Gebietskörperschaft verwenden.

genstand der politikwissenschaftlichen Analyse sind die Ursachen, die Formen und die Folgen der Ebenenverflechtung.

- Intra- und inter-
gouvernementale
Regelsysteme

- Ein drittes Merkmal von Mehrebenensystemen besteht darin, dass auf den einzelnen Ebenen besondere Strukturen existieren – sei es einer Gebietskörperschaft, eines Verbands, eines Netzwerkes von Akteuren oder einer Staatenzusammenarbeit oder Staatenverbindung –, die Politik zwischen den Ebenen beeinflussen. Wir haben es also mit einer komplexen Konfiguration zu tun, die aus der Verbindung von Strukturen und Prozessen innerhalb von Ebenen („intragouvernementale" Dimension) und zwischen Ebenen („intergouvernmentale" Dimension) gebildet wird.[2] Die konkrete Form eines Mehrebenensystems resultiert aus der Kombination von institutionellen „Regelsystemen" (Lehmbruch 2000: 15-30; Rosenau 2004: 32) der jeweiligen Ebenen und der Beziehungen zwischen ihnen. Diese Regelsysteme erzeugen bestimmte Funktionsmechanismen der Politik, die mehr oder weniger miteinander kompatibel sind.

- Akteure und
Interaktionen

- Der Begriff „Governance" verweist darauf, dass sowohl innerhalb wie zwischen den Ebenen, d.h. in der intra- wie intergouvernementalen Dimension, Politik nicht nur durch formale Institutionen und Verfahrensregeln bestimmt wird, sondern dadurch, wie Akteure zusammenwirken und mit den Regeln umgehen. Selbst wenn die Ebenen formal in einem Verhältnis der Über- und Unterordnung stehen, werden Interdependenzen oft durch Verhandlungen oder wechselseitige Anpassung im Wettbewerb bewältigt. Multilevel governance schließt, im Unterschied zu „intergovernmental relations", grundsätzlich die Möglichkeit der aktiven Mitwirkung organisierter privater Akteure ein (Peters/Pierre 2004: 82) und erfasst damit nicht nur die Beziehungen zwischen Exekutiven der verschiedenen Ebenen, sondern auch die Beziehungen zwischen Exekutiven und anderen Akteuren, die im demokratischen Regierungssystem der einzelnen Ebenen mitwirken. Das bedeutet allerdings nicht, dass in allen Formen von Mehrebenenpolitik Private beteiligt sind. Der Begriff Governance rückt aber diese Akteure in den Fokus der Analyse. Er impliziert darüber hinaus, dass Regieren nicht von einem Zentrum aus geschieht, sondern grundsätzlich im Zusammenwirken verschiedener, relativ autonomer Organisationen verwirklicht wird.

Spezifische Probleme
der Mehrebenen-
politik

Verfassungsproblem

Koordinations-
problem

Eine Zusammenfassung unterschiedlicher Herrschafts- und Politikformen unter dem Begriff Mehrebenenpolitik bzw. multilevel governance ist sinnvoll, weil das Regieren in diesen Mehrebenenstrukturen besonderen Anforderungen und Schwierigkeiten unterliegt, die mit den Begriffen des Staates oder der Internationalen Beziehungen nicht in den Blick kommen. Die erste Besonderheit liegt in der Konstitution von „Ebenen", einschließlich ihres politischen Systems, und in der Aufteilung von Herrschaftskompetenzen und -ressourcen zwischen den Ebenen. Dieses kann als *Verfassungsproblem* bezeichnet werden, da es die grundlegende institutionelle Gestaltung des Mehrebenensystems betrifft. Die zweite

---

2   Die beiden Dimensionen des Mehrebenensystems können wir auch als „Arenen" bezeichnen. Unter Arena ist ein institutionalisierter, durch spezifische Regeln geordneter Funktionszusammenhang zu verstehen.

Schwierigkeit liegt im Regieren selbst. Modellen eines föderativen Systems zufolge sollen Kompetenzen und Ressourcen aufgeteilt werden, so dass jede Einheit ihre Aufgaben erfüllen kann, ohne eine andere zu belasten oder auf diese angewiesen zu sein. Dies ist aber weder realistisch noch entspricht es dem Ziel föderativer Gewaltenteilung, die ja der wechselseitigen Beschränkung oder Unterstützung dient. Kompetenztrennung und Ressourcenautonomie schließen also das Zusammenwirken der Ebenen nicht aus, ja machen dieses geradezu erforderlich, nicht zuletzt, weil Aufgaben, die zu erfüllen sind, in der Regel die Zuständigkeitsgrenzen der Einheiten überschreiten. Regieren in Mehrebenensystemen erfordert also die *Koordination von Politik zwischen den Ebenen*. Sie effektiv zu gewährleisten stellt die besondere Problematik von multilevel governance dar.

Legitimationsproblem

Die dritte Schwierigkeit besteht in der *Legitimation* von Regieren im Mehrebenensystem. Im modernen Staat sollte der Raum, für den eine Regierung zuständig ist, identisch sein mit dem Raum, in dem demokratische Prozesse organisiert sind. Im Mehrebenensystem wirken Parlaments- und Regierungsentscheidungen über den Kreis der Bürgerinnen und Bürger hinaus, die im Wahlakt auf sie reagieren können. Diese sind wiederum zum Teil von Entscheidungen in anderen Einheiten betroffen, auf die sie keinen Einfluss in geregelten Verfahren der Willensbildung und Kontrolle ausüben können. Die erfolgreiche Koordination von verbindlichen Entscheidungen zwischen den Einheiten und Ebenen führt zu einer Politik, die gegenüber mehreren „Bürgerschaften" verantwortet werden muss. Wer dabei für was die Verantwortung übernimmt, ist schwer zu bestimmen. Koordinations- und Legitimationsprobleme bilden zusammen das Problem des demokratischen Regierens im Mehrebenensystem, das im Mittelpunkt der Analyse steht.

Demokratieproblem

Aufbau des weiteren Textes

Bevor ich die genannten Probleme, die Bezugspunkt der Mehrebenenpolitik sind, genauer darstelle, werde ich im Folgenden auf die Ursachen für Mehrebenenpolitik eingehen (Kapitel 2). Dabei sollte deutlich werden, dass es zwar sinnvoll ist zu versuchen, Kompetenzen und Ressourcen klar abzugrenzen, dass damit aber die Notwendigkeit von Koordination zwischen Ebenen nie zu vermeiden ist. Ursachen dafür liegen in der Komplexität von Aufgaben und gesellschaftlichen Entwicklungen, darüber hinaus sind aber auch viele Akteure eher an einer Verflechtung als an einer Trennung von Ebenen interessiert. Entflechtungsversuche scheitern daher in der Regel aus sachlichen und politischen Gründen. Zu fragen ist daher, wie unter diesen Bedingungen demokratisches Regieren möglich ist. Ich werde dieser Frage an den Beispielen der Bundesrepublik Deutschland und der EU nachgehen. Zu diesem Zweck stelle ich im 3. Kapitel empirische Theorien der Mehrebenenpolitik vor. Aus der kritischen Auseinandersetzung mit diesen leite ich ein Analysekonzept ab, das die vergleichende Untersuchung verschiedener Formen von Governance in Mehrebenensystemen leiten kann (Kapitel 4).

In den weiteren Kapiteln werde ich dann unterschiedliche Typen von Mehrebenensystemen betrachten, in ihnen angewandte Koordinationsmechanismen auf ihre Funktionesweise hin untersuchen und darstellen, welche Strategien Akteure anwenden können, um Probleme der Mehrebenenpolitik zu bewältigen. Kapitel 5 befasst sich mit Mehrebenenpolitik im deutschen Bundesstaat. Hier findet Politikkoordination zwischen Bund und Ländern in der Gesetzgebung unter dem Einfluss des Parteienwettbewerbs statt, in anderen Feldern der Bund-Länder-Kooperation dagegen unterliegt sie anderen Bedingungen. Generell erfolgt Mehrebenenpolitik in Deutschland aber in multilateralen Verhandlungssystemen mit dem Zwang zur Einigung. In der EU, die ich danach als Beispiel für ein hoch verflochtenes Mehrebenensystem unter den Bedingungen einer Verhandlungsdemokratie betrachte, spielt der Parteienwettbewerb dagegen eine ganz andere Rolle, zudem finden wir hier andere Strukturen von Verhandlungen (Kapitel 6). In Deutschland und in Europa lässt sich auch beobachten, wie Wettbewerb als Mechanismus der Mehrebenenkoordination zwischen den Ebenen und den dezentralen Einheiten funktioniert und welche Einflüsse ihn behindern. In allen Formen von Governance im Mehrebenensystem zeigen sich strukturell bedingte Störungen, auf die Akteure mit spezifischen Handlungsstrategien reagieren. Erst unter Berücksichtigung der Art und Weise, wie Akteure mit Dilemmasituationen umgehen, die typisch für Mehrebenenpolitik sind, lässt sich erkennen, wie Koordination effektiv funktionieren kann (Kapitel 7). Aus der Bedeutung von Interaktionsstrategien folgt, dass Mehrebenensysteme einer hohen Dynamik unterliegen. Diese zeigt sich in endogenem Wandel, darüber hinaus aber auch in Verfassungsreformen, die in Mehrebenensystemen regelmäßig auf die Tagesordnung der Politik kommen, aber besonders schwierig zu verwirklichen sind (Kapitel 8). Die Dynamik ist einerseits erforderlich, um demokratisches Regieren zu ermöglichen, aber andererseits auch problematisch für die Stabilität und Berechenbarkeit einer demokratisch verfassten Politik. Im letzten Kapitel werden, ausgehend von diesen Erkenntnissen, die Chancen und Grenzen einer demokratischen Politik in Mehrebenensystemen erläutert.

Damit werde ich das Thema keineswegs erschöpfend behandelt haben. Die Formen von Mehrebenensystemen sind vielfältig, sie sind Gegenstand unterschiedlicher Bereiche der Politikwissenschaft, in denen eine kaum überschaubare Fülle an Literatur produziert wurde. Aber wissenschaftliche Abhandlungen sollten ja auch nicht das Ziel verfolgen, alles einzuschließen, was zu einem Thema gehören mag. Sie sollten vielmehr Kenntnisse vermitteln, die der Leser auf verschiedene Kontexte anwenden kann, sei es in der theoretischen Reflexion oder im praktischen Handeln. Ich folge insofern Montesquieu, der schrieb:

"Aber man soll den Gegenstand nicht immer derart erschöpfen, daß man dem Leser nichts zu tun übrig läßt. Es kommt darauf an, nicht zum Lesen sondern zum Denken anzuregen" (Montesquieu, [1748] 1951, Band 2, Buch XI, Kapitel 20, 256).

2 Ursachen von Mehrebenenpolitik

Mehrebenenpolitik wird dann relevant, wenn Aufgaben und Kompetenzen in politischen Systemen auf sich überlagernde territoriale Einheiten aufgeteilt werden und wenn die Aufgaben der einzelnen Einheiten interdependent sind (d.h. externe Effekte im weitesten Sinne auftreten), weshalb Handlungen und Entscheidungen koordiniert werden müssen. Sie entsteht also infolge von vertikaler Differenzierung eines politischen Systems und funktionaler Interdependenzen zwischen den Ebenen.

Differenzierung und Interdependenz

Nach den klassischen Begriffen von Staat und Demokratie gilt Mehrebenenpolitik als die Ausnahme von den Regeln einer demokratisch verfassten Politik. Sie verlangen eine Deckung von Zuständigkeitsraum und Wirkungsraum der Staatstätigkeit. Die in Kontinentaleuropa entstandene klassische Staatstheorie begründet dies mit der Einheit von Staatsgebiet, Staatsvolk und Staatsgewalt. In einer demokratischen Ordnung müssen die Kollektive der Entscheidungsbeteiligten und Entscheidungsbetroffenen kongruent sein. Beziehungen zwischen Staaten oder zwischen dem Bund und den Gliedstaaten in einer föderativen Verfassungsordnung stehen demnach im Widerspruch zu den Anforderungen an eine demokratische Politik.

Inkongruenz von Zuständigkeits- und Wirkungsraum

Tatsächlich sieht die Realität anders aus. In modernen Staaten muss sich die Politik mit vielfältigen Verflechtungen zwischen den Ebenen befassen. Lokale, regionale, nationale und internationale Politik bilden keine getrennten Arenen, sondern sind interdependent und durch vielfältige Formen der Koordinierung verbunden. Gleichwohl wirft die Mehrebenenkoordination erhebliche Probleme auf. Deswegen ist zunächst die Frage zu stellen, ob und wie Interdependenzen auf das Notwendigste minimiert werden können. Um diese Frage zu beantworten, müssen zunächst die Gründe für eine institutionelle Differenzierung zwischen Ebenen sowie die Möglichkeiten und Grenzen einer Trennung der Kompetenzbereiche ermittelt werden. Dabei zeigt sich, dass einerseits gute Gründe für die Gliederung politischer Systeme in mehrere Ebenen sprechen, andererseits aber eine völlige Trennung der Ebenen nicht gelingen kann. Eine Trennung von Einheiten wäre nur bei einer variablen Organisation einzelner Aufgaben erreichbar, was aus Gründen von Effektivität, Effizienz und Demokratie nicht sinnvoll ist. Ebenentrennung widerspricht zudem den Interessen vieler Akteure in Regierungssystemen, ferner ist die Gestaltbarkeit von Verfassungen in Mehrebenensystemen durch eine besonders ausgeprägte Pfadabhängigkeit begrenzt. Hinzu kommt, dass gesellschaftliche Differenzierung für eine entsprechende Gliederung politischer Systeme spricht, gleichzeitig die Komplexität kollektiver Entscheidungen in der modernen Gesellschaft den Koordinationsbedarf erhöht.

Überblick

2.1 Institutionelle Differenzierung und Interdependenzen zwischen Ebenen

Die Gliederung von politischen Systemen in Ebenen hat Wurzeln in der Geschichte, verbindlich festgelegt wird sie jedoch durch die Verfassungsordnung. Mit Verfassung sind dabei grundlegende Bestimmungen über institutionelle Strukturen gemeint, die die Form eines Mehrebenensystems definieren. Sie können in einer geschriebenen Verfassung enthalten sein, wie dies in Bundesstaaten der Fall ist. Sie können aber auch vereinbart sein oder in faktisch anerkannten Regeln bestehen und beruhen dann nicht allein auf der staatlichen Autorität, sondern auf ausgehandelten Verträgen oder einem in Diskursen entstandenen Konsens zwischen staatlichen wie privaten Akteuren. Letzteres ist in der internationalen Politik der Fall.

Verfassungsprobleme eines Mehrebenensystems

Fundamental für die institutionelle Struktur eines Mehrebenensystems sind (1.) Festlegungen über die territoriale Organisation und Differenzierung des politischen Systems, (2.) die Verteilung von Kompetenzen und Ressourcen zwischen den Ebenen sowie, soweit sie nicht gleichgestellt sind, auch zwischen den einzelnen Gebietseinheiten und (3.) Regeln der wechselseitigen Machtbegrenzung und -kontrolle zwischen den Ebenen.

Normative Föderalismustheorien

Verfassungsentscheidungen sind politische Entscheidungen, deren Rechtfertigung aus demokratischen Verfahren abzuleiten ist. Aus normativen Theorien des Föderalismus lassen sich aber Gründe für die Differenzierung von Herrschaftsordnungen gewinnen. Relevant sind in diesem Zusammenhang die ökonomische Theorie des Föderalismus (als Überblick Oates 1972; Thöni 1986; Sauerland 1997) sowie demokratietheoretische Begründungen von Dezentralisierung und vertikaler Gewaltenteilung (zusammenfassend Benz 2003 c; Bothe 1994: 25-26; Duchacek 1970; 12-15; Frenkel 1984; Kilper/Lhotta 1996: 58-61). Die ökonomische Theorie wägt Nutzen und Kosten von Gebietsgrößen und von Zentralisierung bzw. Dezentralisierung ab. Unterstellt wird dabei, dass Gebietskörperschaften als Einheiten betrachtet werden können, die kollektive Güter produzieren und verteilen. Die Qualität der Produktion wird nach dem Verhältnis von eingesetzten Finanzen und Leistungen gemessen. Die demokratietheoretische Argumentation fordert ein hohes Maß an Kongruenz zwischen Räumen, in denen politische Interessen geäußert werden, und Räumen, in denen Herrschaft ausgeübt wird. Sie postuliert darüber hinaus, dass regionale Minderheiten geschützt werden und eine zu starke Machtkonzentration im Staat verhindert wird. Die Qualität von Politik wird in diesem Theoriekontext nach der Interessenberücksichtigung der Bürgerinnen und Bürger bestimmt. Ausgehend von der Annahme, dass demokratische Politik beiden Kriterien genügen muss, also effizient sein und Zustimmung bei den Betroffenen finden muss, sind beide Argumentationslinien für die Analyse verfassungspolitischer Probleme und Entscheidungen im Mehrebenensystem relevant.

Anders als dies oft dargestellt wird ergeben sich aus beide Argumentationen Gründe, warum zwischen Ebenen notwendigerweise Interdependenzen entstehen und politische Entscheidungen von Gebietskörperschaften oder Staaten koordiniert werden müssen. Selbst ein ideales Mehrebenensystem ermöglicht also keine Trennung der Kompetenzbereiche, sondern impliziert Politik zwischen den Ebenen. Und in der Praxis sind Verflechtungen zwischen Ebenen die Regel.

2.1.1 Konstitution von Gebietseinheiten und Ebenen

Das erste Merkmal der Institution von Mehrebenensystemen betrifft die territoriale Gliederung. Sie variiert zum einen nach der Abgrenzung der Gebietseinheiten, zum anderen nach der Zahl der Ebenen. Für die Ausgestaltung beider Strukturmerkmale liefert die ökonomische Theorie des Föderalismus Entscheidungskriterien. In der Realität spielen aber auch, wenn nicht primär, natürliche Gegebenheiten und historische Voraussetzungen eine Rolle, zumal gewachsene Gebietsstrukturen in aller Regel schwierig zu ändern sind.

Gebietseinheiten für die Erfüllung öffentlicher Aufgaben sollten grundsätzlich so abgegrenzt sein, dass die Reichweite der Kompetenzen, die den politischen Institutionen zugeschrieben werden, sich mit der Reichweite der Wirkungen, die mit der Kompetenzausübung erreicht werden, decken. Dies fordert das „Äquivalenzprinzip" (Tiebout 1956). Würde man dieses Prinzip bei der Gestaltung politischer Systeme strikt verwirklichen, so müssten für einzelne Aufgaben unterschiedliche Gebietseinheiten gebildet werden. Die dann entstehende „variable Geometrie" entspricht dem Modell eines funktionalen Föderalismus. Bei territorialer Differenzierung eines politischen Mehrebenensystems kann das Äquivalenzprinzip annähernd verwirklicht werden, indem Aufgaben gebündelt auf größere oder kleinere Zuständigkeitsräume zugewiesen werden. Die Größe von Gebietseinheiten richtet sich dann nach der Aufgabe mit der größten Reichweite. Würde man alle Aufgaben zusammenfassen, würde dies einen Einheitsstaat mit einem hohen Zentralisierungsgrad erfordern, und selbst dieser wäre noch zu klein. Dies spricht für eine Differenzierung nach Ebenen, d.h. unterschiedlich großen Gebietseinheiten, denen Aufgaben nach ihrer Reichweite zugeordnet werden. Allerdings stößt die Differenzierung nach Ebenen wiederum an Grenzen, weil zwischen den aufgeteilten Aufgaben Interdependenzen auftreten und die Unterschiede in der Aufgabenerfüllung anerkannte Normen der Gerechtigkeit oder das Prinzip der demokratischen Gleichheit verletzen können.

Die Ebenendifferenzierung hat, wie die normative Theorie des Föderalismus zeigt, im Vergleich zu einer einheitsstaatlichen Organisation Vorteile für die Herstellung öffentlicher Güter und Leistungen. Für viele Aufgaben sind große Zuständigkeitsräume ungeeignet, weil

Vorteile kleiner Gebietseinheiten

- sie unter Beachtung spezifischer regionaler oder lokaler Gegebenheiten erfüllt werden müssen,
- unterschiedliche Präferenzen regionaler oder lokaler Bevölkerungsgruppen berücksichtigt werden müssen,
- eine einheitliche Organisation mit der Bewältigung der Informationen überfordert wäre,
- bei einer einheitlichen Aufgabenerfüllung erhebliche Konflikte entstehen können, wenn sich innerhalb einzelner Gebiete unterschiedliche Interessen formieren.

Nachteile kleiner Gebietseinheiten

Andererseits können in kleinen Einheiten auch Kosten der Dezentralisierung auftreten, wenn

- Wirkungen von Entscheidungen über das Territorium, in dem Aufgaben erfüllt werden, hinauswirken (externe Effekte),
- Investitionen erforderlich sind, die sich nur bei einer bestimmten Größe lohnen (Skalenerträge),
- die Belastungen mit Problemen und/oder Ressourcenausstattungen der dezentralen Gebietseinheiten ungleich sind (regionale Disparitäten),
- die Kosten einer räumlich differenzierten Organisation von Politik und Verwaltung höher sind als die Kosten einer einheitlichen Organisation (Organisationskosten).

Territorialer und funktionaler Föderalismus

Diese Kriterien können herangezogen werden, um Gebietseinheiten rational zu gestalten. Dabei ist eine Abwägung von Vor- und Nachteilen von größeren oder kleineren Einheiten erforderlich. Die Gestaltungsspielräume variieren dabei je nachdem, in welchem Umfang öffentliche Aufgaben auf einer Ebene gebündelt werden bzw. ob Gebietseinheiten für spezifische Zwecke eingerichtet werden sollen. Im ersten Fall liegt ein Mehrebenensystem vor, das den Prinzipien des territorialen Föderalismus entspricht, im zweiten Fall wird ein funktionaler Föderalismus verwirklicht.[3] Gary Marks und Liesbet Hooghe unterscheiden die daraus resultierenden Typen eines Mehrebenensystems als Type I und Type II multilevel governance nach folgenden Merkmalen (Hooghe/Marks 2003; Marks/Hooghe 2004).

Gebietsstruktur im territorialen Föderalismus

Im *territorialen Föderalismus* ist der Gebietsbezug der primäre Bezugspunkt der Organisation, d.h. Aufgaben werden auf politische Einheiten übertragen, deren vorrangige Funktion darin liegt, demokratische Gemeinschaften zu konstituieren. In der territorialen Organisation kann sich der Kreis der Entscheidungsbeteiligten mit dem der Entscheidungsbetroffenen trotz variabler Aufgaben annähernd decken, also ein wichtiges Prinzip der Demokratie verwirklicht werden. Zudem gibt es in einem derart gestalteten Mehrebenensystem nur wenige Ebenen, wodurch der Aufwand für Koordination zwischen Aufgaben reduziert wird. Diesen Vorteilen steht gegenüber, dass die Gebietseinheiten des territorialen Föderalismus in der Regel historisch gewachsen und schwerlich zu verändern sind. Sie stellen nicht nur organisatorische Einheiten einer Regierung dar, sondern auch Räume, in denen sich demokratische Gemeinschaften und Öffentlichkeit konstituieren. Gemeinschaften von Bürgerinnen und Bürgern, welche das Subjekt demokratischer Herrschaft bilden, gründen sich auf die formale Zugehörigkeit zu einer Gebietskörperschaft, sei es einem Staat, einer Region oder einer Gemeinde, sie beruhen aber auch auf einer gewachsenen Identifizierung mit den anderen Mitgliedern, d.h. auf einem „horizontalen Vertrauen" (Offe 1998: 104) zwischen den Bürgerinnen und Bürgern, die sich als gleichberechtigte Teilnehmer am politischen Prozess anerkennen und unterstellen, dass alle Mitglieder

---

3 Der Begriff Föderalismus bezeichnet keine Staatsform, sondern ein Prinzip der Organisation eines vertikal differenzierten politischen Systems.

Regeln einhalten und demokratische Entscheidungen akzeptieren. Eine Änderung von Gebietseinheiten ist deswegen in demokratischen Staaten normalerweise nicht ohne die Zustimmung der betroffenen Bevölkerung möglich, weshalb in
Deutschland für eine kommunale Neugliederung ein Gesetz, für eine Neugliederung der Länder sogar eine Volksabstimmung erforderlich ist. Wir müssen daher
davon ausgehen, dass das Nachdenken über optimale Größen von Gebietseinheiten zwar Argumente für die politische Diskussion über eine Neugliederung liefern kann, dass reale Mehrebenensysteme dieses Typs aber durch ihre Geschichte geprägt sind und Gebietsstrukturen nie genau den Reichweiten von Aufgaben
entsprechen. Dies erzeugt den Koordinationsbedarf, der in der Mehrebenenpolitik zu erfüllen ist.

Im *funktionalen Föderalismus* werden Gebietseinheiten für bestimmte Zwe- **Gebietsabgrenzung**
cke eingerichtet („Zweckverbände"). Ihre Mitglieder partizipieren nur an der **im funktionalen**
Erfüllung besonderer Aufgaben und dies in mehreren Einheiten. Mehrebenensys- **Föderalismus**
teme dieses Typs konstituieren sich aus vielen, sich teilweise überlappenden
Einheiten. Deren Gebietsabgrenzung kann relativ leicht an veränderte Aufgaben
angepasst werden (Frey 1997; Ostrom/Tiebout/Warren 1961). Im funktionalen
Föderalismus sind also die Gestaltungsspielräume für eine aufgabengerechte
Gebietsorganisation wesentlich größer als im territorialen Föderalismus. Die
jeweiligen Regierungs- und Verwaltungssysteme der Zweckverbände sind demokratisch zu organisieren, aber ihr Bestand gründet sich nicht auf die Identität
einer politischen Gemeinschaft von Bürgerinnen und Bürgern, sondern auf die
Eignung spezifischer Organisationsformen und Verfahrensweisen, die sicherstel-
len, dass die Betroffenen beteiligt bzw. ihre spezifischen Interessen berücksichtigt werden. Solche Einheiten sind grundsätzlich leichter den Anforderungen an
eine effiziente Aufgabenerfüllung anzupassen.

Übersicht 1:   Territorialer und funktionaler Föderalismus

	Territorialer Föderalismus (Type I multilevel governance)	**Funktionaler Föderalismus (Type II multilevel governance)**
Zuständig-keit	generell (general-purpose jurisdiction)	spezialisiert (special-purpose jurisdiction)
Mitglied-schaft	getrennt	überlappend
Zahl der Ebenen	wenige	viele
Struktur	dauerhaft	flexibel

Verfassungspolitische Entscheidungen über territoriale Differenzierungen der
beiden Typen von Mehrebenensystemen weisen also signifikante Unterschiede
auf. Im territorialen Föderalismus müssen Aufgaben an bestehende und schwer
veränderbare politische Einheiten angepasst werden, im funktionalen Föderalismus werden die Gebietseinheiten je nach den Erfordernissen der Aufgaben zugeschnitten.

Unabhängig von dieser Unterscheidung in Föderalismustypen ist festzustel- **Geografische und**
len, dass sich Gebietsstrukturen eines politischen Systems nur begrenzt nach **historische Faktoren**
normativen Kriterien optimieren lassen. Reale Mehrebenensysteme resultieren

aus historischen Ausgangsbedingungen, die auf geografische Gegebenheiten, Ergebnisse von Herrschaftskonflikten (die oft durch Kriege gelöst wurden) oder willkürliche Grenzziehungen zurückgeführt werden können. Dabei scheint die gesamte Größe eines Herrschaftsgebiets dessen territoriale Differenzierung zu beeinflussen. Große Flächenstaaten galten schon immer als anfällig für das Entstehen regionaler Herrschaften oder Machteliten; ihre landschaftliche, wirtschaftliche und kulturelle Differenzierung ist in der Regel größer als diejenige kleiner Staaten. Wie etwa das Beispiel der Schweiz zeigt, können auch in kleinen Staaten geografische Bedingungen zu einer kleinräumigen Gebietseinteilung führen (vgl. Neidhart 2002). In Deutschland erklärt sich die Gebietsstruktur der Länder aus dem Scheitern der Machtkonzentration während der Entstehung des modernen Staates sowie aus den politischen Folgen des Zweiten Weltkriegs.

Größenunterschiede   Für die Gestaltung eines Mehrebenensystems und dessen Arbeitsweise sind darüber hinaus Unterschiede der territorialen Einheiten gemessen an Bevölkerungszahl und Wirtschaftskraft bedeutsam. Je größer diese sind, desto eher dominieren einzelne Gliedstaaten oder Koalitionen von Gliedstaaten. Als Beispiel kann die Übermacht Preußens im Deutschen Reich genannt werden, wenngleich es sich hier um einen Extremfall handelt, der so in den heutigen Bundesstaaten nicht feststellbar ist. Hegemoniale Stellungen einzelner Staaten sind jedoch in internationalen Mehrebenensystemen nicht selten, weil diese oft auf Initiative eines überlegenen Staates oder einiger weniger dominierenden Staaten entstehen. In Bundesstaaten wie internationalen Organisationen häufiger zu beobachten ist, dass kleine Gliedstaaten Sonderinteressen vertreten und diese in Koalitionen mit anderen durchsetzen können. Größenunterschiede können also das Konfliktniveau in der Mehrebenenpolitik steigern und eine Belastung darstellen, jedenfalls besondere Formen der Konfliktregelung erforderlich machen.

Zahl der Ebenen   Die Überlegungen zur Gebietseinteilung lassen sich auf die Frage nach der Zahl der Ebenen übertragen. Würde man den normativen Theorien über optimale Jurisdiktionen folgen, so müsste man möglichst viele Ebenen schaffen. Dies ist im Konzept des funktionalen Föderalismus angelegt, in dem zwar nicht von Ebenen gesprochen wird, faktisch aber mit den sich überlappenden Funktionsräumen viele Ebenen geschaffen werden. Je größer die Zahl der Ebenen, desto höher sind allerdings die Kosten der Organisation und der Koordination und desto gravierender sind Demokratiedefizite. Organisationskosten müssen zumindest beachtet werden, wenn auf den Ebenen legislative Aufgaben erfüllt werden und damit jeweils eigenständige demokratische Institutionen (Parlamente und Regierungen) erforderlich sind.[4] Unabhängig davon würde die Qualität der Demokratie leiden, weil besondere Interessen, die sich in den einzelnen Funktionsräumen formieren, und allgemeine Interessen schwerlich ausgeglichen werden können. Koordinationskosten entstehen, weil zwischen den einzelnen Aufgaben Interdependenzen bestehen, die in politischen Entscheidungen zu beachten sind.

---

4   Die Organisationskosten demokratischer Verfahren sind weniger bedeutend, wenn man – wie in dem Modell von Bruno Frey vorgesehen – Entscheidungen in themenbezogenen Referenden trifft (Frey 1997; Frey/Eichenberger 1999). Umso schwieriger ist in diesem Modell die Koordination zwischen den einzelnen Aufgaben.

Letztlich ist aber auch die Zahl der Ebenen Resultat der Geschichte von politischen Systemen. Bundesstaaten bestehen in der Regel aus zwei Ebenen, zum Teil werden die lokalen Einheiten als dritte Ebene qualifiziert, wenn die Kommunen über entsprechende Selbstregierungskompetenzen verfügen. Mehr als zwei Ebenen bilden sich durch Integration von föderativ verfassten Nationalstaaten. Dies trifft für die EU zu, jedenfalls in bestimmten Politikbereichen, zumal diese zugleich die Regionalisierung ihrer Mitgliedstaaten fördert. Durch die Gleichzeitigkeit von Regionalisierung und Europäischer Integration könnte man sogar davon ausgehen, dass sich unter Berücksichtigung der lokalen Einheiten ein Vier-Ebenen-System bildet. In der praktischen Politik sind aber mehr als drei Ebenen nie relevant. Schon eine Politik auf drei Ebenen weist ein Komplexitätsniveau auf, das erhebliche Schwierigkeiten erzeugt.

Als Ergebnis aus diesen theoretischen Überlegungen ist festzuhalten, dass keine noch so gut geplante Organisation von Gebietsstrukturen zu einer Kongruenz von Kompetenzräumen und Wirkungsräumen führen kann. Wollte man alle externen Wirkungen internalisieren, wären entweder die Nachteile eines Einheitsstaats in Kauf zu nehmen oder die Nachteile eines funktional differenzierten Föderalismus, der Koordination zwischen funktionsspezifischen Einheiten erforderlich macht, die nicht einfacher ist als die Koordination zwischen Gebietskörperschaften. Hinzu kommt, dass wegen geografischer und historischer Bedingungen eine Anpassung von Herrschaftsräumen auf Aufgaben praktisch nicht gelingen kann. Verfassungspolitische Gestaltung eines Mehrebenensystems kann also Mehrebenenpolitik nicht vermeiden. Auch eine rationale Kompetenzen- und Ressourcenverteilung kann, wie im Folgenden gezeigt wird, daran nichts ändern.

2.1.2 Kompetenzen- und Ressourcenverteilung

Während Gebietsstrukturen und die Zahl der Ebenen normalerweise konstant sind, können Kompetenzen- und Ressourcenverteilungen relativ leicht verändert werden. Sie sind häufig Gegenstand von Verfassungspolitik oder Vereinbarungen in Mehrebenensystemen. Aus der normativen Theorie des Föderalismus lassen sich Kriterien ableiten, nach denen hierüber entschieden werden kann. Da Verfassungsregeln über Kompetenzen und Ressourcen den Akteuren im politischen System wichtige Machtpotentiale und symbolische Anerkennung verleihen, ist das Ergebnis der entsprechenden politischen Prozesse neben normativen Argumenten immer auch durch Machtkämpfe und die daraus resultierenden Kompromisse bestimmt. Ansprüche auf Kompetenzen und Ressourcen müssen allerdings im politischen Prozess begründet werden, und dabei sind die nachfolgend genannten, aus normativen Theorien der Politik und der Ökonomik abgeleiteten Argumente relevant (zur Darstellung und Kritik: Treisman 2007).

Kompetenzverteilung als Machtverteilung

Unter diesen Argumenten spielt das Subsidiaritätsprinzip in der Verfassungspolitik eine herausragende Rolle. In vielen Bundesstaaten und in der EU gilt es als Leitlinie für die Regelung von Zuständigkeitsfragen (Bermann 1994; Waschkuhn 1995). Es besagt, dass Aufgaben vorrangig in den kleineren Gebietseinheiten erfüllt werden sollen und eine Zentralisierung erst dann gerecht-

Subsidiaritätsprinzip

fertigt ist, wenn kleine Einheiten nicht in der Lage sind, die betreffenden Aufgaben zu erfüllen. Eine schwächere Variante des Prinzips fordert, dass Aufgaben zentralisiert werden sollen, wenn dadurch bessere Ergebnisse erzielt werden können als bei dezentraler Aufgabenerfüllung. Bei Kompetenzkonflikten folgt aus dem Subsidiaritätsprinzip eine Vermutung für die Zuständigkeit kleiner Einheiten. Ergänzt wird es durch den Grundsatz der Verhältnismäßigkeit, nach dem Kompetenzen nur insoweit auf die höhere Ebene übertragen werden sollen, als dies zur Lösung von Problemen erforderlich oder geeignet ist.

Das Subsidiaritätsprinzip leitet sich aus ordnungspolitischen Ideen ab, die keinesfalls unumstritten sind. Die Bevorzugung kleiner Einheiten wird dabei unabhängig von konkreten Aufgaben demokratietheoretisch begründet: Bürgernähe und bessere Präferenzberücksichtigung scheinen für eine dezentrale Aufgabenerfüllung zu sprechen. Die Selbstbestimmung in kleinen Gemeinschaften soll deren Identität und Besonderheiten bewahren (Bermann 1994: 339-344).[5] Das gilt allerdings nur, sofern politische Entscheidungen in kleinen Einheiten nach demokratischen Spielregeln getroffen werden und in Willensbildungsprozessen alle Bürgerinnen und Bürger die Chance erhalten, ihre Interessen einzubringen, und diese auch berücksichtigt werden. Die schon von James Madison geäußerte Vermutung, dass in kleinen Einheiten einzelne Gruppen dominieren können (Hamilton/Madison/Jay [1788] 1994: 50-58), wird durch Untersuchungen zu Macht- und Entscheidungsstrukturen auf lokaler und regionaler Ebene zumindest nicht widerlegt. Neuere vergleichende Untersuchungen widersprechen der These, dass Dezentralisierung grundsätzlich vorteilhaft ist (Treisman 2007). Das entscheidende Problem des Subsidiaritätsprinzips liegt jedoch in der Tatsache, dass es als abstrakte Regel keine Auskunft darüber gibt, wie Zuständigkeiten für konkrete Aufgaben verteilt werden sollen.

Zentralisierungs- und Dezentralisierungskosten:

Das Subsidiaritätsprinzip liefert eine Leitlinie für die Kompetenzordnung, aber keine konkreten Entscheidungskriterien, nach denen Kompetenzen für einzelne Aufgaben den Ebenen zugewiesen werden können. Diese können aus die ökonomische Föderalismustheorie abgeleitet werden (als Überblick Thöni 1986; Sauerland 1997). Sie entsprechen weitgehend den Kriterien, die bereits bei der Erörterung der Größe von Gebietseinheiten genannt wurden. Als Ausgangsnorm gilt wiederum das Äquivalenzprinzip, wonach der Raum, in dem Probleme verursacht, öffentliche Leistungen nachgefragt und Finanzmittel aufgebracht werden, sich mit dem Raum decken soll, in dem öffentliche Aufgaben erfüllt und Finanzmittel ausgegeben werden. Des Weiteren fordert diese Theorie, für jede einzelne Aufgabe die Vor- und Nachteile von Zentralisierung und Dezentralisierung abzuwägen.

---

5 Das Subsidiaritätsprinzip wird meistens aus der katholischen Soziallehre abgeleitet, die im 19. Jahrhundert entstand. Tatsächlich kann der Begriff auf die calvinistische Theologie zurückgeführt werden, in deren Kontext die politische Theorie von Johannes Althusius [1614] 1995 entstand (vgl. Elazar 1995; Hueglin 1991). Dieser plädierte für eine Herrschaftsordnung, in der kleine Einheiten wie Familien, Kommunen oder Berufsgenossenschaften zu höheren Verbänden (Provinzen) zusammengeschlossen sind, die ihrerseits einen Bund bilden. Althusius setzte Bodins Lehre von der Souveränität des Staates die Idee der Volkssouveränität entgegen, verstand darunter aber den Vorrang der zu Gemeinschaften zusammengeschlossenen Bürger. Auch sollten nicht Individuen, sondern die Gemeinschaften im Bund repräsentiert sein.

Als Zentralisierungskosten sind die Kosten der Informationsverarbeitung zu berücksichtigen, von denen anzunehmen ist, dass sie umso höher sind, je größer das Zuständigkeitsgebiet ist. Gleiches gilt für die Entscheidungskosten, und zwar sowohl für die internen Kosten, die aus der Zahl der zu berücksichtigenden Interessen und den Schwierigkeiten der Konfliktregelung resultieren, als auch für die externen Entscheidungskosten, mit denen die Zahl der von einer Entscheidung benachteiligten Akteure erfasst wird. In der Tendenz folgt daraus, dass heterogene Interessen für eine Dezentralisierung sprechen, während homogene Interessen Zentralisierung ermöglichen. Schließlich kann angenommen werden, dass die auf der Zentralebene konzentrierte Macht schwerer zu kontrollieren ist als eine auf kleine Einheiten aufgeteilte Macht.

> - Zentralisierungs-kosten

Dezentralisierung ist nachteilig, wenn externe Effekte auftreten oder wenn öffentliche Güter für einen größeren Raum zu erstellen sind, wenn Einrichtungen nur in bestimmten Größenordnungen effizient bereitgestellt werden können und nicht beliebig teilbar sind, wenn regionale Disparitäten auftreten und nicht gerechtfertigt werden können oder wenn die Kosten der vielen Regierungs- und Verwaltungsinstitutionen die Vorteile der dezentralen Aufgabenerfüllung übersteigen.

> - Dezentralisie-rungskosten

Die Abwägung dieser Kriterien ergibt für Gesetzgebungskompetenzen oft andere Ergebnisse als für Vollzugskompetenzen. In der Regel ist ein dezentraler Vollzug zweckmäßig, selbst wenn Programme oder Gesetze auf einer zentralen Ebene beschlossen werden, weil durch die Nähe zu den betroffenen Adressaten bessere Informationen gewonnen werden können und auf unterschiedliche Bedürfnisse reagiert werden kann, die bei allgemeinen Regeln keinen Rolle spielen. Eine entsprechende Kompetenzaufteilung nach Staatsfunktionen auf die einzelnen Ebenen ist in Bundesstaaten nichts Ungewöhnliches; in Deutschland, in der Schweiz und vor allem in der EU ist sie – allerdings eher aus historischen Gründen und weniger aufgrund von verfassungspolitischen Erwägungen – sogar der Normalfall. Die Optimierung der Nutzen und Kosten der Kompetenzverteilung kann auch zu einer Teilung einzelner Gesetzgebungs- oder Vollzugskompetenzen führen.

> Kompetenzteilung

Übersicht 2:   Kriterien der Kompetenzverteilung zwischen Ebenen

Zentralisierungskosten	Dezentralisierungskosten
• Informationsverarbeitungs-kosten • interne Entscheidungskosten • externe Entscheidungskosten • Kontrollkosten	• externe Effekte • öffentliche Güter • Skalenerträge • unerwünschte regionale Disparitäten • Kosten von Institutionen

Die Europäische Union kann im Rahmen ihrer Richtlinienkompetenz nur Rahmenregelungen erlassen, die von den Mitgliedstaaten ausgefüllt werden müssen, und gleiches galt für die Rahmenkompetenz nach Art. 75 GG im deutschen Bundesstaat, die mit der Föderalismusreform im Jahre 2006 jedoch abgeschafft wurde. Vollzugskompetenzen werden häufig geteilt, indem den zentralen Einheiten Aufsichts-, Koordinations- oder Unterstützungszuständigkeiten über die dezentrale Verwaltung übertragen werden. Mit diesen Varianten der Kompetenzteilung sind Strukturen der Politikverflechtung nicht zwingend vorgegeben, ihre Entstehung wird aber begünstigt. Eine Teilung von Vollzugskompetenzen mit unmittelbarer Etablierung von Politikverflechtung erfolgte in Deutschland mit den Gemeinschaftsaufgaben.

Finanzierungs-kompetenzen

Die Verteilung der Finanzmittel soll nach der normativen Theorie des Fiskalföderalismus der Aufgabenverteilung folgen (Konnexitätsprinzip). Bei einer Trennung von Gesetzgebungs- und Verwaltungskompetenzen wird vielfach gefordert, dass die Finanzierungszuständigkeiten nach der Gesetzgebungszuständigkeit zugeteilt werden sollte. Allerdings werden Kosten öffentlicher Aufgaben auch durch den Verwaltungsvollzug bestimmt, weshalb es gute Gründe gibt, Finanzierungskompetenzen zumindest teilweise nach den Verwaltungskompetenzen zuzuordnen.[6] Des Weiteren fordert die ökonomische Theorie, dass Ressourcen in dem Raum ausgegeben werden, in dem sie auch erwirtschaftet werden (Prinzip der fiskalischen Äquivalenz). Dies bedeutet, dass Steuern und Gebühren der Einheit zustehen, die sie erhebt. Bei der Steuerverteilung wird dieses Prinzip häufig durchbrochen, weil Steuerzahlungen nicht direkt mit der Erfüllung bestimmter öffentlicher Aufgaben verbunden sind oder weil oft die Steuerpotentiale einzelner Gebietskörperschaften ungleiche Erträge ermöglichen und diese nicht immer dem Finanzbedarf für die Aufgaben entsprechen. Die in der ökonomischen Theorie immer wieder geforderte Trennung von Steuerkompetenzen erzeugt selbst Koordinationsprobleme, weil regelmäßig fiskalische Ungleichgewichte entstehen und weil eine Finanzpolitik, die den gesamtwirtschaftlich Erfordernissen entspricht, nur durch angestimmte Entscheidungen der Gebietskörperschaften möglich ist (Treisman 2007: 146-154)

Abwägung

Bei der Entscheidung über die Kompetenzzuteilung in einzelnen Politikfeldern bieten die allgemeinen Kriterien, nach denen über den Grad der Zentralisierung oder Dezentralisierung entschieden werden kann, zwar eine Orientierungshilfe, aber letztlich bedarf es einer Abwägung von Vor- und Nachteilen, die selbst nicht nach objektiven Normen bestimmt werden kann. Vielmehr kommen dabei politische Ziele ins Spiel. Entscheidungen für eine zentrale oder eine dezentrale Aufgabenerfüllung beeinflussen Politikergebnisse, etwa hinsichtlich der Einheitlichkeit oder Vielfalt, aber auch hinsichtlich der Politikinhalte. Dezentralisierung etwa bewirkt räumlich unterschiedliche Aufgabenerfüllung; sie kann auch eine Eigendynamik auslösen, wenn dezentrale Einheiten miteinander konkurrieren. Wenn der Staat Studiengebühren vermeiden oder die Ladenöffnungszeiten begrenzen will, dann müssen die entsprechenden Regelungskompetenzen zentralisiert werden. Ansonsten zwingen Gebietskörperschaften, die Gebühren einführen oder die Ladenöffnungszeiten freigeben, andere Gebietskörperschaften dazu, sich dem anzuschließen, weil sie ansonsten Belastungen durch Zuwande-

---

6   Gesetze beeinflussen zwar den Finanzbedarf in erheblichem Maße, aber über die konkrete Höhe der Ausgaben entscheidet die Verwaltung entsprechend den besonderen Problemlagen und Bedarfsentwicklungen sowie den Spielräumen für eine Effizienzsteigerung im Verwaltungsvollzug. Ex-ante lassen sich Kosten daher nicht festlegen. Jedenfalls wäre die Lastenverteilung sicher ein gravierender Streitpunkt in der Gesetzgebung. Denkbar wäre zwar, die Kostenlast ex-post nach Durchschnittswerten zu berechnen, aber da die Kosten laufend überprüft werden müssten, würde der Verwaltungsaufwand dafür erheblich sein.

rungen von Studierenden oder wirtschaftliche Nachteile durch Abwanderung von Käufern befürchten müssen. Soweit also Zentralisierung und Dezentralisierung direkte Folgen für die Ergebnisse von Politik haben, können verfassungspolitische Entscheidungen über die Mehrebenenstruktur nicht nach wissenschaftlichen Kriterien bestimmt werden, sondern implizieren politische Bewertungen.[7] Die Bewertung und Abwägungen führen häufig zu einer Aufspaltung von Kompetenzen und einer Aufteilung von Ressourcen, welche die jeweiligen Ebenen zur Koordination zwingen.

2.1.3 Autonomie, Gewaltenteilung und wechselseitige Machtkontrolle

Die ökonomische Theorie des Föderalismus geht vom Grundsatz aus, dass Gebietskörperschaften ihre Kompetenzen autonom und möglichst mit eigenen Ressourcen erfüllen. Wenn Interdependenzen oder Finanzbeziehungen entstehen, gilt dies als Abweichung vom Autonomieprinzip. In Demokratietheorien wird ebenfalls die Kongruenz von Kompetenz- und Wirkungsräumen von Aufgaben gefordert. Darüber hinaus impliziert der Idee des demokratischen Verfassungsstaats eine institutionelle Differenzierung von Regierungssystemen, welche Macht begrenzen soll. In einem demokratischen Föderalismus soll die Gliederung nach Ebenen eine „vertikale" Gewaltenteilung bewirken. Bekanntlich begründeten so Ende des 18. Jahrhunderts die amerikanischen Föderalisten ihren Vorschlag, an die Stelle der ineffektiven Konföderation, die vor 1776 existierte, einen Bundesstaat zu setzen. Die vertikale Gewaltenteilung sollte gemäß der damaligen Auffassung der „Föderalisten" die Freiheit der Individuen sichern, und zwar sowohl gegen die Macht von politischen Organisationen wie Parteien oder Regierungen als auch gegen die Tyrannei der Mehrheit oder irrationale Partikularinteressen (vgl. Howard 2001). Besonders einflussreich war seinerzeit James Madison mit seinem Plädoyer für eine zusammengesetzte Republik („compound republic"), in der sich die Regierungen des Bundes und der Gliedstaaten in ihrer Machtausübung wechselseitig hemmen und kontrollieren. Madison griff dabei auf die Gewaltenteilungslehre von Montesquieu zurück und übertrug diese auf die bundesstaatliche Verfassung.

    Ziel dieser Verfassung war nicht so sehr die Beteiligung der Bürger, sondern primär die Beschränkung von Herrschaft. In gleichem Maße sollte jedoch auch die Handlungs- und Entscheidungsfähigkeit der Regierung gestärkt werden. In einer Anmerkung zur Gewaltenteilungslehre schreibt Madison: "(M)an muß zuerst die Regierung befähigen, die Regierten zu beherrschen, und sie dann zwingen, die Schranken der eigenen Macht zu beachten" (Hamilton/Madison/Jay, [1788] 1994: 314). Deswegen trat Madison einerseits für die Stärkung der

Theorie der vertikalen Gewaltenteilung

---

7 Wenn der Verfassungsgeber mit dem Subsidiaritätsprinzip diese politische Entscheidung insofern getroffen hat, als er den Vorrang der Dezentralisierung festgelegt hat, dann muss jede Zentralisierung explizit begründet werden. Für Entscheidungen über die Kompetenzverteilung ergibt sich daraus eine Tendenzaussage, im Einzelfall ist die Abwägung zwischen den Vorteilen und Nachteilen von Dezentralisierung dadurch aber nicht präjudiziert. Das gleiche gilt, wenn man den Vorrang für dezentrale Aufgabenerfüllung zur Leitlinie für eine Verfassungsreform macht.

Bundesebene ein und plädierte andererseits für die Aufteilung der Staatsgewalt „zwischen zwei getrennten Regierungssystemen" (ebd. 316). Gleichzeitig aber sollten sich die Regierungen des Bundes und der Gliedstaaten gegenseitig kontrollieren.

Gewalten-verschränkung

An diesem Punkt gerät die Argumentation an ein Problem, das in den Federalist Papers nicht gelöst ist. Die Idee der Gewaltentrennung widerspricht eigentlich dem Gedanken der Machbegrenzung und weicht damit von Montesquieus Gewaltenteilungsmodell ab, das eine Mäßigung der Regierungsmacht durch wechselseitiges Einwirken von Staatsgewalten erreichen wollte (Montesquieu [1748] 1951: 11. Buch, Kap. 6). Übertragen auf eine föderative Struktur würde dieses Verfassungsmodell eine Politikverflechtung zwischen Bund und Gliedstaaten erfordern. Diese aber lehnten die amerikanischen Föderalisten mit Blick auf die Regierbarkeit ab – was nicht erstaunlich ist, ging es ihnen doch in erster Linie um die Schaffung eines außenpolitisch handlungsfähigen Staates. Konsequenterweise verwirklichten sie einen „dualen" Föderalismus, in dem die Gewalten getrennt wurden und Bund und Gliedstaaten über eigenständige Aufgabenbereiche souverän entscheiden sollten (Walker 1995: 65).[8] Die Geschichte dieses Bundesstaates zeigte allerdings, dass die freiheitssichernde Wirkung des föderativen Trennsystems begrenzt ist. Der amerikanische Bundesstaat gilt inzwischen als stark zentralisiert, seine Strukturen konnten jedenfalls beträchtliche Kompetenzverschiebungen auf den Bund nicht verhindern.

Beteiligung der Gliedstaaten als Konsequenz von Gewaltenteilung

Freiheitssichernde Effekte gehen eher von einer Gewaltenverschränkung aus, die für „checks and balance" sorgt. Deswegen gilt die Beteiligung der Gliedstaaten an der Politik des Bundes als ein wesentliches Merkmal eines Föderalismus, der Gewaltenteilung verwirklicht. Tatsächlich wirken in den meisten Bundesstaaten Repräsentanten der Gliedstaaten an der Gesetzgebung des Bundes mit, die von Regierungen oder der Bevölkerung gewählt werden. Das Ausmaß der dadurch erzeugten Interdependenzen zwischen den Ebenen variiert je nach der Art und Weise, wie diese Vertretung organisiert ist und wie stark die Repräsentanten der dezentralen Einheiten in die politischen Prozesse innerhalb ihrer Gebietskörperschaft eingebunden sind. Repräsentanten im direkt gewählten US-amerikanischen Senat agieren weitgehend unabhängig von der Politik in ihren Einzelstaaten, da sie für eine relativ lange Amtszeit gewählt werden und nur schwach in regionalen Parteien verankert sind. Die ebenfalls direkt gewählten Abgeordneten im Schweizerischen Ständerat müssen hingegen auf Willensbildungsprozesse in den Kantonen Rücksicht nehmen. Noch stärker sind die Interdependenzen zwischen den Ebenen im deutschen Bundesstaat, wo die Länder in der Bundesgesetzgebung durch ihre Regierungen vertreten sind, die ihren Parlamentsmehrheiten zwar nicht für einzelne Entscheidungen des Bundesrats, aber für ihre Politik insgesamt verantwortlich sind.

---

8   Diese Einschätzung der ursprünglichen Bundesverfassung der USA ist nicht unumstritten. David Walker, auf den ich mich stütze, argumentiert differenziert, bestätigt aber die hier vertretene Auffassung, wenn er schreibt: „In essence, some of the cooperative but far more of the dual-federalism theory can find support in the convention debates and in the Constitution" (Walker 1995: 65).

In der Politik, die die Grenzen des Nationalstaats überschreitet, lässt sich eine Ebenentrennung schon deswegen nicht realisieren, weil internationale Organisationen bei der Ausübung ihrer Kompetenzen auf die Legitimation durch Nationalstaaten angewiesen sind. Diese sind daher regelmäßig in Entscheidungsorganen vertreten. Internationale Politik ist per se Mehrebenenpolitik, da in ihr nationale (oder auch subnationale) Akteure direkt mitwirken. Selbst die Europäische Union, die in bestimmten Politikfeldern den Charakter eines supranationalen politischen Systems hat, stellt eine Kreation der Mitgliedstaaten dar, die gemeinsam und in Gewaltenteilung mit der Kommission und dem Europäischen Parlament die Gesetzgebungskompetenz ausüben.

Internationale Politik als Mehrebenenpolitik

Gewaltenteilung zwischen Ebenen und wechselseitige Beteiligungsrechte der Vertreter von Gebietskörperschaften sind also praktisch in jedem Mehrebenensystem vorhanden. Unabhängig davon kann das Ausmaß der institutionell festgelegten Autonomie bzw. Verflechtung zwischen Ebenen durch weitere Elemente der Mehrebenenordnung variieren. So können Politikfelder als Gemeinschaftsaufgaben ausgestaltet sein, wobei einzelnen Ebenen unterschiedliche Entscheidungskompetenzen zugewiesen sein können. Die formalen Beteiligungsrechte in der Legislative können durch mehr oder weniger stark ausgeprägte Verhandlungen zwischen Exekutiven ergänzt werden. Die Zuordnung von Finanzquellen und Finanzierungszuständigkeiten können durch Finanzhilfen oder Systeme des Finanzausgleichs ergänzt werden. Mehrebenenstrukturen können dementsprechend als Differenzierungssysteme oder Verbundsysteme kategorisiert werden. Als Idealtypen können diese wie folgt beschrieben werden:

Differenzierungs- und Verbundsystem

Übersicht 3:   Differenzierungssystem und Verbundsystem

	Differenzierungssystem	**Verbundsystem**
Institutionelle Beteiligung an der Gesetzgebung	direkt gewählte Repräsentanten der Mitgliedstaaten/ dezentralen Gebietskörperschaften	Regierungen der Mitgliedstaaten/dezentralen Gebietskörperschaften
Kompetenzen	autonome Kompetenzen	Gemeinschaftsaufgaben
Finanzverfassung	getrennte Einnahmenquellen und Finanzierungszuständigkeit	gemeinsame Finanzierungsquellen, Finanzzuweisungen, Finanzausgleich

2.2 Interessen verfassungspolitischer Akteure

Ergeben sich schon aus normativen Theorien eines demokratischen Föderalismus Gründe für Interdependenzen, welche Koordination im Mehrebenensystem erfordern, so ist weiterhin zu beachten, dass ein Mehrebenensystem in der Praxis in politischen Prozessen strukturiert wird. Damit kommen Interessen der verfassungspolitischen Akteure ins Spiel.

Ideen und Interessen in der Institutionenpolitik

Verfassungspolitische Akteure, also solche, die an der Gestaltung von institutionellen Strukturen politischer Systeme beteiligt sind oder wirksam auf sie Einfluss ausüben können, verfolgen durchaus „Ideen", die normativen Zielen entsprechen. Darüber hinaus sind sie jedoch daran interessiert, ihre eigene Macht oder die Chancen, ihre politischen Ziele durchzusetzen, zu erhalten oder zu erweitern. Sowohl die Abgrenzung von Gebieten und Ebenen als auch die Kompetenz- bzw. Ressourcenverteilung oder die Regelung der institutionellen Beziehungen zwischen den Ebenen können Macht und Durchsetzungschancen verändern.

Interessen am Bestand von Gebietsstrukturen

Während normative Theorien tendenziell für eine variable Ausgestaltung der Gebietsstrukturen sprechen, dürften Akteursinteressen eher auf eine Bewahrung bestehender Gebietsstrukturen gerichtet sein. Zwar wird in Bundesstaaten immer wieder über eine Gebietsreform debattiert, wobei entsprechende Forderungen in der Regel mit der vermeintlich zu erreichenden Effizienzsteigerung begründet und auch überwiegend von Vertretern der Wirtschaft artikuliert werden. Ferner gibt es seltene Fälle, in denen räumlich konzentrierte Minderheiten eine Abspaltung von einer Gebietseinheit herbeiführen wollen. Die über diese Frage entscheidenden Politiker in Regierungen und Parlamenten der betroffenen Gebietseinheiten sowie die Mehrheit der Bevölkerung erkennen in Gebietsreformen jedoch in aller Regel eine Bedrohung ihrer Macht oder der vertrauten politischen Gemeinschaften, in denen sie ihre kollektiven Belange verwirklichen. Gegen diese Interessen ist eine Gebietsreform schwer durchzusetzen. Lediglich die Gebiete administrativer Einheiten oder von Kommunen, die durch Gesetze geändert werden können, werden häufiger geändert. Zwischen Gemeinden sind die funktionalen Interdependenzen oder die wirtschaftlichen Ungleichgewichte zum Teil so erheblich, dass sie sich freiwillig zu einem Verband zusammenschließen. Für die Regionen bzw. Gliedstaaten in einem föderativen System trifft dies weniger zu. Und Staatsgebiete in der internationalen Ordnung verändern sich nur in Krisen, und dann sind normative Kriterien irrelevant.

Interessen an Kompetenzen und Ressourcen

Interessanter ist die Frage, wie sich Akteursinteressen auf die Kompetenzen- und Ressourcenaufteilung zwischen Ebenen eines Mehrebenensystems auswirken. Wenn wir dabei unterstellen, dass Vertreter jeder Einheit ihre Kompetenzen und Ressourcen maximieren wollen, werden die verfassungspolitischen Entscheidungen über Zentralisierung oder Dezentralisierung zu einem reinen Nullsummenspiel. Und wenn weiter angenommen wird, dass solche Entscheidungen der Zustimmung von Vertretern der zentralen und dezentralen Einheiten bedürfen, dann wäre auch in dieser Hinsicht ein Mehrebenensystem kaum veränderbar. Diese Konsequenz entspräche der Situation, die Fritz W. Scharpf mit der „Politikverflechtungsfalle" beschrieben hat (Scharpf 1985). Föderalismustheoretiker haben allerdings auf eine andere mögliche Folge hingewiesen. Machtstrukturen in Mehrebenensystemen können sich auch durch die faktische Nutzung von Kompetenzen und Ressourcen durch mächtige Akteure verändern. Die dadurch ausgelöste Dynamik kann föderative Verfassungsordnungen destabilisieren und entweder in Richtung auf einen Einheitsstaat wirken oder den Zusammenhalt der Gliedstaaten gefährden (Riker 1964; Filippov/Ordeshook/Shvetsova 2004). Wenn, wie oft behauptet wird, die Korrektur dieser Entwicklung durch Verfassungsreformen ausscheidet, dann müssen andere Mechanismen der Stabilisierung gefunden werden.

Diese Diskussion kann hier dahingestellt bleiben (dazu: Lemco 1991). Denn tatsächlich sind die Interessenkonstellationen bei der Kompetenz- und Ressourcenverteilung komplexer. Zum einen sind Kompetenzen nicht gleichbedeutend mit Macht, sondern beinhalten Verpflichtungen und Verantwortlichkeit für Aufgaben. Darin kann für eine Regierung oder ein Parlament einer Gebietskörperschaft ebenso eine Belastung wie eine Quelle von Macht liegen. Konfliktträchtige Aufgaben wie etwa die Einführung von Gebühren für öffentliche Leistungen (Studiengebühren, Straßenbenutzungsgebühren etc.) oder auch Aufgaben, die unkalkulierbare Finanzlasten zur Folge haben (Zuständigkeit für Sozialleistungen), werden von Regierungen und Parlamenten in Gebietskörperschaften eher als Einschränkung ihrer Handlungsfähigkeit denn als Machtquelle betrachtet. Zweitens unterscheiden sich Vertreter von Gebietskörperschaften in ihrer Bereitschaft, Verantwortlichkeiten zu übernehmen. Regierungen finanzstarker Gliedstaaten fordern in der Regel mehr Kompetenzen und Finanzierungsquellen, über die sie autonom entscheiden können, wohingegen diejenigen finanzschwacher Gebietskörperschaften mehr Zentralisierung und finanzielle Unterstützung durch Finanzzuweisungen befürworten. Drittens divergieren auch die Parteien in ihren Einschätzungen von Zentralisierung und Dezentralisierung. Parteien, die sozialpolitische Leistungen ausbauen oder erhalten wollen, optieren eher für Zentralisierung, während christliche Parteien das Subsidiaritätsprinzip betonen und wirtschaftsliberale Parteien vielfach mehr Dezentralisierung fordern, um zentralstaatliche Eingriffe in den Markt zu verringern und den Standortwettbewerb zwischen Regionen zu fördern.

Die Entscheidung über Zentralisierung und Dezentralisierung im Mehrebenensystem muss deshalb kein unlösbares Nullsummenspiel erzeugen. Ob dies zutrifft oder nicht, hängt vielmehr von spezifischen Akteurskonstellationen ab, die Machtinteressen sowie parteipolitische Ziele anstreben. Über diese Interessen muss verhandelt werden, und bei diesen Prozessen kommt es oft zu Kompromissen durch Teilung von Zuständigkeiten oder zu Tauschgeschäften, die den Bedarf für eine Koordination zwischen den Ebenen steigern. Tauschgeschäfte können dazu führen, dass eine Zentralisierung in einem Aufgabenbereich durch eine nicht sachgerechte Dezentralisierung in einem anderen Bereich ausgeglichen wird – oder umgekehrt. Als Folge treten im Falle einer zu weitgehenden Dezentralisierung externe Effekte auf, die durch Koordination zu bewältigen sind. Kommt es zu Überzentralisierung, können Konflikte zwischen den Ebenen entstehen, die ebenfalls Mehrebenenkoordination auslösen. Tauschgeschäfte können auch beinhalten, dass Kompetenzen zentralisiert werden und Vertreter dezentraler Gebietskörperschaften mit Beteiligungsrechten entschädigt werden, wodurch Ebenen im politischen Prozess verflochten werden. Werden Kompetenzen geteilt, wird eine Koordinierung in der Regel unabdingbar, weil sachlich zusammengehörende Aufgaben institutionell getrennt werden.

Kompetenzordnung: Interdependenzen als Folge von Tauschgeschäften und Kompetenzteilung

Entgegengesetzte Interessen der Gebietskörperschaften bezüglich der Kompetenz- und Ressourcenverteilung können auch durch regional differenzierte Zuordnungen ausgeglichen werden. Eine solche Ordnung eines „asymmetrischen Föderalismus" (Agranoff 1999) verleiht einzelnen Gliedstaaten das Recht, besondere Kompetenzen auszuüben. Im kanadischen Bundesstaat wird dieses durch „opting out"-Klauseln verwirklicht. Im deutschen Bundesstaat lässt das Grundgesetz seit der Föderalismusreform von 2006 Asymmetrie zu, nachdem die Rahmenkompetenz durch eine Vollkompetenz des Bundes mit Abweichungsrechten der Länder ersetzt wurde. Auch in der EU finden sich Beispiele für asymmetrische Kompetenzallokationen in einzelnen Politikbereichen. Hier wur-

Reduktion von vertikaler Koordination im asymmetrischen Föderalismus

den wichtige Schritte der Vergemeinschaftung unter dem (vorläufigen) Ausschluss einzelner Staaten verwirklicht, und der EU-Vertrag sieht die Integration im Wege der verstärkten Zusammenarbeit einer Gruppe von Staaten ausdrücklich vor. Diese Lösungen reduzieren den Bedarf für Mehrebenenkoordination. Sie werden allerdings nur ausnahmsweise eingeführt, weil sie territoriale Differenzierung bewirken und Ungleichheiten verstärken. Zudem spalten sie Entscheidungsstrukturen in unterschiedliche Einheiten auf.

Territoriale vs. sektorale Koordination

Asymmetrische Kompetenz- und Ressourcenverteilungen findet man überwiegend in heterogenen Gesellschaften, die keine Integration zu einem einheitlichen Volk zulassen. Ferner wächst ihre Bedeutung in Relation zur Zahl der Gebietskörperschaften und zur Größe eines Raumes, auf den sich ein Mehrebenensystem erstreckt. Extensive Formen einer asymmetrischen Kompetenzverteilung erzeugen allerdings ähnliche Probleme wie eine funktionale Organisation des Mehrebenensystems: Sie schaffen unterschiedliche Organisationen für einzelne Aufgaben, die dann isoliert erfüllt werden. Dies ist einerseits ineffektiv wegen der mangelnden Koordination zwischen Entscheidungen in einzelnen Politikfeldern, andererseits ineffizient wegen der Vermehrung der Organisationseinheiten. Zudem erschwert Asymmetrie die demokratische Kontrolle, weil sich spezialisierte Organisationen leichter verselbständigen und der Steuerung durch Gesetze oder politische Programme entziehen können.

Kompetenzverflechtung und Finanzbeziehungen als Folge

Aufgrund ihrer konträren Interessen einigen sich verfassungspolitische Akteure also selten auf eine klare Zuordnung von Zuständigkeiten. Während in territorial organisierten Mehrebenensystemen Kompromisse oft in geteilten Kompetenzen enden, was vertikale Koordination erforderlich macht, verursacht die „variable Geometrie" in einer funktional orientierten Mehrebenenorganisation Interdependenzen zwischen Aufgaben. Da Ressourcenverteilungen den Belastungen durch Aufgaben entsprechen müssen, entsteht in realen Mehrebenensystemen immer ein Bedarf für Finanztransfers, die ursprüngliche Finanzverteilungen infolge der Zuordnung von Steuer- oder Gebühreneinnahmen korrigieren. Die Verteilung von Finanzen wird auf diese Weise zu einem ständigen Gegenstand von Mehrebenenpolitik.

Interessen an Autonomie oder Politikverbund

Die durch Gebietsstrukturen sowie durch Kompetenz- und Ressourcenverteilungen verursachten Interdependenzen erklären, warum föderative politische Systeme institutionalisierte Formen der Mehrebenenkoordination benötigen. Man könnte vermuten, dass diese von den Regierungen, Parlamenten und sonstigen Akteuren nur widerwillig akzeptiert werden, da sie ihre Autonomie erhalten wollen. Tatsächlich ist auch in dieser Hinsicht zwischen zentralen und dezentralen Gebietskörperschaften zu unterscheiden. Erstere können durch Kooperation ihre Macht ausdehnen und sind in der Regel an Möglichkeiten der Zusammenarbeit interessiert, wenn sie über keine formalen Eingriffsmöglichkeiten auf dezentrale Politik verfügen. Dezentrale Einheiten versuchen tendenziell, den Einfluss von Zentralinstanzen abzuwehren und verteidigen daher ihre Autonomie. Sie bevorzugen allerdings horizontale Kooperationen. Wirtschaftlich starke Gebietskörperschaften können stärker von Autonomie profitieren, zumal sie sich im Wettbewerb mit anderen Gebietskörperschaften behaupten können. Wirtschaftsschwache Gebietskörperschaften suchen dagegen eher die Unterstützung von außen, sei es durch zentrale Regierungen oder andere dezentrale Gebietskörperschaften, und verzichten dafür auf Eigenständigkeit.

Eine weiter differenziertere Betrachtung zeigt zudem, dass die meisten Akteure in Bezug auf Autonomie oder Kooperation, also auf die Einrichtung eines Differenzierungs- oder eines Verbundsystems eher ambivalente Interessen verfolgen. Jedenfalls gibt es für die meisten Gründe, auf Autonomie zu verzichten und die Kooperation mit anderen Ebenen zu suchen. *Ambivalente Interessen*

- Regierungen sind an Kooperation interessiert, wenn sie vor der Alternative stehen, durch eine Verfassungsänderung Kompetenzen zu verlieren. Diese Situation verleitet vor allem Regierungen dezentraler Gebietskörperschaften, ihre Politik mit anderen Regierungen zu koordinieren. Zentrale wie dezentrale Regierungen können sich zudem durch intergouvernementale Kooperation dem Einfluss und der Kontrolle ihrer Parlamente entziehen. Die dabei erzielten Politikergebnisse können als Sachzwänge präsentiert werden, für die Regierungen nur teilweise verantwortlich sind (vgl. Marks 1997; Moravcsik 1997; Scharpf/Reissert/Schnabel 1976: 236-243; Wolf 2000). Für unerwünschte Ergebnisse kann die Mitschuld immer anderen Partner zugeschrieben werden. *- Regierungen*

- Akteure in der Verwaltung profitieren von der Verflechtung ihrer Aufgaben in einem Verbundsystem, weil sie durch interadministrative Vereinbarungen ihren Programm- und Ressourcenbestand gegen die Ansprüche anderer Ressorts absichern können (Lehmbruch 1989; Renzsch 2000). Zwischen Ebenen ausgehandelte Programme und zweckgebundene Finanzzuweisungen können auch in Phasen der Finanzknappheit leicht vor Kürzungen bewahrt werden, weil zentrale Regierungen Konflikte und dezentrale Regierungen den Verlust von Finanzzuweisungen vermeiden wollen. Ferner können Verwaltungen im Verbund koordinierte Gesetzgebungsvorschläge erarbeiten, die von den Parlamenten nur schwer zur Disposition gestellt werden können, weil ansonsten neue Verhandlungen mit offenem Ergebnis erforderlich wären (Scharpf/Reissert/Schnabel 1976: 236-243). *- Verwaltungen*

- Parteien und Verbände sind durch intergouvernementale Beziehungen zwischen Ebenen weniger begünstigt, vor allem dann nicht, wenn sich kooperierende Regierungen und Verwaltungen gegen ihren Einfluss abschotten (Grande 1994). Allerdings können sie zu zentralen Akteuren in Verbundsystemen werden, wenn Regierungen ihre Konflikte nicht lösen können und dann Parteien oder Verbände Vermittlungsfunktionen übernehmen. Das kann der Fall sein, wenn Verhandlungen der Regierungen durch Verteilungskonflikte blockiert sind, während Parteien oder Verbände die zu erledigenden Koordinationsaufgaben eher nach sachpolitischen Aspekten behandeln. Jedenfalls kann nicht generell davon ausgegangen werden, dass Parteien oder Verbände institutionelle Strukturen der Mehrebenenpolitik ablehnen. Wenn sie selbst Ebenen übergreifend organisiert sind, können Parteien oder Verbände zu eigenen Arenen der Mehrebenenkoordination werden. *- Parteien und Verbände*

- Damit scheinen lediglich die Parlamente in den einzelnen Gebietskörperschaften als Gegner von Verbundstrukturen in Mehrebenensystemen aufzutreten. Tatsächlich erleiden sie durch intergouvernementale Zusammenar- *- Parlamente* beit einen Machtverlust gegenüber den Regierungen und Verwaltungen. Klagen von Parlamentariern über Autonomieverluste in Verflechtungsstrukturen im nationalen und internationalen Kontext haben allerdings vielfach nur symbolischen Charakter. Parlamente neigen zur „Selbstentmachtung" (Klatt 1989), weil gewählte Repräsentanten damit – wie Regierungen – Verantwortlichkeit für konkrete Entscheidungen abwälzen können, für die dann die Regierungen oder Verwaltungen einstehen müssen.

Verantwortungs-abwälzung

Für die Akteure im politischen Mehrebenensystem sind also Formen des Politikverbunds nicht unbedingt nachteiliger als ein Differenzierungssystem, das ihre Autonomie gewährleistet. Nicht zuletzt bieten sie für demokratisch gewählte und verantwortliche Repräsentanten die Chance, anderen Akteuren die Schuld für eine schlechte Politik oder für ungelöste Probleme zuzuschreiben oder die Schwierigkeiten der Koordination dafür verantwortlich zu machen. Vor allem das Argument der mangelnden Steuerbarkeit im Verbundsystem gehört zu den beliebten Begründungen, wenn Politiker oder Verwaltungen nicht die Leistungen erbringen, die von ihnen erwartet werden oder die sie selbst versprochen haben. Dabei trifft dieses Argument vielfach nicht zu, weil Akteure die Restriktionen institutionell verflochtener Mehrebenenstrukturen mit geeigneten Strategien umgehen können. Allerdings ist diese eigentümliche Logik der Mehrebenenpolitik nicht leicht zu durchschauen, weshalb die Taktik der Verantwortungsabwälzung funktioniert.

Besonders anfällig für Verflechtungen sind die Finanzen. Dezentrale Gebietskörperschaften verzichten auf ihre Autonomie, wenn sie in finanzielle Schwierigkeiten geraten oder wenn sie sich in der Konkurrenz mit anderen Teilgebieten benachteiligt sehen. Finanzkrisen werden regelmäßig durch Zuweisungen durch den Zentralstaat bewältigt, die entweder zeitweise, meistens aber dauerhaft zur Abhängigkeit von Finanzhilfen führen (Rodden 2006). Diese Entwicklung entspringt nicht allein einer Neigung von Regierungen, Verantwortung abzuwälzen, sondern ergibt sich auch daraus, dass es schwierig ist, zwischen objektiven Ursachen und falschen Entscheidungen zu trennen, wenn solche Krisen entstehen.

Zusammenfassend ist also festzuhalten, dass eine Gestaltung von Mehrebenenstrukturen nach normativen Theorien schon deswegen nicht gelingen kann, weil dadurch fundamentale Interessen von politischen Akteuren an der Erhaltung oder Ausdehnung ihrer Macht bzw. ihres Einflusses betroffen werden. Des Weiteren spricht nur wenig dafür, dass Akteure in verfassungspolitischen Entscheidungen über Mehrebenenstrukturen sich für eine Trennung der Ebenen und der Kompetenzen entscheiden werden. Alle haben ihre Gründe, darauf zu verzichten.

2.3 Pfadabhängigkeit von Mehrebenensystemen

Politikverflechtungs-falle

Wenn in Mehrebenensystemen institutionalisierte Aufgabenverflechtungen und Beteiligungsstrukturen bestehen, dann sind sie durch Verfassungsreformen schwer aufzulösen. Jede Änderung tangiert das Machtgleichgewicht sowie Kompetenzen- und Ressourcenverteilungen zwischen Akteuren und erzeugt damit schwierig zu bewältigende Konflikte, die in politischen Systemen normalerweise vermieden werden. Auf diese Tatsache verweist das Konzept der „Politikver-flechtungsfalle" (Scharpf 1985), das Fritz W. Scharpf für die institutionell stark verflochtenen Mehrebenensysteme des deutschen Bundesstaats und der EU ent-wickelt hat, das aber durchaus generalisierbar ist. Demnach kann die Verfassung solcher politischen Systeme nicht oder nur in kleinen Schritten geändert werden, weil die Machtverteilung auf einem Gleichgewicht zwischen den Vertretern von Gebietskörperschaften beruht, die Umverteilung der Macht aber leicht durch ein Veto der verlierenden Einheiten blockiert werden kann.

Auch die Komplexität der institutionellen Ordnung, in der einzelne Rege-lungen der Gebietsorganisation, der Kompetenzen und Ressourcenverteilung, der Koordination und Kontrolle zwischen den Ebenen sowie der intragouvernemen-talen Strukturen und Verfahren kaum ohne Folgen für andere Komponenten geändert werden können, macht jede Reform zu einem riskanten Unterfangen, weil die Auswirkungen schwerlich zu kalkulieren sind. In aller Regel sind die mutmaßlichen Kosten einer Transformation der Verfassung einer Mehrebenen-struktur sehr hoch. Dies erklärt, warum Mehrebenensysteme sich durch eine ausgeprägte Pfadabhängigkeit auszeichnen.

Der Begriff der Pfadabhängigkeit besagt, dass die zu historischen Zeitpunk-ten getroffenen Festlegungen von Grundregeln einer institutionellen Ordnung Weichenstellungen markieren, die die weitere Entwicklung prägen. Nach der Theorie des historischen Institutionalismus, auf die das Konzept zurückgeht, liegen die Ursachen für die begrenzte Veränderbarkeit in der Interdependenz zwischen den Elementen einer Institutionenordnung (North 1990; Pierson 2004). Eine umfassende Verfassungstransformation ist nur unter ganz besonderen Um-ständen wie Krisensituationen oder dem Zusammenbruch einer alten Ordnung machbar, in der neue Weichenstellungen der Entwicklung möglich sind („critical junctures"). Normalerweise lassen sich jedoch nur einzelne Elemente der Verfas-sung ändern. Da diese aber mit anderen zusammenhängen, verursacht jede Ände-rung, die Grundstrukturen tangiert, erhebliche „Transformationskosten", d.h. einen hohen Aufwand für die Suche nach einer neuen Verfassungsstruktur und Widerstände der betroffenen Akteure.

Wichtige Weichenstellungen für Mehrebenensysteme ereigneten sich wäh-rend der Formierung der Staatsgewalt, die in Deutschland in den Ländern erfolg-te und in Kanada und in den USA vom Zentrum ausging. Weiter bedeutend in diesem Zusammenhang ist die Formierung gesellschaftlicher Interessen in Par-teien, die in Deutschland im Zeitalter der Industrialisierung auf der Zentralebene stattfand, in Nordamerika sich hingegen stärker in den Gliedstaaten vollzog. Des Weiteren stellen parlamentarische oder präsidentielle Regierungssysteme oder die Vertretung von Gliedstaaten im Bund schwerlich zu ändernde Elemente der Mehrebenenverfassung dar. Gleiches gilt für die Entscheidung für ein Differen-zierungs- oder Trennsystem. Ein „Systemwechsel" von einem kooperativen Bundesstaat (Verbundsystem) zu einem Wettbewerbsföderalismus (Trennsys-tem), wie er in der Verfassungsdiskussion in Deutschland gefordert wurde, ist daher nicht zu realisieren (Lehmbruch 2002).

Pfadabhängigkeit

2.4 Gesellschaftliche Bedingungen von Differenzierung und Interdependenzen

Jede Verfassung von Mehrebenensystemen, wie auch immer sie die institutionelle Differenzierung in Ebenen und Gebietseinheiten sowie die Zuordnung von Kompetenzen, Ressourcen und Beteiligungsrechten regelt, erzeugt also Interdependenzen, die Mehrebenenpolitik notwendig machen. Das Ausmaß der erforderlichen Differenzierung und der Interdependenzen resultiert aber nicht nur aus Verfassungsentscheidungen, sondern wird auch durch gesellschaftliche Entwicklungen beeinflusst. Wie jedes demokratische politische System unterliegen auch föderative Herrschaftsordnungen den jeweiligen wirtschaftlichen, sozialen und kulturellen Bedingungen. Verfassungspolitische Entscheidungen über die Institutionen eines Mehrebenensystems sowie die Praxis der Mehrebenenpolitik sind nicht „gesellschaftlich determiniert", sie resultieren nicht aus Sachzwängen, aber sie reflektieren räumliche Differenzierungen einer Gesellschaft und werden durch Interessen räumlich konzentriert zusammenlebender Gruppen beeinflusst.

Gesellschafts- vs. institutionenzentrierter Föderalismus

Dieser Zusammenhang wird in der Theorie eines gesellschaftszentrierten Föderalismus betont. Sie besagt, dass die reale Funktionsweise eines föderativen Staates nicht allein von der Verfassungsordnung, sondern auch von der im Rahmen einer Gesellschaft gewachsenen „lebenden Verfassung" (Livingston 1967) abhängt. Die Struktur einer Gesellschaft bestimmt demnach die Ausgestaltung und Dynamik der politischen Verfassung und der politischen Praxis. (Erk 2008). Vertreter eines „staatszentrierten", neo-institutionalistischen Föderalismuskonzepts (Cairns 1977; Smiley 1984) argumentierten demgegenüber, dass Staaten über ihre institutionelle Struktur die Gesellschaft beeinflussen und sich diese an eine föderative Ordnung anpasst. Sie werfen Vertretern der ersten Theorie vor, die realen Mehrebenenstrukturen zu einseitig vor dem Hintergrund regionalisierter oder national integrierter Gesellschaften zu betrachten. Untersucht man die zum Beleg für die jeweiligen Theorien herangezogenen föderativen Systeme genauer, so erweist sich diese Kontroverse als wenig fruchtbar.

Die gesellschaftszentrierte Föderalismustheorie wurde in den USA entwickelt, um zu erklären, warum im 20. Jahrhundert der ursprünglich dezentrale Bundesstaat im Zuge der Modernisierung der Gesellschaft einem Zentralisierungsprozess unterlag, ohne dass die Verfassung geändert worden wäre. Wenn man diese Dynamik genauer analysiert, so wird aber erkennbar, dass sie maßgeblich durch die Staatstätigkeit gefördert wurde, was dafür sprechen würde, gerade die USA als Fall eines staatlich geprägten Föderalismus zu bezeichnen.

Die These des staatszentrierten Föderalismus wiederum wurde zur Erklärung des kanadischen Bundesstaats entworfen. Dieser war ursprünglich im Vergleich zu den USA stärker zentralisiert, obwohl die kanadische Gesellschaft viel weniger integriert und regional nach unterschiedlichen Wirtschaftsräumen, Sprachen und ethnische Gruppen differenziert war. Die auf Zentralisierung und Unitarisierung angelegte Verfassung konnte die Dezentralisierungs- und Regionalisierungsprozesse nicht verhindern, die in der sozio-ökonomischen und kulturellen Differenzierung des Landes angelegt waren. Vertreter der „state-centered view" erklären dies als Folge der unzureichenden institutionalisierten Vertretung der Provinzen in Ottawa (Gibbins 1982), aber diese Tatsache hätte ohne die gesellschaftliche Differenzierung nicht zu den institutionellen Problemen geführt, die in der zweiten Hälfte des 20. Jahrhunderts die kanadische Politik beherrschten. Letztlich lässt sich aus diesen Auseinandersetzungen eine Erkenntnis gewinnen, die auf der Hand liegt, wenn man die längerfristige Entwicklung von Bundesstaaten betrachtet. Diese zeigt nämlich, dass Staatsorganisation und Gesellschaftsstruktur wechselseitig aufeinander einwirken.

Hiervon ausgehend könnte man den Zusammenhang zwischen Gesellschaftsstruktur und Struktur des Mehrebenensystems systemtheoretisch als Prozess der „Ko-evolution" beschreiben. Sucht man nach einer Erklärung für die jeweiligen Entwicklungsverläufe, so sind die Organisation gesellschaftlicher Interessen und die Strukturen ihrer Vermittlung ins politische System als wichtige „Transmissionsmechanismen" zwischen Staat und Gesellschaft zu betrachten. Parteien- und Verbändesysteme werden damit zu einem entscheidenden Faktor, der die Entwicklung von Mehrebenensystemen beeinflusst. Die vergleichende Föderalismusforschung (z.B. Grande 2002; Armingeon 2002; Thorlakson 2005) hat gezeigt, dass sich die Formen der gesellschaftlichen Interessenvermittlung und des politischen Systems nicht notwendigerweise auf Kongruenz hinbewegen, es vielmehr vielfältige Kombinationen gibt, die durch spezifische Entwicklungssequenzen von Politik und Gesellschaft verursacht sind. Gesellschaftsstruktur, Parteien- und Verbändesysteme und Mehrebenenpolitik bilden daher einen komplexen Zusammenhang, der durch Inkongruenzen und Eigendynamiken geprägt wird.

Parteien und Verbände als Transmissionsmechanismen

Die daraus entstehende Variabilität von Mehrebenenstrukturen zeigt sich vor allem im Vergleich zwischen räumlich homogenen und heterogenen Gesellschaften. Als räumlich heterogen sollen Gesellschaften bezeichnet werden, in denen Gruppen in Teilgebieten konzentriert sind, die sich nach wirtschaftlichen oder kulturellen Merkmalen als eigenständig definieren und sich von anderen abgrenzen lassen. Wenn solche Gruppen nicht existieren und sich die Pluralität der Gesellschaft über alle Teilgebiete etwa gleichmäßig verteilt, soll von einer räumlich homogenen Gesellschaft gesprochen werden. Wenn sich die politisch relevanten Gesellschaftsgruppen in einem Territorium nach kulturellen Besonderheiten definieren, können sie als Nationen bezeichnet werden, entsprechend kann von nationalen oder multinationalen Gesellschaften gesprochen werden. Wirtschaftliche Besonderheiten resultieren aus der regionalen Verteilung von Ressourcen oder Entwicklungschancen, die sich zu spezifischen regionalen Produktionsstrukturen verdichten. Die sozio-ökonomische Strukturierung verändert sich mit der wirtschaftlichen Entwicklung, die auf längere Sicht zunehmende soziale Mobilität und Umverteilungen bewirkt. Dagegen beruht die kulturelle Strukturierung auf Identitäten, welche in der Regel auch gegen gesellschaftlichen Wandel verteidigt werden. Nationale Homogenität oder multinationale Heterogenität einer Gesellschaft sind daher Strukturmerkmale, die sich durch Persistenz auszeichnen (Bartolini 2005: 99).

Räumlich homogene und heterogene Gesellschaften

Nationale vs. multinationale Gesellschaften

Grundsätzlich ist zu vermuten, dass in einer national homogenen Gesellschaft wichtige Interessen in zentralisierten Verbänden organisiert und über ein integriertes Parteiensystem vermittelt werden, das in allen Teilgebieten die gleichen Konfliktlinien abbildet. In der Tendenz wirken sich solche Parteien- und Verbändesysteme im politischen System vereinheitlichend und zentralisierend

Entwicklungssequenzen:

- Deutschland

aus. In dessen Gründungszeit können sie die Kräfte stärken, die einen Einheitsstaat unterstützen, wie dies in Italien der Fall war. In bestehenden föderativen
Ordnungen können sie dazu beitragen, dass sich trotz einer dezentralen Verfassung Unitarisierungs- und Verflechtungstendenzen durchsetzen – eine Entwicklung, die in Deutschland seit der zweiten Hälfte des 19. Jahrhunderts vorherrschend war (zum Vergleich: Ziblatt 2006). Wegen der regionalen Fragmentierung der staatlichen Strukturen, die nach dem Mittelalter nicht überwunden werden konnte, entstand hier 1866 mit dem Norddeutschen Bund bzw. 1871 mit dem
Deutschen Bund eine föderative Ordnung. Aber ab der zweiten Hälfte des 19.
Jahrhunderts überlagerten zunächst Klassenkonflikte und später funktionale
Konfliktstrukturen in der Gesellschaft die regionale Differenzierung der Staatsorganisation. Die Gründung des demokratischen Bundesstaats nach dem Zweiten
Weltkrieg stellte die dezentrale Staatsorganisation wieder her, die unter der Dik-
tatur der Nationalsozialistischen Partei 1935 aufgelöst wurde. Das föderative
System wurde jedoch durch ein historisch gewachsenes zentralisiertes Parteien-
und Verbändesystem überlagert, das eine Vereinheitlichung von Gesetzen und
Leistungen förderte. Angesichts der Dezentralisierung der Staatsorganisation
verursachte eine unitarische Ausrichtung der Politik die institutionellen und
informellen Verflechtungen zwischen den Ebenen, die für den deutschen Bundesstaat typisch sind (vgl. Lehmbruch 2002).

- Kanada   Ein Beispiel für einen föderativ verfassten Staat, dessen Entwicklung durch
eine räumlich heterogene Gesellschaft mit sozio-ökonomischen und kulturellen
Unterschieden zwischen Regionen sowie eine dezentrale Organisation des Partei-
en- und Verbändesystems bestimmt worden ist, finden wir in Kanada. Genauso
wie in Deutschland ging hier die Ausbildung der Staatsorganisation der politischen Organisation der Gesellschaft voraus. Während der Staat in Deutschland
zuerst in den Ländern existierte, nahm die Entwicklung der föderativen Ordnung
in Kanada ihren Ausgang von einem Staat, der 1867 nach britischem Vorbild
verfasst wurde und die auseinander strebenden Provinzen integrieren sollte. Doch
während in Deutschland die Industrialisierung die räumliche Differenzierung der
Gesellschaft zurückdrängte und diese für die Formierung der Parteien und Verbände eine geringe Rolle spielte, setzten sich in Kanada die regionalen Unterschiede durch, die sich in einem zunehmend regionalisierten Parteiensystem nie-
derschlugen. Angesichts der politisch starken Position der Provinz Quebec, die
nach Autonomie strebte, musste die Zentralregierung in der Verfassungsentwicklung immer Konzessionen an die Provinzen machen, so dass sich die bundesstaatliche Ordnung an die dezentral organisierte Gesellschaft anpasste. Die Anpassung
erfolgte weniger durch Verfassungsreformen, die ein Trennsystem einführten, als
vielmehr über intergouvernementale Vereinbarungen, die nicht zuletzt wegen
erheblicher Disparitäten zwischen den Provinzen zu vielfältigen Verflechtungser-
scheinungen führten (Simeon 2006; Bakvis/Skogstad 2008).

- Schweiz   Eine ähnliche Entwicklungssequenz wie in Kanada, aber ausgehend von einem dezentralisierten politischen System, finden wir in der Geschichte des
schweizerischen Bundesstaats. Hier decken sich die territorialen Strukturen des
politischen Systems weitgehend mit den Konfliktstrukturen einer multinationalen
Gesellschaft. Der Druck auf eine Zentralisierung oder Unitarisierung war daher,
anders als in Deutschland, gering. Dazu trug bei, dass sich in der Industrialisie-

rung die Wirtschaft zu zentralisierten Interessenorganisationen zusammen-
schloss. Diese übernahmen zum Teil Vollzugsfunktionen des dezentralisierten
Staates und erfüllten so wohlfahrtsstaatliche Funktionen, die in anderen Staaten
zur Zentralisierung führten (Lehmbruch 1997). Wegen des kleinen Territoriums
der Kantone und angesichts einer international ausgerichteten Wirtschaft zwingt
die starke räumlichen Differenzierung der Gesellschaft, die in einem föderal-
differenzierten Parteiensystem zum Ausdruck kommt, zur Konkordanz zwischen
gesellschaftlichen Gruppen und Parteien, aber auch zur Koordination zwischen
den Gebietskörperschaften und Ebenen (Neidhart 2002).

Wenn die Institutionalisierung einer föderativen Ordnung des politischen   - Österreich
Systems in der Entwicklungssequenz der Organisation gesellschaftlicher Interessen in Parteien und Verbänden nachfolgt, sollte eine Kongruenz zwischen politischer und gesellschaftlicher Struktur wahrscheinlicher sein als in der umgekehr-
ten Sequenz. Wenn gesellschaftliche Interessenorganisationen eine Verfassung
beeinflussen können, sollte die kulturelle Homogenität oder Heterogenität sich in
der Institutionalisierung der Mehrebenenstrukturen niederschlagen. Allerdings
können auch besondere historische Situationen oder Interessen von Regierungen
bzw. mächtigen Verbänden die Verfassungsentwicklung dominieren und in eine
andere Richtung lenken. Deshalb ist es durchaus möglich, dass in einer integrierten Gesellschaft eine föderative Staatsorganisation entsteht. Diesen Fall finden
wir in Österreich, wo nach dem Zweiten Weltkrieg eine bundesstaatliche Verfassung beschlossen wurde. Zwar gründet auch diese auf einer föderativen Tradition
der Habsburg-Monarchie; das heutige Österreich bildete dabei aber eine stärkere
Einheit als die deutschen Länder, und die Staatsbildung ging vom Zentrum in
Wien aus. In diesem Territorium formierten sich in der Industrialisierung Partei-
en und Verbände, die national integriert und zudem miteinander eng verflochten
waren. Sie verhinderten eine regionale Differenzierung der Politik. Der österrei-
chische Föderalismus konnte sich daher gegen starke Unitarisierungskräfte in der
Gesellschaft und wegen der Schwäche der Länder nur unvollständig entwickeln.
Dieser Fall stellt aber eine Ausnahme dar. Häufiger ist zu beobachten, dass die
Formierung multinationaler Gruppierungen zu einer Dezentralisierung eines
politischen Systems führt, wie dies etwa in Belgien, Spanien und im Vereinigten
Königreich der Fall ist.

Eine besondere Entwicklungssequenz finden wir in der EU. Das europäi-   - EU
sche Mehrebenensystem entstand durch Übertragung von Kompetenzen der
Mitgliedstaaten auf transnationale Institutionen. Trotz der seit 1979 durchgeführ-
ten Direktwahl des Europäischen Parlaments konnte sich in der multinationalen
Gesellschaft kein auch nur annähernd integriertes Parteien- und Verbändesystem
bilden. Die EU entstand in einem Prozess der politischen Strukturierung, die
einerseits durch die Interessen der Regierungen der Mitgliedstaaten an einer
Zusammenarbeit und andererseits durch die funktionalen Zwänge der Marktin-
tegration vorangetrieben wurde. Schließlich trugen die aus diesem Prozess her-
vorgegangenen supranationalen Institutionen des europäischen politischen Systems zur Erweiterung von Kompetenzen bei. Die Integration Europas wurde
zwar – im Sinne eines „permissiven Konsenses" – in den nationalen Gesellschaften der Mitgliedstaaten überwiegend anerkannt, inzwischen zeigen sich aber
Spannungen zwischen der politischen Zentralisierung und der gesellschaftlichen

Differenzierung. Sowohl die Dezentralisierung der staatlichen Vollzugsgewalten als auch die Tatsache, dass Parteien und Verbände nach wie vor auf der nationalen Ebene verankert sind, erklärt die ausgeprägte Mehrebenenverflechtung. Die EU gilt daher als Musterbeispiel für ein politisches System, in dem politische Entscheidungen vorwiegend in Formen von „multilevel governance" zustande kommen.

In der vergleichenden Föderalismusforschung werden die Mehrebenensysteme in multinationalen Gesellschaften mit einer föderativ-differenzierten Organisation der gesellschaftlichen Interessen als „demos-enabling" (Stepan 1999) bzw. „multinational federalism" (Kymlicka 2005) bezeichnet. Institutionen des Mehrebenensystems haben hier die Funktion, eine kulturell gespaltene Gesellschaft zusammenzuhalten und zugleich den heterogenen Interessen Beteiligungsmöglichkeiten und Autonomierechte zu sichern. In nationalen Gesellschaften wird der Mehrebenenstruktur dagegen die Funktion der Machtbeschränkung zugeschrieben („demos-constraining" bzw. „territorial federalism"). In beiden Fällen beruht Mehrebenenpolitik auf einem Zusammenwirken von politischen Institutionen und gesellschaftlichen Strukturen. Ihre konkreten Ausprägungen hängen von den spezifischen Sequenzen der Evolution von politischer und gesellschaftlicher Organisierung ab (generell: Pierson 2004; für föderative Systeme: Lehmbruch 1997, 2002). Die „Ungleichzeitigkeit" der institutionellen und gesellschaftlichen Entwicklung zeigt sich in der Regel in Spannungen und Konflikten. Sie können die Stabilität einer Verfassung gefährden, sie können aber auch den Bedarf für Mehrebenenkoordination erhöhen, die dazu dient, die durch die Verfassung ungelösten Spannungen zu bewältigen. Letzteres ist besonders der Fall, wenn Divergenzen zwischen Institutionen und Gesellschaftsstrukturen in Mehrebenensystemen entweder durch Beteiligungsrechte oder durch Formen asymmetrischer Kompetenzverteilung kompensiert werden.

Wirtschaftliche Disparitäten und gesellschaftliche Werte

Die wirtschaftliche Homogenität oder Heterogenität einer Gesellschaft wirkt sich weniger auf die Gebietsstrukturen oder Kompetenzverteilung aus als vielmehr auf die Koordinationspraxis zwischen den Ebenen. Dementsprechend präzisierte Jan Erk zu Recht die These des societal federalism: „Without a large-scale formal revision of the constitution, the operation of the federal system has evolved to reflect the underlying social structure" (Erk 2008: 9). Dieser Effekt wird durch die vorherrschenden politische Ziele und Werte vermittelt. Das lässt sich am Beispiel der Wirtschaft erläutern. Wenn die Idee einer freien Marktwirtschaft dominiert, dann gelten wirtschaftliche Unterschiede nicht als Probleme, sondern als Ausdruck von unterschiedlichen Leistungsfähigkeiten, die im Wettbewerb zu Effizienzsteigerungen motivieren sollen. In Gesellschaften, die nicht auf den freien Wettbewerb vertrauen und daher regionale Disparitäten als sozial ungerecht bewerten, bedarf es der Interventionen zugunsten wirtschaftsschwacher Gebiete. Hier werden wohlfahrtsstaatliche Leistungen zentralisiert, um zu vermeiden, dass territoriale Disparitäten nicht in soziale Ungleichheiten umschlagen. Ferner werden Finanzhilfen an Regionen vergeben und Systeme der Umverteilung von Finanzen eingeführt. Wirtschaftliche Heterogenität führt also in Verbindung mit einer positiven Bewertung des Wohlfahrtsstaats zu Zentralisierung und Verflechtung im Mehrebenensystem. Werden marktwirtschaftliche Lösungen wirtschaftlicher Ungleichgewichte bevorzugt und überlässt man die

Lösung sozialer Probleme den lokalen Gemeinschaften, sind Mehrebenenstrukturen eher dezentralisiert und wenig verflochten. Das Mehrebenensystem entspricht dann der Idee eines „market-preserving federalism" (Weingast 1995), in dem die zentrale Ebene lediglich für ordnungspolitische Aufgaben der Marktschaffung zuständig ist, ansonsten die dezentralen Ebenen um wirtschaftlichen Erfolg konkurrieren. Als Prototyp eines solchen Mehrebenensystems gelten die USA. In Deutschland dagegen wurde das in der Verfassung verankerte Sozialstaatsgebot, welches das Ziel der Gleichwertigkeit der Lebensverhältnisse in allen Regionen beinhaltet, zur wichtigen Ursache von Politikverflechtung (Pierson 1995: 466). Seit den 1970er Jahren setzten sich allerdings Konzepte eines neuen Wohlfahrtsstaats durch, in denen dezentrale Dienstleistungen, die Förderung lokaler Selbsthilfegemeinschaften und die regionale Differenzierung von Lebensverhältnissen betont werden (Hesse/Benz 1990; Münch 1997; Schmid 2002a).

Eine liberale Wirtschaftspolitik, die einen integrierten Wirtschaftsraum anstrebt, kann unabhängig von der sozioökonomischen Homogenität oder Differenzierung die Zentralisierung von Regulierungsaufgaben fördern. Die Schaffung von Märkten in einem föderativen politischen System erfordert die Festlegung einer einheitlichen Marktordnung sowie das Verbot protektionistischer Praktiken der dezentralen Einheiten. Während also regulative Politik zentralisiert werden muss, setzt eine marktschaffende Politik zugleich auf den Standortwettbewerb von Gebietskörperschaften, welcher diese zwingen soll, das Verhältnis aus öffentlichen Leistungen und Steuerbelastungen zugunsten der Wirtschaft zu optimieren. Eine ausgleichsorientierte Politik im Wohlfahrtsstaat fördert die Entwicklung eines Verbundsystems in territorialen Strukturen, dagegen lässt sich eine marktwirtschaftliche Politik in einem funktional differenzierten Mehrebenensystem verwirklichen, in dem autonome dezentrale Einheiten in einem zentral vorgegebenen Rechtsrahmen konkurrieren.

Marktwirtschaftliche Politik und funktionale Differenzierung des Mehrebenensystems

Die institutionelle Struktur von Mehrebenensystemen steht somit in einem Zusammenhang mit gesellschaftlichen Strukturen, der allerdings komplexer ist als es die Theorien des staatszentrierten oder gesellschaftszentrierten Föderalismus vermuten lassen. Ein solcher Zusammenhang besteht, weil nicht nur politische Systeme, sondern auch Gesellschaften territorial strukturiert sind. Die Bedeutung dieser territorialen Differenzierung erweist sich trotz der abnehmenden sozialen Klassendifferenzierung und der dominanten funktionalen Differenzierung der modernen Gesellschaft als wichtige Konstante der Entwicklung (Luhmann 1997; Schimank 1996). Die Globalisierung mag die Relation zwischen den Differenzierungsformen verschieben, ändert aber nichts an der Bedeutung der territorialen Dimension, die weiterhin Einfluss auf die Entwicklung von Mehrebenensystemen hat.

Folgen der Globalisierung

Im Zeitalter der Globalisierung scheint die räumliche Differenzierung von Gesellschaften zunehmend durch internationale Verflechtungen funktionaler Teilbereiche der Gesellschaft überlagert zu werden. Dementsprechend ist festzustellen, dass sich Verbände, die spezifische Interessen vertreten, und Unternehmen international organisieren, während Parteien als Organisationen allgemeiner Interessen nach wie vor primär im nationalen Rahmen agieren. Tatsächlich aber hat die Relevanz von territorialer Strukturierung, und zwar hinsichtlich großer wie kleiner Räume, mit der Ausdehnung gesellschaftlicher Aktivitäten über die Grenzen der Nationalstaaten hinaus zugenommen. Dies gilt sowohl für die sozio-kulturellen Bindungen, die Gesellschaften zusammenhalten, als auch für die Wirtschaft und für ökologische Zusammenhänge, um nur einige wichtige Aspekte zu nennen.

Multiple Identitäten   Gesellschaftstheoretiker gehen inzwischen davon aus, dass infolge der Entgrenzung von Funktionssystemen die regionalen und lokalen Kontexte für die gesellschaftliche Integration wichtiger geworden sind. Niklas Luhmann wies am Ende seiner Analysen der modernen Gesellschaft, die deren funktionale Differenzierung herausstellten, auf die Bedeutung von Regionen hin (Luhmann 1997: 807-811); er war allerdings der Auffassung, dass die Regionalisierung sich nur unter den Bedingungen der funktional differenzierten Weltgesellschaft behaupten könne. Manuel Castells (2001: 466-473) dagegen betonte die spezifische Funktion von lokalen und regionalen Räumen in der globalen „Netzwerk-Gesellschaft". Diese gesellschaftliche Entwicklung steht der Ausbildung politischer Systeme jenseits des Nationalstaats, also der zunehmenden internationalen Zusammenarbeit oder der europäischen Integration, keineswegs entgegen. Jedoch werden exklusive nationale Identitäten durch multiple Identitäten abgelöst, in denen die Zugehörigkeit zu internationalen wie intranationalen „Regionen" an Gewicht gewinnt, mag auch die nationale Dimension noch vorherrschend sein. Dies hat zur Folge, dass demokratisch legitimierte globale Politik nur in ausdifferenzierten Mehrebenensystemen möglich ist und dass gleichzeitig die in solche transnationalen Mehrebenensysteme eingebundenen Nationalstaaten unter Druck geraten, ihre institutionellen Strukturen zu dezentralisieren und zu regionalisieren. Insofern ist es kein Zufall, dass etwa in Europa die europäische Integration zeitlich fast parallel verläuft mit Prozessen der Regionalisierung in den Nationalstaaten (Benz u.a. 1999).

Globalisierung und   Ähnliche Effekte gehen von der wirtschaftlichen Globalisierung aus. Sie
Regionalisierung der   scheint im Unterschied zu den sozio-kulturellen Entwicklungen eindeutig die
Wirtschaft   internationale funktionale Differenzierung zu verstärken, da mit den Produkt-, Kapital- und Finanzmärkten eigene Teilbereiche entstanden sind, die die Grenzen von Nationalstaaten längst überschritten haben. Auch dieser Prozess ist aber mit einer Verstärkung des Raumbezugs verbunden und auch er fördert den Aufstieg der regionalen Ebene in Mehrebenensystemen. Unternehmen, die in globalen Märkten konkurrieren, agieren nicht vollkommen losgelöst von Räumen. Sie sind am Standort ihrer Produktentwicklung und Produktion auf ein geeignetes regionales Umfeld angewiesen. Um international konkurrenzfähig zu sein, müssen Betriebe in ein Netz von Produktions-, Zuliefer- und Dienstleistungsbetrieben integriert sein, darüber hinaus benötigen sie eine regionale Infrastrukturausstattung sowie ein funktionierendes Kontaktnetz zwischen Wirtschaft, Politik und Verwaltungen, eine Kultur der Kooperation sowie Identifikationsmöglichkeiten mit einem Raum, die für Marketing nutzbar sind. Voraussetzung global wettbewerbsfähiger Wirtschaft sind daher regionale Strukturen, in denen staatliche wie private Aktivitäten sinnvoll kombiniert werden (Crouch u.a. 2001; Ohmae 1995: 79-100; Pyke/Sengenberger 1992). Nicht zufällig sind es daher gerade Unternehmen, die die Regionsbildung durch politisches Engagement oder durch kulturelle Aktivitäten unterstützen.

Schließlich tragen auch ökologische Problemzusammenhänge zur Ausbildung von Mehrebenensystemen der Politik bei. Der Klimawandel, das Artensterben sowie die Ausbeutung natürlicher Bodenschätze, nicht erneuerbarer Energiereserven und der Fischbestände in Weltmeeren sind Themen von globaler Bedeutung. Die Probleme können aber nur durch international koordinierte lokale oder regionale Maßnahmen bewältigt werden. Es ist daher folgerichtig, wenn die Umweltkonferenz von Rio de Janeiro vor allem lokale Prozesse des umweltpolitischen Handelns initiierte. Umweltpolitik ist daher in Nationalstaaten und in der EU (dazu Knill 2003; Weale 2000) zu einem Kernbereich von Mehrebenenpolitik geworden.

Globale und lokale Umweltprobleme

Die gesellschaftliche Dynamik in Richtung auf Internationalisierung und subnationale Regionalisierung generiert Mehrebenenpolitik in territorial verfassten föderativen Systemen. Gleichzeitig wirkt sie auf eine spezifische funktionale Differenzierung dieser Strukturen. Die Internationalisierung ist in erster Linie durch ökonomische Prozesse sowie durch die Ausbreitung neuer Formen von Gewalt (Terrorismus, internationale Verbrechersyndikate) geprägt. Darüber hinaus sind gesellschaftliche Interessen am Erhalt der Umwelt wie an der Durchsetzung von Menschenrechten gegenüber Staatsgewalten inzwischen international organisiert. Soziale Konflikte um Ressourcenverteilungen werden demgegenüber nach wie vor primär im Kontext des Nationalstaats ausgetragen und geregelt, wenngleich sie durch die Migration und die globalen Märkte inzwischen internationalisiert sind. Regionalisierung stützt sich ebenfalls auf wirtschaftliche Funktionen, darüber hinaus wird sie durch sozio-kulturelle und raumspezifische ökologische Interessen induziert. Dies bedeutet, dass die gesellschaftliche Entwicklung weder auf eine Internationalisierung noch eine Regionalisierung des Staates wirkt, vielmehr erfassen beide Prozesse jeweils besondere Bereiche der Staatstätigkeit. In beiderlei Hinsicht sind daher funktionsspezifische Mehrebenensysteme zu erwarten. Mehrebenensysteme vom Typ des territorialen Föderalismus sind mit hoher Wahrscheinlichkeit noch lange auf bestehende Staaten beschränkt, während internationale, die Staatsgrenzen überschreitende und subnationale, regionale Formen von Governance auf sektorale Aufgabenfelder spezialisiert sind und daher eher dem Modell des funktionalen Föderalismus entsprechen (Marks/Hooghe 2004: 24-29).

Funktionsdifferenzierung zwischen Ebenen

Internationalisierung wie Regionalisierung stellen also gesellschaftliche Prozesse dar, die sich gegenseitig bedingen. Beide führen zu einer Verstärkung der territorialen Differenzierung, die die funktionale Differenzierung überlagert. In ihrer territorialen wie funktionalen Dimension impliziert diese Entwicklung immer zunehmende Interdependenz. So wie die Eigendynamik der Wirtschaft negative Folgen für die soziale Integration und die natürliche Umwelt verursacht hat, so durchdringen globale Verflechtungen zwischen Gesellschaften die nationalen, regionalen und lokalen Autonomiebestrebungen und Bemühungen um Identitätsbewahrung. Dezentrale Politikformen sind gerade im Kontext der Globalisierung erforderlich, um soziale Integration zu stabilisieren. Dabei ist nicht zu ignorieren, dass Autonomie- und Identitätsbehauptungen einer Ab- oder Ausgrenzung von regionalen oder lokalen Bevölkerungsgruppen Vorschub leisten können, die angesichts der Problemzusammenhänge und der Mobilität von Menschen, Gütern und Ressourcen im günstigen Fall anachronistisch wirken, im

Interdependenz zwischen Regionalisierung und Globalisierung

schlechteren Fall Konflikte provozieren. Mehrebenenpolitik dient dazu, solchen Entwicklungen entgegenzuwirken, indem sie regionale und lokale Einheiten in einem föderativen Verbund integriert und sie koordiniert.

Angesichts dieser Interdependenzen erscheint die Frage nach den Gewichtsverschiebungen zwischen den Ebenen, die durch die Gesellschaft bedingt sind, wenig sinnvoll zu sein. Weder dominiert die Globalisierung die Regionalisierung, noch setzt sich umgekehrt die Regionalisierung durch. Auch die These einer Verdrängung der nationalen Ebene lässt sich mit Blick auf die Macht und Beharrungskraft des Nationalstaates und die gesellschaftliche Relevanz nationaler Identitäten und nationaler Interessenorganisation leicht widerlegen. Die Gesellschaftsentwicklung scheint somit vor allem die Ausbildung von multilevel governance im politischen System zu unterstützen, wenn nicht voranzutreiben.

2.5 Zusammenfassung

Postulat der Kompe-
tenztrennung

Normative Theorien sehen eine territoriale Gliederung sowie eine Kompetenz- und Ressourcenzuweisung vor, die möglichst wenig Koordination zwischen den Ebenen notwendig macht. Begründet wird dies mit der höheren Effizienz eines Trennsystems und mit demokratietheoretischen Erwägungen. Aufgabenerfüllung im Mehrebenensystem sei nur dann effizient, wenn bei Entscheidungen alle Nutzen und Kosten der Aufgabenerfüllung vollständig berücksichtigt werden, und dies erfordere, dass Zuständigkeiten für alle Aspekte einer Aufgabe in einer Gebietskörperschaft zusammengeführt werden müssten. Nur diese Konnexität gewährleiste, dass demokratisch gewählte Repräsentanten die volle Verantwortung für Politikergebnisse gegenüber ihrer Bürgerschaft übernehmen könnten.

Zunehmender Bedarf
an Mehrebenen-
koordination

So überzeugend diese theoretischen Überlegungen sind, so wenig lassen sie sich praktisch verwirklichen (Chapman 1993; Rodden/Rose-Ackerman 1997: 1527-1528). Schon aus sachlichen Gründen ist das Trennprinzip nicht durchzuhalten, da eine Abwägung zwischen Zentralisierungs- und Dezentralisierungskosten oft zu differenzierten Kompetenzzuweisungen führt. Hinzu kommt, dass wechselseitige Einwirkungen zwischen den Ebenen auch mit dem Ziel der Gewaltenbegrenzung gerechtfertigt werden können und deshalb in föderativen Systemen in der Regel Repräsentanten dezentraler Gebietskörperschaften an zentralen Gesetzgebungsprozessen beteiligt sind. Auch in Einheitsstaaten, die Regionen Gesetzgebungs- und Verwaltungskompetenzen übertragen, sind intergouvernementale Beziehungen eine notwendige Begleiterscheinung von regionaler Autonomie (Agranoff 2004).

Als illusionär erweist sich aber nicht nur die Idee einer Ebenentrennung, die Mehrebenenpolitik vermeidet oder auf ein Minimum reduzieren soll, genauso illusionär ist auf auch die Vorstellung, man könne Mehrebenenstrukturen nach normativen Kriterien gestalten. Dem steht entgegen, dass Akteure in Verfassungs- und Institutionenpolitiken ihre eigenen Interessen verfolgen und Interessenkonflikte leicht eine Reform eines Mehrebenensystems, die normativen Kriterien entsprechen soll, blockieren. Zudem können Verfassungen eines Mehrebenensystems wegen ihrer Komplexität nur schwerlich gemäß einem institutionellen Design verändert werden, da sie sich pfadabhängig entwickeln. Schließlich werden institutionelle Strukturen von Mehrebenensystemen durch Strukturen der Organisation und Vermittlung gesellschaftlicher Interessen beeinflusst. Angesichts der Schwierigkeit der verfassungspolitischen Gestaltbarkeit wie der Interdependenzen, die infolge der gesellschaftlichen Differenzierung entstehen, muss generell mit einer zunehmenden Bedeutung von Mehrebenenkoordination gerechnet werden.

Die Zunahme von Interdependenz und der wachsende Koordinationsbedarf machen die genannten normativen Überlegungen nicht überflüssig. Zwar können diese nicht die Relevanz von Mehrebenenpolitik widerlegen, sie verweisen aber auf ein grundlegendes Problem, das diese erzeugt. Wenn es zutrifft, dass eine demokratische und effiziente Politik nur dann gewährleistet ist, wenn territorialen Einheiten der demokratischen Willensbildung und Entscheidung, der Regulierung, des Vollzugs und der Finanzierung von Aufgaben sowie der Einnahmenbeschaffung wie der -verwendung kongruent sind, dann verursacht jegliche Form von Mehrebenenpolitik, die die territorialen Grenzen von Gebietseinheiten auch nur hinsichtlich bestimmter Aspekte überschreitet, Demokratie- wie Effizienzdefizite. Wenn diese aber nicht durch Ebenentrennung und Wiederherstellung von Kongruenz der territorialen Strukturen von Politik beseitigt werden können, muss nach Formen einer Mehrebenenpolitik gesucht werden, die möglichst nahe an die normativen Erfordernisse von Effektivität und Demokratie kommen. Diese zu finden, stellt eine grundlegende Herausforderung an die Theorie wie die Praxis dar.

Herausforderung für Theorie und Praxis

3 Theorien von Governance in Mehrebenensystemen

Erkenntnisinteresse der Erforschung von multilevel governance

Mehrebenensysteme und Mehrebenenpolitik sind Gegenstand verschiedener Theorien und Forschungsbereiche. Da wir uns im Folgenden mit Governance in Mehrebenensystemen befassen, sind nur solche Theorien relevant, die Aussagen über die Zusammenhänge zwischen institutionellen Strukturen, Interaktionen und Politikergebnissen enthalten. Aus ihnen sollen Erkenntnisse darüber gewonnen werden, ob und wie in Mehrebenensystemen effektive und demokratische Politik möglich ist.

Funktionslogik und Mechanismen

Um diese Frage beantworten zu können, muss man die Funktionslogik von Governance im Mehrebenensystem verstehen. Der Begriff „Funktionslogik" steht für ein kollektives Handeln und Politikergebnis, das durch Regeln (Institutionen) und relativ dauerhafte Akteurs- und Interaktionskonstellationen bewirkt wird. Institutionen definieren Vorgaben und Restriktionen für Akteurshandeln, das erwartet werden kann, wenngleich es nicht in jedem Fall eintritt. Akteurs- und Interaktionskonstellationen sind beschreibbar durch die Zahl der Akteure, ihre Interaktionsorientierungen (egoistisch, kooperativ oder kompetitiv), ihre Interessenkonflikte und Machtverhältnisse. Das Zusammenspiel von Institutionen und Interaktionen beruht auf rekursiven Kausalzusammenhängen, die je nach Regeln und je nach Interaktionskonstellationen spezifische soziale „Mechanismen" bilden (Hedström/Swedberg 1998; Mayntz 2003; Tilly 2001). Mechanismen erklären, wie ein konkretes System funktioniert, sie stellen Prozesse dar, die bestimmte Veränderungen bewirken oder verhindern (Bunge 1997: 410-412). Diese Zusammenhänge werden mit der Perspektive des akteurszentrierten Institutionalismus ins Zentrum der Untersuchung gerückt (Scharpf 1997), der Politikergebnisse bzw. Folgen von kollektivem Handeln mit dem wechselseitigen Zusammenwirken von Institutionen und Interaktionen erklärt. Konkrete Aussagen über diese Zusammenhänge sind dabei nur für spezifische Konstellationen von konkreten Institutionen und Interaktionsmustern möglich, deren Funktionieren sich als Mechanismen darstellen lassen. Diese Analyseperspektive leitet die weiteren Ausführungen. Sie konzentrieren sich auf die Besonderheit von Mehrebenensystemen, die mehrere „Arenen" mit ihren jeweils besondern Mechanismen kombinieren, wobei sich diese wechselseitig unterstützen oder auch wechselseitig stören können. Der Begriff Arena bezeichnet einen Handlungszusammenhang von Akteuren, der durch Institutionen und die sich darin bildenden Interaktionskonstellationen definiert ist.

Analyseperspektive des akteurszentrierten Institutionalismus

Der akteurszentrierten Institutionalismus kann für die Analyse vieler Problemstellungen der Sozialwissenschaft angewandt werden. Er eignet sich aber ganz besonders für die Untersuchung politischer Prozesse, die über die Grenzen von Gebietskörperschaften und Staaten hinausreichen. Wenn die Wirkungen von Aufgaben und Entscheidungen die Ebenen eines territorial organisierten politischen Systems überschreiten, dann werden die Interdependenzen in erster Linie in Beziehungen zwischen Akteuren bearbeitet und diese interagieren zumindest partiell außerhalb der Institutionen, die politische Prozesse auf den einzelnen Ebenen regeln und damit ihr Handeln direkt beeinflussen. Prozesse in Mehrebenensystemen können indirekt durch Institutionen beeinflusst sein, indem sie den Akteuren Restriktionen auferlegen. Oft sind jedoch Beziehungen zwischen Ebenen institutionalisiert. Unabhängig vom Grad der Institutionalisierung enthalten die Governanceformen innerhalb und zwischen den Ebenen jeweils ihre eigenen Interaktionsmechanismen. Akteure der Mehrebenenpolitik sind daher unterschiedlichen Regeln und Einflussfaktoren unterworfen, die zum Teil gleichgerichtet wie entgegengesetzt wirken können. Daraus resultieren spezifische Koordinationsprobleme. Widersprüche zwischen den handlungsbeeinflussenden Faktoren und Regeln bedeuten aber auch, dass Akteure entscheiden müssen, wie sie mit diesen Bedingungen umgehen, und dies verleiht ihnen Handlungsfreiheiten. Da die Wirkung von Regeln, die in einem politischen System gelten, auf dessen Kompetenzbereich begrenzt sind, können die Akteure, die sich in der Mehrebenenkoordination außerhalb dieses Kompetenzbereichs bewegen, Handlungsspielräume gewinnen. Diese benötigen sie, wenn sie mit widersprüchlichen Handlungsbeschränkungen umgehen, andernfalls droht Handlungsunfähigkeit. Eine Besonderheit der Politik im Mehrebenensystem liegt also in einer lockereren Verbindung von Institutionen und Akteurshandeln, als dies etwa in Gebietskörperschaften oder anderen Organisationen der Fall ist. Dies ändert aber nichts an der Tatsache, dass die Mechanismen des kollektiven Handelns sich wechselseitig stören können, indem sie Handlungsorientierungen und Verhaltensweisen der Akteure so beeinflussen, dass Koordination verhindert wird. Und wenn die institutionellen oder faktischen Zwänge in den einzelnen Arenen stark sind, ist die Mehrebenenkoordination blockiert.

Wegen der schwachen Institutionalisierung von Mehrebenenpolitik und wegen der Tendenz zu informellen Beziehungen, mit denen Regelkonflikte umgangen werden, werden die Strukturen von Mehrebenenpolitik nicht selten als Netzwerke beschrieben (Rhodes 1981; Kohler-Koch/Eising 1999; Schout/Jordan 2005), also relativ dauerhafte Akteursbeziehungen, welche auf Vertrauen, Kommunikation oder Ressourcentausch beruhen (Jansen 2006). Damit wird aber die eigentliche Problematik von Mehrebenenpolitik verdrängt, weil Netzwerke oft einen Ausweg aus den Konflikten von Mechanismen bieten. Zudem sind Mehrebenenbeziehungen meistens institutionalisiert, und Netzwerke entstehen im Rahmen von Institutionen nicht nur zwischen, sondern auch innerhalb der Ebenen. Die Besonderheiten der Politik im Mehrebenensystem liegen demnach in der Art und Weise, wie verschiedene institutionalisierte Regelsysteme und verschiedene Interaktionsmechanismen zusammenwirken, wie Akteure mit den daraus resultierenden Konflikten umgehen, welche Strategien sie dabei einsetzen und welche formellen und informellen Interaktionsmuster sich daraus ergeben. Dies kommt in der Metapher eines politischen Spiels zum Ausdruck, die B. Guy Peters und Jon Pierre in diesem Kontext verwenden: „…multi-level governance is frequently conceived of as a political game. This notion refers less to a rational-choice inspired approach to multi-level governance but more to the idea that the relaxation of regulatory frameworks opens up more strategic and autonomous behaviour among the actors" (Peters/Pierre 2004: 81). Strategisches

Die Bedeutung strategischen Handelns

Handeln spielt in Mehrebenensystemen eine besondere Rolle, es führt zur Ausbildung besonderer Mechanismen und Strukturen der Mehrebenenpolitik

In der Politikwissenschaft finden sich verschiedene Theorieansätze, die zum Verständnis und zur Erklärung besonderer Governance-Formen in Mehrebenensystemen und der sich dabei entwickelnden politischen Strategien, Mechanismen und Strukturen beitragen. Eine einheitliche Theorie von Mehrebenenpolitik gibt es hingegen nicht. Mit der Betrachtungsweise des akteurszentrierten Institutionalismus sind alle relevanten Theorien vereinbar, sodass ihre Aussagen miteinander kombiniert werden können. Mit Ausnahme der relativ abstrakten Vetospieler-Theorie erreicht keine einen hohen Grad an Verallgemeinerbarkeit, ihre Aussagen beanspruchen meistens nur Gültigkeit für bestimmte Typen von Mehrebenensystemen oder für bestimmte Aspekte der Politik in Mehrebenensystemen. Grundsätzlich handelt es sich also um konkrete Theorien mit eng begrenzter Reichweite. Das mindert keinesfalls ihre Qualität. Vielmehr sind Mechanismen in politischen Prozessen nicht anders zu identifizieren, weil sie immer in konkreten Systemen wirken (Bunge 1997: 414). Dementsprechend resultieren die verfügbaren Theorien aus Kontexten, und bei ihrer Anwendung in anderen Kontexten müssen häufig Elemente aus unterschiedlichen Theorien herangezogen werden. Ausgehend von den wichtigsten Theorieansätzen, die im Folgenden in den Grundzügen dargestellt werden (dazu Bache/Flinders 2004; Braun 2004; Schmidt 1994; Wachendorfer-Schmidt 2003), werde ich einen übergreifenden Analyseansatz entwerfen, der es erlaubt, Theoriemodule zu verbinden.

Die Darstellung der Theorien beginnt mit den Grundzügen der Vetospielertheorie, die zwar keine Theorie der Mehrebenenpolitik darstellt, aber Erkenntnisse über das Regieren unter der Bedingung von Gewaltenteilung liefert. Diese Thematik und die in ihr angelegte Betrachtungsweise tauchen in anderen Theorien der Mehrebenenpolitik auf. Im Weiteren erläutere ich die relativ konkreten Theorien, die für den deutschen Bundesstaat erarbeitet wurden. Sie liefern bereits wichtige Elemente für die Konstruktion eines weiterführenden Theorieansatzes. Danach gebe ich einen Überblick über Theorien der Mehrebenenpolitik in der Europäischen Union und in der internationalen Politik. Im letzten Schritt skizziere ich „positive" Ansätze der ökonomischen Föderalismustheorie, die Aussagen über Wettbewerb als Governance-Mechanismus in Mehrebenensystemen enthalten. Dieser wurde in politikwissenschaftlichen Arbeiten zur Mehrebenenpolitik bislang noch nicht hinreichend berücksichtigt.

3.1 Vetospieler-Theorie

Wenn wir Mehrebenensysteme als Formen verflochtener Politik definieren, die sich infolge von Interdependenzen zwischen Ebenen ergeben, und wenn wir weiter davon ausgehen, dass diese Interdependenzen durch abgestimmtes Handeln von Parlamenten, Regierungen oder Verwaltungen der betroffenen Gebietseinheiten bearbeitet werden, so können wir ein Konzept aufgreifen, das in der vergleichenden Politikwissenschaft inzwischen weit verbreitet ist und auch in Analysen von Mehrebenensystemen Eingang gefunden hat. Wenn Koordination in einer Weise erfolgt, dass einseitiges Handeln ausgeschlossen oder nur mit sehr hohen Kosten möglich ist, dann verfügen die Akteure im Mehrebenensystem über die Macht, Entscheidungen der anderen Akteure wie auch gemeinsame Entscheidungen zu verhindern. Sie können also Vetomacht einsetzen. Diese entsteht entweder wegen wechselseitiger Abhängigkeit der verflochtenen Ebenen mit der Folge, dass einseitiges Handeln von der Gegenseite durch Gegenmaßnahmen durchkreuzt werden kann, oder wird durch institutionelle Regeln veranlasst, denen zufolge nur gemeinsam gehandelt werden kann. Der Mechanismus der Koordination beruht im ersten Fall also auf erzwungener wechselseitiger Anpassung, im zweiten Fall auf Verhandlungen.

Bei wechselseitiger Abhängigkeit und in Verhandlungen kann kein Akteur einen anderen zu einer Entscheidung zwingen, alle können aber eine gemeinsame Entscheidung verhindern. Eine Mehrebenenstruktur, in der Akteure in ihrer Politik aufeinander angewiesen sind, kann durch die Zahl der Vetopunkte bzw. Vetospieler charakterisiert werden. Vetopunkte sind „points of strategic uncertainty where decisions may be overturned" (Immergut 1992: 27), sie bezeichnen also jene Positionen in der Interaktionskonstellation, deren Inhaber Entscheidungen verhindern können. Als Vetospieler bezeichnet man Akteure, deren Zustimmung zu einer Entscheidung erforderlich ist bzw. die durch Verweigerung der Zustimmung eine Änderung des Status quo verhindern können.

Dieses Konzept und die entsprechende Theorie wurden von George Tsebelis (Tsebelis 1995, 2002) mit dem Ziel entwickelt, die Handlungs-, Innovations- bzw. Reformfähigkeit von politischen Systemen oder institutionellen Strukturen in Politikfeldern zu erklären. Indem er institutionalisierte Entscheidungsstrukturen eines politischen Systems durch die Art und die Zahl der Vetospieler beschreibt, vermag Tsebelis in beeindruckender Sparsamkeit unterschiedliche Institutionen für einen Vergleich auf den Begriff zu bringen. Die Theorie selbst bietet mit ihrer Reduktion von Kausalaussagen auf wenige Variablen und Zusammenhänge eine wiederum sehr sparsame Erklärung für die Wirkung von verschiedenen Institutionen. *Ziel der Theorie*

Die wichtigste Aussage lautet dabei, dass die Wahrscheinlichkeit von Entscheidungen, die den Status quo ändern, bzw. das Ausmaß der Veränderung gering ist, wenn an einer Entscheidung mehrere Akteure mit Vetomacht beteiligt sind. André Kaiser formuliert diese These wie folgt: „Je mehr Vetopunkte ein politisches System für die Akteure bereit hält, desto schwieriger ist es, Policies zu verändern, da entsprechend mehr politische Akteure in den Verhandlungsprozess einbezogen werden müssen" (Kaiser 1998: 537). Diese allgemeine Annahme präzisiert Tsebelis, indem er drei Bedingungen für geringe Politikinnovationen benennt, die in vergleichenden Untersuchungen als unabhängige Variable operationalisiert werden können. Demnach ist die Chance für Politikänderungen umso geringer, *Aussagen*

- je größer die Zahl der Vetospieler ist,
- je größer die ideologische Distanz zwischen diesen ist und
- je homogener die kollektiven Akteure, die über Vetomacht verfügen, sind (d.h. je weniger diese durch interne Konflikte belastet oder, anders formuliert, je handlungsfähiger sie sind).

Typen von
Vetospielern

Die Theorie von Tsebelis wurde inzwischen vor allem im Hinblick auf die Typen von Vetospielern als unterkomplex kritisiert und entsprechend weiterentwickelt. Uwe Wagschal etwa hat vorgeschlagen, zwischen konsensualen und kompetitiven Vetospielern zu unterscheiden (Wagschal 1999: 629). Letztere zeichneten sich durch eine hohe Wettbewerbsorientierung und eine hohe Konfliktbereitschaft aus. Nur wenn kompetitive Akteure über Vetopositionen verfügten, komme es zu Politikblockaden. Konsensuale Vetospieler hingegen seien bereit, auf Vetos zu verzichten, um Kompromisse zu erzielen. André Kaiser (1998) differenziert Vetopunkte nach ihren Funktionen und Effekten im politischen Prozess und unterscheidet solche der Konkordanz (die auf die Konsensfindung zwischen den mit Vetomacht ausgestatten Akteuren zielen), der Delegation (die partielle Entscheidungen aufgrund von Kompetenzteilung verhindern können), der Expertise (also Positionen, deren Entscheidungskompetenz auf Fachwissen beruht) und der Legislative (die Gesetzgebungsverfahren betreffen). Vetospieler können demnach auf Konsensbildung oder auch auf Blockaden hinwirken, sie können auch Verhandlungen oder eine Verlagerung von Entscheidungen zwischen Arenen erzwingen. Dies verweist auf die Tatsache, dass nicht allein die Existenz und institutionelle Macht von Vetospielern, sondern auch ihr strategisches Handeln für den Erfolg oder das Scheitern von Politik verantwortlich sind (vgl. auch Abromeit/Stoiber 2006).

Sequenz-Modell des
Politikprozesses

Diese Erweiterungen sind vor allem für die Übertragung des Vetospieler-Konzepts auf Mehrebenenpolitik wichtig. In der Anwendung der Theorie von Tsebelis wird allerdings ein weiterer Aspekt vielfach übersehen, der ebenso relevant ist. Sie enthält ein Sequenz-Modell eines politischen Prozesses, das nicht nur die Entscheidung über Vetos, sondern auch die Phase des „Agenda-setting" berücksichtigt. Vetospieler reagieren auf Entscheidungsvorschläge (agenda), die sie akzeptieren oder ablehnen können. Dabei verzichten sie auf Vetos, wenn die vorgeschlagenen Veränderungen des Status quo ihren Idealvorstellungen näher kommen als der Status quo selbst. Hieraus folgt, dass die Macht von Akteuren, Politikergebnisse zu beeinflussen, davon abhängt, ob sie die Definition von Verhandlungsgegen-ständen bzw. -positionen betrifft, ob sie direkt auf die Entscheidung wirkt oder ob sie Akteure in die Lage versetzt, eine bereits getroffene Entscheidung erst nachträglich zu verwerfen. Politikgestaltung geschieht primär in der Phase des Agenda-setting, denn in ihr werden die Bezugspunkte für die weiteren Verhandlungen und Entscheidungsverfahren bestimmt. Wenn wir den politischen Prozess als einen Filtervorgang betrachten, in dem in den unterschiedlichen Phasen schrittweise Entscheidungsoptionen ausgesondert werden, so wird offenkundig, dass die Gestaltungschancen von Akteuren umso größer sind, je früher sie in das Verfahren eingeschaltet sind, während die destruktive Wirkung eines Vetos und damit dessen politische Kosten umso größer sind, je später es ausgeübt wird, d.h. je weiter die Festlegungen im Entscheidungsverfahren gediehen sind (vgl. am Beispiel der europäischen Umweltpolitik: Héritier 1997).

Übersicht 4:   Modell des politischen Prozesses

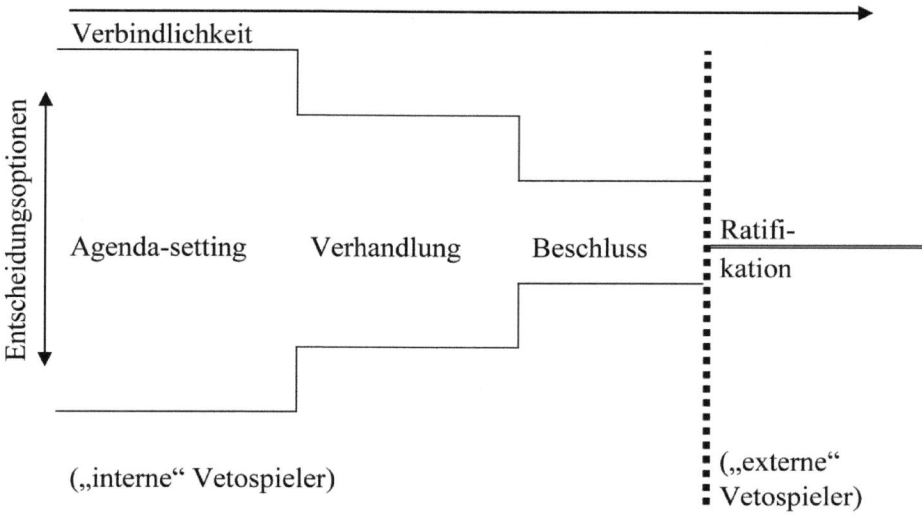

Im Mehrebenensystem hängt die Wirkung eines Vetospielers auch davon ab, ob er an der Entscheidung direkt beteiligt ist oder ob er nur Entscheidungen eines Gremiums, dem er nicht angehört, im Ratifikationsprozess verhindern kann. Deswegen ist zwischen „internen" und „externen" Vetospielern zu unterscheiden (Benz 2003a: 213-214). In staatlichen oder zwischenstaatlichen Mehrebenensystemen zählen Regierungen oder ihre Vertreter, die an Entscheidungen unmittelbar beteiligt sind, zu den internen Vetospielern, allerdings nur dann, wenn ihre Zustimmung erforderlich ist, was bei Mehrheitsentscheidungen nicht zutrifft. Externe Vetomacht besitzen z.B. Parlamente, die Vereinbarungen zwischen Regierungen ratifizieren müssen oder faktisch die Politik ihrer Regierung in der Mehrebenenkoordination kontrollieren. Interne Vetospieler, die direkt an der Aushandlung einer Entscheidung beteiligt sind, können auf den Ablauf des Entscheidungsprozesses, auf die Problemdefinition, auf Interessenkonflikte, auf Verfahren und auf die Beschlussfassung unmittelbar einwirken. Dementsprechend können sie ihre Präferenzen und Strategien im Prozessverlauf anpassen. Externe Vetospieler können Entscheidungen verhindern, die in einer anderen Institution von anderen Akteuren getroffen worden sind, sie beteiligen sich aber nicht an der Ausarbeitung dieser Entscheidungen und können auf Prozessverläufe sowie Ergebnisse nur reagieren. Die Stellung der Akteure im Entscheidungssystem beeinflusst auch ihre Interaktionsorientierungen: Interne Vetospieler verfolgen ihre eigenen Interessen, aber sie müssen, wenn sie ernsthaft an einem Politikergebnis interessiert sind, auch die Interessen ihrer Verhandlungspartner berücksichtigen. Die egoistische Verfolgung ihrer Ziele sowie das Interesse an einer von allen oder von einer Mehrheit der Beteiligten akzeptierten Problemlösung verbinden sich bei ihnen zu „mixed motives". Im Unterschied hierzu sind externe Vetospieler grundsätzlich ausschließlich darauf aus, ihre eigenen Interessen oder diejenigen ihrer Organisation oder Körperschaft durchzusetzen.

Vetospieler können Politikblockaden herbeiführen. Das bedeutet aber noch nicht, dass Mehrebenensysteme mit einer größeren Zahl von Vetospielern stärker

Interne und externe Vetospieler

Strategien von Vetospielern

für Blockaden anfällig sind als solche, in denen wenige oder keine Vetopunkte vorhanden sind. Ob Mehrebenenpolitik blockiert wird, hängt von den Interessen und Handlungsorientierungen dieser Akteure und von ihren Strategien ab. Die Institutionen bestimmen die Existenz, die Zahl und die Macht der Vetospieler. Wie sich diese im politischen Prozess tatsächlich verhalten, ist damit noch nicht gesagt. Eine Vetospieler-Theorie, die etwas über die Funktionsweise von Mehrebenenpolitik aussagen soll, muss das strategische Handeln der Akteure berücksichtigen. Die auf Institutionen fixierte ursprüngliche Theorie muss deshalb um die Komponente der Akteure und Interaktionen erweitert werden. Wie dies geschehen kann, kann am Beispiel der Theorie der Politikverflechtung in Bundesstaaten gezeigt werden.

3.2 Theorie der Politikverflechtung

Kontext der Theorie I: Kooperativer Föderalismus in Kanada

Die Erkenntnis, dass föderative politische Systeme die vertikale Gewaltenteilung nicht als Trennsystem organisieren können, verbreitete sich zuerst in den USA, als in den dreißiger Jahren des 20. Jahrhunderts der Bund zunehmend mit Finanzhilfen an Aufgaben mitwirkte, für die die Gliedstaaten zuständig waren. Diese Entwicklung wurde als Übergang vom dualen zum kooperativen Föderalismus beschrieben, und ab den 1950er Jahren konzentrierte sich die Föderalismusforschung auf „intergouvernemental relations". Ansätze einer Theorie der Mehrebenenpolitik entwickelten sich gleichwohl zuerst in Kanada, weil dort seit den 1960er Jahren die Koordination zwischen den Ebenen in Verhandlungen der Regierungschefs des Bundes und der Provinzen erfolgte, die dementsprechend ein hohes Gewicht erlangten, während in den USA die Finanzhilfen durch Verwaltungen koordiniert wurden. Unter den Beiträgen aus der kanadischen Föderalismusforschung ist vor allem die Arbeit von Richard Simeon mit dem bezeichnenden Titel „Federal-Provincial Diplomacy" zu nennen, die 1971 zum ersten Mal erschien und 2006 neu aufgelegt wurde (Simeon 2006).

Richard Simeons Theorie intergouvernementaler Verhandlungen

Simeon gelang es, die damals dominierenden soziologischen und institutionalistischen bzw. legalistischen Ansätze der Föderalismusforschung durch Erkenntnisse der Policy-Analyse und der Forschung über internationale Verhandlungen zu einer Theorie der Mehrebenenpolitik zu erweitern. Ausgehend von der Prämisse, dass weder gesellschaftsstrukturelle noch institutionelle Bedingungen die Funktionsweise und die Veränderungen von föderativen Systemen hinreichend erklären können, untersuchte er die Koordination und Konfliktregelung in Verhandlungen zwischen der Zentralregierung und den Provinzen im kanadischen Bundesstaat. Sein Analyserahmen enthielt bereits alle Elemente des akteurszentrierten Institutionalismus. Als Faktoren berücksichtigte er, in Orientierung an die in den 1960er Jahren aufkommenden Policy Studies, den gesellschaftlichen und institutionellen Kontext, darüber hinaus Akteure, Verhandlungsthemen (issues), Arenen und Verfahren der Verhandlungen sowie – als Merkmale von Verhandlungen – Ziele, politische Ressourcen, Strategien und Taktiken der Akteure, welche Ergebnisse und Konsequenzen erklären können.

Simeons Fallstudien zur Rentenpolitik, zur Finanzpolitik und zur Verfassungsreform zeigen erhebliche Unterschiede in den Abläufen und Ergebnissen intergouvernementaler Verhandlungen in unterschiedlicher Policies, mit positiven Ergebnissen im ersten Fall und Blockaden in der Verfassungspolitik. Demnach kann der Verhandlungsmechanismus im Mehrebenensystem unter bestimmten Bedingungen innovative Politikergebnisse hervorbringen. Redistributive Policies, die Simeon in der Finanzpolitik untersuchte, erweisen sich allerdings als anfällig für Einigungen auf dem kleinsten gemeinsamen Nenner. In Verhandlungen dominiere ein durch Strategien und Taktiken geprägtes bargaining-Verhalten. Gleichwohl seien Akteure an Spielregeln und Normen gebunden, die sie zum Teil selbst setzen oder die sich aus der Verhandlungssituation ergeben. „Rather than viewing the actors as perfect Machiavellians who judge various tactics simply on the basis of their effectiveness in maximizing goals, a more realistic view suggests that the means themselves may be as important as the ends" (Simeon 2006: 228). Regierungsvertreter beanspruchten daher, rational zu diskutieren und nicht um Vorteile zu feilschen, sie würden Verteilungsnormen anerkennen und berechtigte Interessen anderer Regierungen beachten. Gleichwohl verfügten sie über beträchtlichen Spielraum für Strategien und Taktiken zur Durchsetzung ihrer Interessen.

Die Konflikte zwischen den Regeln der parlamentarischen Demokratie und intergouvernementalen Verhandungen, die den deutschen Föderalismus prägen, erkannte auch Simeon (Simeon 2006: 279-280). Im kanadischen Regierungssystem hat die Regierung allerdings eine dominante Stellung, die für das Westminster Modell der Demokratie typisch ist. Mehrebenenpolitik liegt daher weitgehend in den Händen der Exekutiven, weshalb in der kanadischen Literatur immer wieder das daraus resultierende Demokratiedefizit beklagt wird. Parteipolitische Orientierungen der Regierungen können jedoch die Konflikte zwischen der Bundesregierung und den Regierungen der Gliedstaaten überformen. In Kanada wurde in Verfassungsverhandlungen die Exekutivdominanz Anfang der 1990er Jahre aufgebrochen, als Bürgerinnen und Bürger sowie Interessengruppen Einfluss auf die Verhandlungen gewannen. Das Konzept des Exekutivföderalismus, das in Kanada nach wie vor die Fachdiskussion dominiert, blendete diese intragouvernementalen Strukturen und Prozesse bei der Analyse der Mehrebenenpolitik weitgehend aus. Simeon hat auf diesen Zusammenhang hingewiesen (vgl. auch Simeon/Nugent 2008). Seine Arbeit ist als wegweisend für die Forschung über Mehrebenenpolitik zu betrachten und sie bietet auch heute noch in vielerlei Hinsicht Anregungen.

In Deutschland wurde die Mehrebenenpolitik ein Thema, als mit der Verfassungsreform von 1967 die viel kritisierte Beteiligung des Bundes an der Finanzierung von Länderaufgaben im Grundgesetz sanktioniert wurde. Angeregt unter anderem durch Simeons Analyse legten Fritz W. Scharpf u.a. 1976 eine stringente Theorie der Bund-Länder-Zusammenarbeit vor. In späteren Arbeiten erweiterte Scharpf die Reichweite der Theorie, was Modifikationen erforderlich machte. Schon in ihrer ursprünglichen Fassung (Scharpf/Reissert/Schnabel 1976; Scharpf 1978) kann sie als konsequenten Umsetzung des akteurszentrierten Institutionalismus betrachtet werden, den Scharpf in den 1990er Jahren zu einem Analyserahmen für die Policyforschung ausarbeitete (Scharpf 1997; Mayntz/Scharpf 1995). Die Theorie der Politikverflechtung im kooperativen Föderalismus der Bundesrepublik Deutschland bildete zunächst die Grundlage für die empirische

Marginalien:
Exekutivföderalismus

Kontext der Theorie II: Gemeinschaftsaufgaben in der Bundesrepublik Deutschland

Fritz W. Scharpfs Theorie der Politikverflechtung

Untersuchung einer besonderen Form der Bund-Länder-Kooperation, nämlich der durch die Verfassung erzwungenen Zusammenarbeit zwischen Bund und Ländern im Bereich der Gemeinschaftsaufgaben nach Art. 91 a GG und Art. 104 a Abs. 4 GG. Abgesehen von diesem Bezug auf eine besondere Ausprägung des kooperativen Bundesstaats in Deutschland beschränkt sich die Theorie auf eine föderative Verfassung mit zwei Ebenen. Viele der in der Theorie enthaltenen Aussagen können deswegen nicht ohne Weiteres verallgemeinert werden, und Scharpf wies auf die begrenzte Reichweite explizit hin (Scharpf 1978). Gleichwohl entwarf er eine Theoriearchitektur und formulierte Begriffe und Hypothesen, die Ausgangspunkt für eine allgemeine Theorie der Politik in Mehrebenensystemen bilden können. Insofern ist die Studie zur Politikverflechtung noch heute als richtungsweisend zu betrachten. Das gilt besonders für den Aufbau der Theorie, deren vier zentralen Elemente für den später dargestellten Analyserahmen leitend sind.

Ursachen von Politikverflechtung

Erstens liegt der Theorie der Politikverflechtung eine Analyse von Verfassungsproblemen in Mehrebenensystemen zugrunde, die sich auf die oben genannten (Kapitel 2) Argumente der ökonomischen Theorie des Föderalismus stützt. Sie erklärt, warum Politikverflechtung im Bundesstaat entsteht, und sie definiert hiervon ausgehend die Anforderungen an die Mehrebenenkoordination. Scharpf legte dar, dass bei der Zuordnung von Aufgaben auf Ebenen entweder Dezentralisierungsprobleme (externe Effekte, Kollektivgutprobleme bei der Nutzung gemeinsamer Ressourcen oder der Erstellung gemeinsamer Einrichtungen durch kleine Gebietskörperschaften) oder Zentralisierungsprobleme (Überlastung der Informationsverarbeitungs- oder Konfliktregelungskapazitäten, Vernachlässigung der Aufgabenkomplexität) auftreten. Versuche, in einem Trennsystem die richtige Entscheidungsebene zu finden, würden daher immer zu suboptimalen Ergebnissen führen. „Mehr-Ebenen-Probleme lassen sich also durch Ein-Ebenen-Entscheidungsstrukturen nicht optimal verarbeiten" (Scharpf/Reissert/Schnabel 1976: 29). Als Ausweg bietet sich eine Entscheidungsstruktur an, die Scharpf in Anlehnung an den damaligen Sprachgebrauch in der Föderalismusdiskussion als „Politikverflechtung" bezeichnete. Diese definierte er als ein Politikmuster, „bei dem zwar einerseits die Entscheidungsautonomie der dezentralen Entscheidungseinheiten eingeschränkt wird, bei dem jedoch andererseits die umfassenden Entscheidungseinheiten (Länder, Bund, Europäische Gemeinschaft) nicht gesamte Aufgabenkomplexe an sich zogen, sondern statt dessen direkte und indirekte Einfluß- und Steuerungsinstrumente gegenüber den nach wie vor entscheidungszuständigen lokalen und regionalen Entscheidungseinheiten ausgebildet haben" (Scharpf/Reissert/Schnabel 1976: 29).

Begriff

Normative Kriterien zur Bewertung der Politikverflechtung

Zweitens definierte Scharpf die Anforderungen, die aus normativer Sicht an die Politik in Mehrebenensystemen zu stellen sind. Diese leitete er ab von typischen Problemen, mit denen zu rechnen ist, wenn Parlamente oder Regierungen in Gebietskörperschaften die über deren Grenzen hinauswirkenden („externen") Effekte von Entscheidungen nicht berücksichtigen. Er unterschied dabei:

- Niveauprobleme, die beim Ignorieren negativer oder positiver externer Effekte entstehen, weil dann Güter oder Leistungen in zu hohem (im Fall negativer Effekte) oder zu geringem (im Fall positiver Effekte) Umfang erstellt werden;

- Niveaufixierungsprobleme, wenn das erforderliche Ausmaß an Leistungen oder Aktivitäten dezentraler Einheiten nicht mehr gesichert ist, weil diese entweder Probleme externalisieren oder von den positiven Effekten aus anderen Gebietskörperschaften profitieren;
- Verteilungsprobleme, also eine ungerechte Verteilung von Ressourcen zwischen Regionen aufgrund von wirtschaftlichen und sozialen Entwicklungen;
- Interaktionsprobleme, die wegen wechselseitiger Störungen durch unkoordinierte Entscheidungen der Gebietskörperschaften entstehen.

Aus dieser Problemtypologie entwickelte Scharpf Kriterien, denen Steuerungsprogramme und -instrumente im Mehrebenensystem entsprechen müssten. Demnach erfordern etwa Verteilungsprobleme Entscheidungen, die zwischen Gebietskörperschaften diskriminieren, während bei Niveauproblemen alle gleich behandelt werden können. Interaktionsprobleme erfordern Beschränkungen der Entscheidungsautonomie, während Niveau- bzw. Niveaufixierungsprobleme durch Anreize gelöst werden können.

Den dritten Baustein der Theorie, das „empirisch-verhaltenswissenschaftliche" Modul, bilden Begriffe und Hypothesen, mit denen sich erklären lässt, wie sich konkrete institutionelle Strukturen eines Mehrebenensystems auf politische Prozesse und Politikergebnisse auswirken. Ganz im Sinne des akteurszentrierten Institutionalismus nahm Scharpf an, dass institutionelle Strukturen eines Mehrebenensystems die Politik nicht determinieren, sondern Handlungsspielräume und Handlungsanreize für Akteure vorgeben. In seiner Analyse berücksichtigte er deshalb sowohl die unmittelbaren Auswirkungen institutioneller Optionen und Restriktionen als auch die Art und Weise, wie Akteure mit diesen umgehen. Als unmittelbare Auswirkung von Politikverflechtung nannte er Probleme der Informationsverarbeitung und der Entscheidungsfindung, die leicht zur Blockade von Politik führen können. „Der Versuch der Problemverarbeitung durch Politikverflechtung stößt jedoch rasch auf hohe Schranken der Informationsverarbeitung und der Konfliktregelung und Konsensbildung, von denen die zweite als dominierende Restriktion erscheint. Soweit diese Restriktion nicht abgebaut werden kann, tendiert Politikverflechtung statt zur effektiven Problemverarbeitung zu einer Selbstblockierung des politischen Systems" (Scharpf/Reissert/Schnabel 1976: 55).

Diese Feststellung leitet sich ab aus einer Analyse von Verhandlungen zwischen Bund und Ländern. Dabei ging Scharpf davon aus, dass die Vertreter von Bund und Ländern primär an den eigenen Gewinnen interessiert sind und erst in zweiter Linie an einer gemeinschaftlichen Lösung von Problemen. Sie verhandeln also im Modus des „bargaining" und nicht im Modus des „problem solving". Neben der steigenden Informationsmenge, die in einem solchen Verhandlungssystem zu verarbeiten ist und die Akteure zu selektiver Berücksichtigung von Informationen veranlasst, ist es primär die Schwierigkeit, unter diesen Bedingungen zu einer Vereinbarung zu gelangen, welche die Blockadegefahr der Politikverflechtung erklärt. Verteilungs- und Interaktionsprobleme, die nur zu lösen sind, wenn einzelne Beteiligte auf Ressourcen oder Autonomie verzichten, lassen eine Einigung kaum zu. Und da im Föderalismus häufig genau diese bei-

Blockadegefahr

den Probleme auftreten, müsste die Bund-Länder-Kooperation eigentlich häufig in der Blockade enden.

Vermeidung von Blockaden

Blockade identifizierte Scharpf aber nicht als normalen Zustand des Mehrebenensystems, sondern als institutionell angelegte Gefahr. Die Praxis der Politikverflechtung zwischen Bund und Ländern bezeichnet er als „einigermaßen funktionierend" (ebd.: 55). Er erklärte dies mit der Art und Weise, wie Akteure unter Verhandlungszwängen mit Aufgaben umgehen. Verhandlungslösungen würden erreicht durch Veränderungen von realen Entscheidungsstrukturen (Verminderung der Zahl der notwendig zu beteiligenden Akteure, etwa durch bilaterale Vereinbarungen oder Koalitionsbildungen), durch spezifische Verfahrensweisen (Verminderung der Zahl der gleichzeitig zu berücksichtigenden Entscheidungsalternativen etwa durch sequenzielle Bearbeitung von Problemen, Konfliktvertagung oder sektorale Differenzierung) sowie durch Umdefinition der Probleme und entsprechende konfliktvermeidende Lösungen (Reduktion des Konfliktniveaus durch Gleichbehandlung, Eingriffsverzicht, Besitzstandswahrung, Strukturerhaltung). In der empirischen Untersuchung der Gemeinschaftsaufgaben nach Artikel 91 a GG und von Finanzhilfen des Bundes an Länder und Gemeinden zeigte sich, dass die zuletzt genannten Auswege aus der Blockade am häufigsten genutzt werden. In den betreffenden Politikfeldern erweisen sich jedoch gerade diese Strategien der Akteure als ungeeignet, wenn man sie an den Anforderungen der normativen Theorie misst. Scharpf stellt daher fest, dass insoweit die Politikverflechtung zwar nicht Politik blockiere, aber die adäquate Erfüllung von Aufgaben verhindere und der deutsche Bundesstaat insofern an einer Überverflechtung leide.

In späteren Arbeiten zur Verhandlungstheorie hat Scharpf die Chancen auf aufgabengerechte Vereinbarungen optimistischer beurteilt (Scharpf 1992). Dabei zeigte er vor allem, dass Verteilungskonflikte durch Paketlösungen und Ausgleichszahlungen überwunden werden können oder dass allgemein anerkannte Normen der Verteilungsgerechtigkeit auch von egoistischen Verhandlungspartnern nicht ignoriert werden. Allerdings bestehen in Mehrebenensysteme dennoch ungünstige institutionelle Bedingungen für die Verwirklichung dieser Lösungen. Paketlösungen erfordern die Querschnittskoordination zwischen Politikfeldern, die in vertikal verflochtenen Strukturen durch Netzwerke der Fachressorts und die fachbezogene Organisation von Gemeinschaftsaufgaben verhindert wird. Ausgleichszahlungen gelten oft als illegitim oder sie scheitern an den Konflikten über die Höhe des Ausgleichs. Verteilungsnormen können in der Ratifikation durch Parlamente in dezentralen Gebietskörperschaften bestritten werden, weil auf dieser Ebene andere Verteilungsdimensionen in den Vordergrund rücken. Die Inkonsistenz zwischen „globalen" und „lokalen" Normen der Verteilungsgerechtigkeit erweist sich in der Mehrebenenpolitik als ein beträchtliches Problem (Benz/Scharpf/Zintl 1992).

Politikverflechtungsfalle

Aus der These der Überverflechtung lässt sich zwar ein Bedarf für institutionelle Reformen ableiten, die aber nicht in einem Trennmodell enden können. Vielmehr kann man aus Scharpfs Politikverflechtungstheorie und seinen späteren Arbeiten lediglich die Aussage entnehmen, dass die Art der Verflechtung zu ändern ist (Scharpf 2006: 324-328; vgl. auch Benz 2005). Allerdings machte er gleichzeitig darauf aufmerksam, dass auch institutionelle Reformen im verflochtenen Mehrebenensystem schwierig sind. Selbst wenn die politischen Akteure die Defizite eines verflochtenen Entscheidungssystems erkennen, seien sie deswegen noch nicht zu dessen Änderung in der Lage, weil sie Kompetenzen und Macht umverteilen müssten, wenn sie institutionelle Strukturen verändern. Diese Art des Verteilungsproblems können sie in Verhandlungen ebenso wenig lösen wie Probleme der Ressourcenverteilung. Sie befinden sich daher in der Politikverflechtungsfalle. Mit diesem Begriff beschrieb Scharpf „eine zwei oder mehr Ebenen verbindende Entscheidungsstruktur, die aus ihrer institutionellen Logik heraus systematisch (…) ineffiziente und problem-unangemessene Entscheidungen erzeugt, und die zugleich unfähig ist, die institutionellen Bedingungen ihrer Entscheidungslogik zu verändern – weder in Richtung auf mehr Integration noch in Richtung auf mehr Desintegration" (Scharpf 1985: 350).

Die Politikverflechtungstheorie ist durch ihre Stringenz, die klare Unterscheidung von normativer und empirischer Analyse und ein differenziertes Hypothesen- und Kategoriengerüst zweifellos vorbildlich. Diese Differenzierung geht auf Kosten der Reichweite der Aussagen. Es handelt sich um eine spezielle Theorie, und als solche will sie Scharpf auch verstanden wissen. Allerdings enthält sie Kategorien und theoretische Überlegungen, an die eine weiter reichende Theorie der Mehrebenenpolitik anknüpfen kann. Sie verweist auf eine Differenzierung nach Verflechtungsformen, wobei die Unterscheidung zwischen vertikaler und horizontaler Verflechtung bzw. zwischen hierarchischer Verflechtung und Verbundsystem vorgeschlagen, wenn auch nicht in allen Konsequenzen umgesetzt wird. Sie zeigt, dass die Wirkungen von Verflechtungsstrukturen nach Problemtypen und damit auch nach Politikfeldern variieren. Schließlich hat Scharpf zumindest angedeutet, dass auch die institutionellen Bedingungen, in denen Akteure in ihren Regierungssystemen stehen, eine Rolle für das Verhandlungsverhalten und die Wahrscheinlichkeit von Blockaden oder für die Möglichkeiten spielen, Blockaden zu vermeiden. Scharpf hat darüber hinaus vor allem ein Merkmal von Mehrebenenpolitik gesehen, das man generalisieren kann: Aufgrund ihrer Einbindung in mehrere institutionelle Kontexte gewinnen Akteure Freiräume, aber sie unterliegen auch besonderen Schwierigkeiten, Interessenkonflikte zu lösen. Die Wirkung der institutionellen Regeln stellt sie vor Zielkonflikte, die sich als Dilemmata kollektiven Handelns beschreiben lassen. Politikergebnisse hängen dann entscheidend davon ab, mittels welcher Strategien diese Konflikte gelöst werden. Diesen Überlegungen kommt im Weiteren eine wichtige Bedeutung zu (vgl. Kapitel 4).

Die Politikverflechtungstheorie ist allerdings im Hinblick auf die Analyse von Governance in Mehrebenensystemen zu erweitern. Die typische Form der Politikverflechtung im deutschen Bundesstaat stellt ein multilaterales Zwangsverhandlungssystem dar (um einen später von Scharpf geprägten Begriff zu verwenden; vgl. Scharpf 1992: 63). Zwangsverhandlungen liegen vor, wenn Akteuren einseitiges Handeln verwehrt ist. In diesem Fall ist ohne eine Einigung eine Änderung des Status quo nicht möglich, was in der Regel bedeutet, dass Probleme nicht gelöst werden. Zwangsverhandlungen erhöhen also die Gefahr von Blockaden kollektiven Handelns, sie setzen Akteure einem hohen Druck aus, sich zu einigen, und dies macht Kompromisslösungen auf dem kleinsten gemeinsamen Nenner oder Tauschgeschäfte mit hohen Kosten wahrscheinlich (Scharpf 1988). Dass die

Kritik:
- Ansätze zur Differenzierung

- Beschränkung auf Zwangsverhandlungen

Koordination von Politik zwischen Ebenen in der Regel, wenn auch nicht zwingend, in Verhandlungen erfolgt, ist ebenso richtig wie die Feststellung, dass bei allen politischen Entscheidungen Verhandlungen eine mehr oder weniger wichtige Rolle spielen. Die Beschränkung einer Theorie der Mehrebenenpolitik auf Zwangsverhandlungen reduziert jedoch ihren Gehalt zu sehr. Scharpf hat inzwischen die spezifische Form der „Politikverflechtung" im deutschen Bundesstaat als „joint decision-making" bezeichnet und sie als Spezialfall eines Verhandlungssystems qualifiziert, das sich durch den Zwang zur Einigung und die multilaterale Interaktionsstruktur auszeichnet (Scharpf 1997: 143-145). Im Mehrebenensystem der EU dominieren andere Verhandlungsformen, die dementsprechend auch andere Funktionsweisen erkennen lassen (Benz 1998a; Héritier 1999). Gleiches gilt etwa für den kanadischen Bundesstaat, in dem freiwillige und bilaterale Verhandlungen die Koordinationsmechanismen bestimmen (Painter 1991). Darüber hinaus sind auch Koordinationsmechanismen denkbar, bei denen Verhandlungen keine vorrangige Bedeutung erlangen (etwa der Modus der wechselseitigen Anpassung) oder bei denen sie durch Hierarchie oder Wettbewerb überlagert werden. Scharpf hat dies inzwischen in Bausteinen einer Theorie von Governance im Mehrebenensystem berücksichtigt (Scharpf 2001, 2006a).

- Wahl von Entscheidungsstrategien

Scharpf entwarf eine differenzierte Typologie von Optionen, mit denen Akteure auf Blockadegefahren reagieren können. Er gab aber keine Hinweise, warum Akteure welche Optionen wählen. Schließlich vernachlässigte er die Möglichkeit struktureller Veränderungen, obgleich er in den Handlungsweisen, mit denen Bund und Länder Blockaden zu vermeiden suchen, durchaus entsprechende Konsequenzen andeutete.

- private Akteure, Parteienwettbewerb

Anders als es das Konzept von multilevel governance impliziert, spielen in der Theorie der Politikverflechtung private Akteure keine Rolle. Diese konzentriert sich auf Interaktionen von Regierungen bzw. Vertretern von Exekutiven in den Gebietskörperschaften und berücksichtigte dabei weder den Einfluss von Parteien noch die Rolle von Verbänden. Zumindest in ihrer ursprünglichen Fassung erfasst sie auch nicht den Einfluss spezifischer Regelsysteme in den Gebietskörperschaften. Hierauf aufmerksam gemacht zu haben, ist ein wesentlicher Verdienst von Gerhard Lehmbruch, dessen einschlägige Studie zum Parteienwettbewerb im Bundesstaat im gleichen Jahr erschien wie Scharpfs Politikverflechtungstheorie.

3.3 Parteienwettbewerb und Interessenvermittlung in Mehrebenensystemen

Kontext der Theorie

Die bisher genannten Theorien von Mehrebenenpolitik konzentrierten sich auf Verhandlungsmechanismen zwischen Akteuren, die unmittelbar an Entscheidungen mitwirken („interne" Vetospieler), also zwischen Vertretern von Gebietskörperschaften, und sie wollen Ergebnisse dieser Verhandlungen erklären. Institutionen kommen dabei in zweifacher Weise in den Blick: zum einen als Regeln der Verhandlungssysteme zwischen den Ebenen und zum anderen als institutionelle Bedingungen, denen Akteure in der von ihnen vertretenen Organisation unterliegen (die Tsebelis mit der Homogenität oder Heterogenität der Vetospieler,

Scharpf mit dem Einfluss von Ratifikationsprozessen in Parlamenten oder dezentralen Gebietskörperschaften berücksichtigen). Dabei wurde durchaus erkannt, dass das Agieren auf mehreren Ebenen die Akteure vor unterschiedliche, zum Teil konträre Anforderungen stellt. Darauf, dass diese Anforderungen bereits in den Koordinationsmechanismen der einzelnen Ebenen bzw. der Mehrebenenbeziehungen angelegt sind, machte Gerhard Lehmbruch mit seiner Analyse des Parteienwettbewerbs im deutschen Bundesstaat aufmerksam (Lehmbruch 2000).

Lehmbruch zeigte, dass in der Politik im deutschen Bundesstaat zwei Mechanismen zusammentreffen, die miteinander inkompatibel sind: der Parteienwettbewerb im parlamentarischen System und intergouvernementale Verhandlungen im kooperativen Föderalismus. Diese Mechanismen beruhen auf Regelsystemen, die in der Verfassung verankert oder in der Praxis eines politischen Systems entstanden sind. In Deutschland lassen sich die Spielregeln der Konkordanz und des Interessenausgleichs, die für die Praxis des kooperativen Bundesstaates prägend geworden sind, auf die Tradition der Friedensstiftung und Kompromissfindung zwischen den Regierungen des Deutschen Bundes zurückführen, eines Staatenbunds, in dem der formal übergeordnete Kaiser keine Führungsrolle ausüben konnte. Institutionell verfestigt waren die Verhandlungssysteme zwischen Bund und Ländern bereits in der Verfassung des deutschen Bundesstaats von 1871, da das Reich finanziell und politisch auf die Unterstützung der Landesregierungen angewiesen war. Wesentliche Elemente dieser institutionellen Ordnung wurden mit einigen Modifikationen in die Verfassung der Bundesrepublik übernommen. Das parlamentarische Regierungssystem entstand 1918 und wurde schließlich mit dem deutschen Grundgesetz von 1949 verfassungsrechtlich verankert. Seine Funktionsweise wurde lange Zeit durch ein Parteiensystem mit einem ausgeprägten bipolaren Wettbewerb, dessen Wurzeln in der Klassengesellschaft des ausgehenden 19. Jahrhundert lagen, bestimmt.

Regelsysteme

Die Verbindung dieser beiden Regelsysteme in der bundesstaatlichen Mehrebenenpolitik bewirkt, dass die Regierungen des Bundes und der Länder, die in der Gesetzgebung und Programmentwicklung in vielen Politikbereichen über Entscheidungen verhandeln müssen, zugleich im Parteienwettbewerb um die Zustimmung der Wählerschaft stehen. Akteure, die sich in Verhandlungen einigen müssen, unterliegen damit der kompetitiven Praxis im parlamentarischen Regierungssystem, welches sie in Konfrontationen führt. Während sie in Verhandlungen eine Annäherung oder Übereinstimmung ihrer Positionen anstreben, zwingt sie der Parteienwettbewerb zu einer Abgrenzung, weil sie den Wählerinnen und Wählern nur so ihr Programm oder ihre Position in einem Politikfeld als bessere Alternative präsentieren können. Im Ergebnis führt dies zu einer „antagonistischen Kooperation", welche anfällig ist für Politikblockaden oder konfliktminimierende Entscheidungen, die Scharpf in seiner Politikverflechtungstheorie beschrieben hat.

Parteienwettbewerb und Verhandlungen

Während Lehmbruch in der ersten Fassung seiner Analyse der Blockadethese zuneigte und von einem Strukturbruch zwischen dem Parteienwettbewerb und dem kooperativen Bundesstaat sprach, griff er in seiner gut zwanzig Jahre später erschienenen Überarbeitung seines Buchs die Idee der Arenenkopplung auf (vgl. dazu Benz 1998a). Dabei stellte er zunächst fest, dass im deutschen Bundesstaat institutionell eine enge Kopplung zwischen Parteiensystem und föderativem Ver-

Strukturbruch und Arenenkopplung

handlungssystem angelegt ist. Beide prägen das Handeln der Akteure sehr stark, der Parteienwettbewerb wegen der vorherrschenden Polarisierung in der Mehrheitsdemokratie, das Verhandlungssystem wegen der institutionell bedingten Zwänge zur Zusammenarbeit zwischen Bund und Ländern. Diese strukturelle Kopplung schließt gleichwohl nicht aus, dass Blockaden vermieden werden können.

> „Föderalismus und Parteienwettbewerb" – so schreibt Lehmbruch – „ sind aber nicht unter allen Umständen unverträglich. Ob sich aus der Verbindung von Konkurrenzdemokratie und Verhandlungsdemokratie produktive Kopplungseffekte oder Entscheidungsblockaden ergeben, hängt vielmehr davon ab, wie die politischen Akteure mit den Zwängen umgehen, die aus den institutionellen Vorgaben resultieren, ob es also beispielsweise gelingt, die Orientierung an Selektions- und Erfolgskriterien des Parteienwettbewerbs den Funktionserfordernissen eines bundesstaatlichen Verhandlungssystems anzupassen" (Lehmbruch 2000: 28).

Interessenvermittlung im Bundesstaat Diese Kategorien der Regelsysteme und der Kopplung können auch angewandt werden, um die Verbindung zwischen den Mechanismen demokratischer Interessenvermittlung und Verhandlungen in Mehrebenensystemen der Politik zu analysieren. Für die Bundesrepublik Deutschland hat Lehmbruch angedeutet, dass ein korporatistisches Verhandlungssystem in ähnlicher Weise wie der kooperative Bundesstaat durch den Parteienwettbewerb gestört werden kann. Allerdings trifft dies nur zu, wenn Verbände, die in Verhandlungen gegensätzliche Interessen vertreten, von konkurrierenden Parteien unterstützt werden oder mit diesen enge Verbindungen eingegangen sind. In diesem Fall bedeutet eine Einigung von Verbänden, dass der Parteienwettbewerb stillgelegt ist und sich eine Form von Verhandlungsdemokratie durchsetzt. In Deutschland war das Verbändesystem jedoch nie derart eng mit dem Parteiensystem gekoppelt, und der Parteienwettbewerb hat immer gegen korporatistische Einigungsbestrebungen gewirkt, anders als dies etwa lange Zeit für Österreich zutraf (Lehmbruch 1999: 412-414). Deswegen sind korporatistische Verhandlungssysteme in Deutschland instabil und lösen sich bei Blockaden meistens auf. Die Regierungen stehen damit selten in einer engen Abhängigkeit von Verbänden. Gleichwohl können Regierungen des Bundes oder der Länder versuchen, ihre Verhandlungsposition zu stärken, indem sie sich der Unterstützung mächtiger Verbände versichern. Da diese in Deutschland überwiegend zentralisiert sind, kann vor allem der Bund von dieser Strategie profitieren. Verbände tragen damit kaum zu Blockadetendenzen bei, aber sie fördern die unitarisierende Wirkung von Politik im Bundesstaat (Armingeon 2002).

Interessenvermittlung in der EU Während Lehmbruch sich für den Zusammenhang zwischen korporatistischer Verhandlungsdemokratie und Parteienwettbewerb interessierte, untersuchte Edgar Grande die Beziehungen zwischen der europäischen Politikverflechtung und dem dort existierenden pluralistischen Verbändesystem (Grande 1994, 1996). Dabei ging er von der aus der Politikverflechtungstheorie abgeleiteten These aus, dass Regierungen unter den Kooperationszwängen der Mehrebenenverflechtung in ihrer Handlungsfähigkeit eingeschränkt sind. Nachdem die Verbändeforschung gezeigt hat, dass ein unitarischer, zentralisierter Staat von Interessengruppen für ihre Ziele vereinnahmt werden kann, so scheinen die durch die Politikverflechtung geschwächten Regierungen noch viel weniger in der Lage zu sein, sich gegen Verbände durchzusetzen. Grande wies darauf hin, dass der Einfluss organisierter Interessen die Mehrebenenverhandlungen der Regierungen behindern kann und dass in Deutschland „die Kombination von föderativer Politikverflechtung und starken sektoralen Interessen zu suboptimalen Ergebnissen, oftmals sogar zu unüberwindbaren Reformblockaden führte" (Grande 1996: 387).

Für die europäische Politikverflechtung stellte er hingegen fest, dass die Ebenendifferenzierung und die wechselseitigen Abhängigkeiten in Verhandlungen die Regierungen gegenüber den Vertretern gesellschaftlicher Interessen eher gestärkt als geschwächt haben. Dabei ist zu beachten, dass sich gut organisierte Interessenorganisationen an die Europäisierung der Politik angepasst haben und auf der Ebene der EU gut vertreten sind. Grande verweist aber darauf, dass sich Regierungen in Verhandlungen selbst binden und durch ihren Zusammenhalt den Entscheidungsprozess zumindest in bestimmten Phasen gegen Interessengruppen abschotten können. Das Mehrebenensystem erhalte auf diese Weise eine Eigendynamik, gegenüber der sich die Logik der pluralistischen oder korporatistischen Interessenvermittlung nicht durchsetzen könne. Daraus resultiere das „Paradox der Schwäche" der verflochtenen Mehrebenenpolitik: „Der Autonomieverlust der staatlichen Akteure im Innern, die Abnahme ihrer autonomen Handlungsfähigkeit, die aus der Einbindung in verflochtene Entscheidungsprozesse herrührt, kann einhergehen mit einem Autonomiegewinn des Staates gegenüber seiner gesellschaftlichen ‚Umwelt'" (Grande 1996: 388-389). In der Begrifflichkeit Lehmbruchs kann man diese These auch so formulieren: Die inkompatiblen Regelsysteme der Mehrebenenpolitik und der gesellschaftlichen Interessenvermittlung werden in diesem Fall entkoppelt, was den Einfluss der Verbände mindert.

„Paradox der Schwäche"

Lehmbruch hat mit seinen Analysen einen wichtigen Beitrag zum Verständnis von Politik im Mehrebenensystem geliefert. Der Hinweis auf die Inkompatibilität verbundener Regelsysteme ist für die Analyse von Verflechtungen zwischen Gebietskörperschaften mit demokratischen Regierungssystemen von beträchtlicher Bedeutung. Dass die enge Kopplung zwischen Parteienwettbewerb und intergouvernentalem Verhandlungssystem typisch für das deutsche Regierungssystem ist, darauf hat Lehmbruch aus vergleichender Perspektive hingewiesen. In der vergleichenden Föderalismusforschung wurde gezeigt, dass Parteiensysteme unterschiedlich ausgeprägt sind und dementsprechend ihr Einfluss auf Mehrebenenpolitik variiert. Für Deutschland typisch ist ein Parteiensystem, das organisatorisch integriert und zwischen den Ebenen kongruent ist. Der politische Wettbewerb in der parlamentarischen Demokratie betrifft damit in allen Gebietskörperschaften die gleichen Parteien, weshalb sich die parteipolitische Konfrontation unmittelbar auf die Beziehungen zwischen Regierungen auswirkt, wenn diese durch konkurrierende Parteien im Parlament gestützt werden. Vielfach sind Parteiensysteme in Bundesstaaten regional differenziert und inkongruent, weshalb Regierungen, selbst wenn sie parteipolitisch gebunden sind, ganz unterschiedliche politische Richtungen vertreten. Verhandlungsmechanismen in Mehrebenensystemen sind damit durch parteipolitische Entscheidungen beeinflusst, die das Handeln einzelner Verhandlungspartner bestimmen können, aber der Mechanismus des Parteienwettbewerbs wirkt nicht in die Verhandlungen hinein (zur Typologie: Grande 2002; Thorlakson 2005). Solche Parteiensysteme führen zu einer Pluralisierung der Interessen, wie wir dies in der Schweiz und in

Kritik

der EU beobachten können. Regionalisierte Parteiensysteme können allerdings auch dazu führen, dass Regierungen auf Autonomie statt auf Kooperation setzen. Dies kann den Bestand eines föderativen Systems gefährden (Riker 1964; Filippov/Ordeshook/Shvetsowa 2004).

Neuere Arbeiten, die regional differenzierte Parteiensysteme als Ursache für desintegrative Tendenzen betrachten, unterstellen einen monokausalen Zusammenhang zwischen Parteien- und Mehrebenensystemen. Gerhard Lehmbruchs Studie verweist dagegen auf einen wechselseitigen Zusammenhang zwischen Mechanismen, die in Verhandlungen zwischen Regierungen und im Parteienwettbewerb angelegt sind. Parteipolitik in vertikal differenzierten und inkongruenten Systemen und regionale Autonomiebestrebungen können dementsprechend ebenfalls als Mechanismen interpretiert werden, die Interaktionen beeinflussen. Mehrebenenverhandlungen können durch diese gestört werden, aber funktionierende Verhandlungen können auch den zentrifugalen Kräften entgegenwirken. Letzteres zeigt sich in Kanada (Simeon 2006), aber auch in der Europäischen Union. Das Wechselspiel zwischen Mechanismen in der intergouvernementalen und parlamentarischen Arena, das Lehmbruch für den deutschen Bundesstaat analysierte, lässt sich also auch, wenn auch in ganz anderer Weise, in anderen Mehrebenensystemen beobachten. Dass diese Analyseperspektive zu interessanten Einsichten führen kann, zeigen etwa entsprechende Arbeiten zur Demokratie im europäischen Mehrebenensystem (Benz 2003b).

3.4 Multilevel Governance in der europäischen Politik

Kontext der Theorie   Mit der europäischen Integration entstand eine besondere Form eines Mehrebenensystems. In den ersten Jahrzehnten seiner Entwicklung wurde dieses zunächst als eine Spezialform zwischenstaatlicher Zusammenarbeit betrachtet, und es wurden Theorien internationaler Beziehungen herangezogen, um die Integration zu erklären. Hiervon ausgehend erklärte man die Entstehung der europäischen Politik und deren Funktionsweise zum Teil mit Sachzwängen, die nationale und europäische Bürokratien nutzen, um die Ausdehnung ihrer Kompetenzen zu rechtfertigen (funktionalistische Theorie). Eine andere Erklärung lautete, dass die Zusammenarbeit der Staaten in Europa sowohl im Interesse der Regierungen wie einflussreicher Interessengruppen liege und daher immer weiter intensiviert worden sei (Theorie des liberalen Intergouvernementalismus). Nachdem sich die europäische Integration in den 1990er Jahren beschleunigt hatte und vor allem die Regionen als dritte Ebene der Union in Erscheinung getreten waren, suchte man nach Analysen, die dem Mehrebenencharakter der europäischen Politik in seiner ganzen Komplexität gerecht werden konnten. Vor diesem Hintergrund entstand das Konzept von multilevel governance (als Überblick: Benz/Zimmer 2008; Pollack 2005, Rosamond 2000, Wiener/Diez 2004).

These der Politikverflechtungsfalle   Dabei lassen sich zwei Stränge der Theorieentwicklung unterscheiden. In der deutschen Politikwissenschaft begann diese mit Fritz Scharpfs These der Politikverflechtungsfalle, mit der er in den 1980er Jahren die damalige Stagnation der europäischen Politik erklärte (Scharpf 1985, 1988). Scharpf beschrieb die institutionellen Strukturen des europäischen Mehrebenensystems als multilaterale Zwangsverhandlungen, die der Politikverflechtung im deutschen Bundesstaat sehr ähnlich seien. Für den Ministerrat der EU traf dies in der Tat zu, zumal seinerzeit viele Entscheidungen noch einstimmig getroffen werden mussten. Vertreter der Regierungen konnten sich unter diesen Bedingungen nur auf eine Deregulierung des Binnenmarktes einigen, wenn alle Staaten von der wirtschaftlichen Entwicklung profitierten. Wie schon die Politikverflechtungstheorie für den deutschen Bundesstaat erklärte, lässt ein solches Verhandlungssystem redistributive Entscheidungen schwerlich zu. Blockaden treten nicht auf, weil Regierungen in der dauerhaften Kooperation Verhandlungsroutinen entwickeln. Die Politikergebnisse fallen aber suboptimal aus und spiegeln den kleinsten gemeinsamen Nenner der nationalen Interessen wider. Gleichzeitig ist es, so Scharpf, wenig wahrscheinlich, dass die institutionellen Bedingungen der so eingeengten Politik geändert werden. Zum einen können krisenhafte Entwicklungen verhindert werden, weil inkrementeller Wandel möglich ist, zum anderen hat keine Regierung ein Interesse an institutionellen Reformen, weil sie damit rechnen muss, dadurch an Macht zu verlieren.

Mit dieser Theorie konnte die Stagnation der Europäischen Gemeinschaften in den 1970er Jahren gut erklärt werden. Aber in den folgenden Jahrzehnten kam es zu einer dynamischen Entwicklung der EU. Mit der Politikverflechtungstheorie nicht vereinbar waren die Expansion und die Reform der umverteilenden regionalen Strukturpolitik sowie die Serie von Vertragsreformen, die Fortschritte in der europäischen Integration und institutionelle Veränderungen erbrachten. Die umverteilend wirkende Strukturpolitik ließ sich auf Tauschgeschäfte zurückführen, die Staaten bei Erweiterungen der EU eingingen (Allen 2005). Die von der Europäischen Kommission in diesem Politikfeld initiierte Regionalisierung sowie grundlegende Reformen der Institutionen widerlegten jedoch der These der Politikverflechtungsfalle. In vergleichender Sicht wurde deutlich, dass diese in Deutschland vor allem durch die spezifische Kombination von parlamentarischer Demokratie und föderativen Verhandlungssystemen verursacht wurde, die so im europäischen politischen System nicht bestand. Hier wurde die Kommission zur treibenden Kraft der europäischen Politik, weil sie über die Kompetenz zur Definition der Agenda verfügte und diese Aufgabe unabhängig von parteipolitischen Rücksichtnahmen erfüllen konnte. Das Parlament unterstützte die Kommission in zunehmendem Maße. Und die Repräsentanten im Rat sind zwar ihren nationalen Parlamenten gegenüber verantwortlich, aber da die parlamentarische Kontrolle der europäischen Verhandlungssysteme in den Mitgliedstaaten unterschiedlich geregelt ist und die Parteien in der Europapolitik wenig engagiert sind, unterliegen die Regierungen nicht direkt dem Parteienwettbewerb. Zwischen den Verhandlungen im Rat und den nationalen Politikstrukturen besteht vielmehr nur eine lose Kopplung (Benz 1998). Zu erwähnen ist in diesem Zusammenhang auch das „Paradox der Schwäche", auf das Edgar Grande aufmerksam gemacht hat und das auf einer strategischen Nutzung der losen Kopplung zwischen Regierungsverhandlungen und kompetitiver Interessenvermittlung beruht (vgl. 3.3). Die horizontale Differenzierung des europäischen Politikprozesses in die Phasen der Agendadefinition, die meistens in Expertennetzwerken der Kommission erfolgt, die Verhandlungen zwischen den nationalen Regierungen und schließlich das, je nach Verfahren unterschiedlich geregelte, Zusam-

EU als lose gekoppeltes Mehrebenensystem

menwirken zwischen Rat und Europäischem Parlament bietet den Akteuren vielfältige Möglichkeiten, institutionell angelegte Blockadegefahren zu umgehen (Héritier 1999).

Ferner wurde erkannt, dass die nach Politikfeldern variierenden institutionellen Strukturen des europäischen Mehrebenensystems einer Übertragung der Politikverflechtungstheorie entgegenstehen. In manchen Politikfeldern liegen in der Tat ähnliche Strukturen vor wie im deutschen Bundesstaat, in anderen dominieren aber Policy-Netzwerke zwischen Fachbeamten der EU, der Mitgliedstaaten und subnationaler Verwaltungen. Der Einfluss des Europäischen Parlaments fällt je nach Gesetzgebungsverfahren unterschiedlich aus. Eine Theorie des Regierens im europäischen Mehrebenensystem muss dieser Differenzierung Rechnung tragen (Jachtenfuchs/Kohler-Koch 2004).

Die Bezugnahme auf die stringenten Thesen der Politikverflechtungstheorie erlaubte es der deutschen Politikwissenschaft, die Bedingungen für den Politikerfolg im europäischen Mehrebenensystem zu identifizieren. Das Rätsel, das es zu lösen galt, war zu erklären, warum in einem Mehrebenensystem, das nicht weniger verflochten ist als der deutsche Bundesstaat, effektive Politik möglich war und warum ab den 1980er Jahren erstaunliche Reformen der Institutionen und Politikänderungen durchgeführt wurden. Für die angelsächsische Politikwissenschaft stellte sich diese Frage nicht weniger, sie ging allerdings von einer eher positiven Bewertung von vertikal differenzierten politischen Systemen aus, in denen die institutionellen Machtbegrenzungen durch Anpassung von Entscheidungsstrukturen, Verfahren und Policies umgangen werden. Sie erkannte damit von vornherein die hohe Dynamik, die im Mehrebenensystem angelegt ist (zum Hintergrund der Föderalismusforschung: Benz 1985).

Staatszentrierte vs. akteurszentrierte Theorie

In diesem Zusammenhang besonders einflussreich wurden Arbeiten von Gary Marks und Liesbet Hooghe (vgl. Marks 1997; Hooghe 1995; Hooghe/Marks 2001). Sie gingen aus von Analysen der Mehrebenenstruktur der Europäischen Union im Bereich der Strukturpolitik und lieferten wichtige Erkenntnisse über die Besonderheiten von multilevel governance. Ob die beiden Autoren damit bereits eine Theorie vorlegten, ist umstritten (vgl. Bache/Flinders 2004; Jordan 2001). Die Bewertung hängt davon ab, welche Reichweite die Aussagen beanspruchen. Hooghe und Marks schlugen den Begriff multilevel governance vor, nachdem mit der Regionalisierung der Strukturpolitik und der Forderung nach institutioneller Dezentralisierung die Regionen als weitere Ebene der europäischen Politik ins Spiel kamen. Er sollte darauf aufmerksam machen, dass nicht „Staaten" die eigentlichen Akteure im Integrationsprozess sind, sondern auch Vertreter anderer Ebenen und Organisationen aus dem öffentlichen und privaten Sektor eine Rolle spielen.

Abgrenzung

Der Ansatz entstand somit zunächst in Abgrenzung vom Intergouvernementalismus, der Staaten als die eigentlichen Akteure der europäischen Mehrebenenpolitik behandelt. Marks unterschied hiervon den multilevel Governance-Ansatz wie folgt:

> „Anstatt den Staat als einheitlichen Akteur aufzufassen, disaggregiert der Mehrebenenansatz ihn und fragt nach der Entscheidungsmacht einzelner staatlicher Instanzen – wobei die mitgliedstaatlichen Regierungen und Verwaltungen selbstverständlich

mit einbezogen werden. Anstatt anzunehmen, dass die Staaten vor allem auf die Wahrung ihrer Souveränität bedacht seien, postuliert dieser Ansatz, dass staatliche Akteure vielschichtige und möglicherweise widersprüchliche Ziele verfolgen. Anstatt sich auf die großen politischen Weichenstellungen, insbesondere Gemeinschaftsverträge und ihre Änderungen, zu konzentrieren, verfolgt dieser Ansatz die politischen Prozesse unterhalb dieser Ebene. Auch die These, dass die Mitgliedstaaten durchgängig in der Lage seien, Politikergebnisse zu kontrollieren, wird durch die Behauptung ersetzt, dass sich der Einfluss von Akteuren auf den verschiedenen Regierungsebenen zwischen einzelnen Politikfeldern und sogar innerhalb derselben erheblich unterscheiden" (Marks 1996: 339).

Als multilevel governance bezeichnete Marks „a system of continuous negotiations among nested governments at several territorial tiers" (Marks 1993: 392), und Liesbet Hooghe sprach von einer neuen Politikform, die ohne ein Zentrum funktioniert, von dem aus verbindliche Entscheidungen getroffen und durchgesetzt werden könnten: „Instead, variable combinations of governments on multiple layers of authority – European, national, and subnational – form policy networks for collaboration. The relations are characterised by mutual interdependence on each others' resources, not by competition for scarce resources" (Hooghe 1996: 18). *Definition*

Diese komplexe Struktur sei in der EU durch die Mobilisierung subnationaler Akteure entstanden, die sich von der Beteiligung an der europäischen Politik Ressourcen und Einfluss erhofften. Die europäische Integration habe für die Regionen Gelegenheiten geboten, ihre Macht gegenüber dem Nationalstaat auszuweiten (Hooghe 1995). Mit dem Konzept eines regionalisierten Europas seien sie als institutionelle Ebene anerkannt worden, die EU habe ihnen Zugang zu Entscheidungsprozessen jenseits des Nationalstaats eröffnet und ihnen im Rahmen der Strukturpolitik Ressourcenquellen verschafft. Wie sie diese Chancen nutzen können, hängt allerdings von den innerstaatlichen Verfassungsstrukturen, den Kompetenzen und Ressourcen der Regionen und ihrer Beteiligung an intergouvernementalen Entscheidungsprozessen ab (Jeffery 2000). *Mobilisierung subnationaler Akteure*

Während wir aus diesen Arbeiten über multilevel governance in der EU überzeugende Hypothesen über die Entstehung des europäischen Mehrebenensystems und seine Dynamik gewinnen können, sind die Aussagen zur Funktionsweise der Politik, die diese Theorie liefert, eher vage. Hooghe und Marks weisen darauf hin, dass durch die Erweiterung der intergouvernementalen europäischen Politik zu einem Mehrebenensystem die Komplexität, Unsicherheit sowie Konkurrenz und Konflikte zwischen den Akteuren zunehmen. Supranationale Akteure wie die Kommission, aber auch der Europäische Gerichtshof würden daher an Gewicht gewinnen, sie agierten als "politische Unternehmer", die Koalitionen zusammenführen oder Konflikte schlichten bzw. verbindlich entscheiden könnten. In diesem Zusammenspiel vieler Akteure seien Politikergebnisse jedoch vielfach nicht intendiert, sondern Resultat von Lernprozessen. Die Theorie verweist damit auf eine hohe Dynamik des europäischen Mehrebenensystems. Dessen eigentlichen Funktionsmechanismen werden damit allerdings nicht hinreichend deutlich. Während die Komplexität und die Folgen des durch die Regionalisierung erweiterten Mehrebenensystems gut beschrieben sind, werden die Kausalzusammenhänge zwischen Strukturen, Prozessen und Politiker- *Kritik* gebnissen nicht näher präzisiert (vgl. auch Jordan 2001). Insoweit kann der Ansatz des Intergouvernementalismus, der in der Literatur zu internationalen Beziehungen in Richtung auf einen akteurszentrierten Analyserahmen weiterentwickelt wurde, kaum als überholt gelten.

Differenzierung Neueren Arbeiten zufolge erfordert ein angemessenes Verständnis der Mehrebenenpolitik in der EU, die Varianzen zwischen verschiedenen Modi von multilevel governance zu beachten (Tömmel 2008a). Die Strukturpolitik, die Ausgangspunkt der Analysen von Hooghe und Marks war, erweist sich als Verhandlungssystem, in dem die Verhandlungsarenen nur lose miteinander verbunden sind (Benz 2003). Daneben weist die europäische Gesetzgebung immer noch Züge eines multilateralen Zwangsverhandlungssystems auf, das allerdings – im Vergleich zur Politikverflechtung im deutschen Bundesstaat – durch die starke Position der unabhängigen Kommission, welche die Agenda der Verhandlungen definiert, sowie durch den Einfluss des Europäischen Gerichtshofs modifiziert wird (Scharpf 2006a). In der regulativen Politik finden sich Formen einer unilateralen Koordinierung (die Europäische Kommission, die Europäische Zentralbank und unabhängige Regulierungsbehörden), allerdings wird die hierarchische Form von Governance regelmäßig überlagert durch Verhandlungssysteme in den Regulierungsausschüssen oder Netzwerken der nationalen Behörden. Mit der „Offenen Methode der Koordinierung" wurde ein weiterer Typus von Governance im Mehrebenensystem eingeführt, der wiederum einer eigenen Funktionslogik unterliegt. Fritz Scharpf hat deswegen empfohlen, die Theorieentwicklung zunächst auf Module mit begrenzter Reichweite zu konzentrieren, d.h. sich um das Verständnis der einzelnen Typen von Mehrebenenpolitik zu bemühen, statt multilevel governance zu einem eigenständigen Ansatz der Integrationstheorie zu machen (Scharpf 2001; vgl. auch Benz 2008a). Dieser Weg wird im Weiteren verfolgt.

3.5 Das „two-level-game" der internationalen Politik

Kontext der Theorie Die internationale Politik hat bisher keine einer Gebietskörperschaft vergleichbare politische Einheit konstituiert, sondern findet in Organisationen statt, in denen Staaten zusammengeschlossen sind, in Regime der zwischenstaatlichen Kooperation oder in nicht organisierten Beziehungen zwischen Staaten. Sie kann gleichwohl als eigene Ebene der Politik betrachtet werden, die wegen ihrer Interdependenz mit der nationalen Ebene besondere Formen der Mehrebenenpolitik generiert. Wenngleich ich im vorliegenden Text die internationale Politik nicht eingehender behandle, ist auf Theorien hinzuweisen, die in diesem Forschungskontext entwickelt wurden und die Anregungen für die Analyse von Mehrebenenpolitik in Deutschland und in der EU geben.

Internationale Politik wird heute primär als Mehrebenenpolitik betrachtet. Die neorealistische Theorie, die internationale Beziehungen als Machtkampf zwischen Staaten erklärt und unterstellt, dass Staaten als homogene Akteure handelten, deren Ziele und Interessen als gegeben vorausgesetzt werden können, ist zunehmend verdrängt worden durch den Ansatz des liberalen Intergouvernementalismus. Dieser warf, nicht zuletzt mit Blick auf Unterschiede zwischen demokratischen und nicht-demokratischen Staaten, die Frage auf, welche Wirkungen innerstaatlicher Institutionen und Prozesse auf internationale Politik ausüben. Impulse lieferten Arbeiten aus den 1970er Jahren, die sich mit dem Einfluss der nationalen Parlamente auf die internationale Politik befassten. Die Analyse der Verbindung nationaler und internationaler Politik (der sogenannte „linkage approach") bildet inzwischen ein wichtiges Feld der Theoriebildung in der Wissenschaft von den internationalen Beziehungen.

Einen entscheidenden Anstoß zu dieser neueren Entwicklung lieferte ein Artikel von Robert Putnam (1988), in dem er internationale Politik mit dem – von ihm explizit als Metapher bezeichneten – Begriff des „Zwei-Ebenen Spiels" („two-level games") charakterisierte. Nach dieser Theorie gilt die internationale Politik als Verhandlungsprozess, der gleichzeitig auf der nationalen und internationalen Ebene verläuft.

> „International negotiation must be seen as a double edged process in which every actor tries to take into account expected reactions on both the domestic and the international levels. Deals at the international level change the character of domestic constraints while the movement if domestic politics opens up new possibilities for international accords. Domestic goals are pursued via international moves, and domestic politicking is central to international negotiation. The role of international and domestic factors in the determination of outcomes is simultaneous and mutual" (Evans 1993: 397).

Putnam griff dabei explizit auf verhandlungstheoretische Untersuchungen zurück, in denen das Zusammenspiel von intra- und interorganisatorischen Verhandlungen behandelt wurde (Walton/McKersie 1965). Aus ihnen gewann er die Erkenntnis, dass die Verbindung mehrerer Verhandlungsebenen die Einigungsspielräume beschränken. Realisierbar sind nur solche Entscheidungsalternativen, die sowohl in internationalen oder interorganisatorischen Verhandlungen konsensfähig sind als auch in allen betroffenen Staaten bzw. Organisationen durchgesetzt werden können. Der Spielraum für mögliche Politikergebnisse („win set") ergibt sich folglich aus der Schnittmenge der auf den verschiedenen Ebenen realisierbaren Verhandlungslösungen. Akteure in internationalen oder interorganisatorischen Verhandlungen können daher nur Vorschläge einbringen, von denen sie glaubhaft behaupten können, sie seien auch im eigenen Zuständigkeitsbereich durchsetzbar („credible proposals", Laver/Shepsle 1990: 874-875).

Verhandlungstheorie

Das Konzept des Win sets[9] vermag zu präzisieren, was in der Theorie der Politikverflechtung als Blockadegefahr genannt wurde. Es beschreibt die durch die Mehrebenenstruktur entstehenden Restriktionen für eine Änderung des Status

Hypothesen

---

9   „Win sets" erfassen Einigungsspielräume. Sie ergeben sich aus den Schnittmengen der von den Verhandlungspartnern akzeptierten Abweichungen von einer Idealposition. Das Konzept und die entsprechende graphische Darstellung nutzte auch Tsebelis für seine Vetospielertheorie. Dabei werden die akzeptablen Lösungen der Akteure als Kreise abgebildet, deren Mittelpunkt die Idealposition markiert. Verhandlungslösungen sind möglich, wenn sich die Kreise für die einzelnen Verhandlungspartner überlappen. Putnam geht davon aus, dass sich die Präferenzräume für Regierungen und für andere nationale Akteure nicht decken, weshalb seiner Auffassung zufolge der Win set des Mehrebenenspiels kleiner ist im Vergleich zu Verhandlungen von Regierungen, die auf der internationalen Ebene autonom agieren können. Dies entspricht der Aussage, dass die Zahl der Vetospieler zu einer Verkleinerung des Win sets führt.

quo. In der Theorie des Zwei-Ebenen-Spiels werden drei Bestimmungsfaktoren genannt, die für den Erfolg von Verhandlungen ausschlaggebend sein sollen: (1) die Präferenzen und Koalitionsbildungen in der nationalen Politik, (2) die Institutionen der Staaten und (3) die Strategien der auf der internationalen Ebene verhandelnden Akteure. Putnam hat hierzu erste Hypothesen vorgeschlagen, die in späteren Arbeiten ergänzt, präzisiert und zum Teil auch empirisch überprüft wurden. Sie können hier nur in Grundzügen zusammengefasst werden:

Einfluss innenpoliti-
scher Prozesse
Die Präferenzen nationaler Akteure und innenpolitische Koalitionsbildungen schränken die internationalen Verhandlungsspielräume ein, wenn die Kosten einer Nichteinigung (d.h. des Fortbestehens des Status quo) für die entscheidenden Gruppen innerhalb eines Staates, die mit Vetomacht ausgestattet sind, gering sind. Tendenziell wirken sich auch homogene Interessenkonstellationen (geschlossenes Auftreten der Gegner), Verteilungskonflikte sowie der Grad der Politisierung eines Verhandlungsgegenstandes negativ auf die Wahrscheinlichkeit einer Verhandlungslösung aus, weil dadurch schon auf der nationalen Ebene wenig Spielräume für eine Einigung über Politikänderungen gegeben sind (Putnam 1988: 442-448). Solche Blockaden sind oft nicht intendiert, weil die innenpolitischen Akteure die auf der internationalen Ebene ausgehandelten Alternativen nicht berücksichtigen. Wenn jedoch eine Interessengruppe, ein Parlamentsausschuss oder eine unabhängige Verwaltungsinstanz Informationen über die internationalen Verhandlungen vermittelt, dann sind innenpolitische Akteure in der Lage, die unintendierten Folgen innenpolitischer Vetostrategien zu erkennen, und sie verzichten daher oft auf den Einsatz ihrer Blockademacht (Iida 1996). Ferner wurde darauf hingewiesen, dass Regierungen, die mächtig genug sind, um sich gegen Blockadedrohungen nationaler Interessenkoalitionen durchzusetzen, auf internationaler Ebene größere Konzessionsbereitschaft zeigen. Die Wahrscheinlichkeit von Verhandlungslösungen hängt somit auch von der innerstaatlichen Machtverteilung ab (Mo 1995).

Bedeutung von
Institutionen
Zum Einfluss der Institutionen verwies Putnam einerseits auf die Regeln der Ratifikation von internationalen Vereinbarungen, andererseits auf die Strukturen des nationalen Regierungssystems, die einer Regierung mehr oder weniger Autonomie von Parlamenten oder Interessengruppen verleihen (Putnam 1988: 448-449). Milner und Rosendorff (1997) untersuchten den Einfluss von Regierungssystemen und stellten – in Einklang mit der der Vetospieler-Theorie – fest, dass gewaltenteilende Präsidentialsysteme oder parlamentarische Systeme mit Parteienkonkurrenz die Verhandlungsspielräume der Exekutive stärker einschränken, als dies für autokratische Regierungen zutrifft. In parlamentarischen Demokratien wirken sich Informationsasymmetrien zwischen Regierung und Parlament belastend auf die Mehrebenenpolitik aus, weil Parlamente, unabhängig von ihren Präferenzen, wegen mangelnder Informationen internationale Vereinbarungen kritisch beurteilen (Evans 1993: 408-412). Informationsasymmetrien können allerdings verringert werden, wenn ein Parlamentsausschuss oder eine unabhängige Verwaltungsinstanz Informationen über die internationalen Verhandlungen liefert. Eine geeignete Struktur nationaler Regierungssysteme kann somit Misstrauen abbauen und die Präferenzanpassung in Lernprozessen fördern.

Strategien
Das interessanteste Argument Putnams, das dementsprechend auch in den meisten der nachfolgenden Beiträge behandelt wurde, besagt, Regierungen könn-

ten durch bestimmte Strategien ihren Verhandlungsspielraum auf internationaler Ebene erweitern und dadurch innenpolitische oder institutionelle Restriktionen kompensieren. So könnten Entscheidungsgegenstände verändert werden, indem einzelne Entscheidungsthemen zu Verhandlungspaketen verbunden („issue linkage") oder mit finanziellen Leistungen kombiniert werden („side-payments", Mayer 1992). Regierungen oder Verhandlungsführer („chief negotiators") könnten Unsicherheiten und beschränkte Informationen über Entscheidungen auf den einzelnen Ebenen ausnutzen, sei es, indem sie auf der internationalen Ebene mit taktischen „Selbstbindungen" („tying hands", Fearon 1997) operieren – eine Strategie, die Evans allerdings für nicht effektiv hält (Evans 1993: 402) – oder indem sie auf der nationalen Ebene Verhandlungsergebnisse als politische Sachzwänge darstellen. Schließlich könnten Regierungen innerstaatliche Zustimmung mobilisieren, etwa indem sie Informationen über internationale Politik und ihre Wirkungen manipulieren oder transnationale Allianzen mit international agierenden Interessengruppen oder Nicht-Regierungsorganisationen nutzen, um ihre Position in internationalen Verhandlungen gegen Widerstände auf nationaler Ebene zu unterstützen (Evans 1993: 418-423).

Putnams Artikel hat inzwischen eine Fülle von Forschungsarbeiten stimuliert, die unterschiedliche Varianten dieses Zwei-Ebenen-Spiels genauer analysierten und die Theorieentwicklung verfeinerten, sei es durch empirische Überprüfung einzelner Hypothesen (vgl. etwa die Beiträge in: Evans/Jacobson/Putnam 1993) oder durch ihre Formalisierung in spieltheoretischen Konzepten (z.B. Pahre/Papayoanou 1997). Im Kern befassen sich die meisten Arbeiten mit den Strategien von Regierungen, zum Teil berücksichtigen sie aber auch die innerstaatlichen Vetospieler, also Parlamente und Interessengruppen. Ferner geht es nicht nur um die Frage der Entscheidungsfähigkeit, sondern auch um die Mobilisierung von Zustimmung in Ratifikationsprozessen. Wenngleich in aller Regel die Besonderheiten der internationalen Politik zu berücksichtigt sind, bietet dieser ursprünglich dem liberalen Intergouvernementalismus zuzurechnende Diskussionsstrang zu internationalen Beziehungen reichhaltige Anregungen für die Analyse von Governance in Mehrebenensystemen und die Fortentwicklung der entsprechenden Theorien.[10]

Kritik

3.6 Theorie des Wettbewerbsföderalismus

Mit dem Parteienwettbewerb und der pluralistischen Konkurrenz von Interessengruppen sind bereits Formen von politischer Koordination angesprochen, die nicht auf Verhandlungen oder Hierarchie, sondern auf Wettbewerb beruhen. Aber die bisher vorgestellten Theorien gelten für Mehrebenensysteme, die über forma-

Kontext der Theorie

---

10 Andrew Moravcsik (1998) hat das Konzept des Intergouvernementalismus für eine Erklärung des europäischen Integrationsprozesses genutzt. Seiner Analyse des Mehrebenenspiels bei den „grand bargains" der europäischen Staats- und Regierungschefs zufolge hängen Erfolg oder Misserfolg der Verhandlungen von Interessenkonstellationen der Staaten und Verhandlungskoalitionen unter den Regierungen ab, darüber hinaus aber auch vom Ausmaß der Unterstützung durch innerstaatliche Interessengruppen für die Regierungspolitik.

lisierte oder informelle Verhandlungen verflochten sind. Dies ist jedoch kein notwendiges Merkmal von multilevel governance. Verflechtung resultiert auf der Interdependenz von Aufgaben der einzelnen Ebenen, die auf unterschiedliche Art und Weise bearbeitet werden kann. Lange Zeit galt die Aufmerksamkeit Verhandlungen oder der wechselseitigen Anpassung in Netzwerken. Unter bestimmten Voraussetzungen kann aber auch der Wettbewerb zwischen Gebietskörperschaften dazu führen, dass negative Effekte von Interdependenzen vermieden oder produktiv genutzt werden. Dass dies gelingen kann, behauptet die Theorie des Wettbewerbsföderalismus (Oates 1999).

Wettbewerbs-
föderalismus

In Bundesstaaten wie in der europäischen und internationalen Politik spielt die Koordination über dezentralen Wettbewerb eine wichtige Rolle. Beispiele finden sich etwa in der Hochschul- und Forschungspolitik oder in der regionalen Wirtschaftspolitik. In vielen Bundesstaaten erfolgen Entscheidungen über Steuern unter der Bedingung der Konkurrenz zwischen Bund und Gliedstaaten. Darüber hinaus wirkt sich der Wettbewerb zwischen Gliedstaaten der gleichen Ebene unter bestimmten Voraussetzungen auf die Steuerpolitik aus. Diese horizontale Steuerkonkurrenz ist im europäischen Mehrebenensystem sowie in der internationalen Politik besonders ausgeprägt. Während dieser Wettbewerb in Bundesstaaten durch die Verfassung und in der EU durch eine begrenzt effektive Harmonisierung (Genschel 2002) geordnet wird, verläuft er in der internationalen Politik ohne einen Ordnungsrahmen bzw. gesteuert durch den Marktprozess. Dieser Sonderfall soll hier allenfalls implizit berücksichtigt werden. Wir konzentrieren uns auf Varianten der Theorie des Wettbewerbsföderalismus, die sich mit Politik in verfassten Mehrebenensystemen befassen, in denen von der zentralen Ebene aus Ziele und Regeln gesetzt werden.

Wirkungen des
föderativen
Wettbewerb

Vertreter der ökonomischen Theorie des Föderalismus behaupten, dass der Wettbewerb zwischen Gebietskörperschaften zwei grundlegende Vorteile für ein demokratisches Regierungssystem habe. Zum einen verstärke er die durch die vertikale Gewaltenteilung bewirkte Machtbegrenzung und verhindere, dass sich Herrschaftsausübung durch die Regierenden gegen die Interessen der Regierten wende. Zum anderen könnten einzelne Gebietskörperschaften im dezentralen Wettbewerb die besten Problemlösungen für öffentliche Aufgaben herausfinden, die in einem Prozess der Diffusion von Innovationen in alle anderen Gebietskörperschaften übertragen würden. Auf diese Weise funktioniere der Wettbewerb als effektivitätssteigernder Mechanismus der Politik wie als Modus der Koordination in föderativen Systemen (Breton 1987, 1996).

1. Machtbegrenzung
durch Wettbewerb

Die These der machtbegrenzenden Wirkung des Wettbewerbs bildet den Kern der Theorie des marktschonenden Föderalismus („market-preserving federalism", Weingast 1995). Sie besagt, sehr verkürzt formuliert, dass Regierungen in Bundesstaaten eher als Regierungen in Einheitsstaaten veranlasst sind, eine angemessene Balance aus Regulierung und Freiheitssicherung zu verwirklichen, die für eine Marktwirtschaft erforderlich ist. Der Markt benötige bestimmte Regeln, insbesondere solche, die Eigentumsrechte definieren und Mobilitäts- und Wettbewerbsschranken beseitigen. Diese Regeln müsse ein starker Staat festlegen und durchsetzen. Da aber ein starker Staat dazu neige, zu weit in die Ökonomie zu intervenieren und effiziente Marktprozesse zu behindern, müsse seine Macht im Sinne der Montesquieu'schen Idee der gemäßigten Regierung begrenzt

werden. Föderative Machtteilung zwischen konkurrierenden Ebenen und Gebietskörperschaften sei besonders geeignet, diese Mäßigung der Regierung zu
erreichen und gleichzeitig die notwendigen Rahmenbedingungen für wirtschaftliche Entwicklung herzustellen. Zum einen verfüge im Bundesstaat keine Regierung über das Monopol zur Regulierung der Wirtschaft, und die Bundesregierung
könne lediglich den notwendigen Ordnungsrahmen setzen, zum anderen würden
dezentrale Regierungen durch Konkurrenz veranlasst, Kapital, Unternehmen und
Arbeitskräfte durch ein optimales „Menü" an Leistungen und Steuerlasten zu
fördern.

Ob föderative Gewaltenteilung und dezentraler Wettbewerb den Missbrauch   *Defizite*
von Macht einzudämmen vermögen, ist umstritten. Vorhandene vergleichende
Untersuchungen konnten die These nicht belegen (vgl. bes. Rodden/Rose-
Ackerman 1997). Daniel Treisman (2000) fand in einer Untersuchung zur Kor-
ruptionsanfälligkeit von Regierungen heraus, dass diese in Staaten, die aufgrund
ihrer Verfassungsordnung als föderativ zu qualifizieren sind, ein höheres Niveau
aufweist. Er erklärt dies damit, dass der Mechanismus des dezentralen Wettbewerbs Anreize für Regierungen setze, sich auf illegale Tauschgeschäfte mit ihrer
Klientel einzulassen und sich der Machtkontrolle durch dazu legitimierte Instanzen zu entziehen. Genauso wie Unternehmen sich durch Korruption im Wettbewerb um öffentliche Aufträge Vorteile zu verschaffen suchten, seien auch dezentrale Regierungen geneigt, dies im Standortwettbewerb zu tun. Dezentralisierung
fördere diese Neigung, weil sie Chancen für informelle Beziehungen böte, in
welchen Regelverletzungen abgesprochen werden können. Treismans Studie
deutet darauf hin, dass nicht so sehr der Föderalismus als vielmehr eine stabile
Demokratie sowie ein funktionierender Rechtstaat ein niedriges Niveau an Korruption garantieren.

Überzeugender als die These der Machtbegrenzung ist die Behauptung, de-   *2. Koordination*
zentraler Wettbewerb könne für effektive Problemlösungen und für eine Koordi-   *durch Wettbewerb*
nation interdependenter Aufgaben im Mehrebensystem sorgen. Sie ist für die
Analyse von Mehrebensystemen relevant. Effektivität wird auf die Vorteile
dezentraler Informationen, der Wissensgenerierung und der Leistungsanreize im
Wettbewerb zurückgeführt. Koordination könne durch Nachahmung und die
Diffusion von Innovationen erreicht werden.

Dass Konkurrenz als Prozess der Informationsgewinnung und -verarbeitung   *Wettbewerb als*
sowie der Suche nach besten Lösungen wirkt, hatte bereits Friedrich Hayek fest-   *Suche nach besten*
gestellt. Er betrachtete den Markt als einen Mechanismus, der im Hinblick auf   *Lösungen*
die Bewältigung von Komplexität der staatlichen Planung überlegen ist. Die
Aussicht auf Gewinn im Wettbewerb veranlasse die Akteure zu ständigem Expe-
rimentieren und Erfinden und zwinge sie zur kontinuierlichen Anpassung an
veränderte Umstände. Wettbewerb stelle daher ein „Entdeckungsverfahren" dar,
in dem trotz begrenzten Wissens Lösungen für gesellschaftliche Probleme gefunden werden könnten (Hayek 1969).

Auf Mehrebensysteme übertragen folgt daraus, dass Gebietskörperschaf-   *Standortwettbewerb*
ten durch Konkurrenz zur Suche nach besten Lösungen veranlasst werden kön-   *und Steuerwettbe-*
nen (Breton 1996; Vanberg/Kerber 1994). Hier ist es aber nicht die Gewinner-   *werb*
wartung von Individuen, sondern das Interesse von gewählten Regierungen, an
der Macht zu bleiben und die Ressourcen ihrer Einheit zu vergrößern, das zu

Innovationen motiviert. Dabei ist zu unterscheiden zwischen den Gegenständen des Wettbewerbs. Die klassische Theorie des Wettbewerbsföderalismus sah Gebietskörperschaften primär in einem Standortwettbewerb um Steuerzahler. Komparative Vorteile erreichen Regierungen demnach, indem sie wirtschaftlich leistungsfähige Akteure von anderen Gebietskörperschaften attrahieren und eine Abwanderung solcher Steuerzahler aus ihrem Gebiet verhindern. Der Wettbewerb richtet sich damit auf mobile Akteure, und diese definieren die Leistungen, die Regierungen erfüllen müssen, um Wettbewerbsvorteile zu erzielen. Dieser Standort- oder Institutionenwettbewerb wurde von liberalen Theoretikern positiv bewertet, weil er zu einer Senkung des Besteuerungsniveaus führe und somit „marktschonend" wirke. Aber abgesehen von Mobilität, dass die häufig geringer ist als in der Theorie unterstellt und dass die Mobilitätsfähigkeit zwischen Gruppen ungleich verteilt ist, hat dieser Wettbewerb den Nachteil, in ein „race to the bottom" um Steuersenkungen zu führen. Zudem könnten Regierungen dazu neigen, bedürftige Bevölkerungsgruppen durch Leistungskürzungen zu verdrängen und dadurch soziale Probleme zu externalisieren. Unter welchen Voraussetzungen der Wettbewerb zur Leistungssteigerung führt und ein „race to the bottom" vermieden wird, ist bislang nicht geklärt (Holzinger 2002).

Leistungswettbewerb („yardstick competition")   Empirische Untersuchungen zeigen, dass der Standortwettbewerb um mobile Steuerzahler in der Theorie überschätzt wird und in der Praxis geringere Wirkungen hat als oft vermutet. Die neuere Theorie des Wettbewerbsföderalismus stellt deswegen den Wettbewerb um gute Politik in den Mittelpunkt, der unter der Voraussetzung eines demokratischen Regierungssystems funktionieren kann („yardstick competition", Besley/Case 1995). „The competition originates in the desire of governments to obtain the support of citizens by providing them with the policies they want" (Breton 1987: 291). Dabei wird angenommen, dass Bürgerinnen und Bürger die Politik ihrer Regierung mit den in anderen Gebietskörperschaften erreichten Leistungen vergleichen.

> „Each government has an incentive to do better than governments in other jurisdictions in terms of levels and qualities of services, of levels of taxes or of more general economic and social indicators. The strength of the incentives depends on the possibility and willingness of citizens to make assessments of comparative performance. ... If these conditions are fulfilled, comparisons will serve as a basis for rewarding politicians in power (re-electing them) or sanctioning them (voting for their competitors)" (Salmon 1987: 32).

Man muss also nicht unterstellen, Regierungen würden durch Abwanderungsdrohung von Einwohnern und Unternehmen zu Leistungen motiviert. Ihr primäres Interesse in einer Demokratie ist die Wiederwahl. Auf diese können sie hoffen, wenn sie im Vergleich zu Regierungen anderer Gebietskörperschaften mit den gleichen Kompetenzen bessere Standards erreichen oder bessere Politikergebnisse erzielen. Wenn also Regierungen um die Attrahierung von Unternehmen und Kapital wetteifern, um ihre Steuerbasis zu verbessern (Vanberg/Kerber 1994: 204), dann muss im materiellen Gewinn nicht das primäre Motiv liegen. Ihr Ziel kann es auch sein, die Basis für eine Politik zu schaffen, die die Erfolgschancen bei demokratischen Wahlen steigert. In der Regel erreichen sie dieses Ziel aber eher durch Leistungen für ihre Bürgerschaft als durch Vorteile für mobile Steuerzahler. Wenn sich alle Regierungen in einem dezentralisierten Mehrebenensystem entsprechend verhalten, dann breiten sich beste Lösungen automatisch aus und führen zur Koordination von Politik in Richtung auf gemeinsame Ziele.

Vertreter der Theorie des Wettbewerbsföderalismus weisen darauf hin, dass in der Konkurrenz zwischen dezentralen Gebietskörperschaften dem Marktversagen analoge Probleme auftreten können. Effiziente Aufgabenerfüllung und Innovationen werden verfehlt, wenn die Gebietskörperschaften negative Effekte ihrer Politik externalisieren, sie diese also bei der Suche nach besten Lösungen ignorieren. Auch können ungleiche Startchancen den Wettbewerb beeinträchtigen. Deswegen müssen zentrale Regierungen für eine Ordnung des Wettbewerbs sorgen. Darüber hinaus müssen sie Voraussetzungen und Anreize für einen Leistungswettbewerb schaffen, etwa indem sie Informationen vermitteln oder die Mobilität von Faktoren, um die die Gebietskörperschaften konkurrieren, erhöhen (Vanberg/Kerber 1994: 207-215). Der Wettbewerbsföderalismus bedarf somit einer zentralen Gesetzgebungsinstanz sowie zumindest des „Schattens der Hierarchie" von Institutionen, die die erforderlichen Wettbewerbsregeln durchsetzen können. Er kann also nur in einem Mehrebenensystem der Politik funktionieren.

Wettbewerbsversagen und Ordnungspolitik

Nachahmungen und Diffusionsprozesse, die letztlich Koordination bewirken, werden im Wettbewerb durch vier Mechanismen gefördert. Zum einen kann es im demokratischen Prozess für Regierungen wie für Wählerinnen und Wähler nützlich sein, Politikergebnisse im Vergleich mit anderen Gebietskörperschaften zu messen. Regierungen können auf diese Weise ihre Leistungen im internen Parteienwettbewerb besser darstellen, und für die Wählerschaft verringert sich die Informationsasymmetrie im Vergleich zu den Regierenden (Besley/Case 1995). Zum zweiten können einzelne Gebietskörperschaften als Labore für experimentelle Politik dienen. Im Fall des Erfolgs übernehmen dann andere Regierungen die Lösungen für ihren Bereich (Oates 1999). Drittens wird Diffusion durch räumliche Nähe gefördert. Es ist davon auszugehen, dass Innovationen durch Grenzen überschreitende Kommunikation und Kooperation zunächst von benachbarten territorialen Einheiten übernommen werden und sich von diesen dann weiter ausbreiten (Berry/Berry 1999). Schließlich können Netzwerke von Fachverwaltungen im Mehrebenensystem dazu beitragen, dass sich neue Lösungen und Innovationen beschleunigt ausbreiten (Schmid/Blancke 2001).

Nachahmung und Diffusion von Innovationen

Die Theorie des Wettbewerbsföderalismus ist wichtig, um einen spezifischen Modus der Mehrebenenkoordination zu analysieren. Unter institutionellen Bedingungen, die die genannten Mechanismen fördern, liefert sie eine Erklärung der Politik im Mehrebenensystem. Dass dezentraler Wettbewerb, wenn er durch Verfassungsregeln oder durch zentrale Ausgleichsmaßnahmen geordnet wird, effiziente Politikergebnisse bewirkt, trifft allerdings nicht unter allen Umständen zu. Auch Wettbewerb kann Blockaden erzeugen, wenn er zur Dominanz eines bestimmten Lösungsmodells führt, gegen das sich experimentelle Politiken auf dezentraler Ebene nicht durchsetzen. Aus empirischen Untersuchungen zum Steuerwettbewerb (Ganghof 2006; Genschel 2002; Wagschal 2005; als Überblick: Wagschal 2003) wissen wir, dass dieser durch den Parteienwettbewerb oder Vetospieler innerhalb von Gebietskörperschaften beeinflusst wird. Wir müssen also auch bei Governance durch Wettbewerb das Zusammenwirken intergou-

Wettbewerb im Mehrebenensystem

vernementaler und intragouvernementaler Mechanismen berücksichtigen. Strukturen und Prozesse in den dezentralen Gebietskörperschaften können Wettbewerb stimulieren, ihn aber auch unterbinden. Der Erfolg dezentraler Einheiten im Wettbewerb hängt in vielen Aufgabenbereichen davon ab, ob es gelingt, bei Parteien, Verbänden oder sonstigen Akteuren Unterstützung zu finden. Mehrheitsfraktionen in Parlamenten können ihre Vetomacht nutzen, um ihre politischen Programme auch gegen konkurrenzfähige Lösungen durchzusetzen. Auch in einem Wettbewerbsföderalismus können daher Vetospieler und Regelsysteme der demokratischen Politik nicht ignoriert werden.

3.7 Politikdynamik im Mehrebenensystem

Kontext der Theorie

Die bisher referierten Theorien machen explizit oder implizit darauf aufmerksam, dass Politik in Mehrebenenstrukturen durch ein besonderes Zusammenspiel von Statik und Dynamik zu charakterisieren ist. Intergouvernementale Verhandlungssysteme sind wegen der großen Zahl von Vetospielern anfällig für Politikblockaden, vor allem wenn Verhandlungspartner in ihren eigenen politischen Systemen zu kompetitivem Verhalten gezwungen werden oder wenn externe Vetospieler intervenieren können. Aber in Mehrebenenstrukturen können Akteure auch Regeln umgehen, Bindungen strategisch manipulieren und so ihre Handlungsspielräume erweitern. Intergouvernementaler Wettbewerb kann Verteilungsstrukturen oder bestimmte Politikmodelle verfestigen, aber er kann auch Innovationen anstoßen. Besonders schwierig scheinen institutionelle Reformen, weshalb Strategien der Konfliktregelung trotz schwieriger Bedingungen für Verhandlungslösungen oder der flexible Einsatz kooperativer und kompetitiver Verfahren der intergouvernementalen Koordination erforderlich scheinen. Damit ist nicht gesagt, dass auf diesen Wegen Mehrebenenpolitik effektiv und demokratisch wird. Es geht um die Bewältigung von Dilemmasituationen, die wegen widersprüchlicher Anforderungen aus den inter- und intragouvernementalen Kontexten entstehen. Akteure können in ihrem Handeln diese Anforderungen immer nur vorläufig und in pragmatischer Abwägung von Vor- und Nachteilen erfüllen. Aber gerade deswegen ist die Dynamik der Politik essentiell. Daraus folgt, dass die Veränderung von Interaktionsmustern wie von institutionellen oder gewachsenen Strukturen für die Funktionsweise von Mehrebenenpolitik eine wichtige Rolle spielt. Dies lässt sich auch aus empirische Untersuchungen über die Entwicklung föderativer Staaten herauslesen (Benz 1985; Benz/Lehmbruch 2002; McKay 2001). Blockierte institutionelle Reformen können durch Anpassungen im Prozess des Policymaking ersetzt werden, und sich eigendynamisch verstärkende Routinen der Politikkoordination können durch Reformen aufgebrochen werden. Unter welchen Bedingungen sich welcher Modus der Dynamik durchsetzt und mit welchen Folgen, bedarf jedoch der Klärung.

Dynamischer Föderalismus

Eine Erklärung für diese eigentümliche Dynamik aus Reformen und Anpassung findet sich in der Theorie des dynamischen Föderalismus (Benz 1984, 1985; Hesse/Benz 1990; zusammenfassend Wachendorfer-Schmidt 2003: 32-35). Sie stützt sich auf Ansätze der soziologischen Interorganisationstheorie und überträgt diese auf die Beziehungen zwischen zentralen und dezentralen Gebietskörperschaften und die dabei beobachtbaren Prozesse der Zentralisierung und Dezentralisierung. Die spezifische Struktur eines Mehrebenensystems steht nach dieser Theorie unter einer ständigen Spannung, die einerseits aus dem Bestreben der Regierungen resultiert, Macht und Handlungsfähigkeit zu gewinnen, andererseits durch institutionell angelegte Tendenzen zur Politikblockade bzw. zur eigendynamischen Stabilisierung verursacht ist.

Die Theorie erklärt das Zusammenspiel von Statik und Dynamik mit Hilfe einer konstruktivistischen Argumentationsfigur, nämlich durch die Unterscheidung zwischen einer ideellen und einer materiellen Dimension von Politik. Ob und wie ein Mehrebenensystem trotz dieser Spannungen mit den bestehenden Regeln regierbar bleiben kann oder ob institutionelle Veränderungen ausgelöst werden, hängt demnach von den dominierenden Leitideen, Bewertungen und Normen ab („organisatorisches Paradigma", Benz 1984; „Grundregeln", Hesse/Benz 1990), die eine institutionelle Struktur und die durch sie erzeugte Verteilung von Macht und Einfluss legitimieren und Handlungen und Interaktionen der Akteure leiten. Sie entstehen in politischen und sozialen Prozessen und werden durch Machtstrukturen gestützt, sie müssen sich aber auch in der laufenden Praxis bewähren bzw. werden in ihr problematisiert (Benz 1984: 58-59). *(Leitideen und Grundregeln)*

Solange Leitideen und Grundregeln die Macht- und Einflussverteilung stützen und solange in den Interaktionen keine krisenhaften Dauerblockaden auftreten, befindet sich ein Mehrebenensystem in einem relativ stabilen Zustand. Unter „normalen" Unständen kann es in der Politikverflechtungsfalle gefangen sein. Grundlegende institutionelle Reformen sind dann nicht möglich, selbst wenn die Akteure mit der Leistungsfähigkeit der Politik nicht zufrieden sind. Zwar sind dann Anpassungen der Interaktionsstrukturen möglich, etwa durch die Segmentierung von Entscheidungen, der Verlagerung von Verfahren auf Expertengremien oder durch einen Wechsel zwischen Fachverwaltungen und der politische Leitungsebene, also durch Strategien, die schon in der Theorie der Politikverflechtung als Handlungsoptionen beschrieben wurden. Dauerhafte Institutionenreformen sind allerdings unwahrscheinlich, solange sich nicht ein anderes „Paradigma" zur Bewertung des Mehrebenensystems durchsetzt. Durch inkrementelle Anpassungen der Interaktionsmuster intergouvernementaler Politik können sich aber dennoch Verschiebungen in den Machtstrukturen ergeben, die durch gültige Leitideen und -normen nicht gerechtfertigt werden können. Je größer diese Divergenzen werden, desto stärker wird der Reformdruck, der unter den besonderen Bedingungen eines „Reformklimas" eine Politik der institutionellen Veränderungen auslösen kann. „Implizite Verfassungsänderungen" gehen dann in „explizite Verfassungsänderungen" über (Voigt 1999). *(Reform und Anpassung)*

Die in der Theorie des dynamischen Föderalismus betrachteten Änderungen sind mittelfristiger Natur. Längerfristig betrachtet führt die Dynamik von Mehrebenensystemen zu einer Entwicklung, die als pfadabhängig zu charakterisieren ist. Der Grund liegt in der besonderen Komplexität, die aus der Verbindung inter- und intragouvernementaler Arenen resultiert. In dieser institutionellen Konfiguration ist nicht zu erwarten, dass Anpassungen oder Reformen mehr als einzelne Elemente erfassen, jedenfalls nicht in einer simultanen und konsistenten Reform. Betrachten wir etwa die Interdependenzen zwischen intragouvernementalen und intergouvernementalen Regelsystemen, die Lehmbruch für den deutschen Bun- *(Pfadabhängige Entwicklung)* desstaat beschrieben hat, lässt sich feststellen, dass der in der Theorie des dynamischen Föderalismus beschriebene Zentralisierungs-Dezentralisierungs-Zyklus durch Prozesse im Parteiensystem oder im System der gesellschaftlichen Interessenvermittlung aufgebrochen werden kann. Das zeigt sich in der Entwicklung seit der deutschen Einheit, die eigentlich angesichts der wachsenden Verteilungsprobleme zwischen den Ländern die Zentralebenen gestärkt hat, aber angesichts der zunehmenden Regionalisierungstendenzen im Parteiensystem inzwischen eine Dynamik in Richtung Dezentralisierung erzeugte und Konkurrenz zwischen den Ländern verstärkte, welche durch entsprechende Leitideen des Wettbewerbsföderalismus und der Reföderalisierung gestützt wird. Angesichts der Komplexität der Zusammenhänge wird sich die dadurch ausgelöste Veränderung aber nur im Rahmen des Entwicklungspfades bewegen, der aufgrund von verfassungspolitischen Weichenstellungen und der in langer Praxis routinisierten Spielregeln vorgegeben ist (Lehmbruch 2002).

Mehrebenensysteme unterliegen daher in der Regel einer Entwicklungssequenz, in der grundlegende Veränderungen in erster Linie institutionelle Elemente der einzelnen Arenen betreffen. Diese bestimmen die Handlungsspielräume und Ergebnisse, wenn dann zu einem späteren Zeitpunkt andere Elemente geändert werden (Pierson 2004). Die zeitliche Sequenz der einzelnen Reformen kann die spezifische Struktur eines Mehrebenensystems erklären. So hatte sich in Deutschland die institutionelle Verfassung des kooperativen Bundesstaats bereits verfestigt, als im 20. Jahrhundert die parlamentarische Demokratie eingeführt wurde. Daraus ergab sich die eigentümliche Konfiguration von Parteienwettbewerb und intergouvernementalen Verhandlungssystemen. In der Schweiz wurden in einem dezentralisierten, potentiell auf Wettbewerb angelegten föderativen Regierungssystem ab der zweiten Hälfte des 19. Jahrhunderts Elemente der direkten Demokratie institutionalisiert, die in Verbindung mit dem Föderalismus ein konkordanzdemokratisches Regierungssystem erzeugten (Neidhart 1970, 2002).

Grenzen der Theorien   Die Theorie des dynamischen Föderalismus und die Theorie der Pfadabhängigkeit ergänzen die eher auf eine statische Analyse angelegten Theorien des kooperativen Föderalismus und des Wettbewerbsföderalismus. Sie präzisieren die Aussagen zur Dynamik von Mehrebenensystemen, die in Ansätzen zur Analyse von multilevel governance in der EU enthalten sind. Sie erfassen allerdings jeweils spezifische Aspekte der Dynamik und sie erklären nicht, unter welchen Bedingungen die Interaktionsdynamik in Reformen umschlägt und was den Erfolg oder Misserfolg institutioneller Veränderungen verursacht.

4 Analyserahmen

Alle der genannten Theorien der Politik im Mehrebenensystem sind von begrenzter Reichweite. Sie erfassen spezifische Formen von Mehrebenensystemen und konzentrieren sich auf bestimmte Forschungsfragen, sei es der Steuerungsfähigkeit bzw. Regierbarkeit, der Innovationsfähigkeit oder der Entwicklung bzw. Reform. Die Politikwissenschaft ist also noch weit entfernt von einer allgemeinen Theorie der Mehrebenenpolitik. Wenn eine Theorie dazu dient, beobachtete Prozesse und Ergebnisse zu erklären, ist angesichts der Variation von Politik in Mehrebenensystemen auch nicht zu erwarten, dass wir zu Aussagen gelangen, die einen hohen Grad an Verallgemeinerungsfähigkeit erreichen können.

Vielfalt von Mehrebenenpolitik und begrenzte Verallgemeinerbarkeit von Erklärungen

Um Erkenntnisse über die Funktionsweise von verschiedenen Ausprägungen und Koordinationsmechanismen in Mehrebenensysteme zu gewinnen, empfiehlt es sich, zu vergleichen. Dazu benötigen wir einen Analyserahmen, der es erlaubt, den Vergleich zu systematisieren. Ein Analyserahmen stellt keine Theorie im engeren Sinne dar, er ermöglicht es aber, Theorien über spezifische Governance-Mechanismen zu entwickeln. Aus den im vorangehenden Kapitel dargestellten Theorien lassen sich Kategorien gewinnen, die einen generell einsetzbaren Rahmen für die vergleichende Analyse von Mehrebenenpolitik bilden können. Dieser kann in Verbindung mit empirischer Forschung helfen, die Funktionsweise von besonderen Formen der Mehrebenenpolitik besser zu verstehen und ihre Ergebnisse und Folgen zu erklären. Ich will die Elemente eines solchen Analyserahmens im Folgenden skizzieren.

Analyserahmen für vergleichende Studien

4.1 Kombination von Governance-Mechanismen

Mehrebenensysteme beruhen auf einer territorialen Organisation von Politik in „Ebenen", Mehrebenenpolitik entsteht infolge von Interdependenzen zwischen Aufgaben und Entscheidungen von Parlamenten, Regierungen und Verwaltungen auf den einzelnen Ebenen. Sowohl die Konstitution der territorialen Einheiten, welche die einzelnen Ebenen bilden, als auch die Kompetenzzuweisung und das Ausmaß der Verflechtung können im Rahmen einer Verfassungspolitik gestaltet werden. Diese kann sich auf normative Theorien stützen, wird aber auch durch Interessen der Akteure beeinflusst. Die Existenz und Ausprägung von Mehrebenensystemen der Politik wird des Weiteren durch gesellschaftliche Entwicklungen beeinflusst, insbesondere durch die miteinander zusammenhängenden Prozesse der Internationalisierung und Regionalisierung (vgl. Kapitel 2). Doch wie auch immer Mehrebenensysteme ausgestaltet sind, die entscheidende Herausforderung an die Politik besteht darin, die Interdependenzen zwischen Ebenen durch

Koordinationsproblem der Mehrebenenpolitik

Koordination zu bearbeiten. Dabei überschreitet Politik die Grenzen, die ihr durch die territoriale Organisation gesetzt sind.

Politikmodell Zur Analyse der Koordination zwischen Ebenen bietet es sich an, ein einfaches Modell von Politik (policy-making) zugrunde zu legen, das wir aus der Vetospieler-Theorie gewinnen (vgl. 3.1). Danach werden kollektive Entscheidungen in einem politischen System durch die Definition der Agenda (d.h. der Thematik und des Entscheidungsvorschlags), das Verhandeln über den Entscheidungsvorschlag und schließlich dessen Annahme oder Ablehnung bestimmt. Politische Prozesse werden also geprägt durch die Agendamacht, die Verhandlungsmacht und die Vetomacht der Akteure. Über die Zuordnung dieser Macht entscheiden Institutionen, die spezifische Regelsysteme etablieren.

Aufteilung von Macht In demokratischen Regierungssystemen sind die Agendamacht, die Verhandlungsmacht und die Vetomacht unterschiedlichen Institutionen oder Verfahren zugewiesen, um Gewaltenteilung zu verwirklichen. Die Aufteilung erfolgt aber in einer territorialen Einheit, deren Organisation es erlaubt, die Reichweite der jeweiligen Macht zur Deckung zu bringen. Für die Politik in Mehrebenensystemen ist davon auszugehen, dass die Kompetenz, die Agenda zu definieren und über Entscheidungsvorschläge zu verhandeln, sowie die Vetomacht nicht im gleichen institutionellen Kontext verankert sind. Erstere wird in intergouvernementalen Beziehungen ausgeübt, wobei die Probleme der Politik oft durch Konkurrenz bestimmt werden, letztere liegt, jedenfalls zum Teil, bei Parlamenten oder Bürgerschaften der Gebietskörperschaften, also bei Akteuren, die nicht unmittelbar in den Prozessen der Koordination und Entscheidungsfindung beteiligt sind. Sie agieren in politischen Prozessen als „externe Vetospieler", deren Interessen und Handlungsorientierungen im Kontext einer Ebene bestimmt werden und die daher dazu tendieren, Ebenen übergreifende Belange zu ignorieren. Die Verhandlungsmacht liegt je nach Modus der Mehrebenenkoordination (vgl. 4.2) entweder primär in der inter- oder der intragouvernementalen Arena. Vetomacht ist in Mehrebenenverhandlungen aufgeteilt zwischen den Vertretern in intergouvernementalen Verhandlungen und den für die Ratifikation der Vereinbarungen zuständigen intragouvernementalen Organen, während sie im Wettbewerb ausschließlich bei letzteren liegt.

Kombination von Regelsystemen Unter den Bedingungen dieser Machtaufteilung zwischen Ebenen ist es schwierig, gleichzeitig Entscheidungsfähigkeit und Zustimmung zu Entscheidungen bei Vetospielern zu erreichen. Das Ausmaß der Schwierigkeit hängt, wie sich am Beispiel von Gerhard Lehmbruchs Analyse des deutschen Bundesstaats zeigen lässt, von der Kombination der institutionalisierten Regelsysteme innerhalb und zwischen den Ebenen ab. Institutionen beeinflussen die Verhaltensweisen der Akteure oft in einer Weise, die widersprüchliche Erwartungen erzeugen.

Widersprüchliche Anforderungen an Akteure Regierungen müssen in ihren Gebietskörperschaften die Willensbildung in Parlamenten, Parteien und in der Wählerschaft beachten, während sie in intergouvernementalen Beziehungen mit Interessen anderer Regierungen konfrontiert sind, dabei Kompromisse suchen und Vertrauen aufbauen oder erhalten müssen. Akteure geraten damit in ein Dilemma, weil sie oft entweder effektive Entscheidungen über Koordinationsprobleme, die auf der Agenda stehen, finden oder die Zustimmung ihrer Parlamente, Parteien oder Bürgerinnen und Bürger erreichen können, aber nicht beides gleichzeitig. Dabei kann die Koordination im Mehrebenensystem entweder durch Bindungen der Regierungen an Regeln oder Entscheidungen in ihrer Gebietskörperschaft oder durch Unsicherheiten über die Reaktionen der internen und externen Vetospieler behindert werden. Die Zustimmung wird gefährdet, wenn eine Regierung sich der Verantwortlichkeit im demokratischen Regierungssystem entzieht und Mehrebenenpolitik autokratisch betreibt; die Effektivität der Koordination leidet, wenn eine Regierung sich in populistischer Manier oder durch Verfassungsregeln gezwungen nicht in der Lage sieht, vorgegebene Entscheidungen ihres Parlaments oder der sie stützenden Parteien in intergouvernementalen Verhandlungen zur Disposition zu stellen (Benz 2003; Dahl 1994; Scharpf 1999). In welchem Maße die Anforderungen der inter- und intragouvernementalen Politikmechanismen sich wechselseitig stören, hängt vom der spezifischen Kopplung der Regelsysteme ab, d.h. davon, wie stark diese das Verhalten determinieren.

Entsprechend den Prämissen des akteurszentrierten Institutionalismus ist davon auszugehen, dass institutionalisierte Regelsysteme das Handeln von Akteuren nicht determinieren, sondern nur den Spielraum für Interaktionen definieren. Angesichts der komplexen, zum Teil widersprüchlichen Anforderungen, die Akteure in der Mehrebenenpolitik erfüllen müssen (Informationsasymmetrien; divergierende, durch institutionelle Kontexte verstärkte Eigeninteressen; inkompatible Regelsysteme), ist davon auszugehen, dass Akteure zum strategischen Umgang mit Dilemmasituationen gezwungen sind. Diese Vermutung lässt sich sowohl aus der Theorie internationaler Mehrebenenpolitik (vgl. 3.5) wie aus der Theorie der Politikverflechtung (vgl. 3.2) ableiten. Akteure reagieren auf Vetodrohungen und auf die oft strukturell angelegten Dilemmata kollektiven Handelns durch Strategien der Interaktion und bemühen sich dabei, die gestellten Anforderungen in konkreten Situationen zu lösen (Ostrom 1998). Situationsspezifische Lösungen verdichten sich in dauerhafter Praxis zu festen Interaktionsmustern. Politik im Mehrebenensystem wird damit zu einem strategischen Spiel, das im Kern zwischen den intergouvernementalen und intragouvernementalen Akteuren abläuft. *Strategische Interaktionen*

Politik im Mehrebenensystem kann also nur in Grenzen durch Institutionen gesteuert werden, weil diese die Schwierigkeiten, mit denen Akteure konfrontiert werden, zum Teil erst verursachen. Damit kommt den Strategien und den daraus entstehenden Interaktionsmustern ein erhebliches Gewicht bei der Erklärung von Politikverläufen und Ergebnissen zu. Daraus folgt, dass Mehrebenenpolitik ein hohes Maß an Eigendynamik gewinnt, die strukturelle Veränderungen bewirkt, obwohl institutionelle Veränderungen (Verfassungsreformen) aufgrund der Komplexität des Systems nur in engen Grenzen eines Entwicklungspfads möglich sind. *Eigendynamik*

Übersicht 5:   Analyserahmen

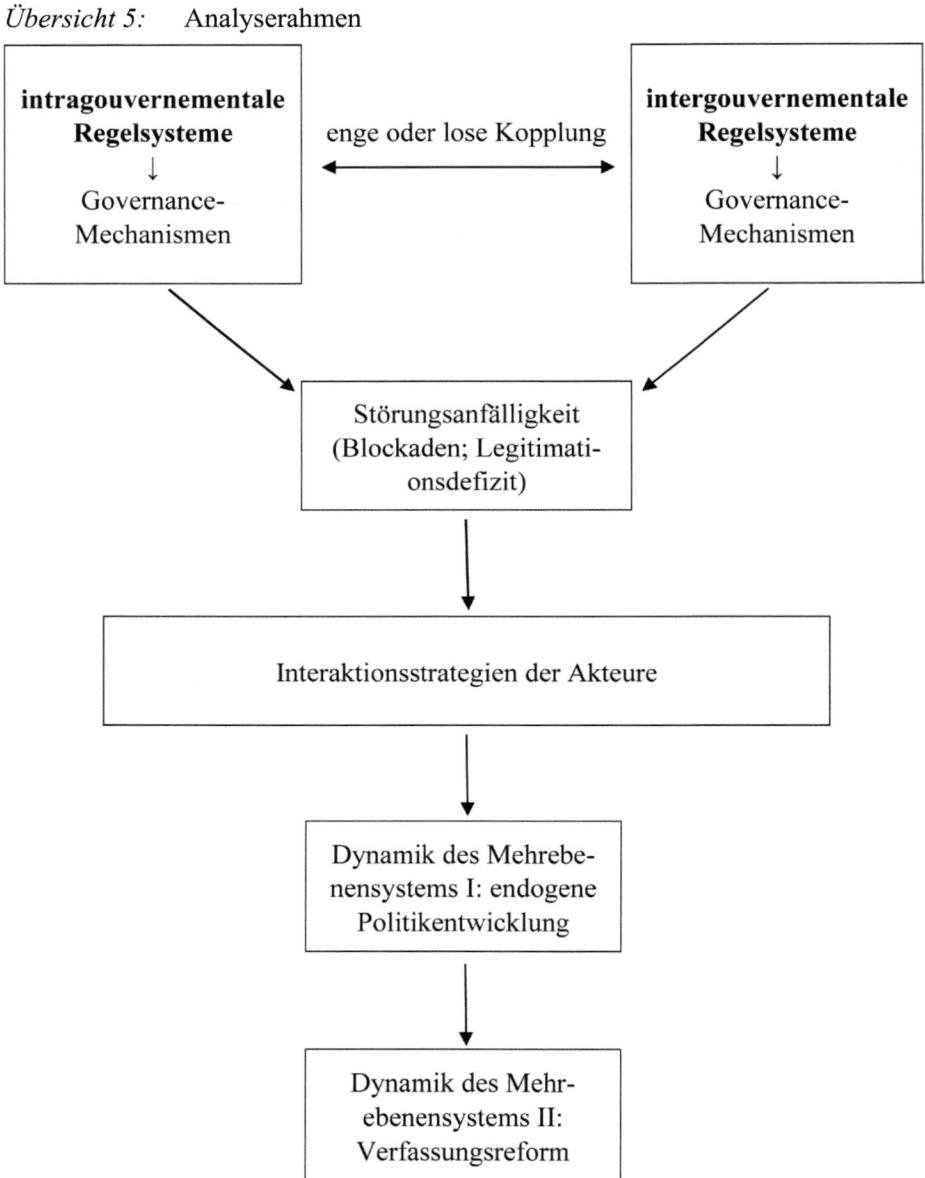

Enge und lose   Aus diesen analytischen Kategorien (vgl. Übersicht 5) lassen sich Hypothesen
Kopplung   über die Funktionsweise von konkreten Mehrebenensystemen ableiten. Grundsätzlich kann man festhalten, dass eine enge Kopplung von demokratischen Regierungssystemen und intergouvernementalen Verhandlungssystemen Mehrebenenpolitik besonders anfällig für Dilemmasituationen macht und dass in diesem
Fall Effektivität wie demokratische Legitimität nicht gleichzeitig zu gewährleisten sind. In lose gekoppelten Mehrebenensystemen sind die Probleme weniger
gravierend, weil hier die Akteure über mehr Spielraum zur Bewältigung dieses
Dilemmas verfügen. In beiden Fällen entscheiden aber letztlich Akteursstrategien

darüber, ob den Anforderungen an eine demokratische Politik Rechnung getragen wird. Und da Strategien nicht kontrollierbar sind oder durch Institutionen berechenbar gemacht werden können, stellt sich die Frage, ob es damit in Mehrebenensystemen überhaupt eine Garantie für eine funktionierende Demokratie geben kann. In jedem Fall wird sich Demokratie nicht im Sinne einer dauernden Abhängigkeit der Repräsentanten von der Zustimmung der Repräsentierten realisieren lassen, sondern nur in einem kollektiven Lernprozess, in dem Regierende und Regierte ihre Ziele, Politiken und Interessen wechselseitig einander anpassen. Diese Anpassung geschieht im Rahmen der normalen Politik, in Ausnahmefällen aber auch durch Änderungen der Verfassung des Mehrebenensystems.

In den folgenden Abschnitten werden einzelne Aspekte dieses Analyserahmens eingehender behandelt und die angedeuteten Hypothesen präzisiert. Dabei geht es zunächst darum, die Funktionsweise und Eigendynamik von Mehrebenenpolitik für unterschiedliche Koordinationsmodi zu erklären. Die Frage, ob Mehrebenenpolitik den Anforderungen an demokratisches Regieren genügen kann, werde ich im neunten Kapitel behandeln.

Demokratie als Lernprozess

4.2 Formen und Mechanismen intergouvernementaler Koordination

Politiken von Gebietskörperschaften können in Mehrebenensystemen nach unterschiedlichen Verfahrensweisen koordiniert werden, ja nachdem, wie die strukturellen Bedingungen beschaffen sind. Dementsprechend unterscheiden wir Varianten von Mehrebenenpolitik nach Formen und Funktionsmechanismen, welche für intergouvernementale Koordination sorgen. Mit Formen meinen wir die Strukturen der Interaktion, welche Handlungsregeln, Kompetenzen, Machtverhältnisse und Ressourcenverteilung bestimmen. Sie können sich durch dauerhaftes Zusammenwirken ergeben oder durch formale Regeln institutionalisiert sein. Als Mechanismen bezeichnet die Sozialwissenschaft, wie oben erwähnt, kausale Verknüpfungen von Handlungen zu relativ konstanten Prozessverläufen (Bunge 1997). Es handelt sich hierbei um „Ursache-Wirkungs-Ablauf-Muster" (Schimank 2002: 155), die, da sie in den institutionellen Strukturen und den Handlungsmotiven der Akteure angelegt sind, regelmäßig vorkommen und daher durch theoretische Modelle der Struktur- und Interaktionsdynamiken rekonstruiert werden können.

Formen und Mechanismen von Governance

Die Governance-Forschung hat unterschiedliche Typologien für Formen und Mechanismen der Koordination in komplexen Organisationszusammenhängen entwickelt. Üblicherweise wird zwischen Hierarchie, Netzwerk, Verhandlung und Wettbewerb unterschieden. Alle diese Formen spielen in Mehrebenensystemen eine Rolle, allerdings beschränkt sich die Bedeutung der ersten beiden auf eine Ergänzung, während intergouvernementale Entscheidungen primär in Verhandelungen oder Wettbewerb zustande kommen.

Übersicht 6:   Governance-Formen

	Hierarchie	**Netzwerk**	**Verhandlung**	**Wettbewerb**
Koordi-nations-mecha-nismus	wechselseitige Anpassung, formale Regeln	wechselseitiger Einfluss, Vertrauen	wechselseitiger Einfluss, Verhandeln (Dialog)	wechselseitige Anpassung, Konkurrenz
Struktur	asymmetrische Verteilung von Macht und Informationen	variable Verteilung von Kommunikationsbeziehungen	gleiche Vetomacht, variable Verteilung von Informationen und Tauschpotentialen	formale Gleichheit, variable Wettbewerbsfähigkeit
Relevanz in Mehr-ebenen-systemen	komplementär	komplementär	primär	primär

Hierarchie   Möglich ist die einseitige Steuerung durch eine zentrale Regierung, wenn die Ebenen hierarchisch geordnet sind. Entsprechende Bedingungen bestehen in dezentralisierten Einheitsstaaten, obgleich auch hier oft im Schatten der Hierarchie verhandelt wird (Scharpf 1997: 198-205). Auch durch den Vorrang der Gesetze und durch Finanzzuweisungen können zentrale Regierungen einseitige Entscheidungen treffen, die Parlamente, Regierungen und Verwaltungen der untergeordneten Ebenen beachten müssen. Im Vollzug von Gesetzen und beim Einsatz von Zuweisungen bieten sich diesen aber mehr oder weniger weite Handlungsspielräume, die Koordination durch Verhandlungen oder Wettbewerb erforderlich machen. Unilaterale Koordination in der Hierarchie funktioniert also in der Regel nur als Kontext für andere Modi der Mehrebenenkoordination wie Verhandlungen und Wettbewerb. Die eigentlichen Governance-Probleme entstehen durch letztere, weshalb sie im Folgenden im Mittelpunkt stehen.

Netzwerke   Ähnliches gilt für Netzwerke (Börzel 1998; Jansen/Schubert 1995; Marin/Mayntz 1991), die oft als eigenständiger Modus von multilevel governance betrachtet werden. Ein Netzwerk – im Sinne einer Governance-Form – liegt vor, wenn formal autonome Akteure in relativ dauerhaften, aber nicht formal geregelten Interaktionsbeziehungen gemeinsame Ziele oder Werte verwirklichen. Dies gelingt ihnen, wenn zwischen ihnen Vertrauen besteht. Dadurch wird Koordination durch wechselseitigen Einfluss möglich, sei es auf der Basis von Kommunikation oder Ressourcentausch. Tauschnetzwerke entstehen in Mehrebenensystemen selten, Kommunikationsnetzwerke dagegen häufig. Typisch sind etwa Netzwerke von Fachverwaltungen in einzelnen Politikfeldern, während sie zwischen Regierungen weniger ausgeprägt sind. Deswegen sollten sie, wie Hierarchie, als komplementäre Koordinationsform betrachtet werden. Die eigentlichen Modi der Mehrebenenkoordination, die dementsprechend in der Literatur im Vordergrund stehen, sind Verhandlungen und Wettbewerb.

Verhandlungen   Verhandlungen sind der häufigste und am besten untersuchte Typus der Mehrebenenkoordination. Sie beruht auf wechselseitiger Einflussnahme der Akteure in direkter Kommunikation, also im Verhandeln. Die Beteiligten streben dabei an, ihre Politik durch unbedingte oder bedingte Konzessionen oder durch verallgemeinerungsfähige Begründungen aufeinander abzustimmen. Im ersten Fall interagieren Verhandlungspartner im Modus des „bargaining", wobei sie Informationen manipulieren und mit dem Abbruch von Kommunikation drohen können („power arguments", Bacharach/Lawler 1981), und einigen sich dann entweder durch Annäherung von Positionen (Kompromiss) oder wechselseitige Konzessionen (Tauschgeschäfte in Paketlösungen). Wenn sie sich durch rationale Argumente wechselseitig zu überzeugen versuchen, verhandeln sie „verständigungsorientiert", also im Modus des „arguing" (Benz 1994: 118-134; Elster 1986; Prittwitz 1996). In realen Verhandlungen beobachten wir in der Regel eine Kombination dieser Verhandlungsweisen, die je nach Verhandlungsgegenstand sowie der institutionellen Einbindung der Akteure und Phasen des Prozesses variiert (Benz 1994: 130-134; Benz 2007; Holzinger 2001; Kotzian 2007). Darüber hinaus bieten Verhandlungen allen Akteuren die Option, Zwang auszuüben, allerdings nur in Form von Vetomacht. Keiner der Beteiligten kann ein Verhalten anderer Akteure direkt erzwingen, aber jeder kann eine Einigung verhindern und durch die Drohung mit dem Abbruch von Verhandlungen seine Verhandlungspartner indirekt zur Verhaltensanpassung veranlassen. Formal betrachtet ist Vetomacht, anders als Informationen und Ressourcen, gleich verteilt, die Konsequenzen von Vetos können aber die Akteure in verschiedener Weise betreffen.

Verhandlungen können in Mehrebenensystemen unter der Bedingung geteilter (Verbundsystem) oder getrennter Kompetenzen (Differenzierungssystem) stattfinden (vgl. zu diese Unterscheidung 2.1.3). Im ersten Fall müssen Regierungen verschiedener Ebenen ihre Politik koordinieren, weil sie ansonsten nicht eigenständige Entscheidungen treffen und durchsetzen können. Fritz W. Scharpf hat hierfür den Begriff Politikverflechtung bzw. „joint decision-making" eingeführt. Dabei handelt es sich um multilaterale Zwangsverhandlungen, in denen sich Regierungen aller Gebietskörperschaften einigen müssen, wenn sie den Status quo verändern wollen. Der Zwang zu Verhandlungslösungen verringert die Autonomie der Akteure beträchtlich, führt also zu einer engen strukturellen Kopplung der Ebenen. *(Politikverflechtung - multilaterale Zwangsverhandlungen)*

Anders ist dies bei getrennten Kompetenzen, wenn also Regierungen der Gebietskörperschaften eigenständig handeln können, sie aber wegen sachlicher Interdependenzen zu freiwilligen Verhandlungen veranlasst werden. In diesem Fall besteht grundsätzlich die Möglichkeit, dass einzelne Beteiligten sich einer Einigung entziehen, während andere Regierungen ihre Politik koordinieren (opt-out). Ferner können Vereinbarungen zwischen einzelnen Gruppen von Regierungen (regionale Kooperation) oder bilaterale Vereinbarungen getroffen werden. Da diese Formen der Mehrebenenkoordination den Regierungen ihre formale Autonomie belassen, führen sie zu geringen strukturellen Kopplungen. *(- freiwillige Verhandlungen)*

Verhandlungen erzeugen hohe „Entscheidungskosten" (Buchanan/Tullock 1962), die sich nach dem Aufwand bemessen, einen Entscheidungsvorschlag zu finden, der nach den Entscheidungsregeln zu verwirklichen ist.[11] Grundsätzlich *(Entscheidungskosten in Verhandlungen)*

---

11 Die Kosten entstehen wegen des Aufwands bei der Suche nach Entscheidungsalternativen und bei der Überwindung von Interessenkonflikten bzw. Widerständen gegen eine Entscheidung. Der Begriff der Entscheidungskosten hat Ähnlichkeiten mit dem Begriff Transaktionskosten der Insti-

erfordern sie den Austausch von Informationen und die Suche nach gemeinsamen Interessen, Kompromissmöglichkeiten oder Paketlösungen. Die Entscheidungskosten differieren allerdings je nach Form eines Verhandlungssystems: Bei bilateralen Verhandlungen, in denen eine Zentralinstanz sich um eine Einigung mit jeweils einzelnen dezentralen Einheiten bemüht, sind diese Kosten noch relativ gering, weil die Zahl der involvierten Akteure und Interessen gering ist. Höher sind die Entscheidungskosten in multilateralen Verhandlungen, und sie steigen mit zunehmender Zahl der Beteiligten. In Zwangsverhandlungen sind sie wiederum höher als in freiwilligen Verhandlungen, in denen Akteure mit stark abweichenden Interessen über exit-Optionen verfügen. Darüber hinaus variieren Entscheidungskosten je nach der Entscheidungsregel und sind höher, wenn Einstimmigkeit erforderlich ist als wenn nach der Mehrheitsregel verfahren wird. Im ersten Fall kann jeder der Beteiligten Vetomacht einsetzen, im zweiten Fall gilt dies nur für Koalitionen, wohingegen einzelne Akteure überstimmt werden können. Wir können also vier Typen von Verhandlungen danach unterscheiden, ob die Beteiligten, wenn sie sich im Dissens mit anderen Verhandlungspartnern befinden, exit-Optionen oder Vetomacht nutzen können. Die Entscheidungskosten sind am höchsten in Zwangsverhandlungen, die einstimmige Beschlüsse verlangen, und am geringsten in freiwilligen Verhandlungen, in denen mit Mehrheit entschieden wird.

Übersicht 7:   Entscheidungskosten in Verhandlungssysteme

	Freiwillige Verhandlungen	*Zwangsverhandlungen*
Mehrheitsent-scheidung	exit-Option, keine individuelle Vetomacht (1)	keine exit-Option, keine individuelle Vetomacht (3)
einstimmige Entscheidung	exit-Option individuelle Vetomacht (2)	keine exit-Option, individuelle Vetomacht (4)

Entscheidungskosten: Fall 1 < Fall 2 < Fall 3 < Fall 4

Wettbewerb

Wettbewerb wird als Modus von Mehrebenenpolitik entweder unterschätzt oder überschätzt. Ersteres trifft für die politikwissenschaftliche Forschung zu multilevel governance zu, die stark auf Verhandlungen und Netzwerke konzentriert ist; letzteres gilt sowohl für die ökonomische Föderalismusforschung als auch für die Globalisierungsforschung, die von einem starken Einfluss der Marktkräfte auf politische Entscheidungen ausgehen. Eine realistische Einschätzung setzt eine Differenzierung nach Formen des Wettbewerbs voraus.

- als Mehrebenen-prozess

In der Literatur zur Mehrebenenpolitik wird der Wettbewerb vermutlich auch deswegen vernachlässigt, weil es sich um einen rein dezentralen Prozess zu handeln scheint, der gleichsam eine automatische horizontale Koordinierung zwischen Gebietskörperschaften bewirkt. Aber zum einen erfolgt die horizontale

---

tutionenökonomie, der Suchkosten, Kosten des Vertragsabschlusses und Kosten der Vertragsdurchsetzung erfasst. Die Implementation, die mit den Transaktionskosten berücksichtigt wird, spielt bei Entscheidungskosten keine Rolle.

Koordinierung immer in Richtung auf übergreifende Ziele. Zum anderen funktioniert ein Wettbewerb als Governance-Mechanismus nicht ohne Regeln, die für alle konkurrierenden dezentralen Gebietskörperschaften gelten müssen. Es gehört zum Kern der Koordinierung durch Wettbewerb, dass zentrale Vorgaben und dezentrale Freiräume angemessen austariert werden (Weingast 1995). Das gilt für alle Formen des Wettbewerbs.

Auf den ersten Blick scheint Wettbewerb Konflikt statt Koordination zu erzeugen, da die Interessen der Akteure gegensätzlich sind. Tatsächlich wirkt er aber auf die wechselseitige Anpassung von Handlungen und kann daher als Governance-Modus begriffen werden. Konkurrenten streben neben ihren individuellen Zielen immer – bewusst oder unbewusst – ein gemeinsames Ziel an (Bartolini 1999: 435), und dieses lenkt ihre Handlungen in die gleiche Richtung. Koordination wird dabei durch Anreize gesteuert. Sie resultieren aus den individuellen Vorteilen der Zielerreichung, die im Wettbewerb in Relation zu dem, was andere erreichen konnten, gemessen wird. Akteure vergleichen also ihre Leistungen oder Erfolge mit Konkurrenten, sie handeln nach individuellen Interessen, aber auch nach komparativen Orientierungen. Diese „richten sich auf das Verhältnis des eigenen Nutzens zu dem eines anderen Akteurs oder einem ‚Feld' bestehend aus vielen Akteuren" (Nullmeier 2000: 291). Koordination der individuellen Handlungen ist das Ergebnis der anreizgesteuerten wechselseitigen Anpassung. Akteure müssen dabei nicht miteinander kommunizieren, es reicht aus, dass sie sich wechselseitig beobachten. Allein das auf das gleiche Gut bzw. Ziel gerichtete Interesse sowie die komparativen Orientierungen veranlassen sie, auf erfolgreiche oder Erfolg versprechende Handlungen der Konkurrenten mit gesteigerten Anstrengungen zu reagieren, um selbst Vorteile zu erlangen, zumindest solange sie dazu in der Lage sind.

Regierungen von Gebietskörperschaften konkurrieren entweder um Ressourcen oder um Macht. Dementsprechend lassen sich zwei Formen des intergouvernementalen Wettbewerbs unterscheiden:[12]

Der erste wird in der Literatur Institutionenwettbewerb genannt. Gemeint ist dabei nicht der Wettbewerb um, sondern zwischen Institutionen, genauer zwischen Gebietskörperschaften. Die Ressourcen, um die es dabei geht, sind Steuern, und der Wettbewerb bezieht sich auf mobile Steuerzahler, die durch Zuwanderung gewonnen oder durch Abwanderung verloren werden können. Dass der Gewinn bzw. Verlust von Steuerpotentialen für Regierungen einen wirksamen Anreiz bildet, ist leicht einzusehen. Die Maßstäbe des Vergleichs mit anderen Gebietskörperschaften ergeben sich aus den Erwartungen, die mobile Steuerzahler an Regierungen richten. In der Regel geht es ihnen um ein optimales Angebot an öffentlichen Leistungen bei möglichst geringen Kosten durch Steuerzahlungen. Die Theorie des Wettbewerbsföderalismus nimmt daher an, dass der Institutionenwettbewerb dazu führt, dass in allen Territorien effiziente Entscheidungen

(Randnotiz rechts oben: - als Koordinationsmechanismus)

(Randnotiz rechts unten: Institutionenwettbewerb)

---

12 Typen des Wettbewerbs in Mehrebenensystemen werden oft nach dem Gegenstand unterschieden. Man spricht dann etwa vom Steuerwettbewerb, Regulierungswettbewerb oder Systemwettbewerb. Ähnlich wie bei Verhandlungen sollen im Folgenden aber die Form und der Mechanismus im Zentrum stehen, die entscheidend sind, um die Funktionsweise dieses Typs von Governance im Mehrebenensystem zu erklären.

getroffen werden. Zu beachten ist aber, dass Inhalte der Politik nach diesem Modell durch diejenigen definiert werden, die mobil sind und für die Finanzbasis einer Gebietskörperschaft Gewicht haben. In der Regel zählen dazu Unternehmen oder Bürgerinnen und Bürger mit hohen Einkommen.

Der Institutionenwettbewerb um Steuerzahler wird allerdings aus zwei Gründen eher überschätzt. Zum einen ist selbst unter Unternehmen die Mobilität geringer als vielfach angenommen, und für mobile Steuerzahler stellen öffentliche Leistungen und Steuerbelastungen nur einen Faktor bei der Standortwahl dar. Zum anderen hängt die Finanzentwicklung einer Gebietskörperschaft nur zu einem beschränkten Teil von zu- oder abwandernden Steuerzahlern ab. Im Übrigen handelt es sich hierbei um einen Koordinationsmodus, dessen Richtung durch politische Entscheidungen schwerlich zu beeinflussen ist. Rahmensetzungen durch zentrale Regierungen oder Vereinbarungen sind schwierig, weil sie in den Kern der Autonomie von Gebietskörperschaften eingreifen.

Yardstick competition/Leistungswettbewerb

Der zweite Typus des Wettbewerbs wird meistens als „yardstick competition" bezeichnet. Auch diese wie andere Bezeichnungen (Politikwettbewerb, Busch/Jörgens/Tews 2005) treffen den Mechanismus nicht angemessen. Mangels einer besseren Alternative werde ich vom „Leistungswettbewerb" sprechen (Benz 2004a). Worum es dabei geht, sind Standards oder Ziele von Leistungen in einem Politikfeld, die nach Maßstäben (yardsticks) verglichen werden. Regierungen werden dazu gebracht, in Vergleich zu anderen Regierungen möglichst bessere Leistungen zu erzielen, wenn sie dadurch ihre Macht sichern können. In Demokratien hängt die Macht von der Zustimmung durch die Wählerschaft ab, und dieser Modus des intergouvernementalen Wettbewerbs funktioniert praktisch nur in demokratisch regierten Staaten oder Gebietskörperschaften. Voraussetzung ist, dass Bürgerinnen und Bürger, Medien, Verbände oder Parteien die Politik ihrer Regierung mit entsprechenden Politikergebnissen oder Programmen in anderen Gebietskörperschaften vergleichen. Wenn die aus dem Vergleich resultierenden Bewertungen von Politik das Wahlverhalten und die öffentliche Diskussionen bestimmen, werden Regierungen veranlasst, ihre Leistungen am Standard besser bewerteter Regierungen auszurichten (Salmon 1987: 32).

Die Anreize im Leistungswettbewerb können durch Finanzzuweisungen verstärkt werden, was in der Praxis föderativer und regionalisierter Staaten üblich ist. Dies ändert aber nichts an der Tatsache, dass Regierungen in diesem Fall nicht primär an der Sicherung ihrer Ressourcen, sondern ihrer Macht durch Zustimmung bei Verbänden, Parteien oder Bürgerinnen und Bürgern interessiert sind. Verhaltensmotivierende Wirkung haben die Ressourcen in diesem Fall für Akteure in den betreffenden Politikfeldern nur, weil sie durch den Gewinn gleichzeitig die Zustimmung ihrer Regierung oder anderer ihre Macht unterstützender Akteure erreichen. Im Unterschied zum Institutionenwettwerb haben Ressourcen im Leistungswettbewerb nur eine sekundäre Anreizwirkung.

Institutionelle Bedingungen

Anders als der Institutionenwettbewerb, dem sich Regierungen schwerlich entziehen können, wenn in offenen Märkten hohe Mobilität von Steuerzahlern herrscht, entsteht der Leistungswettbewerb nicht automatisch. Zunächst müssen Ziele und Maßstäbe definiert und Bewertungsmaßstäbe und Verfahren festgelegt werden. Dazu bedarf es entweder einer zentralen Instanz oder der Vereinbarung zwischen den beteiligten Gebietskörperschaften. Dann müssen Berichte ausgewertet und Ranglisten oder Erfolgsgeschichten erstellt und publiziert werden. Deswegen setzt der Leistungsvergleich ein Mindestmaß an geteilten Kompetenzen voraus, während der Institutionenwettbewerb bei getrennten Zuständigkeiten funktioniert, auf deren Basis die zentrale Regierung einen Ordnungsrahmen bestimmen kann und die dezentralen Gebietskörperschaften untereinander konkurrieren. Der Institutionenwettbewerb hat, unter den oben genannten Bedingungen, den Charakter eines Zwangsmechanismus, der alle Gebietskörperschaften in Kontext eines Marktes betrifft. Denn die Zuwanderung in einem Territorium ist zwingend verbunden mit der Abwanderung in einem anderen. Die Beteiligung im Leistungswettbewerb ist, sofern sie nicht von einer Zentralregierung angeordnet werden kann, dagegen freiwillig, und sie muss nicht notwendigerweise alle Gebietskörperschaften eines politischen Systems einschließen (Mäding 2006). Der Institutionenwettbewerb setzt einen territorialen Föderalismus voraus, sofern Abgaben nicht für bestimmte Zwecke erhoben werden, der Leistungswettbewerb wiederum kann im funktionalen Föderalismus nur funktionieren, wenn deren Regierungen demokratisch gewählt werden oder wenn politische Entscheidungen durch Volksabstimmungen bestätigt werden müssen (so Frey 1997; Frey/Eichenberger 1999).

Wettbewerb erzeugt im Unterschied zu Verhandlungen grundsätzlich geringere Verfahrenskosten. Allerdings darf nicht unterschätzt werden, dass Regierungen im Institutionenwettbewerb Informationen über die Standortpräferenzen von mobilen Steuerzahlern benötigen. Deshalb investieren sie oft in eine aktive Standortwerbung. Im Leistungswettbewerb entstehen Kosten der vergleichenden Evaluierung. Allerdings betreffen die Kosten weniger die Entscheidungsfindung wegen Interessenkonflikten als vielmehr die Informationsbeschaffung. Grundsätzlich ist daher die Wahrscheinlichkeit einer Entscheidungsblockade gering oder zu vernachlässigen, während diese je nach Zahl der Veto-Spieler in Verhandlungen mehr oder weniger hoch ist. Diese Differenz in der Blockadegefahr ergibt sich auch, weil in Verhandlungen meistens Regierungen verschiedener Ebenen gleichberechtigt zusammenwirken, während im Wettbewerb meistens dezentrale Gebietskörperschaften horizontal koordiniert werden, während die Zentralregierung nur durch Rahmensetzung beteiligt ist. Wettbewerbe können aber intragouvernementale Entscheidungen blockieren und zu Machtverschiebungen führen, gegen die sich betroffene Akteure zur Wehr setzen. Sind sie dabei aus ihrer Sicht erfolgreich, wird die Mehrebenenkoordination gestört.

Entscheidungskosten und Blockadegefahren

Die vier primären relevanten Modi der Mehrebenenkoordination sind in der Übersicht 8 zusammengefasst. Welcher Modus der Mehrebenenpolitik praktiziert wird, hängt von den institutionellen Rahmenbedingungen ab. Allerdings ist davon auszugehen, dass die intergouvernementalen Regelsysteme die Governance-Formen nicht determinieren, sondern nur einen Kontext herstellen, in dem sich spezifische Praktiken entwickeln. Diese können Wettbewerb und Verhandlungen verbinden und auch Elemente von Netzwerken und Hierarchie enthalten (mixed modes of governance). Governance im Mehrebenensystem zeichnet sich daher durch eine Flexibilität aus, deren Ausmaß allerdings je nach Verfassung variiert. Je stärker die Verfassung auf Vereinheitlichung der Politik im gesamten Territorium ausgerichtet ist, desto wahrscheinlicher ist es, dass joint decision-making institutionalisiert wird oder dass der Leistungswettbewerb zur Koordinierung

Verfassungsordnung und Governance-Formen

eingesetzt wird. Je mehr regionale Differenzierung zugelassen wird, desto mehr
Spielraum bietet sich für freiwillige Verhandlungen oder Wettbewerb.

Übersicht 8:   Primäre Formen von multilevel governance

	Joint decision-making	*Freiwillige Verhandlung*	*Institutionen-wettbewerb*	*Leistungs-wettbewerb*
Koordinations-mechanismus	Verhandeln	Verhandeln	wechselseitige Anpassung	wechselseitige Anpassung
Kompetenz-ordnung	geteilt	getrennt	getrennt	teilweise geteilt
Beteiligung	erzwungen	freiwillig	erzwungen	freiwillig

Zwei, drei und mehr Ebenen
Mehrebenenpolitik kann sich, je nach territorialer oder funktionaler Differenzierung eines politischen Systems, über zwei oder mehr Ebenen erstrecken. Die
meisten Theorien gehen von zwei Ebenen aus, einzelne Arbeiten zu multilevel
governance in der EU (Marks 1993, 1996; Hooghe/Marks 2001) sowie zur Rolle
von Städten in Bundesstaaten (Leuprecht/Lazar 2007) berücksichtigen drei oder
mehr Ebenen. Koordination im eigentlichen Sinne konzentriert sich normalerweise auf zwei Ebenen, weil ansonsten die Komplexität der Aufgaben und die
Interessenvielfalt wegen der großen Zahl der Akteure nicht zu bewältigen sind.
Die Probleme lassen sich am Beispiel der Beteiligung von Regionen in der EU
gut beleuchten (vgl. Kap. 6). Formen des joint decision-making werden in solchen Konstellationen durch mehrstufige Verhandlungsstrukturen bzw. sequentiel-
le Bearbeitung der Koordinationsaufgaben ersetzt, oder die mittlere Ebene wird
in der Koordination zwischen zentraler und dezentraler Ebene umgangen. Wettbewerb stellt ohnehin ein Mechanismus dar, der dezentral funktioniert, wobei der
Raum, auf den sich Koordinationseffekte beziehen, wie die Ebene, auf der Regeln des Wettbewerbs definiert werden, variieren kann. Kurz: Wenn von Mehrebenenpolitik gesprochen wird, handelt es sich im Kern um Zwei-Ebenen-
Koordination, wobei Vertreter dritter und weiterer Ebenen als „Juniorpartner",
externe Vetospieler oder durch „Kontextsteuerung" Einfluss haben können. Dies
rechtfertigt es, im Weiteren die Komplexität der Analyse zu reduzieren und von
einer Zwei-Ebenen-Konstellation auszugehen. Im empirischen Teil wird am
Beispiel der EU erläutert, wie Drei-Ebenen-Konstellationen strukturell differenziert werden (vgl. 6.4).

Exkurs:
Recht und Finanzen als Steuerungsinstrumente im Mehrebenensystem

Die Konzentration der Analyse auf Governance-Formen und -mechanismen
weicht von der Analyseperspektive ab, die in der Föderalismusforschung verbreitet ist. Hier werden Recht und Finanzen als wichtigste Mittel der Steuerung und
Koordinierung betrachtet. Mehrebenenverflechtung beruht demnach darauf, dass
der Zentralstaat den dezentralen Gebietskörperschafen in Gesetzen Vorschriften
macht, wie sie ihre Aufgaben erfüllen sollen, und er ihnen Finanzen zuweist,

damit sie bestimmte Ziele verwirklichen. Die Wirksamkeit dieser Instrumente wird unterschiedlich eingeschätzt – je nach dem, welche Defizite in der Implementation im Einzelnen festzustellen sind. Verfechter eines Trennsystems kritisieren beide Steuerungsinstrumente aus grundsätzlichen Gründen, weil sie die Autonomie der dezentralen Gebietskörperschaften beschneiden.

Die Governance-Perspektive lenkt den Blick auf die Art und Weise, wie Regierungen auf den verschiedenen Ebenen interagieren und welche Mechanismen für Politikkoordination sorgen. Dabei spielen Recht und Finanzzuweisungen eine Rolle, aber sie können je nach Governance-Form unterschiedliche Koordinationsmechanismen erzeugen. Recht kann ausschließlich von der Zentralebene gesetzt werden und wird dann in einer hierarchischen Ordnung durchgesetzt. In föderativen Systemen (Bundesstaaten und Staatenbünden) wird es aber normalerweise zwischen Vertretern der zentralen und dezentralen Gebietskörperschaften ausgehandelt oder es resultiert aus einem Vergleich der Regelungspraktiken konkurrierender Gebietskörperschaften. Seine Anwendung erfolgt entweder dezentral und wird im Konfliktfall durch Zwang durchgesetzt, sie wird verhandelt oder durch Wettbewerbsmechanismen gesteuert. Finanzzuweisungen können ebenfalls auf eine hierarchische Form von Governance verweisen, wenn die Konditionen der Mittelvergabe allein von der Zentralregierung bestimmt werden und dezentrale Gebietskörperschaften auf die Mittel angewiesen sind. Oft werden die Bedingungen der Mittelvergabe wie die Mittelverteilung aber ausgehandelt. Möglich ist auch eine leistungsbezogene Vergabe von Finanzhilfen, wobei der Wettbewerbsmechanismus genutzt wird, um Ziele der Mehrebenenpolitik zu verwirklichen. Ob es sich dabei um einen Leistungswettbewerb im hier definierten Sinne oder um faktisch hierarchische Steuerung handelt, hängt davon ab, wie präzise die Konditionen für die Vergabe der Mittel formuliert sind. Leistungswettbewerb setzt voraus, dass die konkurrierenden Gebietskörperschaften bestimmen, wie sie Ziele und Standards erreichen. Werden konkrete Maßnahmen gefördert, handelt es sich um hierarchische Steuerung, die durch Wettbewerbsmechanismen unterstützt werden kann.

Diese Hinweise zeigen, dass in der praktischen Mehrebenenpolitik meistens die hier beschriebenen basalen Governance-Formen kombiniert werden. Diese Komplexität wird nicht erfasst, wenn man nur Instrumente betrachtet. Zugegebenermaßen reduziert der hier vorgestellten Analyserahmen die reale Komplexität ebenfalls nicht unerheblich. Er kann jedoch Grundlagen für Fallanalysen liefern, indem er zeigt, wie die primären Mechanismen funktionieren. Und dabei kann er auf theoretische Modelle zu Verhandlungen und Wettbewerb, ggf. auch zu Hierarchie und Netzwerken aufbauen (Schimank 2002, 2007). Im Übrigen wird die Analyse der Tatsache gerecht, dass die Mehrebenenpolitik immer ein Zusammenwirken von inter- und intragouvernementalen Strukturen und Prozessen bedeutet, was die auf Koordinationsinstrumente fixierte Forschung ausblendet.

4.3 Mehrebenenpolitik in Wettbewerbs- und Verhandlungsdemokratien

Intragouvernementale
Bedingungen der
Mehrebenenpolitik

Bisher wurden die Funktionsmechanismen der Koordination zwischen Ebenen politischer Mehrebensysteme erfasst. Dabei wurden zwar institutionelle Bedingungen angesprochen, aber nicht näher beachtet, dass Akteure in der Mehrebenenpolitik grundsätzlich in zwei Kontexten agieren und dementsprechend unterschiedlichen Regelsysteme unterliegen (Lehmbruch 2000; Rosenau 2004: 32). Wenn Regierungen ihre Politik mit anderen Regierungen koordinieren, dann können sie nicht autonom agieren, sondern müssen nach wie vor die Spielregeln des intragouvernementalen Prozesses in ihrem Zuständigkeitsbereich beachten. Gleiches gilt für andere Repräsentanten einer regionalen oder lokalen Gebietskörperschaft, eines Staates, der Europäischen Union oder einer internationalen Organisation. Aus dem Zusammentreffen unterschiedlicher Regelsysteme können sich divergierende Anforderungen an die Akteure ergeben. Sie sind die eigentliche Ursache von Dilemmas in der Mehrebenenpolitik und Störungen des Regierens.

Besonders schwierige Bedingungen stellen sich dabei in der Politikkoordination zwischen demokratischen Staaten oder Gebietskörperschaften. Ihre Vertreter sind Parlamenten oder Wählerschaften verantwortlich, und nach demokratischen Grundsätzen sind diese Bindungen gegenüber handlungsleitenden Wirkungen von intergouvernementaler Governance vorrangig zu beachten. Parlamente und – bei direktdemokratischen Verfahren – Bürgerschaften üben im Ratifikationsprozess Vetomacht aus, wobei sie in aller Regel als externe Vetospieler nicht an intergouvernementalen Verfahren beteiligt sind. Die Ratifikationsprozesse beeinflussen aber die Verhaltensweisen der Regierungen in der Mehrebenenpolitik. Sie wirken sich dabei in einer Wettbewerbsdemokratie anders aus als in einer Verhandlungsdemokratie (zur Unterscheidung: Lijphart 1999).

Wettbewerbsdemo-
kratie

Regierungen in Wettbewerbsdemokratien verfügen über eine parlamentarische Mehrheit einer Partei oder einer stabilen Parteienkoalition, die sie zur Verantwortung ziehen kann, im Normalfall aber unterstützt. Zwischen Regierung und Mehrheit im Parlament besteht ein geringes Konfliktniveau. Das bedeutet, dass eine Regierung in intergouvernementalen Prozessen grundsätzlich weitgehende Handlungsfreiheit besitzt. Allerdings steht sie im Wettbewerb mit der Opposition, welche die Regierung öffentlich kontrolliert und kritisiert. Obwohl Oppositionsparteien nicht über Vetomacht verfügen, kann die Regierung sie nicht ignorieren, da parlamentarische Auseinandersetzungen letztlich auf die Konkurrenz um Wählerstimmen zielen. Während sie in Verhandlungen mit anderen Regierungen einen Interessenausgleich erzielen muss, wird sie innerhalb ihres eigenen Zuständigkeitsbereichs danach beurteilt, ob sie die Interessen der eigenen Bürgerschaft hinreichend vertreten hat. Dabei wird einer Zentralregierung leicht vorgeworfen, regionalen oder lokalen Sonderinteressen dezentraler Regierungen nachgegeben zu haben, während Regierungen dezentraler Gebietskörperschaften dafür kritisiert werden, spezifische Interessen der eigenen Bevölkerung vernachlässigt zu haben. Der intergouvernementale Wettbewerb in Form des Institutionen- wie des Leistungswettbewerbs kann für eine Regierung gefährlich werden, wenn sie relativ zu anderen Regierungen wenig Erfolge vorweisen kann, währen im Falle des Erfolgs die Opposition die Vernachlässigung anderer Ziele monieren kann.

Für die Funktionsweise der Mehrebenenpolitik hat Wettbewerbsdemokratie zwei wichtige Konsequenzen. Sie macht das Verhalten von Regierungen für Verhandlungspartner und Konkurrenten in intergovernementalen Beziehungen kalkulierbar, was die Informations- und Entscheidungskosten reduziert. Dem steht allerdings gegenüber, dass Regierungen unter diesen Bedingungen geneigt sind, die im intragouvernementalen Parteienwettbewerb definierten Interessen vorrangig zu verfolgen. In Verhandlungen neigen sie daher zu festen Positionen, die sie mit möglichst geringen Konzessionen durchzusetzen versuchen; im Wettbewerb mit anderen Regierungen bemühen sie sich, ihre eigene Politik zu verteidigen. Beides ist für den Erfolg der Politikkoordination abträglich. Der intragouvernementale Parteienwettbewerb kann also die Effektivität der Mehrebenenpolitik stören. Auf den Konflikt zur demokratischen Legitimität, der sich daraus ergibt, wird noch einzugehen sein.

Störungen der Mehrebenenpolitik

Verhandlungsdemokratien zeichnen sich dadurch aus, dass Regierungen den Konsens vieler Parteien oder anderer Vertreter gesellschaftlicher Gruppen suchen müssen. Dies ist in parlamentarischen Regierungssystemen mit Mehrparteiensystemen der Fall, in denen Minderheitsregierungen oder stark fluktuierende, instabile Koalitionsregierungen gebildet werden, ferner in präsidentiellen Regierungssystemen mit effektiver Gewaltenteilung zwischen Exekutive und Parlament sowie in politischen Systemen, in denen viele Entscheidungen durch Referenden ratifiziert werden.[13] Unter diesen Bedingungen wird Politik nicht durch den Gegensatz zwischen Parteilagern bestimmt, sie ist nicht ex-ante durch Bindung an eine Mehrheitspartei definiert. Vielmehr sind Entscheidungen immer wieder neu auszuhandeln und Regierungen werden ex-post danach beurteilt, ob sie dabei den Interessen einer Mehrheit gerecht geworden sind oder nicht, sei es durch fortdauernde Unterstützung im Parlament oder durch direktdemokratische Ratifikation.

Verhandlungsdemokratie

Zwar sind Regierungen in solchen politischen Systemen flexibler in der Bestimmung ihrer Positionen, verhalten sich daher in intergouvernementalen Verhandlungen eher kooperativ als Regierungen in Wettbewerbsdemokratien, ferner sind sie eher offen für Impulse, die der intergouvernementale Wettbewerb liefert, vor allem wenn er als Leistungswettbewerb organisiert wird. Aber anders als in Wettbewerbsdemokratien, in denen klare Mehrheiten die Politik bestimmen, sind Entscheidungen in Verhandlungsdemokratien weniger vorhersehbar. Daraus ergeben sich Unsicherheiten, die für intergouvernementale Verhandlungen problematisch sind und die Entscheidungskosten erhöhen. Der schwache Parteienwettbewerb erweist sich für die Funktionsweise des intergouvernementalen Wettbewerbs dagegen eher als günstig. Im Institutionenwettbewerb können Regierungen dafür sorgen, dass negative Folgen, die einzelnen Gruppen infolge der erforderlichen Politikanpassung entstehen, ausgeglichen werden; im Leistungswettbewerb können Erfolge die Position der Regierung stärken, während relativ

Störungen der Mehrebenenpolitik

---

13 Die „systembildende" Wirkung der direkten Demokratie, die Parteien und Verbände zum Aushandeln mehrheitsfähiger Entscheidungsvorschläge zwingt, hat Leonhard Neidhart (1970) am Beispiel der Schweiz dargestellt.

schlechte Leistungen genutzt werden könne, neue Koalitionen für Politikwandel auszuhandeln.

Hypothesen über Störanfälligkeit

Aus diesen – zugegebenermaßen relativ abstrakten – Überlegungen lassen sich Hypothesen über die Störungsanfälligkeit von Mehrebenensystemen ableiten. Störungen äußern sich dabei in drohenden Entscheidungsblockaden, die Koordinationsdefizite verursachen. Grundsätzlich resultieren sie daraus, dass in intergouvernementalen Prozessen aufgrund der spezifischen Mechanismen kollektiven Handelns Politikergebnisse erzeugt werden, die auf Widerstände in intragouvernementalen Ratifikationsprozessen stoßen. Oder sie ergeben sich aus der Tatsache, dass eine Regierung aufgrund der intragouvernementalen Regelsysteme zu einer Politik veranlasst wird, die sich nicht mit der Politik anderer Regierungen in Einklang bringen lässt. Wenn die bisherigen Überlegungen zutreffen, sind vor allem intergouvernementale Verhandlungssysteme für Störungen anfällig, während dies für Wettbewerb zumindest unter der Bedingung intragouvernementaler Verhandlungsdemokratie weniger zutrifft. Dabei ist allerdings die Differenzierung nach Formen der Verhandlungen und des Wettbewerbs in der Mehrebenenpolitik noch nicht berücksichtigt.

Enge und lose Kopplung

Wie in Abschnitt 4.2 dargestellt wurde, erzeugen die Governance-Formen joint decision-making und Institutionenwettbewerb starke Bindungen für alle Regierungen eines politischen Systems. Freiwillige Verhandlungen und Leistungswettbewerb haben weniger zwingende Effekte, weshalb sich im Falle von Konflikten einzelne Regierungen den Bindungen entziehen können. Während die ersten beiden Governance-Formen zu einer engen Kopplung von inter- und intragouvernementaler Politik führen, ist die Verbindung, die durch die anderen beiden hergestellt wird, eher lose.[14] Lose Kopplung bietet den Akteuren mehr Spielraum für Auswege aus den Dilemmasituationen der Mehrebenenpolitik. Im Falle enger Kopplung ist dies wesentlich schwieriger. Gerade hier kommt es darauf an, dass Akteure Interaktionsstrategien entwickeln, mit denen sie Blockaden vermeiden. Tendenziell ist allerdings die Chance für eine effektive Politik bei lose gekoppelten Mehrebenensystemen größer. Wir werden dies im Vergleich zwischen der Politikverflechtung im deutschen Bundesstaat und den Mustern von Mehrebenenpolitik in der EU erkennen. Angesichts der generellen Störanfälligkeit von Mehrebenenpolitik und der Bedeutung strategischer Interaktion zur Vermeidung von Blockaden müssen wir der Dynamik von Mehrebenenpolitik besondere Aufmerksamkeit widmen.

---

14 Der Begriff der strukturellen Kopplung ist der Systemtheorie (Luhmann 1997: 196-200) sowie der Organisationstheorie (Weick 1985: 163-165) entnommen. Ich spreche von einer *engen Kopplung*, wenn die Regeln starke verhaltensprägende Wirkungen mit der Folge auslösen, dass die Entscheidungen in einer institutionellen Arena den Ablauf und die Ergebnisse von Prozessen in einer anderen Arena determinieren. *Lose Kopplung* liegt vor, wenn Regeln das Verhalten beeinflussen, sich Akteure ihrer Wirkung aber leicht entziehen können. Enge Kopplung macht Akteure also abhängig, lose Kopplung ermöglicht autonomes Handeln. Da die Art der Kopplung von den durch die Regelsysteme erzeugten Bindungen abhängt, kann sie im Mehrebenensystem sowohl von den einzelnen Ebenen als auch durch die Regeln der Mehrebenenkoordination oder auch von beiden ausgehen (Benz 1998, 2000, 2000a).

4.4 Dynamik von Mehrebenenpolitik

4.4.1 Endogene Dynamik: Interaktionsstrategien und ihre Wirkungen

Governance im Mehrebenensystem unterliegt Mechanismen, die Entscheidungskosten und Kopplungseffekte zwischen inter- und intragouvernementaler Politik
verursachen. Entscheidungskosten sind grundsätzlich (ceteris paribus) bei Verhandlungen höher als im Wettbewerb, und bei joint decision-making höher als
bei freiwilligen Verhandlungen sowie im Leistungswettbewerb höher als im
Institutionenwettbewerb. Andererseits ist anzunehmen, dass die Bindungswir-
kung von Wettbewerb tendenziell höher ist als diejenige von Verhandlungen,
weil Konkurrenz zur Anpassung zwingt, während Akteure auf Verhandlungsprozesse Einfluss nehmen können. Sowohl joint decision-making als auch Institutionenwettbewerb führen allerdings zu enger Kopplung, während diese in freiwilligen Verhandlungen und im Leistungswettbewerb eher lose ist. In Wettbewerbsdemokratien sind die Entscheidungskosten im Vergleich zu Verhandlungsdemokratien geringer, dafür aber die Koppelungseffekte stärker. Alle hier diskutierten
Kombinationen von Mehrebenensystemen und demokratischen Regierungssystemen sind aus diesen Gründen anfällig für Störungen und machen das Regieren
schwierig. Die Verbindung von joint decision-making und Wettbewerbsdemokratie stellt nach den hier dargelegten Überlegungen die Konstellation dar, die durch
Blockaden gefährdet ist, während die Kombination aus Leistungswettbewerb und
Verhandlungsdemokratie eher günstige Bedingungen für effektive und demokratische Mehrebenenpolitik schafft. Gleichwohl ist aber auch letztere nicht gegen
Störungen gefeit, da Ergebnisse des intergouvernementalen Wettbewerbs nicht
unbedingt mit den in der Verhandlungsdemokratie durchsetzbaren Politik übereinstimmen müssen. In allen Fällen können sich Regierungen also mit Blockaden
konfrontiert sehen.

Probleme des Regierens

Blockaden entstehen, wenn entweder Entscheidungen über Themen, die auf
der Agenda stehen, in der Mehrebenenpolitik nicht zustanden kommen oder
wenn Politikergebnisse, die in intergouvernementalen Prozessen erzielt werden,
in der Ratifikation abgelehnt werden. Ihre Ursachen liegen nicht in der Unfähig-
keit oder im Unwillen der Beteiligten, sondern darin, dass diese unter Rahmenbedingungen handeln, die nicht miteinander vereinbare Verhaltensweisen oder
Entscheidungen induzieren. Kompromisse oder Tauschgeschäfte, die Regierungen in Verhandlungen vereinbaren, mögen einen sachgerechten Interessenausgleich widerspiegeln, dennoch entscheiden ratifizierende Organe aufgrund anderer Prämissen, wenn sie im Parteienwettbewerb agieren oder Mehrheitskoalitio-
nen stabilisieren müssen. Der Wettbewerb zwischen Gebietskörperschaften kann
zu kollektiv optimalen Lösungen führen, die aber durch spezifische Konfliktstrukturen oder Koalitionen in intragouvernementalen Demokratien blockiert
werden können. In diesen Dilemmasituationen spielt sich Regieren in der Mehrebenenpolitik ab.

Dilemmasituationen und Elockaden

Die so beschriebenen Dilemmasituationen sind theoretisch konstruiert, in
Wirklichkeit treten sie in vielfachen Variationen auf. Wichtig ist aber, dass sie
von den handelnden Akteuren wahrgenommen werden, wenn Blockaden drohen.
Blockaden, also die Unmöglichkeit von politischen Entscheidungen über The-

Lösung durch strategisches Handeln

men, die auf der Agenda stehen, stellen für alle Beteiligten ein unerwünschtes Ergebnis dar. Wenngleich Akteure nicht die Ursachen durchschauen mögen, die in der Logik der Mehrebenenpolitik angelegt sind, erkennen sie doch die grundsätzliche Problematik. Dieses ungefähre Wissen reicht aus, um sie zu veranlassen, nach Auswegen aus den „Fallen" der Mehrebenenstruktur zu suchen (Pierson 1995; Héritier 1999). Aufgrund praktischer Erfahrungen lernen sie und entwickeln heuristische Verfahrensweisen und Strategien, mit denen Entscheidungsblockaden vermieden werden können (Ostrom 1998: 9). Über die Funktionsweise von Politik im Mehrebenensystem entscheiden mithin nicht allein die Strukturen und Mechanismen, sondern auch die Strategien der Akteure, mit denen sie den Schwierigkeiten widersprüchlicher Interaktionslogiken zu entkommen suchen.

Mehrebenenpolitik
als „Spiel" Wenn Akteure auf Dilemmata kollektiven Handelns mit Strategien reagieren, dann wird Politik im Mehrebenensystem zu einem „Spiel", in dem die Beteiligten nicht einfach ihre Interessen oder Aufträge direkt zu verwirklichen suchen, sondern ihre Verhaltensweisen an die jeweilige Interaktionssituation anpassen und sich bemühen, mögliche Blockaden oder negative Eigendynamiken politischer Prozesse zu vermeiden. Die strategisch bedeutsamen Akteure müssen dabei nicht identisch sein mit den formal definierten Vetospielern, aber in der Regel kommt es auf deren Verhalten an. In diesem Sinn ist multilevel governance als „political game" zu betrachten. Diese Perspektive fassen B. Guy Peters und Jon Pierre wie folgt zusammen:

> „This notion refers ... to the idea that the relaxation of regulatory frameworks opens up for more strategic and autonomous behaviour among the actors. Another important aspect of the game-like nature of governance, as opposed to the conventional view of intergovernmental relationships, is that the definition of who is a player becomes an empirical question, as does the definition of the stakes. Further, as in networks of all sorts, playing the game may be as important as winning in each iteration of the game. Therefore, multi-level governance can be associated with some moderation of demands by actors in order to maintain their favoured position as players" (Peters/Pierre 2004: 81).

Two-level game Die Metapher des strategischen Spiels wurde von Robert Putnam (1988) in die Theorie der internationalen Beziehungen eingeführt. Sein Konzept des „Zwei-Ebenen-Spiels" ("two-level games") bezieht sich auf Beziehungen zwischen Staaten und die Tatsache, dass Vertreter von Nationalstaaten dabei ihre Politikstrategien unter der Bedingung entwickeln, dass sie gleichzeitig auf zwei Ebenen agieren:

> „Each national political leader appears at both game boards. Across the international table sit his foreign counterparts, and at his elbows sit diplomats and other international advisors. Around the domestic table behind him sit party and parliamentary figures, spokespersons for domestic agencies, representatives of key interest groups, and the leader's own political advisors. The unusual complexity of this two-level game is that moves that are rational for a player at one board (such as rising energy prices, conceding territory, or limiting auto imports) may be impolitic for that same player at the other board. Nevertheless, there are powerful incentives for consistency between the two games" (Putnam 1988: 434).

Der Begriff des Spiels verweist auf die strategischen Interaktionen zwischen Akteuren, die dabei in der Regel Dilemmata kollektiven Handelns bewältigen müssen. Spiele der Mehrebenenpolitik lassen sich charakterisieren durch die Themen (policies), die Regeln der Interaktion, die verfügbaren Strategien der Akteure (d.h. ihre Handlungspläne, die angeben, wie sie sich verhalten, wenn ihre Mitspieler eine Handlungsmöglichkeit realisieren) sowie die möglichen Ergebnisse. Wie Akteure interagieren, das heißt, in welchem Spiel sie sich befinden, hängt von den Themen, Problemen und Interessenkonstellationen ab, aber auch von den Regelsystemen. Im Mehrebenensystem können in ihnen – zumindest in bestimmten Grenzen – nicht nur die Problemdefinitionen und Interaktionen, sondern angesichts der Ebenendifferenzierung auch die Regelsysteme, die gelten sollen, umdefiniert werden. Die Akteure der Mehrebenenpolitik bestimmen also in bestimmtem Umfang selbst, in welchem Spiel sie sich befinden.

Merkmale von Spielen

In der Literatur zu Verhandlungen zwischen Staaten gilt das Eingehen strategischer Bindungen als wichtigste Option, die Akteuren in Mehrebenensystemen zur Verfügung steht. Thomas Schelling stellte die These auf, dass Regierungen in internationalen Verhandlungen dann ein für den eigenen Staat besseres Ergebnis erzielen können, wenn sie starken innenpolitischen Zwängen unterliegen oder wenn sie glaubwürdig behaupten können, dass dies der Fall sei (Schelling 1960: 28-29). Diese Strategie der Selbstbindung („tying hands") ist allerdings äußerst riskant, da Akteure, die sie einsetzen, Gefahr laufen, Blockaden zu provozieren oder bei Mehrheitsentscheidungen zu unterliegen. Schellings Behauptung wird inzwischen differenzierter betrachtet (z.B. Fearon 1997; Milner/Rosendorff 1997; Mo 1995). Frederick Mayer etwa argumentierte, dass

Strategische Selbstbindung

> „domestic differences can work either to a nation's advantage or disadvantage in international negotiation. The net effect depends on the configuration of domestic factional interests, their power in internal negotiations, and on the nature of the external bargain – in particular, whether the bargain is largely about dividing a relatively fixed pie or about finding ways to bake a bigger pie. When the essence of the external bargaining problem is distributive, restrictive internal factional constraints may be quite useful to a nation in claiming value. On the other hand, when the essence of the external bargaining problem is integrative, that is, when parties need flexibility to realize joint gains, restrictive factional constraints are likely to be more costly than helpful" (Mayer 1992: 804).

Das eigentliche Problem der Akteure im Mehrebenensystem liegt demnach nicht in der Wahl einer Strategie, die ihre Verhandlungsmacht erhöht, sondern im Umgang mit den widersprüchlichen Anforderungen, die sie in der „innenpolitischen" und in der „außenpolitischen" Arena erfüllen müssen. Das Spiel betrifft den Umgang mit mehreren Ebenen und erfordert ein geschicktes Agieren in mehreren institutionellen Kontexten mit jeweils unterschiedlichen Akteuren („double-edged diplomacy", Evans/Jacobson/Putnam 1993). Als erfolgreich erweisen sich in dieser Situation Strategien, die den Gesamtzusammenhang des Mehrebenensystems und dessen Regeln beachten. Die strategische Selbstbindung ist nur geeignet, wenn die Akteure die Konsequenzen im Hinblick auf die Politikstrukturen in Kauf nehmen können. Intragouvernementale Bindungen führen zur Zerstörung der Kooperation im Mehrebenensystem, intergouvernementale Bindun-

Probleme der Selbstbindung

gen dagegen zur Abkopplung von Ratifikationsorganen und demokratischer Kontrollverfahren, sei es vorübergehend oder dauerhaft.

Die Bedeutung von Strategien, mit denen Akteure im Mehrebenensystem Blockaden vermeiden, hat Fritz W. Scharpf in seiner Theorie der Politikverflechtung erkannt (Scharpf/Reissert/Schnabel 1976; Scharpf 1978; vgl. 3.2). Ausgehend von der Erkenntnis, dass die Politikverflechtung im deutschen Bundesstaat strukturell für Blockaden anfällig ist, versuchte Scharpf zu erklären, wie die verhandelnden Akteure diese – in der Regel für alle Beteiligten negative – Situation vermeiden können. Seine theoretischen Überlegungen zeigen drei grundlegende Wege auf, die strategisch handelnde Akteure einschlagen können: Zum einen können Akteure die Entscheidungsstrukturen so verändern, dass nicht alle Interessen gleichzeitig berücksichtigt werden müssen. Zum zweiten können sie die Komplexität der Entscheidung reduzieren, z.B. indem das Problem aufgespalten oder eine sequenzielle Behandlung zugelassen wird. Drittens können sie das Problem so definieren, dass Konflikte reduziert werden, etwa indem auf Strukturveränderungen und Umverteilungen verzichtet wird.

Diese Theorie liefert uns eine Typologie von Strategien, die für die weitere Analyse fruchtbar gemacht werden kann. Die ersten beiden Gruppen der Strategien, auf die Scharpfs Politikverflechtungstheorie hinweist, betreffen die politics-Dimension, d.h. die Art und Weise, wie politische Prozesse strukturiert werden. Die dritte Gruppe bezieht sich auf Policies, d.h. auf die Definition von Problemen und Problemlösungsalternativen. Denkbar ist aber auch, dass Akteure im Mehrebenensystem in strategischer Weise Regeln anwenden. Handeln sie in mehreren Regelsystemen, die inkompatible Anforderungen stellen, so können sie sich in einem Bereich binden, um in einem anderen Bereich Freiräume zu erlangen. Dadurch können Institutionen vorübergehend stillgelegt oder auch dauerhaft verändert werden.

Wenn Blockaden im Ratifikationsprozess drohen, müssen sich Repräsentanten im Mehrebenensystem um eine ausreichende Zustimmung zu ihren Entscheidungen bemühen, indem sie ihre Politik gleichsam als einzig mögliches Ergebnis darstellen. Regierungen in Bundesstaaten argumentieren dann mit gesamtstaatlichen Interessen und Akteure in der internationalen Politik verweisen auf zwingende außenpolitische oder internationale Erfordernisse. Darüber hinaus können sie versuchen, die auf die politics-Dimension zielende Strategie der „blame avoidance" (Pierson 1995) einzusetzen. In diesem Fall argumentieren sie nicht mit sachlichen Erfordernissen der Politik, sondern verschieben Verantwortlichkeit für Politikergebnisse auf andere Akteure im Mehrebenensystem in der Hoffnung, dadurch entweder Akzeptanz für Ergebnisse zu gewinnen, die angesichts von Entscheidungsstrukturen und Machtverhältnissen nicht anders möglich erscheinen, oder mit der Absicht, Widerstand bei internen Vetospielern zu mobilisieren, um eine Revision von Ergebnissen herbeizuführen. Eine dritte Strategie hat institutionelle Implikationen. Sie besteht im Einsatz von Politikvermittlern („endorsers", Milner/Rosendorff 1997: 86-91), also Akteuren mit einer positiven Reputation, die innerhalb eines politischen Systems Entscheidungen im Mehrebenensystem überzeugend erklären und um Zustimmung werben können.

Auf die Strategien, die Zustimmung mobilisieren sollen, können die Adressaten dieser Strategien reagieren, wenn sie über die erforderliche Macht verfügen. Dies trifft für die externen Vetospieler zu, deren Zustimmung entscheidend ist. Sie haben, neben der Verwirklichung bestimmter Politikinhalte, in erster Linie Interesse daran, ihre Macht zu erhalten und „im Spiel zu bleiben" (Peters/Pierre 2004: 81), indem sie verhindern, dass sich Vertreter ihrer Ebene im Mehrebenensystem den Regeln des demokratischen Regierungssystems dauerhaft entziehen. Dies erreichen sie entweder durch Strategien der Interessenvermittlung oder Strategien der begleitenden oder nachträglichen Kontrolle. Interessenvermittlung kann inhaltlich auf die Beeinflussung der Agenda oder auf die Definition von Verhandlungspositionen gerichtet sein, formal kann sie auf einer oder gleichzeitig auf mehreren Ebenen ansetzen. Die Kontrolle erreichen sie durch begleitende Kommunikation mit den Vertretern, durch ex-post-Vetos oder durch Vetodrohungen, die Macht symbolisieren, sowie durch selektive Vetos, die Drohungen glaubhaft machen.

Das strategische Politikspiel im Mehrebenensystem läuft also nicht nur zwischen den Akteuren ab, die für die Koordination zwischen den Ebenen zuständig sind, sondern zwischen internen und externen Vetospielern. Je nach institutioneller Struktur oder faktisch geltenden Regeln der Politik gehören zu diesen neben staatlichen Akteuren, also Regierungen, Verwaltungen und Parlamenten, auch private Akteure wie etwa „konfliktfähige" Verbände, die in der Lage sind, relevante Ressourcen zu verweigern.

Staatliche und private Akteure

4.4.2 Verfassungspolitik

Strategien und die dadurch erzeugte endogene Dynamik von Mehrebenensystemen können nicht aus allen Schwierigkeiten von Mehrebenensystemen führen. Im Vergleich wird sich zeigen, dass bestimmte Konstellationen besonders problematische Folgen erzeugen, die auf Dauer nur durch institutionelle Reformen bewältigt werden können. Das trifft insbesondere bei eng gekoppelten Mehrebenensystemen zu, weil sie die Spielräume für strategische Politikanpassung stärker begrenzen als lose gekoppelte Strukturen. In diesem Fall müssen institutionelle Bedingungen der Mehrebenenpolitik geändert werden. Dies erfordert in der Regel eine Revision der Verfassung.

Grenzen der endogenen Dynamik

Verfassungspolitik in Mehrebenensystemen ist aber selbst wiederum Mehrebenenpolitik. Sie kann in die „Politikverflechtungsfalle" (Scharpf 1985) führen. In diesem Fall verursachen bestehende Strukturen gravierende Defizite demokratischen Regierens, aber eine Reform der Strukturen erweist sich als unmöglich, weil durch sie Macht umverteilt wird und dies durch negativ betroffene Vetospieler verhindert wird. Viele Projekte einer gescheiterten Verfassungsreform in Bundesstaaten oder regionalisierten Einheitsstaaten belegen die Schwierigkeiten. Oft misslingt eine Einigung zwischen Vertretern der verschiedenen Ebenen über einen Reformentwurf, noch häufiger dürfte der Fall sein, dass dieser im Ratifikationsprozess nicht die erforderliche Mehrheit findet.

Verfassungsreform

Verfassungsänderungen sind aber nicht nur durch explizite Reform, sondern auch durch impliziten Wandel möglich (Voigt 1999: 145-176). Letzteres ist in Mehrebenensystemen wohl häufiger der Fall. Voraussetzung dafür ist, dass die Strukturänderungen, die strategische Interaktionen der Akteure in der Mehrebe-

Impliziter Verfassungswandel

nenpolitik bewirken, die Zustimmung der Träger der „verfassungsändernden Gewalt" finden. Praktisch sind dies Regierungen, Parlamente und Verfassungsgerichte auf den unterschiedlichen Ebenen.

* * *

Damit sind die wesentlichen analytischen Kategorien für die Untersuchung der Mehrebenenpolitik dargestellt. Obgleich Erklärungen über Funktionsweisen und -probleme angedeutet wurden, ergeben die Ausführungen noch keine Theorie der Mehrebenenpolitik. Ziel war es, ein möglichst umfassendes Gerüst an Konzepten zu präsentieren, das für Fallstudien und vergleichende Untersuchungen genutzt werden kann. Die folgenden Kapitel dienen der Vertiefung und Illustration am Beispiel der Mehrebenenpolitik im deutschen Bundesstaat und in der EU. Die Fälle können angesichts der Komplexität des Themas den Analyserahmen nur selektiv aufgreifen. Im Vergleich Deutschlands und der EU lassen sich allerdings in vielerlei Hinsicht Kontrastfälle der Mehrebenenpolitik studieren, die wichtige Aspekte der bisherigen Analyse verständlich machen können.

5 Varianten der Mehrebenenpolitik im deutschen Bundesstaat

5.1 Institutionelle Strukturen: Verhandlungssysteme und Wettbewerbsdemokratie

Der deutsche Bundesstaat gilt als das Musterbeispiel einer stark durch Blockaden gefährdeten Konfiguration eines Mehrebenensystems. Seine Verfassung weist zwei Merkmale auf, die das Regieren maßgeblich prägen und erschweren. Es verbindet einen Föderalismus, der weitgehend Entscheidungen nach den Regeln des joint decision-making erfordert, mit einem parlamentarischen Regierungssystem im Bund und in den Ländern (Lehmbruch 2000; Scharpf 1989, 1995).

Das Ausmaß der Verhandlungszwänge zwischen Bund und Ländern ist in Deutschland hoch. Dafür sorgt die funktionale Kompetenzverteilung, nach der viele Bundesgesetze von den Ländern vollzogen werden, in Verbindung mit der Regel, dass Gesetze, die Regelungen über den Verwaltungsvollzug in den Ländern enthalten, als Ganze der Zustimmung des Bundesrats bedürfen. Auch der Steuerverbund macht die Zusammenarbeit von Bund und Ländern in weiten Teilen der Finanzpolitik erforderlich. Institutionalisiert sind multilaterale Zwangsverhandlungen in den Gemeinschaftsaufgaben. Verstärkt werden Kooperationszwänge durch das Ziel, in allen Regionen möglichst gleichwertige Lebensverhältnisse und eine einheitliche Rechtsordnung zu verwirklichen. *(Joint decision-making)*

Die parlamentarische Demokratie ist in den Verfassungen des Bundes und der Länder festgeschrieben. In allen Gebietskörperschaften konkurrieren Parteien um Wählerstimmen. Durch die historisch gewachsene Struktur des Parteiensystems herrscht in der Regel auf beiden Ebenen ein dualistischer Wettbewerb der beiden großen Parteien, der durch kleine Parteien abgeschwächt wird. Zwar werden die Kräfteverhältnisse in Parlamenten nach dem Verhältnisprinzip bestimmt, was klare Mehrheiten einer Partei verhindert und Koalitionsbildungen erzwingt. Dennoch wird die politische Willensbildung durch die mehr oder weniger starke Konfrontation im Wettbewerb der Parteien bestimmt. Die Wirklichkeit der parlamentarischen Demokratie in Bund und in den Ländern entspricht deshalb der Wettbewerbsdemokratie, die sich allerdings, wie noch erläutert wird, im Wandel befindet. *(Wettbewerbsdemokratie)*

Diese Konstellation entstand in der Geschichte der Staatsbildung. Die spezifische Form des kooperativen Bundesstaats ist darauf zurückzuführen, dass der deutsche Nationalstaat zu einer Zeit gegründet wurde, als die Länder bereits als moderne Verwaltungsstaaten existierten. Daher blieb die Zuständigkeit dezentralisiert, während die Gesetzgebung schon während der Industrialisierung zentralisiert wurde, weil bundeseinheitliche Regelungen erforderlich wurden. Das parlamentarische Regierungssystem wurde erst nach dem Zweiten Weltkrieg zu einer stabilen Form der Demokratie, aber das Parteiensystem hat seine Wurzeln *(Historische Wurzeln)* ebenfalls in der zweiten Hälfte des 19. Jahrhunderts, als in Deutschland nationale Unitarisierungsbestrebungen und die Klassenkonflikte der Industriegesellschaft aufeinander trafen. Es wird nach wie vor, wenn auch mit deutlichen Abschwächungen, dominiert durch die in der Industrialisierung entstandene duale Konfliktstruktur, vor allem aber durch zentralstaatlich organisierte Parteien, die im Zeitalter des Nationalstaats auf der Bundesebene entstanden und damals die Konfliktlinien der Klassengesellschaft und der Konfessionsspaltung abbildeten, während die territorialen Konfliktlinien der deutschen Gesellschaft nie stark genug waren, um ein regionalisiertes Parteiensystem zu generieren (Alemann 2003). Der deutsche Staat ist damit föderativ gegliedert, aber das Parteiensystem ist weitgehend unitarisch. Die Organisation der Parteien folgt zwar der föderativen Ordnung, aber die Programmatik der Parteien ist, im Vergleich zu Parteien in der Schweiz oder in Kanada (Grande 2002; Thorlakson 2005; Riker 1964: 111-136), einheitlich, und Landesverbände weichen selten von der Linie der Bundespartei ab. Erst in jüngster Zeit scheinen sich diese Strukturen aufzulösen.

Das Zusammenwirken dieses parlamentarischen Systems in Bund und Ländern mit einem kooperativen Bundesstaat bildet das Grundmuster der Mehrebenenpolitik in Deutschland. Im Kontext dieser Wettbewerbsdemokratie erfolgt die Koordination zwischen Bund und Ländern, was in den meisten Funktionsbereichen und Politikfeldern in Verhandlungsverfahren geschieht. In einzelnen Politikfeldern finden wir allerdings Varianten dieses Musters, die entweder durch einen stärkeren Wettbewerb zwischen den Ländern oder durch eine Überlagerung oder Verdrängung des Parteieneinflusses durch sektorale Interessenvermittlung zustande kommen. Im deutschen Bundesstaat gibt es also verschiedene Ausprägungen der Mehrebenenpolitik mit jeweils unterschiedlichen Folgen für das Regieren (Scheller/Schmid 2008).

5.2 Zustimmungspflichtige Gesetzgebung

In der Gesetzgebung ist die Politikverflechtung nach dem Muster des joint decision-making in Deutschland besonders stark ausgeprägt, weil Gesetze vom Bund unter Mitwirkung der Landesregierungen im Bundesrat erlassen werden. Bei Gesetzen, die die Zustimmung des Bundesrats benötigen, zwingt die Verfassung zum Aushandeln eines Kompromisses zwischen den Vertretern der Mehrheiten in Bundestag und Bundesrat. Diese Entscheidungsregel gilt für etwa die Hälfte aller Gesetze, vor allem für wichtige finanz- und sozialpolitische Materien. Dabei handelt es sich um multilaterale Zwangsverhandlungen. Die Bundesregierung muss mit den Landesregierungen verhandeln, wenn sie ihre Gesetzgebungsvorhaben verwirklichen will. Sind Gesetzgebungsverfahren eingeleitet, so ist den Landesregierungen die exit-Option faktisch verschlossen. Im Bereich der konkurrierenden Gesetzgebung wäre denkbar, dass die Länder durch Verweigerung von Verhandlungen ein Bundesgesetz verhindern und sich so ihre eigenen Kompetenzen erhalten können. Tatsächlich gibt es aber in fast allen Bereichen der konkurrierenden Gesetzgebung inzwischen Bundesgesetze, weshalb der Bund die Zuständigkeit bereits übernommen hat. In den Verhandlungen muss sich der Bund wenigstens mit Länderregierungen einigen, die über die Mehrheit der Stimmen im Bundesrat

Unitarisches Parteiensystem

Varianten der Mehrebenpolitik

Regelsystem

verfügen. Die Ratifikation der Verhandlungsergebnisse erfolgt mit einer „doppelten" Mehrheit im Bundestag und Bundesrat. Dies bedeutet, dass sich bei divergierenden parteipolitischen Mehrheitsverhältnissen zumindest die Vertreter der großen Parteien einigen müssen. Einzelne Landesregierungen weichen allerdings gelegentlich von einer Parteilinie ab, wenn Bundesgesetze sich unterschiedlich auf regionale Verhältnisse in den Ländern auswirken. In diesen Verhandlungen sind die Bundesregierung, die Führer der Mehrheitsfraktionen im Bundestag und die Landesregierungen als interne Vetospieler zu qualifizieren. Der Bundestag als das eigentliche Gesetzgebungsorgan wird damit faktisch zu einem externen Vetospieler. Die Landesparlamente haben formal keine Kompetenz, ihre Landesregierungen bei Beschlüssen im Bundesrat an Mandate zu binden, faktisch ist aber eine Landesregierung ihrem Parlament verantwortlich, dessen Mehrheitsfraktionen damit ebenfalls über die Macht externer Vetospieler verfügen.

Die Qualifizierung der Parlamente als Vetospieler entspricht den Regeln des parlamentarischen Regierungssystems, in dem die Regierungen die Gestaltungsmacht besitzen, während die Mehrheitsfraktionen im Parlament Gesetzesinitiativen zwar noch verändern können, in der Regel aber den Vorschlägen der Regierung folgen und Kontrollfunktionen erfüllen. Verhandlungen zwischen Regierungen im deutschen Bundesstaat sind aber gerade deswegen eng mit dem Parteienwettbewerb verbunden, da sie der Kontrolle der im Parlament vertretenen Parteien unterliegen. Regierungen sind angewiesen auf die Zustimmung durch die Mehrheitsfraktionen, gleichzeitig ist ihre Politik der öffentlichen Kritik durch die Opposition ausgesetzt. Für Verhandlungen im Bundesstaat hat dies zweierlei zur Folge: Erstens lässt die Bindung an die Parlamentsmehrheit nur begrenzt flexible Verhandlungspositionen zu. Zweitens veranlassen Einflüsse des Parteienwettbewerbs die Regierungen, bei der Definition von Verhandlungspositionen vorrangig die Nutzen und Kosten für den eigenen Zuständigkeitsbereich zu beachten und damit eine verteilungsorientierte „bargaining"-Strategie zu verfolgen. Wegen der Unterschiede der im Parteienwettbewerb definierten, tendenziell als antagonistisch wahrgenommenen Interessen und wegen der geringen Flexibilität der Verhandlungspositionen ist eine Einigung schwierig. Wenn Kompromisse zustande kommen, geschieht dies, indem die Parlamente geschwächt werden und der Parteienwettbewerb stillgelegt wird, also auf Kosten der demokratischen Legitimation (Benz 1998; Lehmbruch 2000).

Enge Kopplung und Blockadegefahren und Demokratiedefizite

Die Inkompatibilität zwischen den Anforderungen, die Regelsysteme des Parteienwettbewerbs und des Zwangsverhandlungssystems in der föderativen Staatsorganisation bewirken, zeigt sich besonders, wenn im Bundestag und im Bundesrat verschiedene Parteien die Mehrheit der Stimmen auf sich vereinigen. Diese Situation ist in der Verfassung nicht angelegt, sondern hängt vom Ausgang der Wahlen auf Bundes- und Landesebene ab. Generell beobachten wir dabei in Deutschland ein für Bundesstaaten durchaus typisches Muster des Wahlverhaltens (Hough/Jeffery 2002, 2006). Die Wähler nutzen Parlamentswahlen in den Gliedstaaten, um auf die Bundespolitik zu reagieren. Wechselwähler tendieren dabei oft zur Wahl der Partei, die im Bund in der Opposition ist, weil sie dadurch die Macht der Mehrheit begrenzen und ihre schwankende Parteienpräferenz verwirklichen können. Gegenläufige Mehrheitsverhältnisse in Bundestag und Bundesrat sind deswegen häufig. Die nachfolgende Tabelle zeigt, dass seit 1990

Gegenläufige Mehrheitsverhältnisse

nur in kurzen Phasen die parteipolitischen Mehrheitsverhältnisse in beiden Legislativorganen gleichgerichtet waren. Die Zunahme der „neutralen" Länder, die auf die wachsende „Volatilität" des Wählerverhaltens und die Regionalisierung des Parteiensystems zurückzuführen ist, macht es noch weniger wahrscheinlich, dass sich die Bundestagsmehrheit und die Bundesregierung auf die Zustimmung zu ihren Gesetzesvorschlägen verlassen können, weil sich Vertreter dieser Länder in parteipolitisch umstrittenen Materien enthalten und Enthaltungen als Nicht-Zustimmung gewertet werden.

Übersicht 9:　　Stimmenverteilung im Bundesrat seit November 1990

Landtagswahl	Regierungsnahe Länder	Oppositionsnahe Länder	„Neutrale" Länder
November 90	35	26	7
Januar 91	35	22	11
April 91	31	26	11
Mai 91	27	26	15
Juni 91	27	29	12
Dezember 91	27	26	15
Mai 92	21	26	21
Juli 94	17	30	21
September 94	17	34	17
Okt. 94/ Mai 95/ Juni 95	10	34	24
Januar 96*	10	35	24
April 96/Mai 96/Nov. 97/April 98	16	35	18
September 98**	38	16	15
Nov. 98/ Febr. 99	38	16	15
April 99/Juni 99	33	21	15
Sept. 99/ Febr. 00/ Mai 00/ März 01/ April 01	26	28	15
September 01	23	31	15
Oktober 01	27	31	11
April 02	23	35	11
September 02	26	35	8
Febr. 03/Mai 03/Sept. 03/Febr. 04/ Juni 04	20	41	8
September 04	20	37	12
Februar 05	17	37	15
Mai 05	11	41	15
September 05**	36	0	33
März 06	44	0	25
September 06	47	0	22
Mai 07	44	0	25
Jan. 08/ Febr. 08	41	0	28
September 08	35	0	34

schraffierte Fläche: Keine Stimmenmehrheit der Regierungspartei im Bundestag
*　　　wegen des Bevölkerungswachstums erhielt Hessen eine Stimme mehr
**　　Regierungswechsel im Bund

In dieser politischen Konstellation gegenläufiger Mehrheitsverhältnisse im Bundestag und im Bundesrat benötigt die Bundesregierung zur Verwirklichung ihres politischen Programms nicht nur die Unterstützung der – im Regelfall loyalen – Regierungsfraktionen, sondern auch die Mehrheit der Stimmen im Bundesrat. Sie muss also mit den Landesregierungen verhandeln, um die Zustimmung einer Bundesratsmehrheit sicherzustellen. Mitglieder des Bundesrats vertreten im Prinzip Länderinteressen, treten also für die Belange einer Region bzw. einer Gebietskörperschaft ein. Landesregierungen unterliegen jedoch auch der parlamentarischen Kontrolle und sind auf die Zustimmung der Mehrheitsfraktionen im Landesparlament angewiesen. Da – anders als etwa in der Schweiz – die deutschen Parteien, welche im parlamentarischen System vertreten sind, auf Bundes- und Landesebene identische Programme verfolgen und in einer Organisation integriert sind (Grande 2002), gewinnt die Opposition über ihre Vertretung im Bundesrat ein unmittelbares Mitspracherecht in der Gesetzgebung des Bundes. Verhandlungen zwischen Bundes- und Landesregierungen sind also vielfach praktisch identisch mit Verhandlungen zwischen den Führungen der Regierungs- und Oppositionsparteien. Über Gesetze, die der Zustimmung des Bundesrates bedürfen, entscheidet daher nicht die Mehrheit im Bundestag, sondern eine Art „große Koalition" (Schmidt 1996).

Zwangsverhandlungen zwischen Regierung und Opposition

Diese Verhandlungen sind eng gekoppelt an einen Parteienwettbewerb, den trotz gemäßigter Pluralisierung des deutschen Parteiensystems noch immer ein Dualismus zwischen zwei „Lagern" und den beiden großen Parteien prägt. Zwar sind die ideologischen Gegensätze, die im Parteienwettbewerb noch in den 1950er Jahren zu harten Auseinandersetzungen führten, überwunden, und in der Parteienforschung wird vom Übergang zu einer „kooperativen" Opposition gesprochen. Aber die Parteien unterliegen nach wie vor den Regeln der Konkurrenz um Wählerstimmen, weshalb sie bei aller Angleichung ihrer Programme in Einzelfragen die Unterschiede betonen. Bei wichtigen Gesetzen vertritt die Opposition im Bundestag deswegen eine Gegenposition zur Regierung und den Mehrheitsfraktionen. Im vertikal integrierten Parteiensystem sind die Landesregierungen, die von der Oppositionspartei gestellt werden, zumindest in jenen Politikbereichen an diese Position gebunden und verhalten sich entsprechend kompetitiv, in denen genuine Landesinteressen nicht völlig im Vordergrund stehen. Dies erzeugt die viel diskutierten Blockadegefahren im deutschen Bundesstaat.

Kompetitive Verhandlungspartner

Die Strukturen des Mehrebenensystems sind für ein effektives Regieren also nicht günstig. Veränderungen bestehender Ressourcenverteilungen und Eingriffe in Besitzstände von Gruppen oder Gebieten scheinen aufgrund der „antagonistischen Kooperation" (Scharpf 1989: 132) zwischen Vertretern des Bundes und der Länder schwerlich erreichbar. Darüber hinaus scheint die enge Kopplung zwischen den inkompatiblen Interaktionsformen des Parteienwettbewerbs und der Bund-Länder-Verhandlungen die Funktionsweise der parlamentarischen Demokratie zu beeinträchtigen. Wenn sich Landesregierungen im Bundesrat auf Kooperation mit der Bundesregierung einlassen und einem Kompromiss zustimmen, so werden sie damit unmittelbar und für die Bürger sichtbar in die Verantwortung für das betreffende Bundesgesetz einbezogen. Die Logik dieser Regierungsverhandlungen widerspricht aber der Logik des Parteienwettbewerbs, nach der Oppositionsvertreter sich als Alternative zur Regierung präsentieren müssen.

Tendenz zum Status quo

Intransparente Verantwortlichkeit

Eine kompetitive Strategie im Parteienwettbewerb wird durch die verbindliche Kooperation unmöglich gemacht. Damit gerät aber auch das Werben der Parteien um Zustimmung bei der Wählerschaft in einen Widerspruch zur Suche nach gemeinsamen Lösungen. Für die Bürger verliert der Parteienwettbewerb seine orientierende Funktion, weshalb man nicht von einer generellen Unterstützung für Regierungsentscheidungen ausgehen kann.

Kurz: Im deutschen Bundesstaat bestehen institutionelle Bedingungen, die Änderungen des Status quo schwierig machen und bei denen zugleich die Gefahr besteht, dass eine solche Politik keine Zustimmung in den Parlamenten und in der Wählerschaft erhält, der Status quo also gegen den Willen von Parlamentsmehrheiten in Bund und Ländern verfestigt wird.

Strukturdilemma, ...

Dieses Strukturdilemma des deutschen Bundesstaats ist seit den maßgeblichen Analysen von Gerhard Lehmbruch (2000, erste Auflage 1976) und Fritz Scharpf (Scharpf/Reissert/Schnabel 1976; Scharpf 1985, 1988) bekannt. Die beiden Politikwissenschaftler brachten die Problematik auf den Begriff, mit der Akteure im Mehrebenensystem konfrontiert sind. Beide blieben aber nicht bei der theoretischen Beschreibung des Dilemmas stehen und sprachen von Blockadegefahren, ohne zu unterstellen, dass in Deutschland Politik ständig blockiert

...aber wenig Blockaden...

sei. Vielmehr wiesen sie auf strukturell bedingte Schwierigkeiten hin, unter denen Regierungen und Parlamente Gesetzesvorhaben verwirklichen müssen. Tatsächlich sind Blockaden von Gesetzen selten und zwar auch dann, wenn die Zustimmung des Bundesrates erforderlich ist und in ihm die dem Oppositionslager zuzurechnenden Landesregierungen die Mehrheit der Stimmen kontrollieren (Beyme 1997: 298-299). In den meisten Fällen finden Bundes- und Landesvertreter in Verhandlungen Kompromisslösungen, die für die Mehrheit in Bundestag und Bundesrat akzeptabel sind. Das liegt natürlich daran, dass die meisten Gesetze oder Gesetzesänderungen keine Kontroversen zwischen den Parteien hervorrufen, weil sie Detailregelungen betreffen oder in der Sache notwendig sind. Parteipolitische Konflikte betreffen nur Gesetzgebungsvorhaben, die Richtungsentscheidungen implizieren. Aber selbst diese werden auch dann nur selten völlig

...und keine demokratiegefährdende Politikverdrossenheit

blockiert, wenn im Bundesrat die Opposition über die Vetomacht verfügt. Im Übrigen gibt es keine Indizien dafür, dass Bürgerinnen und Bürger die Politik im deutschen Föderalismus als ineffektiv betrachten und sich frustriert von ihr abwenden, auch wenn in der Öffentlichkeit immer wieder die mangelnde Reformfähigkeit kritisiert und über eine wachsende Politikverdrossenheit spekuliert wird (Arzberger 2002). Offenbar sind die Akteure im Gesetzgebungsprozess trotz der engen Kopplung von multilateralen Zwangsverhandlungen und Parteienwettbewerb in der Lage, sich auf akzeptable Lösungen zu einigen.

Institutionelle Vorkehrungen gegen Dilemma:

Diese Tatsache liegt zunächst weniger an intelligenten Strategien der Akteure, sondern an spezifischen institutionellen Merkmalen und Verfahrensregeln des deutschen Bundesstaats:

- Agendamacht der Regierung bzw. Bundestagsmehrheit

Zum einen verfügen die Bundesregierung bzw. die sie stützende Mehrheitskoalition im Bundestag über die Macht zur Agenda-Gestaltung, da sie Gesetze initiieren können und sie diese Kompetenz in der überwiegenden Mehrheit der Fälle auch nutzen. Sie definieren damit den Ausgangspunkt von Verhandlungen. Da Blockaden in der Öffentlichkeit negativ bewertet werden und auch von den Landesregierungen erwartet wird, dass sie sich als fähig erweisen, Probleme zu lösen, ist es für den Bundesrat in der Regel attraktiver, an der Gestaltung eines vorliegenden Gesetzgebungsvorschlags mitzuwirken als ihn vollständig zurückzuweisen. Deshalb bemühen sich die Landesregierungen um Kompromisse, anstatt einfach ihre Vetomacht zu nutzen. Der Bundesrat kann ebenfalls Gesetze initiieren, verfügt also auch über Agenda-Macht, aber Bundesratsinitiativen können gegen die Regierungsmehrheit im Bundestag nur schwer durchgesetzt werden (vgl. Übersicht 10). Sie haben damit weniger die Funktion, Politik zu gestalten, als vielmehr Alternativen im Parteienwettbewerb zu symbolisieren bzw. eine Gegenposition zur Gesetzesinitiative der Bundesregierung zu formulieren und sie in Verhandlungsprozessen zu vertreten.

Die Regierung und die Mehrheitsfraktionen sind also im Bund-Länder-Verhandlungssystem hinsichtlich der Fähigkeit, die Agenda, also den Ausgangspunkt von Verhandlungen zu definieren, im Vorteil gegenüber den Ländern und der Opposition im Bundestag. In der 14. Wahlperiode erreichte die Regierung mit ihren 450 Initiativen 387 Gesetze, die schließlich verkündet wurden, und die Mehrheitsfraktionen brachten 93 von 134 Initiativen zum Erfolg, während der Bundesrat nur 20 % und die Bundestagsopposition keine Gesetzesinitiative durchsetzen konnten. Die Macht der Opposition ist also nur eine Vetomacht, keine Gestaltungsmacht.

Die Vetomacht der Opposition über den Bundestag ist strukturell begrenzt, weil mit dem Vermittlungsausschuss eine wichtige institutionelle Vorkehrung gegen ein Scheitern von Gesetzen vorhanden ist. In ihm werden Kompromisse in nicht-öffentlichen Beratungen ausgehandelt. Damit etabliert der Vermittlungsausschuss ein Verhandlungssystem, das den Regeln des Parteienwettbewerbs entzogen ist. Da sein Entscheidungsvorschlag im Bundestag und Bundesrat nur noch angenommen oder abgelehnt werden kann, kommt dem Ausschuss eine weit reichende Definitionsmacht zu (in der 14. Wahlperiode wurde der Vermittlungsausschuss zu 77 Gesetzgebungsvorhaben angerufen, von denen 65 verkündet wurden). Mit der Einschaltung des Vermittlungsausschuss wird also die enge Kopplung zwischen Wettbewerbsdemokratie und Mehrebenenverhandlungen abgeschwächt.

– Vermittlungsausschuss

Drittens fungieren die beiden großen Parteien im Vorfeld des Gesetzgebungsprozesses als föderativ organisierte Verhandlungsarenen, in denen die Konflikte zwischen Bund und Ländern vorgeklärt werden können. In diesen Verhandlungen treffen parteiideologische und territoriale Konfliktstrukturen, die sich vielfach als „cross-cutting cleavages" überlagern, innerhalb der Willensbildungsprozesse in den Parteien aufeinander und müssen hier ausgetragen werden, bevor sie in die Gesetzgebungsprozesse einfließen (Renzsch 1999, 2000). Dies führt zu einer deutlichen Vereinfachung der Konflikte, was die Entscheidungskosten reduziert. Allerdings bewirkt das integrierte Parteiensystem auch, dass die parteipolitische Konfliktdimension tendenziell dominiert, weil Themen des Verhältnisses von Bund und Ländern zunächst in parteipolitische Positionen transformiert werden.

– Ebenen integrierende Parteien

Übersicht 10:   Gesetzgebung des Bundes - 14. und 15. Legislaturperiode

	14. Legislaturperiode (abs. und Reduktion gegen-über vorangehender Phase)		15. Legislaturperiode (abs. und Reduktion gegen-über vorangehender Phase)	
Gesamtzahl der eingebrachten Gesetzesvorhaben	**1013**		**760**	
Regierungsvorlagen	450		362	
Gesetzesanträge von Ländern	224 (19 aus 13. LP)		187 (8 aus 14. LP)	
Initiativen des Bundestages	328		211	
Gesetzentwürfe auf der Grundlage von Ausschuss-empfehlungen	11		0	
Im Bundestag eingebracht	**864**	**-149**	**643**	**-117**
Regierungsvorlagen	443	-7	320	-42
Initiativen des Bundesrats	93	-131	112	-75
Initiativen aus dem Bundestag	328	0	211	0
– Mehrheitsfraktionen	134		105	
– Opposition	175		97	
– Gemeinsam	19		9	
Im Bundestag in 1. Beratung behandelt	839	-25	608	-35
Vom Bundestag verabschiedet	**559**	**-280**	**400**	**-208**
Regierungsvorlagen	394	-49	281	-39
Initiativen des Bundesrates	22	-71	17	-95
Initiativen des Bundestages	108	-220	85	-126
– Mehrheitsfraktionen	93	-41	76	-29
– Opposition	0	-175	0	-97
– Gemeinsam	15	-4	9	0
Gesetzentwürfe auf der Grund-lage von BT-Ausschuss-empfehlungen	8	-3	0	
Im Bundesrat behandelt	**559**		**400**	
Zustimmungsversagung	19		14	
Einsprüche	5		28	
vom Bundestag zurückgewiese-ne Einsprüche	2		28	
Verkündungen von Gesetzen	**549** (301 Zustimmungsgesetze)		**385** (195 Zustimmungsgesetze)	
Initiativen der Bundesregierung	387	-7	274	-7
Initiativen des Bundesrat	22	0	16	-1
Initiativen ais der Mitte des Bundestags	106	-2	79	-6
– Mehrheitsfraktionen	91	-2	70	-6
– Gemeinsame	15	0	9	0
Zusammengeführte Entwürfe; Ausschussempfehlungen	34		15	

Quelle: Gesetzgebungsstatistik des Bundestags, http://dip.bundestag.de/

In Übersicht 10 sind Daten zur Gesetzgebung für die beiden letzten Legislaturperioden zusammengestellt, in denen die parteipolitischen Mehrheitsverhältnisse in Bundestag und Bundesrat divergierten. Die quantitativen Angaben über den Erfolg oder das Scheitern von Gesetzgebungsinitiativen widerlegen die Blockadethese, sagen allerdings nichts über die Qualität der Gesetzgebung und über die dadurch erreichte Veränderung des Status quo aus. Weder geben sie an, wie viele Vorhaben der Regierung erst gar nicht zu einer formalen Gesetzesinitiative geworden sind, noch kann man daraus ableiten, ob wichtige Reformgesetze oder weniger wichtige Gesetze gescheitert sind. Zum ersten Aspekt zeigen Untersuchungen von Herbert Döring, dass die Bundesrepublik im internationalen Vergleich in den 1980er Jahren zu den Staaten mit relativ geringem Output an Gesetzen zu zählen ist (Döring 1995), was dafür spricht, dass gegen die Bundesratsmehrheit nicht realisierbare Gesetzesvorhaben von der Bundesregierung oft gar nicht in das förmliche Gesetzgebungsverfahren eingebracht werden. Im Hinblick auf die Änderung des Status quo durch Gesetze zeigen zudem vergleichende Politikfeldanalysen (Schmid 2002; Tsebelis 2002; Wagschal 1999), dass die Reformfähigkeit des deutschen Bundesstaats, gemessen an der Fähigkeit, den Status quo zu ändern, nicht sehr hoch ist. Diese Untersuchungsergebnisse sprechen auf den ersten Blick für die Geltung der Vetospieler-Theorie. Allerdings ist die Zahl der Vetospieler in Deutschland im Gesetzgebungsprozess gering, weil man dazu eigentlich nur den Bundestag und den Bundesrat, aber diesen wiederum nur bei zustimmungspflichtigen Gesetzen, rechnen darf. Die Bundesbank spielt nur in wirtschaftspolitischen Fragen eine Rolle, und sie verhinderte nur bestimmte Politiken. Das Bundesverfassungsgericht, das üblicherweise als Vetospieler betrachtet wird, hat häufig Reformen angestoßen und nur wenige blockiert oder verzögert. Dass die Distanz zwischen den Vetospielern in Deutschland besonders groß ist, ist ebenfalls zu bezweifeln. Die zwar geringe Blockadehäufigkeit, aber gleichzeitig geringe Reformfähigkeit der Politik im deutschen Bundesstaat kann man erst erklären, wenn man das Zusammenwirken von Institutionen und den Strategien der Vetospieler berücksichtigt.

Im Hinblick auf die institutionellen Bedingungen der Gesetzgebung im Mehrebenensystem ist zunächst nochmals auf die Asymmetrie zwischen Regierung bzw. Mehrheitsfraktionen und Oppositionsfraktionen bzw. Länderregierungen hinzuweisen. Erstere verfügen über die Möglichkeit, durch die Agenda-Gestaltung auch Politikergebnisse zu beeinflussen, während dies der Opposition und den Länder offensichtlich kaum gelingt. Sie verfügen lediglich über Blockademacht. Die Regierung und die Mehrheitsfraktionen können dagegen darauf setzen, dass sie in Verhandlungen ihre Initiativen, wenn auch mit Abstrichen, zu einem Gesetzesbeschluss bringen können. Somit wirkt die Institution des Vermittlungsausschusses zu Gunsten der Mehrheit. Zwar wird immer wieder festgestellt, dass im Vermittlungsausschuss die Länder Änderungen zu ihren Gunsten erreichen, aber dies gilt nur, wenn man die Gesetzesbeschlüsse mit den Initiativen vergleicht, die meistens von der Regierung bestimmt werden. Gestärkt wird deren Position zudem dadurch, dass bei kontroversen Themen im Vermittlungsausschuss ein parteikonformes Abstimmungsverhalten vorherrscht und die Mehrheitsverhältnisse für die Regierung hier tendenziell günstiger sind als im Bundesrat.

Geringe Reformfähigkeit der Gesetzgebung

Asymmetrie der Gestaltungsmacht

Rolle der
Landesparlamente

Gestützt auf die Koalitionsfraktionen im Bundestag kann die Regierung Gesetzesinitiativen der Länder abwehren, aber über ihre eigenen Gesetzgebungsvorhaben, die der Zustimmung des Bundesrats bedürfen, muss sie mit den Ländervertretern verhandeln. In diesen Verhandlungen müssen die Landesregierungen auf ihre Mehrheitsfraktionen in den Landesparlamenten Rücksicht nehmen, die entsprechend den Regeln der parlamentarischen Regierungssysteme als externe Vetospieler betrachtet werden können. Im integrierten deutschen Parteiensystem verringert sich ihre Bedeutung als eigenständige Akteure aber dadurch, dass die Positionen der Landesparteien kaum von den Fraktionen im Bund abweichen. Die über Vetomacht verfügenden Parlamentsmehrheiten können daher, wie ihre Regierungen, entweder der Regierungsmehrheit im Bund oder der Opposition zugerechnet oder als neutrale Akteure eingeordnet werden. Diese Sichtweise drückt sich in der Bezeichnung als A-, B- und C-Länder aus. Das Mehrebenenspiel der Bundesgesetzgebung vereinfacht sich damit auf ein Verhandeln zwischen Akteuren, die in fünf Gruppen eingeteilt werden können: die Regierung mit den Koalitionsfraktionen im Bundestag, die Oppositionsfraktionen im Bundestag, die regierungsnahen Länderregierungen, die oppositionsnahen Länderregierungen und die neutralen Länder.

Bund-Länder-
Konflikte

In dem Verhandlungsprozess zwischen diesen Akteuren dominieren je nach Politikfeld entweder Parteienkonflikte oder Bund-Länder-Konflikte. Letztere resultieren in der Regel aus Interessen an Macht und Ressourcen, die Regierungen des Bundes und der Länder unabhängig von ihrer parteipolitischen Orientierung verfolgen. Eine Landesregierung wird immer für höhere Finanzen oder mehr Kompetenzen eintreten, auch wenn sie immer damit rechnen muss, dass sie die Mehrheit im Landtag verliert und eine andere Partei von Erfolgen profitieren kann. Landesregierungen profitieren in solchen Fragen von Kompromissen, während eine Blockade fast immer schlechter ist als eine Verhandlungslösung.

Parteienpolitische
Konflikte

Bei parteipolitischen Konflikten ist dies anders. Parteien können darauf setzen, dass sie nach Wahlen die Mehrheit erlangen und dann ihre eigene Politik verwirklichen können. Deswegen sind für sie Blockaden eher vorteilhaft als Kompromisse, zumal die Öffentlichkeit in der Regel die Regierung für das Scheitern von Gesetzgebungsprozessen verantwortlich macht. Für oppositionsnahe Landesregierungen bedeutet dies, dass sie sich häufig in einer ambivalenten Position befinden: Einerseits suchen sie aus landespolitischen Gründen Kompromisse, andererseits müssen sie aus Gründen parteipolitischer Strategien auf ihre Vetomacht setzen. Allerdings muss auch die große Oppositionspartei im Bundestag auf die von ihr gestellten Landesregierungen Rücksicht nehmen, kann also keine reine Blockadestrategie verfolgen. Zudem nimmt mit steigender Zahl der „neutralen" Länder die Wahrscheinlichkeit ab, dass eine parteipolitisch motivierte Konfrontationsstrategie im Bundesrat durch eine Mehrheit gestützt wird.

Strategien

Dies ändert nichts daran, dass bei wichtigen Reformgesetzen die Akteure in der Gesetzgebung mit einem Dilemma konfrontiert sind. Sie müssen eine Einigung anstreben, wenn sie Politik gestalten und Politikblockaden verhindern wollen. Gleichzeitig müssen sie im Hinblick auf Wahlen ihre parteipolitischen Unterschiede akzentuieren und in Verhandlungen anstreben, als Gewinner hervorzugehen. Aus diesem Dilemma führen Politikstrategien heraus, die entweder das Konfliktniveau verringern oder Konflikte so transformieren, dass alle Beteiligten von einer Einigung profitieren können oder die Konfliktregelung faktisch entpolitisieren, also die enge Kopplung von Parteienwettbewerb und Bund-Länder-Verhandlungen umgehen

Eine erste Strategie, mit der das Konfliktniveau verringert wird, beruht auf der Transformation von redistributiven in distributive Entscheidungen, d.h. auf einer Regelung von Konflikten, mit der Verluste für bestimmte Gruppen vermieden werden. Diese Umdefinition von Problemen lässt sich in der Bundesrepublik in vielen Bereichen der Sozial- und Finanzpolitik beobachten. Als besonders bemerkenswert erweist sich insoweit die Entwicklung des Finanzausgleichs zwischen den Ländern, der eigentlich der Umverteilung von Finanzen zwischen finanzstarken und finanzschwachen Länder dient. Hier wurde der Anteil, den der Bund zum Ausgleich beiträgt, schrittweise ausgedehnt, weil sich der Bund viel besser als die Länder über Steuererhöhungen refinanzieren konnte. Die Finanzierung der deutschen Einheit erfolgte nach einem ähnlichen Muster, allerdings finanzierte der Bund hier seine Leistungen, abgesehen vom Solidaritätszuschlag auf die Einkommensteuer und von der Erhöhung der Mineralölsteuer, durch Kredite (Renzsch 1996). Inzwischen ist diese Variante der Konfliktminimierung bei Verteilungsentscheidungen nicht mehr möglich, weil weitere Steuererhöhungen durch die internationale Konkurrenz ausgeschlossen sind und weil die Staatsverschuldung durch den Stabilitätspakt der EU begrenzt wird. Die Gefahr von Politikblockaden nimmt deswegen zu, weil kompetitive Verhandlungspartner sich kaum auf eine Konsolidierung von Sozialleistungen oder eine Einschränkung von Transferzahlungen einigen können, die mit umverteilenden Effekten zwischen den Ländern oder zwischen Bund und Ländern verbunden sind.

Eine weitere, von der Bundesregierung einsetzbare Strategie der Konfliktreduzierung besteht in der Segmentierung von Gesetzgebungsmaterien. Dadurch können solche Teile eines Gesetzes, die der Zustimmung des Bundesrats nicht bedürfen, abgespalten und mit der Mehrheit im Bundestag beschlossen werden, während nur die zustimmungspflichtigen Materien in Verhandlungen mit den Ländern durchgesetzt werden müssen. Genauso wie die Verbindung von Gesetzen zu Paketen stößt diese Strategie aber an Grenzen, weil Gesetzesregelungen nicht beliebig aufgespalten und kombiniert werden können.

Kompetitive Akteure können durch eine Einigung in Verhandlungen gewinnen, wenn sie Tauschgeschäfte abschließen. Policies müssen dazu so (um)definiert werden, dass jede Seite in der für sie essentiellen Materie gewinnen kann, während sie in der weniger wichtigen Materie Zugeständnisse an die andere Seite macht (Scharpf 1992; Benz 1994: 150-159). Erforderlich sind also sogenannte Verhandlungspakete. Nun ist innerhalb eines Gesetzgebungsvorhabens eine Bündelung von Materien schwierig. Zum Teil gelingt dies, wenn mehrere Gesetzgebungsvorhaben zusammen verhandelt werden. Zum Teil blockieren Länder im Bundesrat einzelne Gesetze aus taktischen Gründen, um weitere Gesetze in Verhandlungen mit der Bundesregierung einzubringen. Teilweise gewährt die Bundesregierung auch finanzielle Leistungen an Länder, um die Zustimmung zu einem Gesetzesvorhaben zu erlangen.

Selbstverständlich kommen in der Mehrebenenpolitik der deutschen Gesetzgebung auch die von Fritz W. Scharpf festgestellten Strategien der Policy-Definition vor, die Kompromisse durch Besitzstandswahrung, Eingriffsverzicht

Veränderung der Konflikte:
- Vermeidung von Umverteilung

- Segmentierung

- Tauschgeschäfte

- Entpolitisierung durch Verfahrensgestaltung

und Gleichbehandlungen ermöglichen. Aber sie erfordern zudem Verfahren, die den Parteienwettbewerb zurückdrängen. Außerhalb des Vermittlungsausschusses, in dem dies wegen des Ausschlusses der Öffentlichkeit gelingt, setzen solche Kompromissstrategien eine Auslagerung der Konfliktregelung auf informelle Verhandlungsgremien voraus. In der Gesetzgebung im deutschen Bundesstaat sind informelle Verhandlungen eine häufig anzutreffende Praxis (Lehmbruch 2000: 158-178), die es den Parteien zudem erlaubt, Ergebnisse ex post als Gewinn zu interpretieren.

- Informelle Vorverhandlungen zwischen Regierungen

Verfahrensgestaltung durch Informalisierung zeigt sich im deutschen Bundesstaat in zwei Ausprägungen. Zum einen verhandeln Regierungen im Vorfeld der Gesetzgebung. So versucht die Bundesregierung nicht selten, Landesregierungen, die ihrer Partei angehören, auf ihre politische „Linie" zu verpflichten. Dies geschieht besonders, wenn Bund-Länder-Konflikte virulent werden, etwa bei Gesetzen, die beträchtliche Kostenfolgen für die Länder auslösen, bei Änderungen von Steuern, deren Erträge ganz oder zum Teil den Ländern zufließen, oder in Fragen des vertikalen und horizontalen Finanzausgleichs. In Finanzangelegenheiten gelingt es den Ländern allerdings oft, eine Koalition gegen den Bund zu bilden, der dann auf Verhandlungen mit allen Ländern angewiesen ist (Renzsch 1991). Koalitionen der Länder gegen den Bund zeigen sich auch bei Verfassungsänderungen, die das Bund-Länder-Verhältnis betreffen.

Bei einer großen Zahl der neutralen Länder scheinen informelle Vorverhandlungen zwischen Regierungen an Bedeutung zu gewinnen. Die Bundesregierung muss dann versuchen, durch Verhandlungen mit den Landesregierungen, die dem so genannten neutralen Lager zugehören, die für die Gesetzgebung erforderliche Bundesratsmehrheit zu erreichen. Für die Landesregierung sind solche Ansprachen aber nicht sehr attraktiv, wenn das Gesetz zwischen den Parteien kontrovers debattiert wird. Dann ist es wenig wahrscheinlich, dass sich die Koalitionspartner in den Ländern aus den verschiedenen Lagern einigen, vielmehr werden sie eher dazu neigen, sich im Bundesrat der Stimme zu enthalten. Verhandlungsbereit sind aber zum Teil Regierungen, die spezifische landespolitische Ziele verfolgen. Die Bundesregierung wiederum hat ein hohes Interesse, Stimmenenthaltungen von Landesregierungen im Bundesrat zu vermeiden, weil sie faktisch eine Ablehnung eines Gesetzes bedeuten.

- Vorverhandlungen in der Ministerialverwaltung

Typisch für die Gesetzgebung im deutschen Bundesstaat sind auch Vorverhandlungen auf unterschiedlichen Ebenen der Ministerialverwaltung des Bundes und der Länder, in denen Konflikte unpolitisch bearbeitet werden. Zwar tagen Fachgremien der Verwaltung schon auf Abteilungsleiterebene nach Parteigruppierungen, dennoch dominieren in ihnen fachliche Gesichtspunkte, und zum Teil werden Verhandlungen durch Vertrauensbeziehungen in den Netzwerken der Verwaltung erleichtert. Inzwischen gibt es allerdings, zumindest im Umweltbereich, Anzeichen dafür, dass diese Gremien geschwächt werden und der Einfluss der Parteipolitik auch in den fachpolitischen Vorverhandlungen zunimmt (Sachverständigenrat für Umweltfragen 2007: Abschnitt 2.3.4).

- Parallelinstitutionen

Eine weitere Strategie der Verfahrensgestaltung richtet sich auf die Einrichtung von Sachverständigengremien, die es erlauben, Verhandlungen von dem kompetitiven Prozess zwischen Regierung und Opposition zu entkoppeln. Auf diese Weise kann der Entscheidungsprozess segmentiert werden, faktisch kommt es dadurch aber zu einer Verschiebung der Agenda-Macht von Institutionen des Regierungssystems auf eine Quasi-Institution des Sachverständigengremiums. Im Extremfall entsteht zumindest zeitlich befristet eine Art Parallelinstitution, die dem Zugriff der Parteien entzogen ist. Wie jüngste Beispiele zeigen, ist der Erfolg dieser Strategie aber höchst unsicher, weil Sachverständigengremien meistens nicht alle Konflikte regeln können, zudem die Oppositionsparteien versuchen, die dadurch verstärkte Agenda-Macht der Regierung durch ihre Vetomacht zu konterkarieren.

Die enge Kopplung des bundesstaatlichen Verhandlungssystems an den Parteienwettbewerb lässt den Akteuren insgesamt nur relativ geringe Spielräume für Strategien der Mehrebenenpolitik. Sie erzeugt strukturelle Restriktionen, denen sich Akteure schwer entziehen können. Die genannten Strategien erlauben es, Entscheidungen zu treffen, aber diese fallen angesichts der ausgeprägten Interessengegensätze zwischen feststehenden Koalitionen und dem Zwang zu Verhandlungslösungen in aller Regel wenig innovativ aus. Dies erklärt die geringe Reformfähigkeit der deutschen Mehrebenenpolitik, in der inkrementelle Anpassungen dominieren (Hesse/Benz 1990). Die wechselseitige Abhängigkeit der Akteure in Zwangsverhandlungen und die wachsende Bedeutung von informellen Verhandlungen macht es Regierungen und Parteien allerdings auch leicht, die Verantwortlichkeit für unbefriedigende Entscheidungen auf die Gegenseite abzuwälzen und dadurch zu versuchen, bei Wählern Zustimmung zu sichern („blame avoidance"). Die Parteien in Bund und Ländern verlieren durch die spezifischen Strukturen der Gesetzgebung im Bundesstaat daher nicht unbedingt an Gefolgschaft, die geringe Reformfähigkeit trägt jedoch dazu bei, dass das Vertrauen der Wähler in die Leistungsfähigkeit des politischen Systems sinkt. Damit verlagert sich die Diskussion auf Verfassungsreformen, die dementsprechend in Deutschland relativ häufig vorkommen.

Restriktionen der engen Kopplung

Das soeben beschriebene Grundmuster der Mehrebenenstruktur im deutschen Bundesstaat variiert in einzelnen Politikfeldern außerhalb der Gesetzgebung des Bundes. Allgemein ist die Politik zwischen Bund und Ländern durch multilaterale Zwangsverhandlungen stark verflochten. Aber zum einen gibt es Muster der Mehrebenenverflechtungen, in denen der Parteienwettbewerb durch dominierende sektorale Interessen verdrängt wird, zum anderen haben die Länder in einzelnen Politikfeldern Spielräume zur eigenen Politikgestaltung, weshalb sie Politik in freiwilligen Verhandlungen koordinieren. Ich will den ersten Fall am Beispiel der Gemeinschaftsaufgabe Verbesserung der regionalen Wirtschaftsstrukturen und den zweiten Fall am Beispiel der Bildungs- und Forschungspolitik darstellen. Eine besondere Variante freiwilliger Verhandlungen unter geringem Einfluss des Parteienwettbewerbs erläutere ich am Beispiel der Europapolitik.

Variationen des Grundmusters

5.3 Gemeinschaftsaufgaben

In normativen Argumentationen der ökonomischen Theorie des Föderalismus wird regionaler Wettbewerb gefordert, um eine effiziente Allokation wirtschaftlicher Ressourcen im Raum zu gewährleisten. Dieses Ziel steht im Konflikt mit

Sektorale Politikverflechtung

einer angemessenen Versorgung aller Regionen mit öffentlichen Leistungen. Dem sozialstaatlichen Postulat gleichwertiger Lebensverhältnisse folgend wurde in der Bundesrepublik Deutschland der Ausgleich divergierender Wirtschaftskraft in den Vordergrund gerückt. Daraus entstand die Aufgabe der regionalen Strukturpolitik. Sie fällt grundsätzlich in die Zuständigkeit der Länder, wird aber seit den 1950er Jahren vom Bund mitgestaltet. Es entwickelte sich in diesem Politikbereich eine Form von Mehrebenen-Governance, die als Musterbeispiel der sektoralen Politikverflechtung gilt (Scharpf/Reissert/Schnabel 1976).

Gemeinschaftsaufgaben   Der Bund ging schon bald nach der Gründung der Bundesrepublik dazu über, strukturschwache Regionen finanziell zu unterstützen, nachdem der Wirtschaftsaufschwung nicht in allen Regionen in gleichem Maße eingesetzte hatte und sich die regionalen Disparitäten im Bundesgebiet verstärkten hatten. Mit der Verfassungsreform von 1967 wurde diese verfassungsrechtlich umstrittene Praxis in die Gemeinschaftsaufgaben „Verbesserung der regionalen Wirtschaftsstruktur" und „Verbesserung der Agrarstruktur und des Küstenschutzes" übergeleitet. Diese Gemeinschaftsaufgaben nach Art. 91 a GG stellen ein multilaterales Verhandlungssystem dar. Der Bund und jeweils ein Vertreter der 16 Länder kooperieren in einem Planungsausschuss und beschließen in ihm jedes Jahr über Rahmenpläne, die Förderregionen definieren, Förderbedingungen festlegen und die von Bund und Ländern bereitgestellten Fördermittel einzelnen Ländern zuweisen. Entscheidungen kommen zustande, wenn der Bund und die Mehrheit der Länder zustimmen. Die einzelnen Länder können außerhalb der Gemeinschaftsaufgaben ihre eigenen Förderprogramme durchführen, sind aber auf eine Einigung mit dem Bund und den anderen Ländern angewiesen, wenn sie eine Mitfinanzierung aus dem Bundeshaushalt benötigen. Formal handelt es sich damit um freiwillige Verhandlungen, faktisch haben die Gemeinschaftsaufgaben aber für den Bund und die primär betroffenen finanzschwachen Länder den Charakter multilateraler Zwangsverhandlungen. Seit die EU Beihilfen der Länder ihrer Kontrolle unterworfen hat, sind ihre Spielräume für eine eigenständige Förderpolitik deutlich beschränkt.

Wäre dieses Verhandlungssystem durch einen massiven Regionenwettbewerb oder den Parteienwettbewerb beeinflusst, so müsste mit regelmäßigen Blockaden der Entscheidungsprozesse gerechnet werden, weil einerseits Konflikte um die Verteilung von Finanzen zu lösen sind, andererseits die Zweckmäßigkeit von Wirtschaftsförderung oder die Art der Fördermaßnahmen immer wieder zu politischen Richtungskonflikten Anlass geben kann. In den Gemeinschaftsaufgaben kommt es aber nie zur Blockade. Gründe dafür liegen in spezifischen Strategien der Konfliktvermeidung, die Akteure in den Verhandlungen einsetzen. Diese Strategien werden gefördert durch besondere institutionelle Bedingungen. Zum **Inkrementelle Politik** einen werden die Rahmenpläne jährlich fortgeschrieben, was eine inkrementelle Politikentwicklung ermöglicht. Zum anderen sind die Verhandlungen in der Gemeinschaftsaufgabe faktisch dem Parteienwettbewerb und dem Regio-**Entpolitisierung** nenwettbewerb entzogen. Dafür sorgt neben der Routinisierung des Prozesses die Tatsache, dass die Verhandlungen wesentlich durch Fachbeamte aus den zuständigen Ressorts des Bundes und der Länder geführt und dass wichtige Grundsatzentscheidungen über die Kriterien des Regionenzuschnitts und ihrer Förderbedürftigkeit durch wissenschaftliche Expertisen vorbereitet werden. All dies führt zu einer deutlichen Entpolitisierung der Verhandlungen. Sie finden faktisch in einem Netzwerk von Experten statt.

In diesem Verhandlungssystem wenden die Akteure primär Strategien der Policy-Definition an, um die Verteilungskonflikte bewältigen zu können. Entscheidungen über die Auswahl von Förderregionen und die Mittelverteilung erfolgten nach wissenschaftlich begründeten Kriterien, aber zugleich in einer Weise, die die redistributiven Wirkungen der Förderpolitik reduziert. Letzteres erreichte man in den 1970er Jahren durch Sonderprogramme und durch Gewährung zusätzlicher Mittel aus Landesprogrammen (Scharpf/Reissert/Schnabel 1976). Unter dem Einfluss der Beihilfekontrolle der EU sind beide Vorgehensweisen wesentlich erschwert worden. Im „Schatten der Hierarchie", der durch die Europäische Kommission hergestellt wird, sind die verhandelnden Akteure viel stärker als in der Vergangenheit zu fachlich begründeten Entscheidungen gezwungen (Nägele 1996). Dies hat das Verhandlungssystem der beiden strukturpolitischen Gemeinschaftsaufgaben eher gestärkt, jedoch als Netzwerk von Experten und nicht als politisches Verhandlungssystem. *Strategien der Umdefinition von Policies*

Der Parteienwettbewerb spielt nur in Diskussionen über die Reform oder die Abschaffung der Gemeinschaftsaufgaben eine Rolle. Hier trägt er im Zusammenspiel mit den Konflikten zwischen unterschiedlich betroffenen Ländern dazu bei, dass Reformprozesse blockiert werden. Die Gemeinschaftsaufgaben werden seit Mitte der 1970er Jahre kritisiert. Politikwissenschaftler halten sie für eine zu schwerfällige und wenig effektive Entscheidungsstruktur, die zudem die Parlamente schwächt; Ökonomen stellen die Effizienz des Mitteleinsatzes oder gar den Sinn der Eingriffe in Marktprozesse in Frage; und Verfassungsjuristen kritisieren die Kompetenzvermischung zwischen Bund und Ländern. Obgleich diese Kritik bei Regierungen, Parteien und Parlamenten auf Resonanz traf, blieben alle Versuche einer Abschaffung der Gemeinschaftsaufgaben bisher erfolglos. Erklärbar ist dies einerseits mit der Struktur des Verhandlungssystems, das zufrieden stellend funktioniert, weil die sektorale Politikverflechtung nicht der engen Kopplung an den Parteienwettbewerb unterliegt, andererseits mit der Tatsache, dass Reformprozesse den Bedingungen der Gesetzgebung im kooperativen Bundesstaat unterliegen, in dem der Parteienwettbewerb durchschlägt und institutionelle Reformen verhindert, die Machtpositionen und Finanzverteilungen ändern würden. *Reformblockaden*

Unabhängig von Blockaden institutioneller Reformen unterlagen die Gemeinschaftsaufgaben faktischen Veränderungen, was die Theorie des dynamischen Föderalismus stützt. Die regionale Wirtschaftsförderung und die Agrarstrukturpolitik gehören zu jenen Politikfeldern des deutschen Bundesstaats, in denen sich neben der Verflechtung zwischen Bund und Ländern Formen des dezentralen Wettbewerbs entwickelt haben. Sowohl in der regionalen Strukturpolitik (Batt 1994; Heinze/Voelzkow 1997; Nägele 1996) als auch bei der eng damit verbundenen Förderung von Arbeitsbeschaffung (aktive Arbeitsmarktpolitik, Schmid/Blancke 2001) verwirklichen die Länder eigenständige Programme und Maßnahmen, und zwar weniger mit Finanzhilfen als vielmehr mit Dienstleistungen. Dabei orientieren sie sich an „best practices", also an Vorbildern für effektive Lösungen, und kaum an konträren Parteiideologien. Wettbewerbe wurden in diesem Bereich von zuständigen Bundesministerien organisiert, um An- *Anpassungen* reize zu einer kooperativen Politik in den Regionen zu stärken. Ziel war es, die schwerfällige Koordination durch multilaterale Verhandlungssysteme in den Gemeinschaftsaufgaben schrittweise aufzulösen und durch neue Formen von Governance im Mehrebenensystem zu ersetzen. Gegen den Widerstand der Länder war der Bund aber nicht sehr erfolgreich und Regionenwettbewerbe kamen kaum über experimentelle Programme hinaus. Gleichwohl deuten sie Entwicklungen in der deutschen Mehrebenenpolitik an, auf die noch näher einzugehen ist.

Exkurs zur Gemeinschaftsaufgabe Hochschulbau
Gleichsam als Übergang zur Bildungs- und Forschungspolitik ist die Gemeinschaftsaufgabe Hochschulbau zu erwähnen. Sie wurde mit der Föderalismusreform 2006 abgeschafft. Dass dies gelang, lag an Besonderheiten der Aufgabe. Grundsätzlich finden wir auch im Hochschulbau das Muster eines entpolitisierten Verhandlungssystems, in dem Verteilungsentscheidungen durch Empfehlungen des Wissenschaftsrats mitbestimmt wurden. Wie Achim Wiesner (2006) zeigte, wurden angesichts zunehmender Finanzkürzungen die Steuerungsmöglichkeiten des Bundes geringer, und die Gemeinschaftsfinanzierung erschien für die finanzstarken Länder zunehmend als Hindernis für eigene Maßnahmen. Zudem wurde die Diskrepanz zwischen den im Rahmenplan vorgesehenen Vorhaben, die aus Gründen der Konfliktminimierung expandierten, und den realisierbaren Vorhaben immer größer, was die Planung zur Fiktion werden ließ. Man kann davon ausgehen, dass die Akteure in der Gemeinschaftsaufgabe diese Entwicklung sehr wohl erkannten, was erklärt, warum sie in der Verfassungsreform kaum Widerstand gegen eine Abschaffung leisteten. Dies traf für die beiden anderen Gemeinschaftsaufgaben („Verbesserung der regionalen Wirtschaftsstruktur" und „Agrarstruktur und Küstenschutz") nicht zu. Zwar unterlagen auch diese den Sparzwängen, aber Kürzungen fanden hier unter dem Einfluss der Beihilfekontrolle der EU-Kommission statt, zudem übernahm der Planungsausschuss von Bund und Ländern Koordinationsfunktionen in der europäischen Strukturpolitik. Für die Fachressorts erscheinen damit diese Gemeinschaftsaufgaben als notwendig, und sie vertraten in der Föderalismusreform die begründbaren Interessen an der Bestandserhaltung. Gleichwohl hat die Verfassungsänderung dazu geführt, dass die Gesetze über die Gemeinschaftsaufgaben geändert werden müssen. Es bleibt abzusehen, ob dies zu signifikanten Reformen der Verhandlungssysteme führt.

5.4 Politikverflechtung in der Bildungs- und Forschungspolitik

Kompetenzverteilung und Verhandlungssysteme
Die Bildungspolitik (Schulen, Hochschulen, berufliche Bildung) gehört in Deutschland wie in den meisten demokratischen Bundesstaaten zu den Politikfeldern, die weitgehend dezentralisiert sind (zum Folgenden: Münch 2008). Im Bereich der Forschung sind die Kompetenzen zwischen Bund und Ländern faktisch aufgeteilt, und auch dies entspricht dem üblichen Muster der Kompetenzverteilung in Bundesstaaten (Watts 2008: 197). Der Bund war, wie erwähnt, bis zur Änderung des Grundgesetzes im Jahre 2006 an der Förderung des Hochschulbaus beteiligt und wirkte an der überregionalen Forschungsförderung mit. Ferner arbeiteten Bund und Länder bei der Koordinierung der Bildungsplanung und im Hochschulwesen zusammen. Das Hochschulrecht wurde vom Bund

durch ein Rahmengesetz mitgestaltet, wobei der Bundesrat an der Gesetzgebung mit Vetomacht beteiligt war. Die Finanzierung des Hochschulbaus und der Forschungsförderung waren als Gemeinschaftsaufgaben organisiert (joint decision-making). Die Bildungsplanung beruhte auf multilateralen freiwilligen Verhandlungen. Diese Kompetenzen des Bundes hatten in diesen Aufgabenbereichen allerdings nur ergänzenden Charakter zur eigentlichen Zuständigkeit der Länder. Sie entstanden infolge von Vereinheitlichungsbemühungen in der Bildungspolitik und dem Bemühen, Forschungsförderung zu einer nationalen Aufgabe zu machen. Angesichts der Vetomacht der Länder gegen eine Kompetenzzentralisierung durch Verfassungsänderungen gelang es dem Bund nicht, seine Macht auszudehnen.

Die Verhandlungssysteme der föderativen Bildungs- und Forschungspolitik, die nach der Föderalismusreform weiter bestehen, zeichnen sich durch zwei Merkmale aus: Im Unterschied zu den Gemeinschaftsaufgaben handelt es sich hier um einen Politikbereich, der relativ stark durch kontroverse Parteiideologien bestimmt wird, wenngleich sich die Positionen der Parteien in diesem Bereich angenähert haben. Vor allem die Bildungspolitik gilt in Deutschland nach wie vor als ein Feld, in dem sich Parteien profilieren können, nicht zuletzt weil sie dabei um Wähler in allen Bevölkerungsschichten konkurrieren. Der Parteienwettbewerb überlagert dabei den Wettbewerb zwischen den Ländern, der angesichts der starken Dezentralisierung in diesem Bereich herrscht. Zwar verfolgen die Landesregierungen gerade im Bildungswesen das Ziel, einheitliche Lebensverhältnisse zu verwirklichen, und die Institution der Kultusministerkonferenz ist Ausdruck der Koordinationsbestrebungen. Aber gleichzeitig bemühen sie sich, ihre eigenen bildungspolitischen Erfolge im Vergleich zur Politik anderer Länder öffentlich sichtbar zu machen. Noch stärker ausgeprägt ist die Konkurrenz, wenn es um Forschungseinrichtungen geht, die für die Länder sowohl wirtschaftliche Erfolge als auch Prestige versprechen. *(Parteienwettbewerb)*

Der Wettbewerb zwischen den Ländern könnte die Politikinnovation fördern und Politik transparent machen, so dass Parlamente und Wählerinnen und Wähler Regierungen zur Verantwortung ziehen könnten. Tatsächlich wirkt er sich in Deutschland aber tendenziell blockierend aus und fördert die Neigung von Regierungen zur Verantwortungsverschiebung. Denn politische Entscheidungen werden in Verhandlungssystemen des kooperativen Bundesstaates getroffen, sei es zwischen Bundes- und Landesministerien oder in der Zusammenarbeit zwischen den Ministerien der Länder. Unter der Bedingung des parteipolitisch geprägten Wettbewerbs sind Einigungen jedoch schwierig zu erreichen. *(Blockadetendenz)*

Für die Bildungspolitik stellt die Kultusministerkonferenz ein entscheidendes Koordinationsgremium der Länder dar. Bei ihr handelt es sich nicht um eine Verfassungsinstitution, ihre Beschlüsse können daher die Landesparlamente formal nicht binden. Insofern liegt hier ein System freiwilliger Verhandlungen vor. Das Scheitern von Verhandlungen kann die Bildungspolitik der Länder nicht blockieren. Es kann aber dazu führen, dass Dezentralisierungsprobleme ungelöst bleiben. Auf der anderen Seite kann das Bemühen um einheitliche Regelungen den Innovationswettbewerb zwischen den Ländern lahm legen. Beide Defizite belasteten lange Zeit die deutschen Bildungspolitik. *(Kultusministerkonferenz als Form horizontaler Politikverflechtung)*

Bildungspolitik

Die horizontale Politikverflechtung erwies sich in der Bildungspolitik als wenig leistungsfähig, weil sich hier eine enge Kopplung von Länderinteressen und Parteiinteressen bemerkbar machte. Bemühungen um eine Koordination wichtiger Grundlagen der Bildungssysteme (Struktur der Oberstufe, Qualitätsniveau des Abiturs) scheiterten immer wieder an parteipolitisch aufgeladenen Konflikten zwischen Landesregierungen, die sich entsprechend dem polarisierten Parteiensystem bis in die 1980er Jahre in zwei Lager aufteilten. Unter diesen Bedingungen einer Konfrontation der Verhandlungspartner ließen sich zwar in vielen Fällen Kompromisse erreichen, Kernfragen des Bildungswesens, in denen die Parteien divergierende Vorstellungen vertraten, konnten aber nicht entschieden werden. Dabei waren die Spielräume der Akteure zu strategischem Handeln, das aus der Verhandlungsblockade hätte herausführen können, begrenzt. Die Dominanz der als Länderstreitigkeiten verkleideten Parteienkonflikte (Tränhardt 1990: 185) machte es schwierig, sachliche Konflikte zu vermeiden oder zu umgehen. Als Alternative zum Kompromiss bot sich immer die Option des einseitigen Handelns an, weshalb jedes Land glaubhaft damit drohen konnte, eine Einigung zu verhindern.

Trotz der dezentralisierten Kompetenzen haben die Verhandlungsblockaden in der Bildungspolitik keinen wirklichen Wettbewerb der Länder stimuliert. Dieser war vielmehr durch parteipolitische Auseinandersetzungen (z.B. über die Gesamtschule oder den Ethik- bzw. Religionsunterricht) stillgelegt, die zeitweilig die Form von „Glaubenskriegen" annahmen (Tränhardt 1990: 198). Zwar bemühten sich Landesregierungen immer, ihre eigenen Erfolge in der Bildungspolitik im Vergleich zur Politik anderer Länder öffentlich sichtbar zu machen. Aber dies hatte in der Regel den Sinn, ein bestehendes Modell im Parteienwettbewerb zu verteidigen. Erst als die PISA-Studie der OECD ein systematisches „benchmarking" veranlasste, konnte diese Handlungsorientierung teilweise aufgebrochen werden. Dabei hat sicher mit eine Rolle gespielt, dass sich ab den 1990er Jahren die Parteienlandschaft in den Ländern veränderte und pluralistischer wurde. Zudem brachten Regierungswechsel die Fronten zwischen den Ländern in Bewegung. Die enge Kopplung zwischen Parteiensystem und dem Verhandlungssystem zwischen den Ländern wurde dadurch schwächer. Im Übrigen verlor das Ziel, einheitliche Lösungen zu finden, an Gewicht. Gleichwohl stellt die Bildungspolitik schon deshalb ein durch den Parteienwettbewerb geprägtes Politikfeld dar, weil es eine Kernaufgabe der Länder betrifft. Man wird daher auch in Zukunft damit rechnen müssen, dass die inkompatiblen Regelsysteme des Parteienwettbewerbs und der Regierungsverhandlungen sich wechselseitig beeinträchtigen und die Politikkoordination stören.

Bildungsplanung von Bund und Ländern

Auch die Versuche einer gemeinsamen Bildungsplanung zwischen Bund und Ländern scheiterten, und zwar nicht nur an der Komplexität der Aufgabe, sondern auch an den kompetitiven Orientierungen der Verhandlungspartner, die in der Gemeinschaftsaufgabe nach Art. 91 b GG zusammenwirken konnten. Bei dieser Gemeinschaftsaufgabe handelt es sich nach der Verfassung um ein freiwilliges Verhandlungssystem, weshalb trotz des Scheiterns der Bildungsplanung eine eigenständige Landespolitik nicht ausgeschlossen ist. Die Dominanz „ländermäßig verkleideter Parteienkonflikte" (Tränhardt 1990: 185) erklärt, warum die Kooperation zwischen Bund und Ländern in der Bildungsplanung weitgehend gescheitert ist und auch die Koordination zwischen den Ländern in der Kultusministerkonferenz schlecht funktioniert. Entscheidungen beschränkten sich häufig auf eine „symbolisch-demonstrative Politik" (Tränhardt 1990: 186) oder auf Detailmaßnahmen (etwa das 13. Schuljahr oder die Abstimmung der Ferientermine), die das Misslingen von Strukturreformen überdecken sollen.

Ähnliche Probleme zeigen sich in der Forschungsförderung: Bund und Länder „blockierten sich mit inkompatiblen Steuerungsbestrebungen gegenseitig" (Schimank 1995: 124). Dies bedeutete in Zeiten der wirtschaftlichen Expansion, dass aus dem steigenden Mittelaufkommen möglichst alle Länder mit Forschungseinrichtungen versehen wurden, die Verteilungskonflikte also durch Gleichverteilung gemessen an den Einwohnerzahlen gelöst wurden. Als die Mittel knapper wurden und die Folgekosten der Investitionen zu Buche schlugen, gelang es nicht, die erforderliche Konzentration der Mittel vorzunehmen, weil die Politikverflechtung den Status quo stabilisierte und die betroffenen Landesregierungen gegen Eingriffe in Besitzstände Vetomacht einsetzten. Dadurch konnten zwar Kürzungen im Forschungsbereich verhindert werden, aber gleichzeitig wurden auch ineffektive Strukturen und Einrichtungen aufrechterhalten. Bei Entscheidungen über Forschungseinrichtungen, die im Rahmen eines vertraglich vereinbarten Verhandlungssystems des Bundes und der Länder getroffen werden, verfügen die jeweiligen Sitzländer über ein Vetorecht. Bei knappen Finanzen wird eine solche Konstellation anfällig für Blockaden der Steuerungsbestrebungen des Bundes, der forschungsstrategische Ziele verfolgt, und der Länder, die ihren Besitzstand wahren wollen. In diesem Fall führt die Konfliktminimierung dazu, dass die beteiligten Gremien der Wissenschaft einen erheblichen Einfluss gewinnen. Allerdings können redistributive Entscheidungen, die mit der Schließung von Forschungseinrichtungen verbunden sind, nur schwerlich gegen den Widerstand der betroffenen Länder durchgesetzt werden (Bentele 1979; Hohn/Schimank 1990).

Forschungsförderung

Die Politikverflechtung in der deutschen Bildungs- und Forschungspolitik stellt somit ein besonders eindrucksvolles Beispiel für inkompatible Regelsysteme im Mehrebenensystem dar. Wegen der Dezentralisierung von Kompetenzen, der Vetomacht der Länder gegen Kompetenzzentralisierung und der Unitarisierungstendenzen der Politik entstanden hier multilaterale Verhandlungssysteme, überwiegend mit exit-Optionen. Das Zusammenspiel zwischen der Konkurrenz der Länder und dem Parteienwettbewerb erzeugte dabei Handlungsorientierungen der Regierungen, die für Verhandlungen schädlich sind. Der Länderwettbewerb wiederum kann seine innovationsfördernde Wirkung nicht entfalten, weil zum einen die Zwänge der Koordinierung in Verhandlungen stärker sind und zum anderen der Wettbewerb zwischen den Ländern durch den Parteienwettbewerb, in dem die Landesregierungen stehen, überlagert wird. Dieser unterbindet die Innovationen einzelner Länder und fördert stattdessen die dualistische Konkurrenz um Programme.

Koordinationsdefizite

5.5 Bund-Länder-Kooperation in der Europapolitik

Erweiterte Politikver-
flechtung

Mit der europäischen Integration sind neue Formen der Mehrebenenverflechtung im deutschen Bundesstaat entstanden. Die Bundesrepublik ist nunmehr Teil eines europäischen Regierungssystems, das auf einem Verbund von Staaten beruht und sich durch vielfältige intergouvernementale Beziehungen auszeichnet. Man hat vermutet, dass die „doppelte Politikverflechtung" (Hrbek 1986) die Schwierigkeiten des demokratischen Regierens erheblich verschärft. Diese Befürchtungen haben sich allerdings nicht bestätigt. Tatsächlich stellt die EU ein lose gekoppeltes Mehrebenensystem dar (vgl. Kap. 6), in dem der Parteienwettbewerb kaum eine Rolle spielt. Die verbundenen Entscheidungsarenen der Mitgliedstaaten und der EU bieten den Regierungen und Parlamenten erhebliche Spielräume zu strategischem Handeln, womit sie drohende Blockaden vermeiden können (Benz 2000, 2003b, 2004b; Héritier 1999; Hooghe/Marks 2001).

Länderbeteiligung
über den Bundesrat

Grundsätzlich obliegt die Vertretung der Bundesrepublik im Ministerrat der EU dem zuständigen Bundesminister. Art. 23 Abs. 5 GG sieht vor, dass die Bundesregierung an ein Mandat des Bundesrats gebunden werden kann, wenn durch die Europapolitik „im Schwerpunkt Gesetzgebungsbefugnisse der Länder, die Einrichtung ihrer Behörden oder ihre Verwaltungsverfahren betroffen sind". Der Bundesrat wird damit in einer Weise an der Europapolitik beteiligt, die der Gesetzgebung mit Zustimmungsrecht entspricht. Anders als in der Gesetzgebung handelt die Regierung aber nicht als autonomer Akteur, sondern ist selbst Teil eines Verhandlungssystems, in dem sie flexibel auf Vorschläge von Regierungen anderer Mitgliedstaaten reagieren können muss.

Verbindung von
europäischen Ver-
handlungen, Bund-
Länder-Verhand-
lungen und parlamen-
tarischer Demokratie

Die komplexen Mehrebenenstrukturen der europäischen Politik stellen die Regierungen von Bund und Ländern vor besondere Herausforderungen. Die Bundesregierung muss bei der Entscheidungsfindung einerseits mit Regierungen anderer Mitgliedstaaten verhandeln. Soweit die Länder in ihren Kompetenzen betroffen sind, muss sie zudem eine Einigung mit den Landesregierungen erreichen. Und schließlich müssen Bundesregierung und Landesregierungen auf die Willensbildung in ihren Parlamenten Rücksicht nehmen. Regieren im europäischen Mehrebenensystem erfordert damit nicht nur die Lösung des Dilemmas, das aus dem Zusammentreffen zwischen parlamentarischen Verfahren und intergouvernementalen Verhandlungen entsteht, sondern konfrontiert die Akteure mit einem „Trilemma", weil sich die Effektivität der europäischen Verhandlungen, die Spielregeln des kooperativen Föderalismus in der Bundesrepublik und die Regeln der parlamentarischen Wettbewerbsdemokratie schwerlich auf einen Nenner bringen lassen (Benz 2004b).

Reform

Die damit verbundenen Schwierigkeiten und Entscheidungskosten lösten im Rahmen der Föderalismusreform eine Diskussion über die Entflechtung der europapolitischen Zuständigkeiten aus (Große Hüttmann 2008; Richter 2006). Während der Bund eine Alleinzuständigkeit für die Vertretung der Bundesrepublik in der EU forderte, wollten die Länder ihre Interessen im Ministerrat durch einen Repräsentanten des Bundesrats selbst vertreten. Art. 23 Abs. 6 GG wurde schließlich dahingehend geändert, dass nunmehr in den Gebieten der schulischen Bildung, der Kultur und des Rundfunks in Europa ein vom Bundesrat benannter Ländervertreter für die Bundesrepublik handelt. Diese Verfassungsänderung änderte aber am Muster der Mehrebenenpolitik in europäischen Angelegenheiten wenig. Nach wie vor müssen Bund und Länder ihre europapolitischen Interessen abstimmen. Besonders gravierend ist, dass der Ländervertreter nicht direkt einem Parlament gegenüber verantwortlich ist. Man mag in der Änderung des Europa-artikels des Grundgesetzes eine Stärkung des Föderalismus erkennen, die Probleme des Regierens im Mehrebenensystem wurden dadurch aber in keiner Weise verringert.

Das genannte strukturell angelegte Trilemma kann nur durch Verfahren bewältigt werden, in denen die Regierungen des Bundes und der Länder wie die Parlamente Gelegenheiten erhalten zu intervenieren, wenn sie wichtige Belange nicht berücksichtigt sehen. Das setzt zum einen voraus, dass Verfahren hinreichend transparent sind, zum anderen müssen alle Akteure ihre Optionen strategisch nutzen, unter Abwägung von mittelfristigen Nutzen und Kosten einer Intervention in den mehrstufigen Entscheidungsprozess. In beiderlei Hinsicht begünstigen die geltenden Regelungen die Regierungen gegenüber den Parlamenten. Bundes- und Landesregierungen ist es bislang immer gelungen, entweder gemeinsame Interessen zu vertreten oder eine Blockade zu vermeiden. Im Konfliktfall einigten sie sich darauf, dass sich die Bundesregierung im Ministerrat der Stimme enthält. Der Bundesrat sah sich deswegen nicht veranlasst, seine Möglichkeit auszunutzen, die Bundesregierung zur Übernahme seiner Position zu zwingen. Wesentlich prekärer ist die Stellung der Parlamente, wobei besonders der Bundestag in seiner Kontrollfunktion behindert ist. Da sich Regierungen des Bundes und der Länder oft unter erheblichem Zeitdruck informell abstimmen müssen, wird das Parlament nicht ausreichend informiert und verliert an Einfluss auf die deutsche Verhandlungsposition. Gleichermaßen geschwächt wird die parlamentarische ex-post-Kontrolle der Regierung, weil sie ihre Politik ggf. unter Verweis auf Vereinbarung mit den Ländern rechtfertigen kann. In dem komplexen Mehrebenenprozess der Europapolitik fehlt dem Bundestag allerdings auch die Strategiefähigkeit, weil seine Aufgaben intern zwischen dem Europaausschuss und Fachausschüssen aufgeteilt sind.

Die Schwäche des Bundestags bedeutet, dass der Parteienwettbewerb nur eine geringe Rolle spielt. Hinzu kommt, dass die Regierungen, die die Bundesrepublik in Europa vertreten, auch deswegen nicht als Parteienvertreter handeln können, weil Parteipolitik im Ministerrat allenfalls eine untergeordnete Bedeutung hat. Das hat zur Folge, dass Regieren im europäischen Mehrebenensystem wesentlich weniger durch kompetitive Interaktionsorientierungen geprägt wird, worauf sich auch Akteure in den Ländern und in den Parlamenten einstellen müssen. Zwischen Bund und Ländern ist der Zwang zur Koordinierung zudem schwächer als in den Zwangsverhandlungssystemen des kooperativen Bundesstaats. Bei Nichteinigung muss die Bundesregierung in der Regel trotzdem europapolitisch handeln, wenn sie die Interessen der Bundesrepublik Deutschland vertreten will, und sie ist dazu auch durch die Verfassung befugt. Die Länderregierungen können in solchen Fällen versuchen, ihre Interessen informell über den Ausschuss der Regionen oder ihre Verbindungsbüros zu vermitteln. Wenngleich also der Bundesrat mit einer Zwei-Drittel-Mehrheit die Bundesregierung verpflichten kann, seine Position zu übernehmen, führt die Entscheidungsstruktur bei der Koordination der deutschen Europapolitik in der Regel nicht zu einem

Strategien und Verfahren

Schwacher Einfluss des Parteienwettbewerbs

Zwang zum Konsens, weil die Beteiligten diesen aus strategischen Gründen vermeiden.

5.6 Vergleich der Verhandlungssysteme in der deutschen Mehrebenenpolitik

Strukturmerkmale

Mehrebenenpolitik im deutschen Bundesstaat findet in Verhandlungssystemen zwischen Regierungen und Verwaltungen statt, die grundsätzlich den Regeln des Parteienwettbewerbs im parlamentarischen Regierungssystem unterliegen. In vielen Fällen handelt es sich dabei um multilaterale Zwangsverhandlungen, die eng mit dem Parteienwettbewerb verkoppelt sind. Es finden sich aber auch Politikbereiche, die dem Einfluss der Parteien entzogen sind und in denen Netzwerke von Fachleuten relativ autonom, d.h. in einer nur lose an den Parteienwettbewerb in Bund und Länder gekoppelten Struktur für die Koordination durch Verhandlungen sorgen. Ihr Bestand hängt aber wiederum von den Gesetzgebungsprozessen der verflochtenen Mehrebenenpolitik im parlamentarischen Regierungssystem ab. Ferner ist der Zwang zu Verhandlungen nicht in allen Bereichen gleich ausgeprägt.

Mehrebenen-verhandlungen

Bei Konzentration auf die im vorangehenden Kapitel genannten wesentlichen Merkmale von Mehrebenenstrukturen lassen sich die Variationen der Mehrebenenpolitik im deutschen Bundesstaat nach zwei Aspekten unterscheiden. Bei zustimmungspflichtigen Gesetzen und bei Entscheidungen in Gemeinschaftsaufgaben unterliegen die Beteiligten dem Zwang, sich zu einigen, weil ansonsten der Status quo nicht geändert werden kann. Die horizontale Kooperation der Landesregierungen, die hier am Beispiel der Kultusministerkonferenz erörtert wurde, die gemeinsame Bildungsplanung und Forschungsförderung von Bund und Ländern sowie die Koordinierung der Europapolitik lassen sich dagegen als freiwillige Verhandlungen charakterisieren, weil sie die autonomen Handlungsmöglichkeiten der Regierungen nicht oder wenigstens nur in geringem Maße beschränken. Grundsätzlich haben freiwillige Verhandlungen nicht nur den Vorteil, dass die Politik nicht blockiert ist, wenn eine Einigung nicht zustande kommt, sie fördern auch die Bereitschaft der Beteiligten zu kooperativem Verhalten, weil diese nur mit einer Einigung das Risiko vermeiden, dass einzelne Akteure durch unkoordinierte Politik sich wechselseitig schädigen.

Stärke des Parteien-wettbewerbs

Intergouvernementale Verhandlungen bilden allerdings nur eine „Arena" der Mehrebenenpolitik. Sie sind verbunden mit den Prozessen der Willensbildung und Entscheidung innerhalb der Ebenen, die nach den Regeln der demokratischen Institutionen verlaufen. In Deutschland beruhen diese auf dem Wettbewerb der Parteien, der zwar seit den 1980er Jahren durch eine gemäßigte Pluralisierung des Parteiensystems und Regionalisierungstendenzen innerhalb der Parteien abgeschwächt ist, gleichwohl die parlamentarischen Regierungssysteme im Bund und in den Ländern prägt. Verhandlungssysteme in der Mehrebenenpolitik können daher auch danach unterschieden werden, ob sie eher eng oder eher lose an den Parteienwettbewerb gekoppelt sind. Dabei ist festzustellen, dass die Gesetzgebung im Bund und die Bildungspolitik relativ stark durch die Parteipolitik bestimmt werden, während diese in den Gemeinschaftsaufgaben und in der europäischen Politik aus jeweils unterschiedlichen Gründen nur geringe Bedeutung hat. Enge Kopplung von Verhandlungen an den Parteienwettbewerb fördert die Blockadeanfälligkeit, die im Fall der Gesetzgebung die Umsetzung eines Regierungsprogramms verhindern würde und im Falle der Bildungspolitik und Forschungsförderung sowohl die erforderliche Koordination als auch den Politikwettbewerb zwischen den Ländern unterbindet. Die Blockaden in der Gesetzgebung des Bundes werden durch institutionelle Strukturen, durch das integrierte Parteiensystem und durch Strategien der Regierenden vermieden, während sie in der Bildungspolitik erst durch die Modifikation im Parteiensystem und durch Förderung des Leistungswettbewerbs vermindert werden konnten.

Übersicht 11:   Formen der Mehrebenenkoordination durch Verhandlungen

	Verhandlungssystem	Einfluss des Parteienwettbewerbs
Zustimmungsgesetze	multilaterale Zwangsver-handlungen	stark
Gemeinschaftsaufgaben	multilaterale Zwangsver-handlungen	schwach
Bildungs- und Forschungspolitik	freiwillig, faktisch multilateral	stark
Europapolitik	freiwillig, überwiegend multilateral	schwach

Die enge Kopplung von multilateralen Verhandlungen und Parteienwettbewerb macht die Politik im Mehrebenensystem anfällig für Blockaden, zugleich reduziert sie die Spielräume der Akteure bei ihrer Strategiewahl. Es dominieren konfliktminimierende Strategien der Umdefinition von policies. In sektoral begrenzten Politikbereichen werden redistributive Entscheidungen umgangen oder durch externe Beratungs- oder Entscheidungsgremien entpolitisiert. In der Gesetzgebung sucht man vereinzelt nach einem Interessenausgleich zwischen Bund und Ländern durch Tauschgeschäfte oder durch Aufspaltung von Materien. Typisch für die Mehrebenenpolitik im deutschen Bundesstaat ist auch das Ausweichen in informelle Verhandlungen, die Entscheidungsprozesse dem Parteienwettbewerb wenigstens in bestimmten Phasen entziehen. *Folgen*

5.7 Wandel des deutschen Föderalismus: Tendenzen zu mehr Wettbewerb?

Der pfadabhängige Wandel des deutschen Föderalismus (Lehmbruch 2002) verstärkte zwar die institutionellen Elemente von Politikverflechtung, doch beobachten wir seit etwa zwei Jahrzehnten Entwicklungen, die die bisher dargestellten Muster der Mehrebenenpolitik tangieren. In dieser Zeit haben sich, ausgelöst durch die deutsche Einheit und die Internationalisierung, Rahmenbedingungen verändert mit der Folge, dass in den intergouvernementalen Beziehungen zwi- *Veränderte Rahmenbedingungen* schen Bund und Ländern aber auch unter den Ländern die Konflikte zugenommen haben. Eine Ursache dafür sind die gewachsenen wirtschaftlichen Disparitäten zwischen den Ländern, die im vereinigten Deutschland die Mehrebenenpolitik im Bundesstaat deutlich prägen. Gleichzeitig verhinderten die zeitweilige wirtschaftliche Stagnation seit Mitte der 1990er Jahre und die dauerhaften Restriktionen der Finanzpolitik durch den europäischen Stabilitäts- und Wachstumspakt, den Finanzausgleich zwischen reichen und armen Ländern auszudehnen und aus Zuwächsen im Steueraufkommen zu finanzieren. Seine Aufrechterhaltung, die überwiegend durch Erhörung des Bundesanteils erreicht wurde, ist in Frage gestellt. Zum zweiten musste der Wohlfahrtsstaat gegen die doppelte Herausforderung der Globalisierung und der Veränderung der Bevölkerungsstruktur abgesichert werden, also gegen zwei Entwicklungen, die sich auf der Einnahmenseite wie auf der Ausgabenseite der öffentlichen Haushalte negativ auswirkten. Damit geriet eine umverteilende Politik generell in die Kritik, und dies galt auch für die Umverteilung zwischen Regionen, die in der Vergangenheit mit dem Ziel der gleichwertigen Lebensverhältnisse begründet wurde. Drittens fand in den 1980er Jahren ein Paradigmenwechsel in der Bewertung des kooperativen Föderalismus statt (Benz 1985). Galt er in den ersten Jahrzehnten der Bundesrepublik als moderne Form eines Bundesstaats, so wird er seither für Schwierigkeiten des Regierens, für das Scheitern von Reformen und für Demokratiedefizite verantwortlich gemacht. In den 1990er Jahren verstärkten sich Forderungen nach einer grundlegenden Verfassungsreform, die den Wettbewerb im Föderalismus intensivieren sollte.

Föderalismusreform   Die jüngste Verfassungsreform (Kluth 2007) endete mit einigen Änderungen des Grundgesetzes, sie hat jedoch nicht den von vielen erhoffen, von manchen aber auch befürchteten Systemwechsel vom kooperativen zum kompetitiven Föderalismus eingeleitet (Scharpf 2006; Benz 2008b). Das geänderte Grundgesetz erweitert die Kompetenzen der Länder in der Gesetzgebung, zugleich wurden die Rechte des Bundes, den Vollzug von Bundesgesetzen durch die Landesverwaltungen zu regeln, eingeschränkt. Ferner sind dem Bund Grenzen bei den Finanzhilfen gesetzt worden. Damit gelang zum ersten Mal in der Geschichte der Bundesrepublik Deutschland eine Verfassungsreform, die den Ländern mehr Kompetenzen überträgt als dem Bund. Die angestrebte Entflechtung konnte mit der Verfassungsreform aber ebenso wenig erreicht werden wie ein stärkerer Wettbewerb. Die Entflechtung erwies sich aus den in Kapitel 2 ausgeführten Gründen als verfehltes Ziel, und dementsprechend wurden den Ländern nur Teilkompetenzen übertragen, deren Verwirklichung vielfach Koordination mit dem Bund erforderlich machen wird. Ferner führten die Tauschgeschäfte bei der Kompetenzumverteilung zu komplizierten Regelungen, durch die die Zuständigkeiten keineswegs klarer wurden. Bereits heute zeigt sich, dass Bund und Länder kaum weniger zu Verhandlungen gezwungen sein werden als in der Vergangenheit (Manow/Burkhart 2006). Die Prognose, dass die Zahl der Zustimmungsgesetze halbiert werden könnte, hat sich bisher nicht verwirklicht, und es gibt Indizien dafür, dass auch in den Politikbereichen, in denen die Länder neue Zuständigkeiten erhalten haben, Bund und Länder sich um eine Einigung bemühen werden. Die Fortsetzung der Föderalismusreform wird diesen Zustand bestätigen

Unabhängig von der Verfassungsreform zeigen sich jedoch seit einiger Zeit Tendenzen einer Veränderung in der föderativen Praxis. Ursächlich dafür sind die genannten Rahmenbedingungen der deutschen Politik, d.h. die erheblichen Disparitäten zwischen den Regionen im vereinigten Deutschland und die Schwächung des Wohlfahrtsstaats durch Globalisierung und Europäisierung bei gleichzeitig wachsenden Strukturproblemen infolge der Bevölkerungsentwicklung. Dazu bei trug aber auch, dass die Blockadeanfälligkeit des kooperativen Bundesstaats zunehmend das Regieren belastete, weil gegensätzliche Interessen der Verhandlungspartner nicht mehr so leicht durch Tauschgeschäfte, Besitzstandswahrung oder Konfliktvertagung ausgeglichen werden konnten. In der Wirtschafts- und Sozialpolitik können keine Wohltaten mehr verteilt werden, vielmehr sind Konsolidierungsmaßnahmen erforderlich, bei denen Kosten von Strukturanpassungen verteilt werden müssen. *(Wandel im deutschen Bundesstaat)*

Für das Verständnis der veränderten Mehrebenenpolitik in Deutschland wichtig ist dabei, dass die genannten Entwicklungen überlagert wurden durch säkulare Tendenzen des gesellschaftlichen Wandelns und der Wettbewerbsdemokratie. Was in den 1950er Jahren bereits als „nivellierte Mittelstandsgesellschaft" (Schelsky 1953) beschrieben wurde, setzte sich mit dem Wertewandel fort, der die alten Konfliktlinien mehr und mehr verdrängte und neue Themen in den Mittelpunkt rückte. Die Parteien mussten sich dementsprechend anpassen. Die Interessenvielfalt in der Gesellschaft und die Themenvielfalt der Politik führte einerseits dazu, dass die Parteien intern heterogener wurden, andererseits näherten sie sich einander an, weil wichtige neuen Fragen wie die Ökologie, die Globalisierung, die Sicherheit oder auch die wirtschaftliche und soziale Stabilität alle Bevölkerungsgruppen in ähnlicher Weise betreffen und sich daher Mehrheiten nur gewinnen lassen, wenn Parteiprogramme die Belange der gesamten Bevölkerung ansprechen. Parteien konkurrieren nach wie vor, aber in einzelnen Sachfragen sind sie nicht nur kooperationsfähiger geworden, bei grundlegenden Strukturreformen suchen sie auch eher die Verständigung als die Konfrontation. Diese Entwicklung zeigt sich in Deutschland in einer „gemäßigte Pluralisierung" (Niedermayer 2001) des Parteiensystems. Neben den zwei großen Parteien können inzwischen drei kleine Parteien ein Potential an Wählerstimmen mobilisieren, das Koalitionsbildungen in den früheren beiden Lagern immer schwieriger macht. Auch dies verringert die Konfrontation, die noch in den 1980er Jahren ein zentrales Merkmal der deutschen Politik war. Die jüngsten Wahlen haben die Zwänge zur Konkordanz im parlamentarischen Regierungssystem offenkundig gemacht. *(Pluralisierung des Parteiensystems)*

Dieser Tendenz zu mehr Konkordanz statt Wettbewerb in der Demokratie steht eine Tendenz zu mehr Konkurrenz im föderativen System gegenüber. Sie zeigt sich in Strukturen der Politik, in Prozessen und in veränderten Leitideen: *(Konkurrenz zwischen Bund und Ländern)*

- In struktureller Hinsicht hat die Föderalismusreform, wie angesprochen, nur geringe Änderungen der Verfassungsordnung erbracht. Für die Praxis des Regierens wichtiger ist demgegenüber eine Regionalisierung der Parteien und des Parteiensystems. Zwar treten die deutschen Parteien, sieht man vom Sonderfall der bayerischen CSU ab, nach wie vor auf allen Ebenen des föderativen Staates als einheitliche Organisationen mit einem Programm auf. *(Regionalisierung des Parteiensystems)*

Aber zumindest in den beiden großen Parteien gewannen die Parteiführungen der Landes- bzw. Bezirksverbände deutlich an Gewicht. Dies war einerseits Folge der institutionellen Struktur des Regierungssystems, in dem in der Regel die große Oppositionspartei auf Bundesebene Regierungen in den Ländern stellt. Damit rücken die Ministerpräsidenten, die meistens auch den Vorsitz der Landespartei innehaben, wegen ihrer Stellung im Bundesstaat in das Zentrum der Bundespolitik (Swenden 2006: 165). Seit die Unterschiede zwischen den Ländern größer geworden sind, nehmen die Ministerpräsidenten immer weniger auf parteipolitische Bindungen Rücksicht, wenn sie Interessen ihres eigenen Landes bzw. der Landesebene insgesamt verfolgen. Wir beobachten daher nicht einfach Machtverschiebungen zwischen Führungspersonen der Parteien auf Bundes- und Landesebene, sondern Divergenzen zwischen den politischen Zielen und Positionen der Landesregierungen sowie zwischen den Ebenen innerhalb der gleichen Partei. Solange Parteien den Vorsitz auf einen Ministerpräsidenten übertragen, können diese Tendenzen überdeckt werden, vor allem dann, wenn die Partei nur in wenigen Ländern die Regierung stellt, wie dies zur Zeit für die SPD zutrifft. In der CDU, die schon immer stärker föderativ ausgerichtet war als die SPD, zeigen sich dagegen die Konflikte in aller Offenheit. Angesichts der regionalen Disparitäten sind die Konflikte zwischen den Ebenen meistens verbunden mit Konflikten zwischen Ländern.

Neue Koalitionen der Landesregierungen ▪ In prozessualer Hinsicht äußern sich die Tendenzen einer regionalen Differenzierung im Bundesstaat in der Koalitionsbildung zwischen Ländergruppen. Die ostdeutschen Ministerpräsidenten und ihre Fachminister treffen sich regelmäßig zur Besprechung ihrer gemeinsamen Anliegen. Seit einigen Jahren intensivieren auch die süddeutschen Länder Baden-Württemberg, Bayern und Hessen ihre Kooperation und formieren auf diese Weise eine **Kompetitive Politik der Länder** Koalition der finanzstarken Länder. In diesem Zusammenhang steht auch die Politisierung von Fachgremien der Bund-Länder-Kooperation, die ein kompetitives Verhalten einzelner Länderregierungen in der Vergangenheit verhindert hat. Ein weiteres Indiz für das gestiegene Konfliktniveau stellt die Zunahme von Klagen vor dem Bundesverfassungsgericht dar, mit denen die Länder vor allem Regelungen im Finanzausgleich und in der Kompetenzverteilung angegriffen haben. Während bis 1990 insgesamt 23 Bund-Länder-Streitigkeiten eingereicht wurden, musste sich das Gericht seitdem bis 2005 mit nicht weniger als 21 Klagen befassen.

Wettbewerbsföderalismus als neue Leitidee ▪ Diese Veränderungen in den intergouvernementalen Beziehungen werden gestützt auf politische Diskussionen über die normativen Grundlagen der föderativen Ordnung. In diesen wird zwar die Solidarität zwischen den finanzstarken und finanzschwachen Ländern nicht generell in Frage gestellt, gleichwohl gewannen Vertreter eines Wettbewerbsföderalismus erheblich an Gewicht. Zu den maßgeblichen Protagonisten gehören Vertreter der süddeutschen Länder, allen voran Bayerns (Ziblatt 2002), der Sachverständigenrat zur Begutachtung der gesamtwirtschaftlichen Entwicklung (1991: 210-216), Vertreter der FDP (Lambsdorff 1997) sowie Personen aus der Wirtschaft und der Wirtschaftswissenschaft (Morath 1999; zusammenfassend Schatz/Ooyen/ Werthes 2000). Diese Ideen wurden inzwischen vom

Bundesverfassungsgericht aufgegriffen. In mehreren Urteilen zu Gesetzgebungskompetenzen hat das Gericht den Grundsatz der Gleichwertigkeit der Lebensverhältnisse neu interpretiert. Danach soll dieser nur noch dann eine Kompetenz des Bundes nach Art. 72 Abs. 2 GG begründen, „wenn sich die Lebensverhältnisse in den Ländern der Bundesrepublik in erheblicher, das bundesstaatliche Sozialgefüge beeinträchtigender Weise auseinander entwickelt haben oder sich eine derartige Entwicklung konkret abzeichnet" (Urteil 24.10.2002 – 2 BvF 1/01, gleich lautend: Urteil vom 26.1.2005 – 2 BvF 1/03). Im Urteil zur Klage des Landes Berlin auf Bundeshilfen wegen seiner Haushaltsnotlage hat das BVerfG in diesem Sinne die Eigenverantwortung des Landes gegenüber dem Anspruch auf Solidarität betont. Damit hat es sich eindeutig auf die Seite der Befürworter von mehr Dezentralisierung und Autonomie der Länder gestellt.

Die durch diese Entwicklungen geförderten Konkurrenzen zwischen den Ländern ändern den deutschen Bundesstaat nicht in einen Wettbewerbsföderalismus. Sie machen sich zunächst in den Bund-Länder-Verhandlungen bemerkbar, in denen die Verteilungsinteressen der Ländergruppen die Kompromissfindung erschweren. Zugespitzt kann man feststellen: In dem Maße, wie die Konkordanz zwischen den Bundesparteien zugenommen hat, ist die Konkurrenz zwischen den Ebenen intensiver geworden. Während sich die Auswirkungen des dualistischen Parteienwettbewerbs auf Bund-Länder-Verhandlungen verringert haben, werden die Divergenzen zwischen finanzstarken und finanzschwachen Ländern spürbar. Das bundesdeutsche Mehrebenensystem ist damit nach wie vor durch eine eigentümliche Kombination aus Verhandlungssystemen und Wettbewerb belastet, nur hat sich letzterer vom Parteiensystem auf die intergouvernementalen Beziehungen verlagert. Diese Konstellation ist nicht weniger für Blockaden anfällig als die alte Kombination aus Zwangsverhandlungen und Parteienwettbewerb, die im Übrigen nach wie vor das eigentlich prägende Merkmal des deutschen Regierungssystems darstellt.

Tendenz zur Verhandlungsdemokratie in Bund und Ländern – Tendenz zur Konkurrenz zwischen Bund und Ländern

Der Wettbewerb, der sich damit in den Mehrebenenstrukturen abzeichnet, scheint auf den ersten Blick als Institutionenwettbewerb zu verlaufen. Jedenfalls versuchen die Landesregierungen, ihre Gebiete als Standorte attraktiv zu machen. Primäre Zielgruppe sind mobile Steuerzahler, d.h. vor allem Unternehmen. Insgesamt sind die Effekte dieses Wettbewerbs jedoch als gering zu veranschlagen. Dafür sprechen die in den Ausführungen zur Theorie genannten Gründe. In Deutschland kommen jedoch besondere institutionelle Restriktionen hinzu.

Institutionenwettbewerb?

Solange die Länder nur über geringe Kompetenzen zur Gestaltung eigener Steuern verfügen, solange sie kaum Gesetzgebungskompetenzen im Bereich der Regulierung der Wirtschaft anwenden können und solange die Beihilfekontrolle der EU Finanzhilfen nur unter engen Voraussetzungen zulässt, beschränken sich die Möglichkeiten, Standorte attraktiv zu machen, auf Infrastrukturversorgung und die Verwaltungsleistungen. Im Bereich der Infrastruktur tragen Finanzhilfen des Bundes und der horizontale Finanzausgleich zu einer regionalen Verteilung bei, die grundsätzlich den Vorteil hat, faire Startbedingungen in der Standortkonkurrenz zu schaffen, die allerdings zunehmend als Wettbewerbshemmnis kritisiert wird, weil sie falsche Anreize setze. Im Verwaltungsvollzug gibt es

Strukturelle Restriktionen des Institutionenwettbewerbs

einige Anzeichen, dass die Länder ihre Kompetenzen ausnutzen, um Unternehmen zu attrahieren. Zu verweisen ist dabei zum einen auf Aktivitäten von Wirtschaftsförderungsgesellschaften, die um Unternehmen werben. Zum anderen nutzen die Länder ihre Kompetenzen in der Steuerverwaltung zur Erzielung komparativer Vorteile, indem sie bei der Steuerveranschlagung flexiblere Kontrollen, als sie vom Bund eingefordert werden, praktizieren, wodurch sie einerseits ihre Verwaltungskosten senken und andererseits für Steuerzahler attraktiv werden (Bundesministerium der Finanzen 2004; Speer 2007: 377). Auch in der Umweltverwaltung versuchen Länder durch Verfahrensvereinfachung und Senkung von Vollzugsstandards Wettbewerbsvorteile zu erlangen (Sachverständigenrat für Umweltfragen 2007). Insgesamt besteht aber wenig Grund zur Vermutung, dass sich die Länder wechselseitig darin überbieten, die Verwaltungskosten zu senken und den Gesetzesvollzug „wirtschaftsfreundlich" zu praktizieren. Der Bund könnte gegebenenfalls durch Regelungen von Behörden und Verwaltungsverfahren Standards definieren, und wenn einzelne Landesregierungen davon abweichen, ist ihnen öffentlichen Kritik im Parteienwettbewerb sicher (Benz 2006).

Die finanzstarken und daher im Institutionenwettbewerb besonders leistungsfähigen Länder sind treibende Kräfte einer Föderalismusreform, die die Handlungsspielräume der Länder erweitern soll. In der ersten Stufe der Reform ist ihnen dies nur in Ansätzen gelungen. Die Kompetenzen, die die Länder erhielten, betrafen mit Ausnahme des Hochschulbereichs kaum standortrelevante Faktoren. Signifikante Steuerkompetenzen haben die Länder nicht erhalten. In der zweiten Stufe der Föderalismusreform geht es vor allem um Verschuldungsgrenzen und Verwaltungsthemen; Änderungen in der Steuergesetzgebung und im Finanzausgleich werden begrenzt ausfallen, sollte eine Reform verabschiedet werden.

Leistungs-
wettbewerb?

Wenn durch Dezentralisierung und Regionalisierung bei gleichzeitiger Zunahme des Konfliktniveaus die Koordination in den etablierten Formen der Politikverflechtung schwieriger wird, stellt sich die Frage, ob ein Übergang zum Leistungswettbewerb unter diesen Bedingungen besser funktionieren kann. Zwar wurden die in der Föderalismuskommission eingebrachten Überlegungen zu einer Kompetenzordnung, die diesen Koordinationsmodus gefördert hätte, nicht aufgegriffen.[15] Der Leistungswettbewerb könnte jedoch in den Bereichen, in

---

15 Gemeint ist hier der Vorschlag der bedingten Zugriffskompetenz der Länder auf konkurrierende Gesetzgebungskompetenzen des Bundes. Danach sollten die Landesparlamente im Bereich der Bundeskompetenz vom Bundesrecht abweichende Regelungen erlassen dürfen, wenn sie eine bessere Regelung verwirklichen können als ein Bundesgesetz bzw. wenn eine Regelungsdifferenzierung zwischen den Ländern für bestimmte Aspekte sinnvoll ist (Kompetenzdifferenzierung), oder mit dem Zweck, alternative Regelungen auszuprobieren (experimentelle Gesetzgebung). Um zu verhindern, dass ein Landesgesetz die Verwirklichung von gesamtstaatlichen Zielen oder des betroffenen Bundesgesetzes beeinträchtigt, sollte dem Bundesgesetzgeber ein Widerspruchsrecht eingeräumt werden. Mit einer solchen echten konkurrierenden Kompetenz hätte es gelingen können, Zuständigkeiten zu dezentralisieren und dennoch Interdependenzen zwischen Aufgaben bzw. die Nachteile einer Kompetenzzentralisierung zu bewältigen. Letzteres wäre im Modus der wechselseitigen Anpassung geschehen. Die Länder hätten auf Bundesgesetze reagieren können, wenn diese nicht den Erfordernissen ihres eigenen Zuständigkeitsraums gerecht werden würden. Der Bund wiederum hätte je nach Folgenbewertung abweichendes Landesrecht untersagen oder sein

denen die Länder die Kompetenz besitzen, verwirklicht werden. In der Vergangenheit wurde er nicht mangels Dezentralisierung, sondern wegen der vereinheitlichenden Wirkung des vertikal integrierten Parteiensystems unterbunden. Mit der Regionalisierung des Parteiensystems hat diese abgenommen.

In der Tat finden wir eine wachsende Zahl von Politikfeldern, in denen der Leistungswettbewerb eingesetzt wurde, um gesamtstaatliche Ziele durch Mobilisierung dezentraler Aktivitäten oder Innovationen zu erreichen. Impulse gehen nicht nur von Bund und Ländern, sondern auch von privaten und internationalen Organisationen aus. Die Bertelsmann-Stiftung vergleicht sein einigen Jahren die ökonomische Wettbewerbsfähigkeit und Politikperformanz der Länder (Eichhorst/Thode/Winter 2004). Allerdings gibt es bisher keine Hinweise darauf, dass diese Analysen in den Ländern zu Politikänderungen geführt hätten. *Leistungswettbewerb zwischen Ländern*

Dem Anschein nach effektiver war der Vergleich der Schülerleistungen durch die sogenannte PISA-Studie der OECD, die in der Bundesrepublik erhebliche öffentliche Resonanz erzeugte. Teil dieser Studie war ein Leistungsvergleich zwischen den Ländern, der letztlich auf die komparative Evaluierung der Schulpolitik zielte. Die Ergebnisse deckten nicht nur generelle Schwächen der deutschen Bildungspolitik auf, sie legten auch erheblich Unterschiede zwischen den deutschen Ländern offen. Aber nach einigen Reaktionen von Politikern und Medien verlor die regionale Dimension der Problematik rasch an Aufmerksamkeit. Die Diskussion konzentrierte sich auf die unterdurchschnittlichen Leistungen von Schülern aus Zuwandererfamilien mit der Folge, dass Leistungsdivergenzen zwischen den Ländern mit dem Anteil von Immigranten und damit mit sozioökonomischen Strukturen erklärt werden konnten. Dass auch unterschiedliche Schulsysteme oder Ausstattungen mit Lehrpersonal eine Rolle spielen könnten, rückte dabei in den Hintergrund. Innerhalb der Länder konnten die Regierungen offenkundig die Debatte vom Ländervergleich auf den Parteienwettbewerb umlenken, indem sie sich zwar reformbereit erklärten, aber ihre eigenen Konzepte gegenüber der Opposition verteidigten. Neben der traditionell hohen Parteipolitisierung der Bildungspolitik war für diese Entwicklung auch ursächlich, dass die OECD-Studie Leistungen von Schülern verglich, damit nicht Politiken von Staaten oder Ländern direkt bewertete. Mit der Verfassungsreform vom September 2006 wurde eine Regelung zum Leistungsvergleich in diesem Politikfeld eingeführt (Art. 91 b Abs. 4 GG). Abgesehen davon, dass dieser auf einen internationalen Vergleich zielen soll, erfordert er eine Vereinbarung zwischen Bund und Ländern. Die Chancen für einen wirklichen Leistungswettbewerb in der Schulpolitik sind damit nicht größer geworden. *- Bildungspolitik*

Genauso wenig nutzen Bund und Länder ihre Kompetenzen in der Verwaltung, durch Leistungswettbewerb zur Innovation und Koordination zu gelangen. Anders als die Bildungspolitik ist die Verwaltungspolitik selten Gegenstand *- Verwaltungspolitik*

---

eigenes Gesetz anpassen können. Anders als beim unkonditionierten Abweichungsrecht der Länder, das jetzt in einzelnen Bereichen der konkurrierenden Gesetzgebungskompetenz gilt, hätte das Zusammenwirken zwischen Bundes- und Landesgesetzgebung im Ergebnis Koordination erzeugt, während die jetzige Regelung faktisch auf eine Dezentralisierung hinauslaufen dürfte, weil sie für Materien eingeführt wurde, die bisher der Rahmengesetzgebung unterlagen und für die die Länder bereits Gesetze erlassen haben.

parteipolitischer Kontroversen. Zwischen Bund und Ländern hat sich in diesem Bereich ein Kompetenzkonflikt entwickelt, weil die Länder versuchen, jeden Einfluss des Bundes zu minimieren. Zwischen den Ländern fehlen dagegen die komparativen Orientierungen. Reformen kommen in der Regel zustande, wenn sich neue Ministerpräsidenten profilieren wollen, indem sie ihre je eigenen Projekte der Verwaltungsmodernisierung verwirklichen (Bauer u.a. 2007), während für die Wählerinnen und Wähler Verwaltungsfragen zu komplex sind, um sie einer vergleichenden Bewertung unterziehen zu können. Solange keine etablierten Verfahren des „benchmarking" existieren, funktioniert der Leistungswettbewerb nicht. Eine entsprechende Steuerungskompetenz des Bundes ist in Artikel 84 Abs. 1 GG implizit enthalten, die Länder sind aber nicht willens zuzulassen, dass der Bund diese ausübt. Selbst wissenschaftliche Analysen, die auf einen Verwaltungsvergleich zielen, sind schwierig, weil die zuständigen Regierungen und Verwaltungen der Länder sich einer komparativen Bewertung entziehen.

Leistungswettbewerb zwischen Regionen unterhalb der Länderebene

Andere Beispiele für Leistungswettbewerb finden sich in der Raumentwicklungs- und Regionalpolitik sowie im Bereich der Technologiepolitik, in denen Regionenwettbewerbe veranstaltet werden (Benz 2004a; Mäding 2006). Mit dem Wettbewerb „Regionen der Zukunft" wollte die Bundesregierung die nachhaltige Entwicklung von Regionen fördern (Adam/Wiechmann 1999; Wiechmann/Löwis/Kaether 2004). Das Bundesministerium für Verbraucherschutz, Ernährung und Landwirtschaft hat im September 2001 den Wettbewerb „Regionen aktiv" gestartet, in dem neue Wege der ländlichen Entwicklung und Möglichkeiten einer wirtschaftlich tragfähigen, sozial ausgewogenen und umweltverträglichen Landwirtschaft gesucht werden sollen (Peter/Knickel 2006). Mit dem Wettbewerb „InnoRegio" des Bundesministeriums für Bildung und Forschung wurden Regionen in Ostdeutschland zur Bildung von Innovationsnetzwerken motiviert. Davor, ab Herbst 1995, veranstaltete das Forschungsministerium einen Wettbewerb der „Bio-Regionen" zwischen Wirtschaftsräumen, welche Produktionscluster im Bereich der Biotechnologie entwickeln sollten. Auch in einzelnen deutschen Ländern nutzte man den Leistungswettbewerb, um die raumordnungs- und regionalpolitischen Ziele des Landes gegenüber den Regionen und Kommunen besser zu erreichen.

Das Beispiel „Regionen aktiv"

Diese Wettbewerbe erzeugten teilweise durchaus die beabsichtigten Koordinierungseffekte. Für den Wettbewerb „Regionen Aktiv" zeigte eine eingehende empirische Untersuchung (Meincke 2008), dass durch die Auszeichnung von erfolgreichen Modellregionen generell die regionale Kooperation um neue Akteure erweitert und in den bestehenden Kooperationsnetzwerken intensiviert werden konnten. Dies führte insgesamt zu der erwünschten Mobilisierung „endogener Potentiale", bewirkte in einzelnen Regionen aber auch eine Vertiefung von latent angelegten Spaltungen zwischen Gruppen mit unterschiedlichen Interessen. Ebenfalls konnte gezeigt werden, dass ein starker intraregionaler Parteienwettbewerb die Wirkung des interregionalen Leistungswettbewerbs beeinträchtigt. Des Weiteren sind Leistungswettbewerbe auch von Strategien führender Akteure abhängig. Einerseits sind nur solche Regionen erfolgreich, in denen sich Personen in Leitungspositionen finden, die Innovationen anstoßen und Partnerschaften aufbauen und zusammenhalten können. Andererseits können Vertreter von Regionen, die im Wettbewerb schlecht abschneiden, die Evaluierungsverfahren oder -ergebnisse bestreiten und damit den Vergleich in Frage stellen, der Voraussetzung des Leistungswettbewerbs ist. Der Bund als steuernde Instanz konnte im Wettbewerb „Regionen aktiv" durch eine Kombination von materiellen und immateriellen Anreizen, durch Publikation von Innovationen bzw. Erfolgsregionen statt Rangfolgen, in denen auch negative Bewertungen öffentlich gemacht wurden, sowie durch eine Verstetigung des Verfahrens über mehrere Jahre die Wirkung des Wettbewerbs steigern. Allerdings blieb es auch in diesem Fall bei einem Modellvorhaben, das zeitlich befristet war. Wie viele der Regionenwettbewerbe betraf auch „Regionen aktiv" mit der ländlichen Entwicklung einen Politikbereich, in dem die Länder zuständig sind oder im Rahmen der Gemeinschaftsaufgabe mit dem Bund zusammenarbeiten. Ohne Reform der institutionellen Rahmenbedingungen bleibt es bei Einzelprojekten mit begrenzter Wirkung.

Unabhängig davon ist der Vergleich zwischen den Leistungswettbewerben instruktiv. Dabei ist ein wichtiger Unterschied zu beachten. In der Bildungspolitik und Verwaltungspolitik sind die Länder betroffen, die „Regionenwettbewerbe" dagegen zielen auf regionale Einheiten unterhalb der Länderebene, die sich zum Teil im Wettbewerb erst konstituiert haben. In den Ländern überlagert sich der Leistungswettbewerb mit dem intragouvernementalen Parteienwettbewerb, während in den Regionenwettbewerben Akteure aus dem öffentlichen und privaten Sektor in Verhandlungen und Netzwerken mitwirken. Während der Leistungswettbewerb zwischen den Ländern also durch die Wettbewerbsdemokratie in den Ländern behindert wird, trifft er in Regionen auf verhandlungsdemokratische Konstellationen, die wegen ihrer Flexibilität günstige Voraussetzungen für notwendige Anpassungen bieten. Leistungsvergleiche haben für Akteure in Verhandlungssystemen den Vorteil, dass sie neue Lösungen für Interessenkonflikte zeigen können und durch Informationen und Normen, auf denen der Vergleich beruht, bargaining-Prozesse in verständigungsorientierte Verhandlungen („arguing") transformieren können.

Vergleich zwischen den Wettbewerben – Bedingungen des Leistungswettbewerbs

Mit der Veränderung des bundesdeutschen Parteiensystems wird es in den Ländern wie im Bund erforderlich werden, neue und variable Koalitionen zu bilden. In vielen Politikbereichen zeichnet sich auch ab, dass Verbände und zivilgesellschaftliche Gruppen direkt in die Politikentwicklung einbezogen werden. Der Wandel scheint also auch auf dieser Ebene in Richtung auf eine Verhandlungsdemokratie zu gehen. Solange aber die Parteien diese Möglichkeiten nicht nutzen und nach wie vor in den Kategorien der überkommenen Lagerbildungen handeln und auf Konfrontation setzen, wird die Option des Leistungswettbewerbs nicht erfolgreich praktiziert werden können. Der deutsche Bundesstaat bleibt dann auf joint decision-making angewiesen, und dies unter eher schlechteren als günstigeren Voraussetzungen.

Ausblick

6 Varianten der Mehrebenenpolitik in der Europäischen Union

6.1 Europäische Verhandlungsdemokratie und lose gekoppeltes Mehrebenensystem

Nach den hier zugrunde gelegten theoretischen Annahmen funktionieren „intergouvernementale" Verhandlungssysteme unter den Bedingungen einer Verhandlungsdemokratie anders, als wenn sie mit einer parlamentarischen Wettbewerbsdemokratie gekoppelt sind, und der intergouvernementale Wettbewerb müsste sich eher entfalten. Prozesse der Konkordanzdemokratie beruhen auf einer Pluralität von Interessen, was Konfrontationen, wie wir sie im deutschen Parteiensystem beobachten können, verhindert oder abschwächt, und sie verlaufen nach Spielregeln, die die Kooperationsbereitschaft der Beteiligten fördern. Die Beteiligung an Entscheidungen ist in der Regel freiwillig, weshalb nur der Wille zur Kooperation den Bestand sichert und nicht-kooperationsbereite Akteure ausgeschlossen werden, sofern sie nicht zur Mehrheitsbildung benötigt werden. Regierungen können unter diesen Bedingungen in der Mehrebenenpolitik anders agieren als in der parlamentarischen Wettbewerbsdemokratie. Ebenso ist zu vermuten, dass unter den Bedingungen einer Verhandlungsdemokratie der Wettbewerb in der Mehrebenenpolitik eher zustande kommt, als wenn Regierungen in einem harten Parteienwettbewerb stehen. Das Beispiel der europäischen Mehrebenenpolitik soll dazu dienen, diese Thesen zu prüfen und zu präzisieren.

EU als Staatenverbund und Mehrebenensystem
Regieren in der EU wird wegen der wechselseitigen Verschränkung von nationalen und europäischen Entscheidungsprozessen als „europäische Politikverflechtung" (Grande 1994) oder „multilevel governance" (Hooghe/Marks 2001; Jachtenfuchs/Kohler-Koch 1996) bezeichnet. Diese Verflechtung ist in der Institutionenordnung der Union angelegt und beruht auf dem föderativen Prinzip, dass die Gliedstaaten und ihre Bevölkerung in der Union angemessen vertreten sein sollen. Die EU weist Züge einer supranationalen Föderation auf und wird oft mit Bundesstaaten verglichen (Burgess 2005; Fabbrini 2005; Hueglin/Fenna 2006; McKay 2001; Menon/Schain 2006), ist aber nicht als Bundesstaat, sondern als Staatenverbund zu qualifizieren. Die föderative Gewaltenteilung zwischen der europäischen und der nationalen Ebene, teilweise unter Einschluss subnationaler Gebietskörperschaften, bildet die institutionelle Voraussetzung von Governance im Mehrebenensystem. Dabei finden wir Formen des joint decision-making und der freiwilligen Verhandlungen, aber auch neue Formen von Governance, die Wettbewerbsmechanismen beinhalten.

EU als Verhandlungsdemokratie
Das politische System der EU wird vielfach als defizitäre Demokratie betrachtet. Diese Bewertung sei hier zunächst vernachlässigt. Betrachtet man die Funktionslogik der europäischen Politik, so kann man sie als Verhandlungsdemokratie einordnen. Auf europäischer Ebene kommen Entscheidungen in Ver-

handlungen zwischen den Regierungen im Ministerrat zustande. Wenn es um Rechtssetzung geht, müssen in den meisten Politikfeldern Entscheidungen des Rats und des Europäischen Parlaments koordiniert werden, was formal durch wechselseitige Anpassung nach den Regeln des Gesetzgebungsverfahrens, real aber in Verhand-lungen auf der Ausschussebene erfolgt (vgl. Lord 1998: 46-54; Schmidt 2000; Schmitter 2000; Tömmel 2008). Das Europäische Parlament weist ebenfalls Strukturen auf, die verhandlungsdemokratische Verfahren generieren. Auf dezentraler Ebene variieren die demokratischen Strukturen stärker, als dies in Bundesstaaten üblich ist. Dies hat wegen der herausgehobenen Stellung des Ministerrats Konsequenzen, die allerdings im Konzept der Verhandlungsdemokratie erfasst sind. Nationale Vertreter im Ministerrat sind den jeweiligen Parlamenten der Mitgliedstaaten und damit den Spielregeln des parlamentarischen Regierungssystems unterworfen. In den einzelnen Mitgliedstaaten lassen sich sowohl ausgeprägte Parteienwettbewerbe (etwa im Vereinigten Königreich) als auch verhandlungsdemokratische Strukturen (besonders in den nordeuropäischen Mitgliedstaaten) beobachten.

Das europäische Regierungssystem kennt nicht die Gewaltenteilung zwischen Regierung und Parlament. Die nationalen Regierungen erfüllen Legislativ- wie Exekutivfunktionen. Die Europäische Kommission bestimmt in den meisten Politikfeldern die Agenda der europäischen Politik, da sie über das ausschließliche Initiativrecht verfügt. Ähnlich wie eine Regierung muss sie sich bemühen, Zustimmung zu ihren Entscheidungsvorschlägen zu gewinnen. Sie kann sich aber nicht darauf verlassen, dass sich im Ministerrat oder im Europäischen Parlament Mehrheiten von Vertretern finden, die sie generell unterstützen. Vielmehr muss sie mit den beiden anderen Institutionen, die über die Entscheidungsmacht verfügen, zu einer einvernehmlichen Lösung kommen. Das Initiativmonopol verleiht der Kommission jedoch beträchtliche Macht, weil nur sie die Agenda definieren kann. *Europäische Kommission*

Auf europäischer Ebene stellt das Parlament die eigentliche demokratische Institution dar. Die Abgeordneten, die die Gesamtheit der europäischen Bürgerinnen und Bürger vertreten, haben sich in Parteiengruppen organisiert und entscheiden nach der Mehrheitsregel. In der Praxis sind allerdings die Mehrheitsverhältnisse nicht durch den Parteienwettbewerb fixiert, sondern müssen im politischen Prozess ausgehandelt werden. Zwar ist das Parlament nach Fraktionen organisiert und Abgeordnete orientieren sich in ihrem Abstimmungsverhalten zunehmend an Parteiideologien (Hix 2001; Hix/Noury/Roland 2005), aber in der Praxis sind die Fraktionsbindungen schwach, die Zusammenschlüsse zwischen den unterschiedlichen nationalen Parteiengruppen bilden keine homogene Einheit, und parteipolitische Konfliktlinien werden oft durch nationale, regionale oder fachliche Interessenkonflikte überlagert (Judge/Ernshaw 2003). Im Übrigen erfordern endgültige Gesetzgebungsbeschlüsse im Parlament die Zustimmung einer absoluten Mehrheit der Mitglieder, nicht nur der anwesenden Abgeordneten, weshalb angesichts der Vielzahl der Fraktionen Koalitionsbildungen notwendig sind. Der Vorteil dieses Verfahrens liegt in einer weit reichenden Inklusion von Interessen, aber es verursacht hohe interne Entscheidungskosten wegen der Vetomacht von Minderheitsinteressen. Mehrheiten jedenfalls sind in der Regel nicht vorgegeben, sondern kommen nach Verhandlungen zustande. *Europäisches Parlament*

Ministerrat

Der Ministerrat bildet das formale Zentrum intergouvernementaler Verhandlungen und ist gleichzeitig ein Organ der europäischen Politik. Er ist insofern für die Verbindung zwischen Mehrebenenpolitik und Politik auf der europäischen und der nationalen Ebene entscheidend. In der Gesetzgebung entscheidet er zwar in vielen Bereichen inzwischen mit qualifizierter Mehrheit, die Konsensschwellen sind aber nach wie vor hoch und der Zwang zur Einigung beträchtlich. Anders als im deutschen Bundesstaat existiert in der EU kein europaweit integriertes Parteiensystem, an dem sich die Positionen der Vertreter im Rat bestimmen lassen könnten (Thorlakson 2005). Die Regierungen der Mitgliedstaaten entscheiden aufgrund von Verfahren der nationalen Präferenzbestimmung, die durch Mehrheitsverhältnisse und die Parteipolitik innerhalb ihres Staates und nicht durch das europäische Parteiensystem bestimmt werden. Auch die in der europäischen Politik festgestellten, scheinbar etablierten Koalitionsbildungen zwischen Regierungen (wie z.B. die deutsch-französische Achse, die Gruppen der nord- bzw. südeuropäischen Staaten oder die Zusammenarbeit kleiner Mitgliedstaaten) erweisen sich als nicht besonders konstant (Zimmer/Schneider/Dobbins 2005). Die „Präferenzen" der Regierungen lassen sich nicht aufgrund von strukturellen Bedingungen erkennen, und die im Rat vertretenen Verhandlungspositionen sind Ergebnis der innenpolitischen Koordination der Europapolitik in der Regierung unter der Beteiligung der nationalen Parlamente, in Bundesstaaten und regionalisierten Staaten auch der Vertretungen der Gliedstaaten. Grundsätzlich verhandeln die Regierungen im Rat daher unter der Bedingung relativ starker Unsicherheit, da zwar die innenpolitischen Präferenzbildungen in den Wettbewerbsdemokratien unitarischer Mitgliedstaaten, nicht aber in den Verhandlungsdemokratien oder föderativ organisierten Staaten kalkulierbar sind.

Bestimmung nationaler Verhandlungspositionen

Die Koordination der Verhandlungspositionen der nationalen Regierungen erfolgt in den Mitgliedstaaten in verschiedenen institutionellen Strukturen, welche die interministerielle Abstimmung und die Beteiligung der Parlamente regeln. Dabei finden sich unterschiedliche Formen:

Koordination in der Regierung

Die Europapolitik der nationalen Regierung kann durch ein interministerielles Komitee unter der Leitung des Regierungschefs oder eines Europaministers koordiniert werden (Kassim/Peters/Wright 2000). In diesem Fall führen die unter einer starken politischen Führung, also im „Schatten der Hierarchie" ablaufenden Verhandlungen zu einer einheitlichen Position der Regierung. Dieses Muster finden wir etwa in Frankreich und in Großbritannien. In Deutschland wird eine andere Koordinationsform praktiziert, die als „negative Koordination" bezeichnet werden kann. Hier dominiert die Zuständigkeit der Fachressorts, die sich mit den anderen Ministerien abzustimmen haben. Im Verfahren der Beteiligung können betroffene Ministerien ihre eigenen Interessen formulieren, die, wenn sie mit der Politik des federführenden Ministeriums nicht übereinstimmen, entweder durch bilaterale Verhandlungen oder in einem Ausschuss der Staatssekretäre geklärt werden. Über die Wirkungen dieser unterschiedlichen Koordinationsmuster gibt es in der Europaforschung divergierende Auffassungen. Während man von einer zentralen Koordinierung eine höhere Durchsetzungsfähigkeit und die Fähigkeit zur Beteiligung an Tauschgeschäften über Verhandlungspakete erwartet, erscheint die negative Koordination besser den Anforderungen einer Koalitionsregierung zu entsprechen (Sturm/Pehle 2001: 52-56). Zentral koordinierte Bestimmung der Europapolitik vermag die Regierung zu einem verlässlichen Verhandlungspartner zu machen, der verpflichtungsfähig ist, während Vertreter von Fachpolitiken aufgrund ihrer begrenzten Kompetenzen keine über ihren Zuständigkeitsbereich hinausgehenden Zugeständnisse machen können.

Die Legitimation der Entscheidungen des Ministerrats hängt von der Zustimmung der nationalen Parlamente ab. Die Beteiligung der Parlamente variiert nach formalen Rechten und nach der Intensität des Parteienwettbewerbs. Auch wenn dies nur in wenigen Verfassungen oder Rechtsordnungen der Mitgliedstaaten explizit geregelt ist, verfügen die nationalen Parlamente grundsätzlich über Vetorechte gegenüber ihren Vertretern im Rat, da die Regierungen auch in der Europapolitik auf das Vertrauen der Parlamentsmehrheit angewiesen sind. Dies rechtfertigt ihre Charakterisierung als externe Vetospieler im europäischen Mehrebenensystem (Benz 2004). Faktisch bedeutsamer ist in diesem Zusammenhang die Ausgestaltung der Beteiligungsrechte (Auel 2007; Maurer 2002; Maurer/Wessels 2001; O'Brennan/Raunio 2007). Dabei ist zu unterscheiden zwischen Parlamenten, die bei der Formulierung der europäischen Verhandlungsposition unmittelbar mitwirken und/oder der Regierung ein bindendes Mandat vorgeben können, sowie Parlamenten, die die Europapolitik ihrer Regierung nicht mitgestalten, sondern nur begleitend oder nachträglich kontrollieren können. Für die Mitwirkung der nationalen Parlamente ist darüber hinaus die Struktur des Parteienwettbewerbs relevant: In Parlamenten mit ausgeprägter dualistischer Konkurrenz können sich die Regierungen im Regelfall eher auf die Loyalität der Mehrheitspartei oder -fraktionen verlassen als in Parlamenten mit pluralistischer Konkurrenz oder in den nordeuropäischen Konkordanzdemokratien. In Parlamenten, die Europapolitik mitgestalten können, zwingt ein ausgeprägter Dualismus zwischen Regierungs- und Oppositionsparteien die Regierungsfraktionen dazu, von der Regierung eine klar an nationalen Interessen orientierte Position und Verhandlungsstrategie zu verlangen, während in kontrollierenden Parlamenten die Freiräume der Regierung größer sind. Unter den Bedingungen pluralistischer Konkurrenz und der Konkordanz ist der Einfluss lediglich kontrollierender Parlamente relativ schwach, während Parlamente, die ihre Regierung in Verhandlungen auf eine Position oder Strategie verpflichten können, eine erhebliche Macht besitzen.

Einfluss der nationalen Parlamente

Unter diesen institutionellen Bedingungen der nationalen Regierungssysteme sind die Verhaltensweisen der Regierungen in der europäischen Politik zwar von den im nationalen Parteienwettbewerb definierten Vorgaben bestimmt, aber dieser ist in den einzelnen Mitgliedstaaten unterschiedlich ausgeprägt. Besonders unsicher sind die Verhandlungspositionen der dänischen Regierung, die sich ständig mit den Fraktionen im Europaausschuss des Folketing abstimmen muss (Laursen 2001). In bestimmten Politikfeldern (etwa der Wirtschafts- oder der Agrarpolitik) können die Regierungen der Mitgliedstaaten nach den Mehrheitsverhältnissen im Parlament bestimmten Politikrichtungen zugeordnet werden, in vielen Fällen ist dies aber nicht der Fall. Hinzu kommt, dass in Ländern mit einer schwachen Koordination der Europapolitik in der Regierung nationale Positionen durch fachpolitische Interessen überlagert werden. In der Tendenz unterliegen damit die Vertreter im Ministerrat zwar den Regeln des nationalen politischen Prozesses, aber ihre Verhandlungspositionen sind meistens weit weniger

Folgen der Parlamentsbeteiligung für Regierungspolitik

kalkulierbar, als dies etwa für die im Parteienwettbewerb agierenden Landesregierungen im deutschen Bundesrat zutrifft.

Übersicht 12: Beteiligung nationaler Parlamente in der Europapolitik

Formale Rechte Struktur des Parteienwettbewerbs	bindende Mandate (policy-making)	Kontrolle (scrutiny)
dualistische Konkurrenz	Deutschland (*Bundesrat*), Österreich (*Nationalrat*)	United Kingdom (*Unterhaus*), Frankreich (*Assemblée Nationale*)
pluralistische Konkurrenz	-	Parlamente der mittel- und osteuropäischen Beitrittsländer
Verhandlungsdemokratie	Dänemark (*Folketing*), Finnland (*Eduskunta*)	Schweden (*Riksdag*)

EU als lose gekoppeltes Mehrebenensystem

Diese institutionellen Strukturen machen die EU zu einem lose gekoppelten Mehrebenensystem. Die einzelnen Arenen der Politik sind interdependent, aber es besteht kein Zusammenhang, der Entscheidungen in irgendeiner Weise determiniert. Zwar mag es richtig sein, dass die europäische Demokratie die Links-Rechts-Konfliktlinien der europäischen Nationalstaaten widerspiegelt (Manow/Schäfer/Zorn 2008), konkrete Politikentscheidungen werden dadurch aber nicht verursacht. Sie hängen überwiegend davon ab, wie die Akteure mit den Anforderungen der verflochtenen Arenen und den daraus resultierenden Konflikten umgehen. Dabei variiert die Mehrebenenpolitik zudem nach Politikfeldern, in denen unterschiedliche Governance-Modi eingesetzt werden (als Überblick: Wallace/Wallace/Pollack 2005; Tömmel 2008a).

6.2 Joint decision-making in der europäischen Rechtsetzung

Regulative Politik in der EU

Die Europäische Union ist als Gemeinschaft von Staaten entstanden, die einen gemeinsamen Binnenmarkt verwirklichen wollten. Dieses Ziel erforderte den Abbau von marktbeschränkenden Regulierungen der Mitgliedstaaten, gleichzeitig die Harmonisierung nationaler Regeln, die erforderlich sind, um Defizite des Marktprozesses zu beseitigen. Die Harmonisierung erfolgte zum einen durch die Rechtsprechung des Europäischen Gerichtshofs, der das in den Römischen Verträgen angelegte Prinzip der Freiheit von Personen, Waren, Dienstleistungen und Kapital in Streitigkeiten zwischen Mitgliedstaaten präzisierte. Zum anderen, und in einem wachsenden Umfang, ersetzte die Union nationales Recht durch europäisches Recht (Burley/Mattli 1993). Während die Rechtsprechung auf der Anerkennung einer hierarchischen Ordnung zwischen dem europäischen und dem nationalen Recht beruht (Scharpf 2006a), deren zentralisierende Wirkung lange unbemerkt blieb, entwickelte sich die Gesetzgebung im Kontext der Verhandlungssysteme, die durch die Institutionen des europäischen Mehrebenensystems entstanden. Richtlinien und Verordnungen erfassten dabei zunehmend nicht nur Regelungen zur Herstellung von Marktfreiheiten, sondern auch Regelungen zur Korrektur von Marktdefiziten, die sich etwa in regionalen und sozialen Ungleichheiten oder in Umweltproblemen zeigten. Die Verfahren variieren zwischen Politikfeldern. Aus Gründen der Vereinfachung beschränke ich mich auf das Mitentscheidungsverfahren (co-decision), das sich immer mehr zum Regelverfahren entwickelt (vgl. Übersicht 13; ferner Wessels 2008a).

Das Verfahren der europäischen Gesetzgebung hat Ähnlichkeiten mit der Gesetzgebung im deutschen Bundesstaat, die als joint decision-making bezeichnet wurde. Im Verfahren der Mitentscheidung müssen mit dem Europäischen Parlament und dem Ministerrat zwei Institutionen zu übereinstimmenden Beschlüssen kommen. Anders als im deutschen Bundesstaat müssen beide Institutionen der Legislative intern Mehrheiten aushandeln. Selbst wenn sich im Europäischen Parlament schrittweise die parteipolitischen Konfliktlinien durchsetzen würden – was bislang erst in Ansätzen der Fall ist –, würden immer noch unkalkulierbare Prozesse im Ministerrat die Koordination zwischen Rat und Parlament erschweren. Es scheint also, dass dieses Entscheidungssystem in besonderer Weise durch Blockaden bedroht ist.

Blockadegefahr ...

Übersicht 13: Verfahren der Mitentscheidung in der EU

	Kommission	Europäisches Parlament	Ministerrat	Ergebnis
Vorbereitung	Initiative			
1. Lesung ←		Zustimmung	Zustimmung	Rechtsakt erlassen
		Ablehnung	Gemeinsamer Standpunkt	
2. Lesung ←		Zustimmung	Zustimmung	Rechtsakt erlassen
		Ablehnung		Rechtsakt gescheitert
		Änderung	Zustimmung	Rechtsakt erlassen
			Ablehnung	
Vermittlungs-verfahren ←		Vermittlungsausschuss gemeinsamer Entwurf		
3. Lesung ←		Ablehnung		Rechtsakt gescheitert
			Ablehnung	Rechtsakt gescheitert
		Zustimmung	Zustimmung	Rechtsakt erlassen

Es ist nicht zu bestreiten, dass viele Rechtsetzungsvorhaben, die die Kommission initiiert hat, erst nach langen Auseinandersetzungen verabschiedet wurden. In vielen Fällen endeten die Verfahren mit Kompromissen, die viele Interessen zufrieden stellten, aber sich nicht als sehr effektiv erwiesen. Beispiele dafür sind etwa die Mehrwertsteuer-Harmonisierung, die Chemikalienrichtlinie oder die Dienstleistungsrichtlinie. Gleichwohl wird in der Europaforschung überwiegend festgestellt, dass die EU ein erstaunlich hohes Niveau an Regierbarkeit zeigt und zumindest im Bereich der Regulierung des europäischen Binnenmarktes ein beachtliches Maß an Gesetzgebungsaktivitäten entwickelt hat. Vielfach wird inzwischen eher über zu viel als zu wenig europäische Rechtsetzung geklagt. Von Blockaden der europäischen Gesetzgebung kann also nicht gesprochen werden.

Theorien der europäischen Integration haben erklärt, warum Mitgliedstaaten bereit sind, Kompetenzen auf die EU zu übertragen (Wiener/Diez 2003). Sie erklären aber nicht, warum die EU in der Lage ist, diese Kompetenzen auch auszuüben. Dies zu leisten erfordert eine Theorie der Mehrebenenpolitik (Holzinger 2005). Vorliegende Ansätze wurden oben dargestellt (vgl. 3.4). Im Folgenden wird eine Erklärung auf der Grundlage des hier vorgestellten Analyseansatzes erläutert.

Zunächst ist auf institutionelle Bedingungen der losen Kopplung im europäischen Mehrebenensystem zu verweisen. Im Prozess der Institutionenentwicklung entstanden Verfahrensweisen, die sich als geeignet erwiesen, eine doppelte Blockade im Ministerrat und zwischen Rat und Europäischem Parlament zu vermeiden. Die folgenden Elemente des politischen Systems der EU tragen dazu bei, die Gefahr von Politikblockaden zu reduzieren:

1. Agendasetting durch Kommission: Im parlamentarischen Regierungssystem werden Gesetze durch Akteure initiiert, die unmittelbar im Parteienwettbewerb stehen. In der EU verfügt dagegen allein die Kommission über das Recht der Initiative. Dies bedeutet, dass die Agenda der europäischen Politik von einer Exekutive definiert wird, die unabhängig von parteipolitischen Einflüssen agieren kann. Die Kommission ist auch nicht an Einzelinteressen von Gebietskörperschaften gebunden. Dies schließt nicht aus, dass sie auf Vorschläge oder Politikmodelle einzelner Mitgliedstaaten zurückgreift. Zudem bezieht sie bei der Ausarbeitung ihrer Entscheidungsvorschläge potentielle Gegner in Verhandlungsprozesse ein, insbesondere solche, die über ihre Vertreter im Ministerrat oder im Europäischen Parlament Blockadepotential mobilisieren können. Wie Adrienne Héritier (1997) für den Bereich der regulativen Politik herausfand, wird die Agenda des europäischen Entscheidungsprozesses, die aus dem Politikwettbewerb der Mitgliedstaaten hervorgehen kann, zunächst zwischen Experten verhandelt, bevor Entscheidungsvorschläge dem „bargaining" der Regierungsvertreter im Ministerrat unterzogen werden. Eine ähnliche Differenzierung der Entscheidungsstruktur nach Phasen erklärt auch, warum die europäische Politik bei redistributiven Entscheidungen, wie sie etwa in der Regionalen Strukturpolitik erforderlich sind, nicht durch die wachsenden Verteilungskonflikte zwischen den Mitgliedstaaten blockiert wird (Benz 2003, 2003a). Der Parteienwettbewerb in

den Mitgliedstaaten und die nationalen und parteipolitischen Positionen im Rat und im Europäischen Parlament beeinflussen in der Regel nur die Entscheidungen über marginale Veränderungen eines bereits weitgehend ausgehandelten Verhandlungspakets. Diese Konfiguration wirkt also ganz anders als das Entscheidungssystem des deutschen Bundesstaats, in dem der Parteienwettbewerb den gesamten Prozess prägt.

2. Moderationsfunktion der amtierenden Ratspräsidenten: Vertreter der Mitgliedstaaten übernehmen im halbjährlichen Wechsel die Präsidentschaft in der EU.[16] Diese Rotation der Leitung kennen wir auch im Bundesrat, aber während der Bundesratspräsident nur eine formale Leitungsfunktion ausübt, übernehmen die Ratspräsidenten in der EU politische Moderations- und Führungsaufgaben. Sie erfüllen diese Aufgaben in enger Koordination in der sogenannten „Troika", die sich aus dem letzten, dem aktuell amtierenden und dem nächsten Präsidenten zusammensetzt. Auf diese Weise haben immer drei Vertreter von Mitgliedstaaten eine Position inne, die sie zur Orientierung an gemeinsamen europäischen Belangen zwingt und die es ihnen verbietet, ausschließlich ihre nationalen Interessen zu verfolgen. Da durch diese Regeln Vertreter der nationalen Regierungen häufig in die Rolle des Moderators wechseln, werden im Verhandlungssystem generell Kompromissbereitschaft und die Rücksicht auf Interessen anderer Mitgliedstaaten gefördert. *(Moderation der Ratspräsidenten)*

3. Differenziertes Verhandlungssystem: Die Verhandlungen im Ministerrat, in denen nationale Interessen ausgeglichen werden müssen, finden in einem differenzierten Verhandlungssystem statt. Dem Verfahren im Rat sind dabei Verhandlungen zwischen den Ständigen Vertretern vorgeschaltet. Auf dieser Verhandlungsebene bestehen beträchtliche Spielräume für strategisches Verhalten der Akteure, die in der Regel ausgenutzt werden. Die Ständigen Vertreter bilden ein europäisches Netzwerk von Akteuren, die dauerhaft zusammenarbeiten und nach Spielregeln der Diplomatie auf Verhandlungserfolge hinwirken. Die kontinuierliche Zusammenarbeit sichert eine gemeinsame Vertrauens- und Wissensbasis und erlaubt es, Interessenkonflikte durch wechselseitiges Geben und Nehmen in verschiedenen Themenfeldern zu bewältigen. *(Differenziertes Verhandlungssystem)*

4. Begrenzter Einfluss des nationalen Parteienwettbewerbs: Grundsätzlich ist davon auszugehen, dass Regierungen in parlamentarischen Demokratien durch die Konkurrenz zwischen Mehrheits- und Oppositionsparteien dazu veranlasst werden, nationale Interessen mittels „bargaining"-Strategien zu verfolgen. In dem Maße, wie dies zutrifft, wird eine Einigung oder die Bildung von mehrheitsfähigen Allianzen erschwert. Aber abgesehen davon, dass in den europäischen Mitgliedstaaten der Parteienwettbewerb unterschiedlich intensiv ist, tragen die institutionellen Bedingungen dazu bei, den Einfluss nationaler Parteienkonflikte auf die Verhandlungspositionen der Regierungen in der EU abzuschwächen. Dies bewirkt die bereits genannte Verfahrensgestaltung in der europäischen Legislative, insbesondere das Initiativmonopol *(Begrenzter Einfluss des nationalen Parteienwettbewerbs)*

---

16 Sollte der Vertrag von Lissabon in Kraft treten, würde diese Regel abgeschafft.

der Kommission sowie die Verhandlungen unter den Ständigen Vertretern. Hinzu kommt, dass in der Politik der Mitgliedstaaten zwar nationale Interessen definiert werden, aber in der Regel keine verbindlichen Mandate. Daher treffen in der europäischen Politik keine unveränderlichen Verhandlungspositionen aufeinander. Selbst in Verhandlungen über Finanzbeiträge, in denen sich Nettozahler und Nettogewinner gegenüberstehen, folgen Regierungen einer Mischung aus kompetitiven und kooperativen Motiven.

Wechselseitige Anpassung zwischen Rat und EU

5. Koordination durch wechselseitige Anpassung zwischen Rat und Europäischem Parlament: Bei der Gesetzgebung nach dem Mitentscheidungsverfahren verfügt das Europäische Parlament genauso wie der Rat über Vetomacht. Hat die Kommission einen Rechtsakt initiiert, so verläuft der Entscheidungsprozess in bis zu vier Verfahrensschritten, in denen Konflikte zwischen dem Rat und dem Parlament bereinigt werden können (vgl. Übersicht 13). In ihnen können entweder der Rat, das Parlament oder beide gemeinsam im Vermittlungsausschuss den ursprünglichen Entscheidungsvorschlag ändern und damit Konzessionen anbieten. Stärker als im deutschen Gesetzgebungsverfahren zielt der europäische Gesetzgebungsprozess auf eine Annäherung der Positionen. Er dient dazu, „aus der Vielzahl und Komplexität von Vorschlägen über einen schrittweisen Prozess der inhaltlichen Annäherung Konsensthemen und -bereiche herauszufiltern, Konfliktbereiche umzuformulieren und ehrgeizige Konzepte und Integrationsstrategien zu allseits akzeptierten Regelungen kleinzuarbeiten" (Tömmel 2008: 100). Diese institutionellen Regeln der Gesetzgebung haben darüber hinaus eine Praxis der ständigen Kompromiss- und Konsensfindung zwischen den Organen der Legislative erzeugt (ebd.: 101).

Lose Kopplung

Diese fünf institutionellen Merkmale sorgen dafür, dass im europäischen Mehrebenensystem die inter- und intragouvernementalen Arenen nur lose miteinander gekoppelt sind. Eine solche Struktur ist weniger als ein eng gekoppeltes Mehrebenensystem für Blockaden anfällig, die allerdings angesichts der Komplexität der Strukturen keineswegs ausgeschlossen sind. Es sei hier daran erinnert, dass Politik nicht schon als blockiert gelten kann, wenn Entscheidungsvorschläge abgelehnt werden, sondern wenn ein politisches System Strukturen aufweist, die Entscheidungen eher verhindern als ermöglichen. Im europäischen Mehrebenensystem ist diese Problematik aus zwei Gründen angelegt: Zum einen erschwert die hohe Unsicherheit über die Ergebnisse der Verhandlungen im Rat und im Europäischen Parlament die Koordination zwischen den Institutionen der europäischen Gesetzgebung, zum anderen sind einzelne Regierungen von Mitgliedstaaten enger als andere in den nationalen Parteienwettbewerb eingebunden und in ihrer Verhandlungsflexibilität eingeschränkt. Wenngleich im Vergleich zum deutschen Bundesstaat die Blockadeanfälligkeit der europäischen Mehrebenenpolitik schon aus strukturellen Gründen geringer ist, funktioniert sie also doch nur, wenn die Akteure geeignete Strategien anwenden, um die genannten Schwierigkeiten zu bewältigen.

Vetospieler

Für das strategische Zusammenwirken sind in der EU drei Gruppen von Vetospielern zu beachten: die Mitglieder des Rates (bei einstimmigen Entscheidungen jedes einzelne Mitglied und bei Mehrheitsentscheidungen die Gruppe von

Regierungen, die eine qualifizierte Mehrheit verhindern kann), das Europäische Parlament (genauer gesagt: die Mehrheit der Abgeordneten des Parlaments) und die nationalen Parlamente (bzw. die Mehrheitsfraktionen in diese Parlamenten). Letztere sind als externe Vetospieler zu charakterisieren, da sie nicht unmittelbar an der Entscheidungsfindung im Mehrebenensystem mitwirken. Blockaden können im Ministerrat, im Verhältnis zwischen Rat und Europäischem Parlament oder durch entsprechende Vetostrategien der nationalen Parlamente ausgelöst werden. Um sie zu vermeiden, werden unterschiedliche Interaktionsstrategien eingesetzt, die entsprechend der institutionellen Positionen der Vetospieler im Mehrebenensystem variieren.

Drohen im Ministerrat Politikblockaden, wenn Konflikte über Regulierungsmodelle oder Verteilungskonflikte bei Haushaltsentscheidungen bzw. bei der Entscheidung über die Aufteilung der Strukturfonds auf Mitgliedstaaten zu lösen sind, dann versuchen die Regierungen häufig, durch Tauschgeschäfte zu einer Einigung zu kommen. Die bekanntesten Tauschgeschäfte finden wir bei der Verteilung von Finanzen, insbesondere in der Agrarstruktur- und Regionalpolitik (vgl. Abschnitt 6.4). Verhandlungen sind hier dadurch geprägt, dass sich die Ratsmitglieder an den Finanzierungsbilanzen der Mitgliedstaaten orientieren. Dazu werden sie vor allem durch den nationalen Parteienwettbewerb veranlasst, in dessen Schatten sie auf europäischer Ebene verhandeln. Mitgliedstaaten, die durch eine Änderung der Finanzmittelverteilung besonders betroffen sind, drohen daher regelmäßig mit der Verweigerung der Zustimmung. Bis Mitte des letzten Jahrzehnts wurden Vetos einzelner Mitgliedstaaten meistens vermieden, indem der Umfang der verfügbaren Haushaltsmittel erhöht wurde und damit möglichst viele Regierungen zu Gewinnern wurden. Das Europäische Parlament erleichterte diese Lösung mit seiner expansiven Haushaltspolitik (Rudzio 2000). Allerdings konnten dadurch relative Verluste nie vollständig ausgeglichen werden, die besonders bei der Erweiterung der EU um finanzschwache Staaten für die alten Mitgliedsstaaten gravierend waren. Daher wurden in der Vergangenheit finanzpolitische Entscheidungen meistens in größeren Verhandlungspaketen verabschiedet, in denen die Vor- und Nachteile für alle Mitgliedstaaten weitgehend ausgeglichen oder jedenfalls für die Öffentlichkeit und die nationalen Parlamente nicht offensichtlich wurden (Hooghe/Keating 1994; Laffan 2000).

Darüber hinaus haben sich in der EU informelle Verhandlungsregeln entwickelt, die alle Beteiligten zur Beachtung von Fairnesskriterien zwingen. Einseitige Maximierung von Vorteilen wird im Kreise der Ständigen Vertreter und der intensiv kooperierenden Fachbeamten als illegitim betrachtet. Von den Mitgliedstaaten wird verlangt, dass sie nach Maßstäben der Gleichheit der Leistungsfähigkeit zur Problemlösung beitragen oder sich an den Kosten beteiligen (Eising 2000: 272). Mitgliedstaaten, die sich nicht entsprechend verhalten, werden isoliert. Bei einstimmigen Entscheidungen können sie in dieser Position Regelungen verhindern und sich auf diese Weise gegenüber ihren nationalen Parlamenten als Vertreter nationaler Interessen profilieren, bei Mehrheitsentscheidungen ist die Isolation allerdings weder im Hinblick auf die Verwirklichung von Politikzielen noch im Hinblick auf die Akzeptanz innerhalb der nationalen Öffentlichkeit attraktiv.

Interaktionsstrategien im Ministerrat:

- Tauschgeschäfte

- Fairnessregeln

- Segmentierung und Themen-bündelung

Bei komplexen Entscheidungsgegenständen werden Verhandlungsverfahren thematisch segmentiert. Dabei werden Themen gebündelt, um Tauschgeschäfte zu erleichtern. Allerdings werden konfliktträchtige Aspekte zunächst ausgeklammert und zuerst leichter zu lösende Probleme verhandelt. Soweit eine Einigung erzielt wird, werden die Ergebnisse fixiert, d.h. sie kommen nicht mehr auf die Agenda. Die weiteren Verhandlungen konzentrieren sich dann auf Streitpunkte, wobei nationale Positionen zusammengefasst und dann gemeinsam behandelt werden. Wie Rainer Eising erklärte, trägt diese Verfahrensstrukturierung aus drei Gründen dazu bei, Blockaden zu vermeiden:

> „Erstens koppelt sie die strittigen Probleme von den ihnen zu Grunde liegenden nationalen Strukturen und Einzelinteressen ab. Sie erzwingt die Bildung von Problem- und Regelungstypen an Stelle der Behandlung von Einzelsituationen. Dadurch fördert sie eine abstrakte und analytische Auseinandersetzung über Problemkategorien und delegitimiert zu einen gewissen Grad Argumentationsmuster, die auf konkreten nationalen Situationen basieren. .... Zweitens führt diese Bündelungstechnik dazu, dass zunächst über die zu einem bestimmten Zeitpunkt jeweils lösbar erscheinenden Probleme verhandelt wird. Nicht lösbare Probleme werden zunächst zurückgestellt und isoliert. ... Die schrittweise Verhandlungstechnik ermöglicht regelmäßige Erfolgsbilanzen, die einen Verhandlungsabbruch erschweren und ein eigenes Momentum generieren, da ja bereits eine Reihe von strittigen Fragen geklärt werden konnte und der noch ausstehende Einigungsbedarf konkretisiert wurde. ... Drittens bewirkt die sukzessive Abarbeitung einzelner Probleme einen im Verlaufe des Dossiers allmählich wachsenden Informationsgrad der Teilnehmer" (Eising 2000: 267-268).

- Bilateralisierung

Verbunden mit dieser Verfahrensstrukturierung ist der Übergang von multilateralen zu bilateralen Verhandlungen. Bilateralisierung ist in der EU von größerer Bedeutung als im deutschen Bundesstaat, weil die Regierungen nicht durch Zugehörigkeit zu Parteien gruppiert werden. Konfrontationen zwischen einzelnen nationalen Regierungen werden in besonderen Verhandlungen der jeweiligen Konfliktparteien bearbeitet. Noch wichtiger ist die strategische Nutzung des differenzierten Verhandlungssystems, das es erlaubt, Konflikte zwischen der Fach-

- Level-shifting

ebene und der Ebene der politischen Führung zu verschieben („level-shifting"). Auf diese Weise werden Probleme in einem anderen Referenzrahmen behandelt, sei es, dass sich Fachpolitiker um eine Klärung von Detailfragen kümmern oder dass sektorale Konflikte in den weiteren Kontext der Europapolitik gestellt werden, in dem neben fachpolitischen Interessen auch strategische Ziele der europäischen Integration oder andere Politikbereiche relevant sind.

Interaktionsstrategien zwischen Rat und EP

Während also in den Verhandlungen zwischen den Regierungsvertretern die Strategien der konfliktreduzierenden Gestaltung von policies und der Verfahrensgestaltung beobachtet werden können, die typisch sind für viele intergouvernementale Verhandlungssysteme, werden Blockadegefahren im Zusammenwirken zwischen dem Europäischen Parlament und dem Ministerrat durch informelle Aushandlungen unter Vermittlung der Kommission umgangen. Sie sind wegen der besonderen Komplexität der europäischen Gesetzgebungsverfahren erforderlich, in denen sowohl das Verhalten der parlamentarischen Akteure wie der Ratsvertreter ein hohes Maß an Unsicherheit bewirkt. Im Europäischen Parlament überlagern sich parteipolitische und nationale Bindungen, im Rat wechseln

Fraktionsbildungen zwischen Mitgliedstaaten je nach Thema oder Situation. In dieser komplexen, unsicheren Konstellation lassen sich konfliktreduzierende Definitionen der Agenda schwerlich finden, denn auch sie müssten ja koordiniert werden, und auch eine verfahrensmäßige Aufteilung von Entscheidungsgegenständen ist kaum zu verwirklichen. Deswegen bleibt praktisch nur der Ausweg einer Informalisierung der Koordination in kleinen Gruppen. In ihnen wird das formale Verfahren der jeweils einseitigen Anpassung von Positionen über mehrere Entscheidungssequenzen hinweg, das der Gesetzgebungsprozess vorsieht, transformiert in ein Verfahren der simultanen wechselseitigen Anpassung im Verhandlungsprozess. Dieses Vorgehen verspricht in einem verhandlungsdemokratischen Kontext mehr Erfolg als das formale Gesetzgebungsverfahren.

Für den Erfolg oder Misserfolg der europäischen Mehrebenenpolitik besonders wichtig sind die Strategien der nationalen Parlamente, die nicht in die Prozesse der Kompromiss- und Konsensfindung der europäischen Akteure einbezogen sind, aber den Ablauf und die Ergebnisse gleichsam von außen beeinflussen können (zum Forschungsstand: Goetz/Meyer-Sahling 2008). Sie können unter bestimmten Voraussetzungen eine Entscheidung blockieren, wenn diese formal in den nationalen Parlamenten ratifiziert werden muss, was etwa für Vertragsänderungen zutrifft. In der normalen Gesetzgebung im europäischen Mehrebenensystem üben die nationalen Parlamente ihre Vetomacht[17] jedoch indirekt gegenüber ihren Vertretern im Ministerrat aus. *(Strategien nationaler Parlamente)*

Die nationalen Parlamente erfahren durch die Kompetenzverlagerung von der nationalen auf die europäische Ebene einen Machtverlust, den sie durch ihre Beteiligung und Kontrolle der Regierung in der Europapolitik zu kompensieren suchen. Bei der Ausübung ihrer Mitwirkungsrechte stehen sie vor einem Informationsproblem, weil sie nicht unmittelbar an den europäischen Verhandlungsverfahren mitwirken und daher keine Kenntnisse über die Interessenlagen der anderen Mitgliedstaaten besitzen. Ferner sind sie mit einem Machtproblem konfrontiert, weil ihre externen Vetodrohungen nur schwer durchzusetzen sind. *(Herausforderungen der nationalen Parlamente)*

Dem Informationsproblem begegneten nationale Parlamente durch verbindliche Informationsrechte gegenüber ihren Regierungen bzw. den Vertretern im Ministerrat und durch den Ausbau ihrer Informationsverarbeitungskapazität mittels spezieller Europaausschüsse. Die Europaexperten in den Parlamentsaus- *(Informationsbeschaffung und -verarbeitung)*

---

17 Es ist zu betonen, dass in dem meisten Mitgliedstaaten Parlamente im Verfahren der europäischen Rechtssetzung keine formale Vetomacht besitzen. Genauso wie die Landesregierungen im deutschen Bundesrat üben die nationalen Regierungen im Ministerrat der EU ein „freies" Mandat aus. Die faktische Vetomacht ergibt sich aus der Abhängigkeit der Regierung von der Zustimmung der Parlamentsmehrheit, die in allen parlamentarischen Regierungssystemen gegeben ist. In Wettbewerbsdemokratien, in denen eine Partei die Mehrheit der Abgeordneten stellt, ist die Motivation der Parlamentsmehrheit, ihre Vetomacht einzusetzen, in der Regel gering, vielmehr richtet sich ihr Interesse auf den Erhalt der Regierungsmacht. In Verhandlungsdemokratien mit Minderheitsregierungen neigen einzelne Fraktionen eher dazu, mit der Verweigerung von Zustimmung zu drohen. In Angelegenheiten, die auf europäischer Ebene verhandelt werden, müssen Mehrheitsfraktionen in allen Demokratien neben dem Interesse der Machterhaltung auch die Durchsetzung nationaler Interessen im Auge haben. Das bedeutet, dass eine Regierung nicht in jedem Fall sicher sein kann, dass ein Verhandlungsergebnis auf Zustimmung trifft, wenn die Mehrheitspartei befürchten muss, dass Zugeständnisse in einem Kompromiss oder Tauschgeschäft, die nationale Interessen beeinträchtigen, der Opposition Wählerstimmen bringt (Benz 2004b).

schüssen sorgen für die Selektion der europäischen Dokumente, die für den jeweiligen Mitgliedstaat besonders wichtig sind. Teilweise haben die Ausschüsse das Recht, bei dringenden Angelegenheiten an Stelle des Plenums die Position des Parlaments zu definieren (Norten 1996; Maurer 2002).

Machtproblem

Das Machtproblem ist weit schwieriger zu lösen, da es durch die Erweiterung der Beteiligungs- und Vetorechte eher verschärft wird. Die Anwendung der Vetomacht führt direkt in ein typisches Dilemma kollektiven Handelns in der Mehrebenenpolitik. Um effektive Problemlösungen im Ministerrat zu erreichen, müssen die Vertreter der Regierung auf europäischer Ebene frei verhandeln können, um in informellen Vorverhandlungen agieren und in formellen Verhandlungen mit Konzessionen Kompromisse oder Paketlösungen zu erreichen. Unter dieser Praxis effektiver Regierungszusammenarbeit leidet allerdings die Beteiligung der nationalen Parlamente, was für die europäische Gesetzgebung ein Legitimationsdefizit bedeutet. Nutzen nationale Parlamente ihre Vetomacht aus, dann sinkt die Wahrscheinlichkeit von Verhandlungslösungen im Ministerrat. Wenn auf der nationalen Ebene ein dualistischer Parteienwettbewerb nach den Regeln einer reinen Mehrheitsdemokratie die Europapolitik prägt, dann werden die Regierungen zu einer harten Verfolgung der Interessen ihres Staats gezwungen. Unter den Bedingungen einer Verhandlungsdemokratie muss sich die Regierung an den fluktuierenden Mehrheiten orientieren und sie kann daher keine verlässliche Verhandlungsposition vertreten, eine Situation, in der sich auch die deutschen Ratsvertreter wegen der Mitwirkung des Bundesrats immer wieder befinden.

In der Praxis finden Regierungen und Parlamente in Mitgliedstaaten verschiedene Auswege aus diesem Dilemma. Vereinfacht gesprochen erweisen sich zwei Strategien als besonders geeignet: Entweder übertragen Parlamente ihrer Regierung ex-ante ein flexibles Mandat, das an den Verhandlungsverlauf im Ministerrat angepasst wird, wenn die ursprüngliche Position nicht durchsetzbar ist, oder Parlamente beschränken sich auf eine ex-post-Kontrolle der Verhandlungsführung im Rat und setzen auf den vorauseilenden Gehorsam ihrer Regierung (generell: Czada 1997; zum Folgenden: Auel/Benz 2005; Benz 2004b; Martin 2000: 147-189).

Flexibles Mandat

Im ersten Fall handeln Regierung und Parlament ein flexibles Mandat aus, an das die Regierung zwar gebunden ist, das aber im Verlaufe der europäischen Verhandlungen geändert werden kann. Praktisch erfordert dieses Verfahren, das etwa in Dänemark angewandt wird, eine enge und ständige Kooperation des zuständigen Vertreters eines Mitgliedstaats mit dem Europaausschuss des Parlaments. Die Prozesse setzen Vertraulichkeit voraus und die Bereitschaft der Opposition, an der Kooperation mitzuwirken. Deswegen ist ein solches Verfahren praktisch nur in Verhandlungsdemokratien möglich und es erzeugt selbst dort wegen des Mangels an Öffentlichkeit Demokratiedefizite.

Öffentliche Kontrolle

Bei der zweiten Verfahrensvariante, die in der britischen Wettbewerbsdemokratie zu beobachten ist, gibt das Parlament der Regierung Handlungsfreiheit, aber es kontrolliert, ob das Verhalten der Regierung im Ministerrat den nationalen Interessen entspricht. Die Regierungen werden auf diese Weise gezwungen, Reaktionen ihrer Parlamente zu antizipieren, haben aber auch die Möglichkeit, diese Reaktion im parlamentarischen Prozess zu beeinflussen, indem sie die Mehrheit von ihrer Politik überzeugen. In parlamentarischen Demokratien, in denen stabile Mehrheiten die Regierung unterstützen, stellt sich dabei weniger das Problem, dass die Regierung um die Zustimmung der Parlamentsmehrheit ringen muss. Vielmehr unterliegt sie im Parteienwettbewerb der Kritik durch die Opposition, die sie zur öffentlichen Rechtfertigung zwingt. Im Lichte der Öffentlichkeit wird die Mehrheitsfraktion veranlasst, die Kontrolle der Regierung als Funktion des gesamten Parlaments zu praktizieren, selbst wenn sie in der Sache andere Positionen vertritt als die Oppositionsfraktionen. Nur so kann sie zeigen, dass sie sich für die Interessen ihrer Wählerschaft einsetzt. Ex-post Kontrolle lässt der Regierung die Freiheit, im Verlauf der Verhandlungen nationale und europäische Interessen auszugleichen. Sie gibt, anders als die Strategie der flexiblen Mandate, dem Parlament keine Chance, auf die Ergebnisse einzuwirken, aber die Möglichkeit, den zuständigen Minister zur Verantwortung zu ziehen.

Die Beteiligung des Deutschen Bundestags erfolgt unter institutionellen Bedingungen, die im Grundgesetz geregelt sind. Seit 1991 gibt es den Europaausschuss, der aus einem Unterausschuss des Ausschusses für Auswärtige Angelegenheiten hervorging. Seine Existenz wurde 1994 in der Verfassung verankert, die ihm auch das Recht zuspricht, Entscheidungen für das Plenum zu treffen. Nach wie vor aber fallen fachpolitische Angelegenheiten der EU in die Zuständigkeit der Fachausschüsse des Bundestags, was die Position des Europaausschusses schwächt. Die Regierung ist durch Gesetz verpflichtet, dem Bundestag alle EU-Dokumente zu übersenden und ihn über ihre Verhandlungsposition im Ministerrat zu informieren. Stellungnahmen des Parlaments hat der zuständige Vertreter im Rat zu berücksichtigen. Formal können also die Mehrheitsfraktionen des Bundestags die deutschen Vertreter im Ministerrat nicht an ein Mandat binden, aber aus politischen Gründen müssen diese die Vorgaben des Parlaments beachten.

Strategien des Deutschen Bundestags:

Der Bundestag verzichtet üblicherweise auf Stellungsnahmen zu europäischen Angelegenheiten und beschränkt sich auf eine ex-post-Kontrolle durch öffentliche Debatten im Plenum. Wie im normalen Gesetzgebungsverfahren versuchen Mitglieder des zuständigen Ausschusses, in informellen Verhandlungen auf die Verhandlungsposition und das Verhandlungsverhalten der Regierung Einfluss zu nehmen. Darüber hinaus suchen Mitglieder des Europaausschusses in zunehmendem Maße Kontakte mit der Kommission oder mit Parlamenten benachbarter Mitgliedstaaten. Unter Umgehung der Regierung können sie einerseits europäische Akteure frühzeitig auf die Belange der Bundesrepublik aufmerksam machen und Einfluss ausüben, andererseits gewinnen sie Informationen über europäische Politik, die es ihnen erlauben, ihre Strategien gegenüber der Bundesregierung besser auf Entscheidungsspielräume in der europäischen Politik einzustellen. Da der Erfolg dieser Strategie aber vom persönlichen Engagement und den Beziehungen einzelner Abgeordneter abhängt und der Bundestag zudem die Koordinationsprobleme zwischen dem Europaausschuss und den Fachausschüssen nicht gelöst hat, ist der effektive Einfluss des Parlaments in Deutschland begrenzt. Relativ bedeutsam ist hingegen der Einfluss des Bundesrats, der schon aufgrund des Verfassungsrechts (Art 23 Abs. 5 GG) über eine formale Vetoposition verfügt, wenn Kompetenzen der Länder betroffen sind, der zudem auf organisierte Vertretungen der Länder bei der Europäischen Kommission

- Öffentliche Debatten

- Informelle Verhandlungen

- Kontakte zu europäischen Akteuren

zurückgreifen kann und der die Bundesregierung zur informellen Koordination der Bundes- und Länderinteressen in der europäischen Politik veranlassen kann.

Zusammenfassung Die Rechtsetzung in der EU erfolgt also in einer Form der Mehrebenenpolitik, die in den Fällen, in denen die Zuständigkeiten von der nationalen auf die europäische Ebene übergegangen sind, alle Merkmale eines multilateralen Zwangsverhandlungssystems aufweist (joint decision-making). Insofern liegt der Vergleich mit dem Regieren im deutschen Bundesstaat auf der Hand (Scharpf 1985, 1988). Allerdings sind die Verhandlungen zwischen der europäischen und der nationalen Ebene nicht ausschließlich mit wettbewerbsdemokratischen Strukturen bei der Entscheidungsvorbereitung und Kontrolle innerhalb der Ebenen verbunden, sondern mit einer Verhandlungsdemokratie auf europäischer Ebene und Verhandlungs- oder Wettbewerbsdemokratien auf der nationalen Ebene. Zudem erzeugen institutionelle Modalitäten des Gesetzgebungsverfahrens, insbesondere die Differenzierung zwischen Agendamacht, Verhandlungsmacht und Kontroll- bzw. Ratifikationsmacht eine lose Kopplung zwischen joint decision-making und intragouvernementaler Demokratie. Die dadurch entstehenden Handlungsspielräume werden von den Akteuren strategisch genutzt, um die trotz der losen Kopplung drohenden Entscheidungsprobleme zu lösen. Diese besonderen Strukturen und Strategien erklären die Funktionsfähigkeit der europäischen Politik. Damit ist allerdings nicht gesagt, dass sie problemlos funktioniert.

6.3 Freiwillige Verhandlungen: Verfahren der „Verstärkten Zusammenarbeit"

Die Gesetzgebung der Europäischen Union setzt voraus, dass Mitgliedstaaten ihr durch die EU-Verträge Kompetenzen übertragen. Eine Einigung über Vertragsänderungen ist gleichzusetzen mit einer Verfassungsänderung in einem Bundesstaat, mit der Besonderheit, dass ihr in der EU alle Mitgliedstaaten nach den jeweiligen Regeln der Ratifikationsverfahren zustimmen müssen. Unter diesen Voraussetzungen ist die Kompetenzübertragung besonders schwierig.

Beispiele für Opt-out Zur Umgehung dieser Hürden wurde in der Vergangenheit bei wichtigen integrationspolitischen Entscheidungen eine Verfahrensweise genutzt, die auch in Bundesstaaten praktiziert wird (etwa in Kanada, vgl. Painter 1991). In der Föderalismusforschung ist sie als „opt-out" bekannt. Dabei wird einem Mitgliedstaat das Recht eingeräumt, sich einer Vereinbarung der anderen Staaten zu entziehen, wenn eine gemeinsame Politik diametral die Interessen seiner Bürgerschaft verletzt. Dies impliziert den Übergang von multilateralen Zwangsverhandlungen zu freiwilligen Verhandlungen. Diese Verfahrensweise wurde in der EU mehrere Male genutzt, etwa bei der Einrichtung der Sozialunion, an der das Vereinigte Königreich zunächst nicht mitwirkte, und beim Abbau von Grenzkontrollen (Schengener Abkommen), auf das sich 1985 zunächst fünf der damaligen Mitgliedstaaten einigten. Großbritannien und Dänemark verzichteten freiwillig auf eine Teilnahme an der Währungsunion, unabhängig davon, ob sie die Konvergenzkriterien erfüllen oder nicht.

Wegen der hohen Hürden für eine Kompetenzübertragung wurde im Vertrag von Amsterdam diese Praxis im Vertragsrecht verankert, das nunmehr ein Verfahren der „Verstärkten Zusammenarbeit" vorsieht (Wessels 2008: 459-469). Im Vertrag von Nizza wurde das Verfahren weiterentwickelt mit dem Ziel, die Zusammenarbeit zu erleichtern. Die seinerzeit vorgesehene Osterweiterung schien angesichts der gestiegenen Zahl und Heterogenität der Mitgliedstaaten eine selektive und freiwilligen Integration erforderlich zu machen. Das Verfahren soll es einer Gruppe von Mitgliedstaaten ermöglichen, die Ziele der Europäischen Gemeinschaft und der Union zu fördern und ihre Interessen zu verwirklichen, auch wenn keine Einigung unter allen Mitgliedstaaten zu erreichen ist.

„Verstärkte Zusammenarbeit" nach dem EG/EU-Vertrag

Die „Verstärkte Zusammenarbeit"[18] ist nur zulässig, wenn bestimmte Voraussetzungen erfüllt sind. Zunächst muss es sich um das letzte Mittel handeln, wenn im Rat in einem vertretbaren Zeitraum keine Entscheidung möglich ist. Des Weiteren müssen sich mindestens acht Mitgliedstaaten beteiligen. Zudem muss die Kooperation für alle Mitgliedstaaten offen sein, darf also nicht Staaten ausschließen, die sich an die Beschlüsse halten wollen. Mit anderen Worten: Die Möglichkeit des opt-in ursprünglich nicht beteiligter Staaten ist immer gegeben. Das Verfahren zielt insofern auf eine schrittweise, nicht auf asymmetrische Integration. Die Zuständigkeiten, Rechte und Pflichten der Mitgliedstaaten, die sich nicht beteiligen, müssen beachtet werden. Die Zusammenarbeit darf den Bestimmungen der europäischen Verträge nicht widersprechen und der Besitzstand des gemeinschaftlichen Rechts muss erhalten bleiben. Schließlich muss der einheitliche institutionelle Rahmen der Union gewahrt werden.

Voraussetzungen

Das Verfahren findet innerhalb des institutionellen Rahmens der Union statt. Die Regierungen, die für ihre Staaten die gemeinsame Zusammenarbeit nutzen wollen, richten einen Antrag an die Kommission, die diesen dem Rat vorlegen kann. Damit ist die Kommission weiterhin in ihrer Initiativfunktion tätig und kann als Hüterin der Verträge das Verfahren verhindern. Leitet die Kommission den Antrag an den Rat, so entscheidet dieser nach Anhörung des Europäischen Parlaments mit qualifizierter Mehrheit. In Bereichen, für die nach der Gemeinschaftsmethode das Mitentscheidungsverfahren vorgesehen wäre, ist die Zustimmung des Parlaments erforderlich. Einzelne Mitgliedstaaten können eine Befassung des Europäischen Rates verlangen. Andererseits kann sich, wie erwähnt, jeder Mitgliedstaat einer verstärkten Zusammenarbeit anschließen, sofern die Kommission dem Antrag zustimmt.

Verfahren

Das Verfahren der „Verstärkten Zusammenarbeit" bietet die Möglichkeit, Politik der Mitgliedstaaten durch freiwillige Zusammenarbeit zu verwirklichen. Es könnte die Effektivität des europäischen Regierens erhöhen, weil die Entscheidungskosten reduziert werden. Bislang hat es aber kaum Bedeutung erlangt. Die genannten Fälle, in denen einzelnen Mitgliedstaaten eine opt-out-Klausel zugestanden wurde, wurden nicht im förmlichen Verfahren der „Verstärkten

Bedeutung

---

18 Die „Verstärkte Zusammenarbeit" ist in verschiedenen Politikbereichen mit im Detail unterschiedlichen Regelungen vorgesehen. Die Regeln über das Verfahren finden sich im geltenden EG-Vertrag in Art. 11 und 11 A sowie im EU-Vertrag in den Artikeln 27 A bis E für die Gemeinsame Außen und Sicherheitspolitik, in den Artikeln 40 bis 40 B für den Bereich Justiz und Inneres und in den Artikeln 43 bis 45 für die übrigen Bereiche.

Zusammenarbeit" entschieden. Es bleibt abzuwarten, ob nach der Osterweiterung der Bedarf für das Verfahren und seine praktische Relevanz zunehmen wird. Dafür spricht die gestiegene Interessenheterogenität in einer Union mit 27 Mitgliedstaaten. Allerdings ist das Verfahren für alle Bereiche der Marktregulierung nicht anwendbar, weil diese zwingend den gesamten Binnenmarkt und damit alle Mitgliedstaaten erfassen muss. Politiken mit Verteilungswirkungen sind ebenfalls wenig geeignet, weil sie ohne Leistungen finanzstarker Länder nicht möglich sind, finanzschwache Länder aber alle beteiligt sein wollen. Denkbar wäre eine selektive Einführung von hohen Regulierungsstandards, die jedoch auch mit der Methode der gegenseitigen Anerkennung möglich ist. Ferner sind die aktuellen politischen Rahmenbedingungen nicht günstig für eine verstärkte Integration einzelner Mitgliedstaaten, nachdem generell die Kritik an Kompetenzverlagerungen von der nationalen auf die europäische Ebene zugenommen hat und allenthalben versucht wird, dem Subsidiaritätsprinzip Geltung zu verschaffen.

Die Möglichkeit freiwilliger Verhandlungen in der EU stellt allerdings ein weiteres Merkmal dar, die dessen Charakterisierung als lose gekoppeltes Mehrebenensystem begründen. Der Wechsel in die Koordinationsmechanismen bietet Optionen für strategisches Handeln der Akteure, wenn Blockaden drohen. Wenn grundlegende Entscheidungen anstehen, werden diese Möglichkeiten auch genutzt, wie Beispiele aus der Vergangenheit belegen.

6.4 Koordination zwischen drei Ebenen: EU, Mitgliedstaaten und Regionen in der regionalen Strukturpolitik

Regionalisierung Die Diskussion über multilevel governance entstand, als die Regionen als dritte Ebene der EU an Gewicht gewannen, allerdings mit erheblichen Unterschieden in den einzelnen Mitgliedstaaten (Jeffery 2000; Moore 2008). Als Reaktion auf Regionalisierungstendenzen in einzelnen Mitgliedstaaten und auf entsprechende Forderungen regionaler Regierungen sowie des Europäischen Parlaments wertete der Vertrag von Maastricht den bereits seit 1988 bestehenden Beirat der regionalen und lokalen Gebietskörperschaften zum beratenden Ausschuss der Regionen und lokalen Gebietskörperschaften auf (der meist abgekürzt als Ausschuss der Regionen bezeichnet wird). In der regionalen Strukturpolitik der EU wurden die Regionen zu Adressaten und Beteiligten der europäischen Politik (Allen 2005; Bache 1998, 2008; Benz 2000; Conzelmann/Smith 2008: 73-141; Heinelt 1995; Hooghe 1996b; Marks 1993, 1996). Dieses Politikfeld steht für andere Bereiche wie die Infrastrukturpolitik oder die informelle Raumentwicklungspolitik (Faludi/Waterhout 2002), in denen das europäische Mehrebenensystem mit den Regionen eine dritte Ebene umfasst. Entsprechend komplexer sind die Koordinationsprozesse.

Verteilungsprobleme Die hieraus resultierenden Probleme und ihre Lösung lassen sich in der regionalen Strukturpolitik besonders gut analysieren. Zum einen werden hier Entscheidungen mit redistributiven Wirkungen getroffen, die Politik grundsätzlich anfälliger für Blockaden machen. Denn mit Strukturhilfen an ausgewählte Regionen diskriminiert die Förderpolitik der EU zwischen Mitgliedstaaten wie subnationalen Gebietskörperschaften. Wenngleich diese Diskriminierung grundsätzlich anerkannt ist, solange die EU ihr Ziel einer „Kohäsion" aller Gebiete im Binnenmarkt verfolgt, verursacht sie doch erhebliche Konflikte um die relativen Vor- und Nachteile der Förderung. Zum anderen war die europäische Strukturpolitik Gegenstand mehrerer Studien zu multilevel governance in der EU. Wir verfügen daher über relativ gute Kenntnisse der politischen Prozesse und der Leistungsfähigkeit der Mehrebenenpolitik in diesem Bereich.

Regionale Strukturpolitik dient der wirtschaftlichen und sozialen Integration der EU, indem die durch den Binnenmarkt benachteiligten Regionen finanziell gefördert werden. Die Aufgabe entspricht der Gemeinschaftsaufgabe „Verbesserung der regionalen Wirtschaftsstrukturen" in der Bundesrepublik Deutschland. In der europäischen Regionalpolitik entstand aber eine ganz andere Form der Mehrebenenpolitik. Ihre Strukturen werden oft als Netzwerke charakterisiert (z.B. Bache 2008; Heinelt 1995). Damit wird der Eindruck erweckt, bei der Verflechtung von drei Ebenen handle es sich um eine überkomplexe und intransparente Form von Politik. Dabei wird übersehen, dass im Mehrebenensystem der europäischen Strukturpolitik eine Koordinationsstruktur entstanden ist, die nach Phasen differenziert ist. Der institutionelle und finanzielle Rahmen wird in ganz anderen Verhandlungsformen festgelegt als die Förderprogramme und Fördermaßnahmen (Marks 1996). Die erste Phase verläuft in den dargestellten Verfahren der europäischen Gesetzgebung, während Entscheidungen in den anderen beiden Phasen in bilateralen Verhandlungen zwischen der Kommission und den zuständigen Organen der Mitgliedstaaten getroffen werden. Letztere variieren entsprechend den Politik- und Verwaltungsstrukturen der Mitgliedstaaten. *(Phasendifferenzierung)*

Die Fördermittel werden aus den Strukturfonds vergeben, über deren Umfang und Vergaberegeln der Ministerrat einstimmig entscheidet. Das Europäische Parlament übt sein Mitentscheidungsrecht nach den Regeln der europäischen Haushaltspolitik aus. Der sogenannte institutionelle und finanzielle Rahmen, der für den fünfjährigen Planungszeitraum aufgestellt wird, wird also in den multilateralen Verhandlungen festgelegt, die zur Einigung zwingen, weil es Mitgliedstaaten grundsätzlich verboten ist, Beihilfen an Marktteilnehmer zu gewähren. Die institutionell bedingten Entscheidungskosten dieser Governance-Form sind zudem wegen einer Interessenkonstellation sehr hoch, die drei Dimensionen eines Verteilungskonflikts aufweist. Erstens divergieren die Ziele des Rates und des Europäischen Parlaments häufig. Die nationalen Regierungen wollen gemeinsam die Expansion des EU-Haushalts beschränken, während das integrationsfreundliche Parlament in der Vergangenheit eher für eine Mittelausweitung in der Regionalpolitik eintrat und im Rahmen der Haushaltspolitik entsprechende Ausgabenerhöhungen erreichen konnte (Rudzio 2000). Erst im Rahmen der Verhandlungen über die „Agenda 2000" setzten sich auch im Parlament die Vertreter einer Konsolidierungspolitik stärker durch, ohne dass dadurch das Kohäsionsziel an Gewicht verloren hat. Zweitens vertreten die nationalen Regierungen im Ministerrat trotz des gemeinsamen Ziels einer Budgetbeschränkung gegensätzliche Verteilungsinteressen. Für die Regierungen geht es dabei um die Erhaltung oder Verbesserung der Bilanz aus Zahlungen an den und Finanzzuflüssen aus dem EU-Haushalt. Staaten mit strukturschwachen Regionen setzen sich für eine Erweiterung der regionalpolitischen Fördermittel ein, wirtschaftsstarke Mitgliedstaaten streben dagegen einen Abbau oder eine stärkere räumliche *(Festlegung des institutionellen und finanziellen Rahmens / Interessenkonflikte)* und sachliche Konzentration an. Drittens sind Konflikte zwischen wirtschaftlich prosperierenden und strukturschwachen Regionen zu beachten, die sich nicht mit den zwischen den Staaten bestehenden Konfliktlinien decken.

Parteipolitische und regionale Interessenkonflikte

Bei der Festlegung der nationalen Präferenzen müssen Regierungen der Mitgliedstaaten mit Auseinandersetzungen im nationalen Parteienwettbewerb und zwischen den Regionen rechnen. Da in der europäischen Finanzpolitik die Nettobilanz aus Zahlungen und Leistungen ein einfaches Kriterium zur Bewertung der Europapolitik einer Regierung liefert, stellt sie den entscheidenden Bezugspunkt in öffentlichen Debatten dar. Die Regierungsvertreter im Ministerrat werden dadurch veranlasst, aus nationaler Sicht auf die Verteilungsaspekte der Strukturpolitik zu achten. Der nationale Parteienwettbewerb wird allerdings abgeschwächt, weil Verteilungskonflikte primär zwischen Regionen entstehen. Sie sind die eigentlichen Konfliktparteien in der europäischen Strukturpolitik. In föderativen, teilweise auch in regionalisierten Mitgliedstaaten werden Vertreter der Regionen institutionell oder informell an der Ausarbeitung der nationalen Verhandlungspositionen beteiligt. In Staaten mit starken Regionalparteien können sich regionale und parteipolitische Konfliktstrukturen wechselseitig verstärken. In den meisten Mitgliedstaaten der EU ist dies aber nicht der Fall (Spanien bildet eine wichtige Ausnahme, vgl. Aja 2001: 241-243). Die in Parteiensystemen abgebildeten Konfliktlinien decken sich insofern mit regionalen Verteilungskonflikten, als die Interessen strukturschwacher Regionen von Parteien unterstützt werden, die für den Erhalt des Wohlfahrtsstaats eintreten, während Parteien, die für eine liberale Wirtschaftspolitik eintreten, gegen Subventionen zugunsten dieser Regionen votieren. Regierungen müssen unter diesen Bedingungen dafür sorgen, dass die Verteilungsregeln so formuliert werden, dass möglichst viele Regionen des eigenen Staates von den Strukturfonds profitieren können. Dieses Ziel zu erreichen, verlangt aber eine Ausdehnung der EU-Finanzen, was innerhalb der zu den Nettozahlern gehörenden Mitgliedstaaten besonders negativ bewertet wird. Sie handeln damit in einem ständigen Zielkonflikt.

Relativ hohe Innovationsfähigkeit

Angesichts der komplizierten Interessenkonstellation muss es erstaunen, dass die europäische Strukturpolitik funktioniert. Verglichen mit der deutschen Gemeinschaftsaufgabe, in der die Höhe des Budgets wie die Verteilungsregeln zwischen den Regionen ebenfalls in multilateralen Zwangsverhandlungen festgelegt werden, erweist sich die europäische Strukturpolitik als relativ innovativ und anpassungsfähig (Benz 2000a). Die Tendenzen zur Strukturerhaltung und Besitzstandswahrung lassen sich hier kaum beobachten. Im fortschreitenden Prozess der europäischen Integration und angesichts der umfassenden wirtschaftlichen Strukturveränderungen, die durch den Binnenmarkt ausgelöst wurden, waren immer wieder erhebliche Anpassungen der Mittelverteilung erforderlich. Aber während diese in Deutschland nur unter dem Schock der deutschen Einheit und unter dem Druck der EU-Beihilfekontrolle, also im Schatten der Hierarchie, erreicht wurden, gelingen sie in der EU ohne diese besonderen Voraussetzungen. Revisionen der Strukturfonds werden regelmäßig durch Kompromisse erreicht, die nicht allen Qualitätsmaßstäben genügen, die aber zu beträchtlichen Innovationen führten. Defizite der europäischen Regionalpolitik sind vor allem durch die Verwaltung der Fördermittel in den Mitgliedstaaten und die unzureichenden Kontrollen durch die Kommission verursacht. Angesichts der schwierigen Problemstruktur und der strukturell angelegten Blockadegefahren sind die Ergebnisse jedoch durchaus beachtlich. Die Erklärung liegt in den dargestellten institutionellen Bedingungen der Mehrebenenpolitik in der EU, die es den Akteuren erlauben, durch spezifische Interaktionsstrategien die Entscheidungskosten zu reduzieren und Blockaden zu umgehen.

Die Komplexität der Drei-Ebenenstruktur erforderte zunächst eine Differenzierung der Verfahren zwischen EU und Mitgliedstaaten sowie EU und Regionen. Erreicht werden konnte sie durch eine Aufspaltung der Entscheidungsprobleme, die sich für die Funktionsfähigkeit von Verhandlungen als günstig erweist (Marks 1996). In den multilateralen Verhandlungen über die Richtlinie und das Budget werden allgemeine Verfahrensregeln, der Mittelumfang und Verteilungskriterien festgelegt. Zur Diskussion stehen damit primär Ziele, die mit der regionalen Strukturpolitik erreicht werden sollen, sowie die Normen der fairen Verteilung. Die konkrete Auswahl der Förderregionen sowie die Zuweisung der Mittel erfolgt erst in den weiteren Stufen des Politikprozesses. Die Trennung gelingt nicht vollständig, und Mitgliedstaaten verhandeln daher über Verteilungsfragen nicht unter dem „Schleier der Unwissenheit" über die Ergebnisse. Aber sie versachlicht die Auseinandersetzungen und verhindert Konfrontationen zwischen Gewinnern und Verlierern oder Nettozahlern und Nettoempfängern. Diese Trennung von Normkonflikten und Konflikten bei der Normanwendung ist ein typischer Entscheidungsmodus in der EU.

Trennung zwischen Entscheidung über Normen und Mittelverteilung

Da die Segmentierung der Verteilungsentscheidungen nicht verhindern kann, dass die Finanzierungsbilanzen der Mitgliedstaaten die Definition von Verteilungsnormen und -verfahren bestimmen, nutzen die Regierungsvertreter auch Strategien, die in multilateralen Verhandlungen zwischen kompetitiven Akteuren typisch sind. Vetodrohungen einzelner Mitgliedstaaten wurden in der Vergangenheit, als das Wirtschaftswachstum noch Haushaltsexpansionen akzeptierbar erscheinen ließ, mit der aus der deutschen Politikverflechtung bekannten Transformation von redistributiven in distributive Entscheidungen vermieden. Größere Reformen der Strukturfonds wurden regelmäßig in Verhandlungspaketen mit anderen Reformen zusammen verabschiedet. Blockaden werden zudem dadurch verhindert, dass die Entscheidungen über den finanziellen und institutionellen Rahmen der Strukturpolitik unmittelbar mit der Finanzplanung der EU verbunden sind. Würde diese scheitern, so befände sich die EU in einer schweren Krise, die alle Regierungsvertreter im Ministerrat genauso vermeiden wollen wie das Europäische Parlament und die Kommission. Durch diese Art der Themenverbindung entsteht ein faktischer Erfolgszwang, der die Kompromissbereitschaft aller Beteiligten erhöht.

Umdefinition der Verteilungsprobleme und Paketlösungen

Wie generell in europäischen Rechtsetzungsverfahren beeinflussen auch in der Strukturpolitik die Initiativen der Kommission sowie die informellen Vorverhandlungen die Entscheidungen. Die Kommission definiert die Agenda unter informeller Beteiligung von Repräsentanten der primär betroffenen Regionen und Mitgliedstaaten, aber auch der Wirtschaft. Enge Kontakte mit dem Ausschuss der Regionen, aber auch bilaterale Verhandlungen mit Vertretern einzelner Regionen sind gängige Praxis. Die Kommission kann sich dann in den späteren Verhandlungen mit den Regierungen im Ministerrat auf Unterstützung aus den Kreisen der Betroffenen berufen (Hooghe 1996a). Bemerkenswert ist auch, dass diese Vor-

Vorverhandlungen der Kommission

verhandlungen bereits frühzeitig mit den Beratungen des zuständigen Ausschusses des Europäischen Parlaments koordiniert werden. Diese Verfahrensstrategie trägt dazu bei, dass Konflikte im mehrstufigen Verfahren segmentiert und inkrementell bearbeitet werden können. Eine Konfrontation von Gewinnern und Verlierern in Verteilungsprozessen wird auf diese Weise vermieden.

Programmplanung in bilateralen Verhandlungen

Die Verwirklichung der Förderpolitik der EU erfolgt getrennt von den multilateralen Entscheidungsprozessen über den institutionellen und finanziellen Rahmen. Mittel der Strukturfonds werden den Regionen auf der Grundlage von Programmplanungen zugeteilt, die die Europäischen Kommission und Vertreter der begünstigten Regionen koordinieren und in denen die Förderziele konkretisiert werden (vgl. Allen 2005: 226-230). Zielregionen der Förderung werden nach Kriterien der europäischen Strukturpolitik in den Mitgliedstaaten ausgewählt. Die Richtlinien der EU geben nur Kriterien vor, die Entscheidungsspielräume für die Auswahl der Fördergebiete belassen. Für die einzelnen Regionen erfolgt die Koordination der Planungen zwischen der europäischen und der regionalen Ebene in bilateralen Verhandlungen. Unmittelbar beteiligt sind hierbei die zuständige Generaldirektion der Kommission (DG Regio) sowie die für die Regionalpolitik verantwortlichen Fachverwaltungen der Mitgliedstaaten, d.h. je nach Staatsorganisation nationale oder regionale Verwaltungen. Die Parlamente der Mitgliedstaaten oder (soweit solche existieren) der Regionen sind bei der Haushaltsbewilligung im Verfahren indirekt beteiligt, weil die Finanzhilfen der EU von den begünstigten Gebietskörperschaften „ko-finanziert" werden müssen. Zudem sollen die Regionalen Entwicklungsprogramme nach der Richtlinie der EU in Kooperation mit den Wirtschafts- und Sozialpartnern erstellt werden. Das bilaterale Verhandlungssystem der Programmplanung ist also grundsätzlich mit dem Parteienwettbewerb in der parlamentarischen Arena und den Verhandlungen mit Vertretern gesellschaftlicher Interessen verbunden.

Förderung verhandlungs-demokratischer statt parlamentarischer Entscheidungsstrukturen in Regionen

Die Kopplung dieser Strukturen mit ihren wettbewerbs- und verhandlungsdemokratischen Mechanismen ist allerdings sehr lose. Sie beeinflusst kaum die Interaktionsorientierungen und Verhandlungsstrategien der Verwaltungen in den Mitgliedstaaten oder Regionen. Die Ko-Finanzierung ist in Parlamenten selten umstritten, da selbst Oppositionsfraktionen nicht verlangen, dass eine Regierung auf EU-Zuschüsse verzichtet. Mit den Zielen der regionalen Entwicklung befassen sich Parlamente selten, nicht zuletzt wenn diese Gegenstand von Verhandlungen mit den Wirtschafts- und Sozialpartnern sind. Das gilt nicht nur in Einheitsstaaten, in denen Regionen keine Gesetzgebungszuständigkeit ausüben, sondern auch in Bundesstaaten. Die Landtage der deutschen Länder etwa engagieren sich kaum in der Programmplanung (Auel 2003). Wie in allen komplexen Planungsverfahren bestimmt die Exekutive die Agenda und arbeiten Verwaltungen die regionalpolitischen Programme aus, die die Parlamente zur Kenntnis nehmen, zumal sie meistens nicht über die erforderliche Fachkompetenz verfügen, sie hinreichend zu prüfen. Die Vertreter gesellschaftlicher Interessen wiederum haben kein formales Mitentscheidungsrecht, sondern wirken nur beratend mit. Sie können die Programmentwicklung beeinflussen und die Informationsbasis verbessern, aber keine blockierenden Vetos einlegen. Enge Kooperation zwischen Verwaltungen sowie Wirtschafts- und Sozialpartnern in Regionen stellen für die Europäische Kommission allerdings ein Kriterium für die Qualität von regionalen Entwicklungsprogrammen dar. Die Kommission fördert auf diese Weise verhandlungsdemokratische Strukturen, die kompatibel mit den bilateralen Mehrebenenverhandlungen sind, und drängt Parteipolitik zurück.

In diesen nur lose gekoppelten Verflechtungsstrukturen sind die zuständigen Verwaltungen die entscheidenden Akteure, die über einen weiten Handlungsspielraum verfügen und in der Mehrebenenverflechtung ihre Strategien entwickeln können. Sie sind in der Stellung, die Andrew Moravcsik (1997) den nationalen Regierungen in der EU zuschrieb. Während diese aber wenigstens in der Strukturpolitik einer Kontrolle durch die nationalen Parlamente unterliegen, können die für die Programmplanung zuständigen Verwaltungen die Informationsverarbeitung, die Interessenberücksichtigung, die Entwicklung von Argumenten in Verhandlungen und die Verfahren weitgehend autonom steuern. Allerdings vertreten sie Interessen ihrer Region, die primär auf die Verwirklichung eines kollektiven Gutes der regionalen Entwicklung gerichtet sind. Konflikte können über die Ziele der regionalen Entwicklung, über die Festlegung von zu fördernden Maßnahmen oder über die intraregionale Verteilung von geförderten Projekten auftreten. Aber zum einen bildet ein regionales Entwicklungsprogramm ein umfassendes Verhandlungspaket, in dem Vor- und Nachteile ausgeglichen werden können, zum anderen werden diese Konfliktlinien nicht durch die Konkurrenz von Parteien verstärkt, sondern in Fachgremien bearbeitet.

Dominanz der Exekutive

Programm als Kollektivgut

Die Kommission versucht seit einigen Jahren, die finanziellen Anreize für einen Leistungswettbewerb zwischen Regionen zu nutzen, um die Qualität dezentraler Politikangebote zu verbessern. Ziel ist es, die Höhe der Strukturfondsmittel für einzelne Regionen von der Qualität der Programme und der regionalen Kooperation abhängig zu machen. Inzwischen wird ein bescheidener Anteil von 4 % der für jeden Mitgliedstaat vorgesehenen Finanzmittel als „leistungsgebundene Reserve" verwendet. Durch sie sollen besonders erfolgreiche Regionen belohnt werden. Die Qualität wird anhand von Begleitindikatoren bewertet, die Aufschluss über die Wirksamkeit, die Verwaltung und die finanzielle Abwicklung geben. So sollen Akteure in der regionalen Politik noch mehr als durch Fördermittel motiviert werden, Konzepte zu entwickeln, die in der Region nicht nur auf Zustimmung treffen, sondern auch Akteure zur Beteiligung mobilisieren können. Richtig ist, dass der Wettbewerb die starken, leistungsfähigen Regionen bevorzugen kann (Kohler-Koch 1998: 147-152). In der regionalen Strukturpolitik hängt die regionale Leistungsfähigkeit jedoch nicht allein vom Vorhandensein administrativer und finanzieller Ressourcen ab, sondern auch von der Organisation der intraregionalen Entscheidungsstrukturen und ihrer Integration in die vertikale Mehrebenenstruktur. Hier sind Regionen im Vorteil, die weder die Wirtschafts- und Sozialpartner oder die Parteien bzw. Parlamente von der Programmplanung ausschließen noch eng gekoppelte Arenenverbindungen institutionalisieren, sondern mit offenen, verhandlungsdemokratischen Formen arbeiten. Allerdings bedarf es zugleich einer starken politischen Führung, die Kooperation initiiert und leitet (Kohler-Koch 1998a: 247-248).

Kooperationsfördernder Regionen-Wettbewerb

Multilevel governance in der regionalen Strukturpolitik zeigt also, dass die Erweiterung des Mehrebenensystems um eine zusätzliche Ebene die Wahrscheinlichkeit von Blockaden nicht erhöhen muss. Die Koordination zwischen den drei Ebenen erfolgt nicht nach einem einheitlichen Regelsystem, sondern in

Zusammenfassung

differenzierten Arenen. Die Erweiterung des Mehrebenensystems verhindert enge Kopplungen zwischen inkompatiblen Entscheidungsstrukturen. Die funktionale Differenzierung des Politikprozesses, die durch die Funktionsteilung zwischen Agendasetting, Vorverhandlungen und institutionalisierten Verhandlungen zwischen Regierungen zustande kommt, wird durch eine vertikale Differenzierung zwischen multilateralen Verhandlungen über den institutionellen und finanziellen Rahmen sowie den bilateralen Verhandlungen über die regionalen Entwicklungsprogramme und ihre Implementation ergänzt (Benz 2000). Verstärkt wird die lose Kopplung, indem unterschiedliche Koordinationsmodi kombiniert, also Verhandlungssysteme durch Elemente des dezentralen Wettbewerbs ergänzt werden. Die Regionale Strukturpolitik hat sich damit von einem Verhandlungssystem zwischen nationalen Regierungen in eine Form von Governance entwickelt, die der Diversität der Mitgliedstaaten ebenso gerecht wird wie der Aufgabe, Verteilungskonflikte zu lösen. Dass die Programmplanung in der Praxis einen hohen Grad an Bürokratisierung aufweist, soll dabei nicht vernachlässigt werden. Er ist aber nicht spezifisch für Mehrebenenpolitik in diesem Bereich.

6.5 New Modes of Governance: Institutionen- und Leistungswettbewerb im Schatten von Verhandlungen

Wandel von Governance

Die europäische Integration stellt kein Ergebnis, sondern einen fortlaufenden Prozess dar. Die Integrationsforschung beschreibt diesen als Erweiterung und Vertiefung der Union, wobei mit ersterer der Beitritt neuer Staaten und mit letzterer die Ausdehnung der europäischen Politik auf neue Politikfelder gemeint ist. Beide Prozesse sind verbunden mit Veränderungen, die in der Policyforschung als Entwicklung neuer Governance-Formen („new modes of governance") beschrieben werden (Caporaso/Wittenbrink 2006; Eberlein/Kerwer 2004; Héritier 2002; Kohler-Koch/Rittberger 2006; Tömmel 2008a; Treib/Bähr/Falkner 2007). In vorliegenden Veröffentlichungen werden „soft law", das Aushandeln von Entscheidungen und die Beteiligung privater Akteure als Merkmale „neuer Governanceformen" genannt (Caporaso/Wittenbrinck 2006: 473; Héritier 2002: 187; Kohler-Koch/Rittberger 2006: 36-37). Verhandlungen oder Deliberation, die Diffusion von Ideen und Lernen werden als Mechanismen der Interaktion identifiziert (Sabel/Zeitlin 2008). Betrachtet man die Ausgestaltung der sogenannten neuen Governance-Formen in einzelnen Politikbereichen, dann wird eine große Variabilität der Kombinationen von Mechanismen erkennbar. Deutlich wird aber auch, dass die Unterscheidung zwischen harten und weichen Formen zu Missverständnissen führt.

Zwei Beispiele

Neue Governance-Formen sind Folge von Versuchen der Kommission und des Rates, Politik der Mitgliedstaaten auch in den Bereichen zu koordinieren, in denen eine Harmonisierung nationaler Regulierungen die Rechtssetzungsverfahren zu überlasten droht oder in denen die EU über keine formale Rechtssetzungskompetenz verfügt. Ersteres betrifft die Umsetzung des Binnenmarktprogramms, letzteres öffentliche Leistungsfunktionen wie die Beschäftigungsförderung, die Forschungspolitik, die Sozialpolitik, die Gleichstellungs- und die Umweltpolitik. Die Harmonisierung des Rechts im Binnenmarkt sollte durch das Verfahren der

„gegenseitigen Anerkennung" gefördert werden, für Leistungsaufgaben wurde die „Offene Methode der Koordinierung" entwickelt. Beide werden in der Literatur mit diesen Bezeichnungen als Governance-Modi diskutiert. Ich will im Folgenden erläutern, dass beide Modi im Kern auf Wettbewerbsmechanismen beruhen, im ersten Fall dem Institutionenwettbewerb, im zweiten dem Leistungswettbewerb. In beiden Fällen funktionieren diese aber nur eingeschränkt.

6.5.1 Regulierung durch „gegenseitige Anerkennung"

Zunächst ist darauf hinzuweisen, dass die Schaffung eines gemeinsamen Europäischen Marktes den Standortwettbewerb zwischen den Mitgliedstaaten und ihren Regionen intensivierte. Dies war notwendige Folge der Öffnung der Grenzen für Waren und Kapital sowie der Niederlassungsfreiheit für Arbeitnehmer und Unternehmen. Wie bereits betont wurde, ist dieser Wettbewerb nicht sehr intensiv, was mit Mobilitätshindernissen, der Komplexität von Standortpräferenzen mobiler Steuerzahler sowie der hohen Gewichtung nationaler Belange gegenüber den Gewinnen aus Zu- und Abwanderungen in den nationale Demokratien zu erklären ist. Der Wettbewerb wird jedoch intensiviert, wenn mobile Aktivitäten nicht den Regeln des Ziellandes unterworfen werden, sondern dort nach der Regulierung des Herkunftslandes zu behandeln sind, soweit diese aus der Sicht des Regulierten günstiger sind. In diesem Fall wird jeder zuwandernde Unternehmer oder Arbeitnehmer zur Herausforderung für die nationale Regulierung, weil er zu günstigeren Bedingungen tätig wird als seine Konkurrenten. Der betroffene Staat, der im Standortwettbewerb seine Souveränität behält, verliert diese, weil er andere Rechtsordnungen anerkennen muss.

Regulierungswettbewerb im Binnenmarkt

Genau diesen Mechanismus hat die EU mit der „gegenseitigen Anerkennung" eingeführt (zum Folgenden: Schmidt 2004, 2008). Das Prinzip wurde in der Rechtsprechung des EuGH definiert, der die vier Grundfreiheiten des Gemeinsamen Marktes nicht mehr als Diskriminierungsverbot am Standort, sondern als Verbot von Handelsbeschränkung interpretierte und in seinem „Cassis de Dijon"-Urteil feststellte, dass der Vertrieb von Waren, die in einem Mitgliedstaat rechtmäßig hergestellt und in den Handelsverkehr gebracht werden, nur in Ausnahmefällen in anderen Mitgliedstaaten verhindert oder eingeschränkt werden kann. Die Kommission griff diesen Ansatz auf, als erkennbar wurde, dass die Verwirklichung des Binnenmarkprogramms erheblich verzögert werden könnte, wenn die Vielzahl nationaler Regulierungen durch europäisches Recht harmonisiert werden müsste. Sie initiierte daher nur in zwingenden Fällen Richtlinien oder Verordnungen und begnügte sich damit, Mindeststandards für die Herstellung von Waren und Dienstleistungen festzulegen bzw. angemessene Regeln vorzuschlagen. Im Rahmen dieser Standards sollten die Mitgliedstaaten ihre nationalen Regulierungen als gleichwertig anerkennen und wirtschaftliche Aktivitäten von Anbietern aus anderen Staaten nach den Regelungen des Herkunftslandes zulassen (,,managed mutual recognition", Nicolaïdis 1996). Der Wettbewerb soll Staaten darüber hinaus zur Kooperation bei der wechselseitigen Evaluierung und Angleichung ihrer Regeln veranlassen.

Gegenseitige Anerkennung...

...als Institutionen-
wettbewerb

Die gegenseitige Anerkennung besteht damit zunächst im Verzicht auf Ko-ordination unter der Voraussetzung, dass Mitgliedstaaten unterschiedliches und von anderen Staaten gesetztes Recht in ihrem Territorium implementieren, also einen Transfer von Rechtssetzungsmacht zulassen (Nicolaïdis 1996). Das eigentliche Ziel ist es aber, Staaten zu einer wechselseitigen Anpassung ihrer Regulierungen zu veranlassen. Als treibendes Moment wirkt dabei der Markt, in dem nun unterschiedlich regulierte Waren und Dienstleistungen angeboten werden. „As the costs of insufficient regulation are partly being exported, while low regulatory standards give advantages to companies, member states may face incentives to engage in regulatory competition – under the assumption that companies are cost-sensitive to the regulations at issue" (Schmidt 2007: 672). In dieser Konkurrenz können sich entweder Produkte und Dienste durchsetzen, die nach hohen Standards reguliert werden, weil Konsumenten sie wegen ihrer höheren Qualität nachfragen, oder es setzen sich wenig regulierte Güter und Leistungen durch, weil diese zu einem niedrigeren Preis angeboten werden. In jedem Fall sehen sich Staaten aber mit dem Druck des Wettbewerbs konfrontiert, der eine eigentümliche Variante des Institutionenwettbewerbs darstellt. In der Konkurrenz stehen Mitgliedstaaten mit ihren Rechtsordnungen, ihrer Infrastruktur und ihren Märkten, deren Qualität durch mobile Unternehmer und Arbeitnehmer implizit vergleichend bewertet wird. Staaten haben ein Interesse, Steuerzahler zu attrahieren, können dies im offenen Binnenmarkt aber nicht selektiv, sondern müssen alle Zuwanderer zulassen. Damit verändert sich zunächst der Wettbewerb in nationalen Märkten. Will eine Regierung ihre eigene Wirtschaft schützen, muss sie ihre Regulierung korrigieren.

Strategien der
Regierungen

Die Revision von nationaler Regulierung unterliegt allerdings den Regeln des politischen Prozesses. Parteien, Verbände und Gewerkschaften, die an der Erhaltung von Regulierungsstandards (etwa Gesundheitsschutz, Verbraucherschutz, Umweltschutz, Mindestlöhne) interessiert sind, versuchen, die Anpassung an niedrigere Standards anderer Mitgliedstaaten zu verhindern. Die Regierungen können entsprechenden Forderungen nachkommen, indem sie die im europäischen Recht vorgesehenen Ausnahmen nutzen, die ihnen Regulierung zur Sicherung von Gesundheit und Verbraucherschutz erlauben. Ferner können sie administrative Verfahren und Kontrollen einsetzen, um Anbieter aus Staaten mit niedrigen Regulierungsstandards zu verhindern.

Reaktion der
Kommission

Darüber hinaus müssen Regierungen aber auf den politischen Druck der Wirtschaft in ihren Mitgliedstaaten reagieren. Um Konflikte in der nationalen Politik zu vermeiden, die durch den Binnenmarkt verursacht sind, neigen sie dazu, die Angelegenheit in die europäischen Verhandlungsysteme einzubringen. Das gelingt, weil sie auf eine Europäische Kommission treffen, die bestrebt ist, die gegenseitige Anerkennung konsequent durchzusetzen und versteckte Behinderungen des freien Marktes zu beseitigen. Beide Seiten sind daher grundsätzlich, wenn auch aus gegensätzlichen Gründen, an einer Lösung auf europäischer Ebene interessiert, die Richtlinien erforderlich macht. Diese Entwicklung führte etwa zur europäischen Dienstleistungsrichtlinie. Sie erfuhr besondere Aufmerksamkeit, weil sie einen Bereich betraf, in dem in der Wahrnehmung der Öffentlichkeit die Gefahr eines „race to the bottom" besonders groß erschien. Das Beispiel der Dienstleistungsrichtlinie zeigt aber auch, wie sich der Einfluss der nationalen Politik und die Logik des europäischen Verhandlungssystems gegen den Mechanismus des Institutionenwettbewerbs durchsetzten (zum Folgenden: Nicolaïdis/Schmidt 2007).

Die Kommission legte 2004 einen Entwurf für eine Dienstleistungsrichtlinie vor, die das Ziel verfolgte, nationale Regulierungen zu minimieren. Der Entwurf richtete sich gegen bürokratische Hindernisse des Wettbewerbs, weshalb auch auf europäische Mindeststandards verzichtet werden sollte. Der Geltungsbereich der Richtlinie sollte möglichst viele Dienstleistungen erfassen, unabhängig von den unterschiedlichen Bedingungen der Herstellung und Nutzung. Entscheidend aber war die angestrebte Deregulierung: „Most importantly, the very core of the directive is the idea that the only way to remedy the petty bureaucratic impediments imposed by host countries is to make access to markets across borders as easy and automatic as possible, which in turn would require fully enforcing the principle of 'country-of-origin' or home-country control. As a result, the host country would be restricted from enforcing its own laws or practices to justifications linked to 'public order, public health, and public safety' – in other words a narrowly defined public-interest rule which did not even encompass the 'rule of reason exceptions' recognized by the Court" (Nicolaïdis/Schmidt 2007: 722-723). Mitgliedstaaten sollten zudem durch Informationsaustausch dazu beitragen, die gegenseitige Anerkennung des Rechts zu verbessern.

Beispiel Dienstleistungsrichtlinie

Im Ministerrat traf die Absicht, den Wettbewerb zu stärken, auf erheblichen Widerstand seitens der Regierungen von Mitgliedstaaten, die sich mit Zuwanderern aus den mittel- und osteuropäischen Mitgliedstaaten konfrontiert sahen bzw. in denen sich Antiglobalisierungsgegner mit Protesten bemerkbar machten. Die Dienstleistungsrichtlinie wurde damit zu einem Gegenstand des nationalen Parteienwettbewerbs und öffentlicher Debatten. Im Rat zeichnete sich deshalb eine Blockade des Richtlinien-Entwurfs ab. Sie konnte verhindert werden, weil das Europäische Parlament als Arena der Konfliktregelung zur Verfügung stand, in der schließlich ein Kompromiss erreicht wurde. Die europäische Verhandlungsdemokratie erwies sich damit als funktionsfähig, obwohl in der gegebenen Situation einzelne Regierungen unter dem Einfluss der nationalen Politik an Positionen gebunden und nicht kompromissfähig waren. Da allerdings ein Scheitern der Richtlinie den für alle Beteiligten unerwünschten Status quo erhalten hätte, bot es sich für die Regierungen an, die Verhandlungen ins Parlament zu verlagern. Dort fanden sie unter strukturellen Bedingungen statt, die eine Einigung ermöglichten. Zum einen vereinfachte sich die Konfliktlinie auf das Gegenüber der beiden großen Parteien, der Europäischen Sozialisten und der konservativen Europäischen Volkspartei, wodurch nationale Verteilungskonflikte in den Hintergrund rückten. Zum anderen fanden Parlamentsverhandlungen im Schatten der Vetomacht des Rats statt, weshalb das Parlament nur durch einen Interessenausgleich erfolgreich sein konnte. Der Kompromiss, der dann gefunden wurde, weicht von den ursprünglichen Zielen der Kommission deutlich ab, indem er insbesondere den Anwendungsbereich der Richtlinie einschränkt und den Mitgliedstaaten größere Regulierungsspielräume bietet.

Ablauf und Ergebnisse der Verhandlungen

Die Geschichte der Dienstleistungsrichtlinie zeigt zum einen, wie in der europäischen Verhandlungsdemokratie auch dann Entscheidungen möglich sind, wenn Interessenpositionen der Regierungen unter dem Einfluss nationaler Par-

Ergebnis: Geregelter Wettbewerb der Mitgliedstaaten

teien und Verbände formuliert werden, die sich im demokratischen Wettbewerb durchsetzen. Sie zeigt aber auch, dass Mitgliedstaaten unter diesen Bedingungen dazu neigen, den Institutionenwettbewerb durch ausgehandelte Regelungen zu bändigen, wenn sie befürchten, ihre eigenen Standards aufgeben zu müssen. Das europäische Mehrebenensystem bietet hinreichend funktionsfähige Entscheidungsmechanismen, dies zu erreichen. Auslösendes Moment einer Politik, die dazu führte, den Institutionenwettbewerb in ausgehandelte Regulierung einzubetten, waren Initiativen der Kommission, die auf Wettbewerbshindernisse in Mitgliedstaaten mit Richtlinien-Vorschlägen reagierte. Am Ende kam es zu Kompromissen, die alles andere als optimal sind, aber jedenfalls verhindern, dass die Politik allein durch mobile Unternehmen bestimmt wird. Generell hat die Kommission größere Chancen, Deregulierung durch wechselseitige Anerkennung durchzusetzen, wenn sie durch Rechtsprechung des Europäischen Gerichtshofs unterstützt wird. Schlechter sind ihre Einflussmöglichkeiten, wenn betroffene Regulierungen in Mitgliedstaaten zu Kernbereichen ihrer Staatlichkeit gerechnet werden (Héritier 2007).

6.5.2 Die Offene Methode der Koordinierung

Ziele Die Offene Methode der Koordinierung (OMK) gilt seit dem Europäischen Rat in Lissabon (2000) als eigenständiger Governance-Modus im europäischen Mehrebenensystem. Auf ihrem dortigen Gipfeltreffen beschlossen die Staats- und Regierungschefs, „die Union zum wettbewerbsfähigsten und dynamischsten wissensbasierten Wirtschaftsraum in der Welt zu machen - einem Wirtschaftsraum, der fähig ist, ein dauerhaftes Wirtschaftswachstum mit mehr und besseren Arbeitsplätzen und einem größeren sozialen Zusammenhalt zu erzielen" (Europäischer Rat 2000: I, 5. Punkt). Die damit festgelegten Ziele konnten nur durch adäquate Programme und Maßnahmen der Mitgliedstaaten im Bereich ihrer Leistungsaufgaben erreicht werden. Die EU musste also versuchen, nationale und subnationale Politiken auf ihre Ziele hin zu lenken – und dies in Bereichen, für die sie keine oder allenfalls begrenzte Rechtsetzungskompetenzen hatte und in denen zudem dezentral Politik mehr Innovationen versprach.

Schwierigkeiten der Einordnung als Governance-Form Die vom Europäischen Rat in Lissabon festgelegten Regeln[19] geben einen weiten Rahmen vor, innerhalb dessen sich unterschiedliche Verfahren entwickelt haben und verschiedene Instrumente zum Einsatz kommen (Borràs/Jacobsson

---

19 Im Einzelnen wurden folgende Merkmale der OMK formuliert:
-   „Festlegung von Leitlinien für die Union mit einem jeweils genauen Zeitplan für die Ver- wirkli-chung der von ihnen gesetzten kurz-, mittel- und langfristigen Ziele;
-   gegebenenfalls Festlegung quantitativer und qualitativer Indikatoren und Benchmarks im Vergleich zu den Besten der Welt, die auf die in den einzelnen Mitgliedstaaten und Bereichen bestehenden Bedürfnisse zugeschnitten sind, als Mittel für den Vergleich der bewährten Praktiken;
-   Umsetzung dieser europäischen Leitlinien in die nationale und regionale Politik durch Vorgabe konkreter Ziele und den Erlass entsprechender Maßnahmen unter Berücksichtigung der nationalen und regionalen Unterschiede;
-   regelmäßige Überwachung, Bewertung und gegenseitige Prüfung im Rahmen eines Prozesses, bei dem alle Seiten voneinander lernen" (Europäischer Rat 2000: 12, Punkt 37.)

2004; Hodson/Maher 2001; Laffan/Shaw 2005; Radaelli 2003: 31-38; vgl. Übersicht 14). Dementsprechend schwer tut sich die Wissenschaft mit der Einordnung der OMK als Governance-Form. Anerkannt ist inzwischen, dass sich hinter dem Begriff der OMK verschiedene Typen von Governance verbergen. Trubek und Trubek schlugen dementsprechend vor, zwischen einem "top-down"- und einem "bottom-up"-Ansatz zu unterscheiden. Im ersten Fall beruhe die Koordinierung auf Zielen und Standards, die europäische Institutionen festlegen, der Bewertung von nationaler oder subnationaler Politik nach diesen Standards, ggf. der Bekanntmachung von Problemfällen („shaming") und Vorbildern („best practices") sowie der Diffusion von Politikinnovationen durch Nachahmung und Diskurse in Policy-Netzwerken. In der Variante des "bottom-up"-Ansatzes soll Koordination aufgrund von Deliberation zwischen dezentralen Einheiten, der Partizipation öffentlicher wie privater Akteure in Netzwerken und Lernen in experimenteller Politik erreicht werden (Trubek/Trubek 2005: 91-94). Aber abgesehen davon, dass diese Typisierung nicht sehr präzise ist, unterstellt sie, dass Netzwerke und Deliberation in beiden Fällen die entscheidenden Mechanismen sind, wobei diese im „top-down"-Ansatz den intergouvernementalen Prozessen und im „bottom-up"-Ansatz den intragouvernementalen Prozessen zugeordnet werden.

Unbeachtet bleibt bei einer solchen Charakterisierung, dass die Union mit der OMK ein Verfahren etabliert hat, mit dem sie auch einen Leistungswettbewerb induzieren wollte. Im Beschluss des Europäischen Rates von Lissabon, in dem die OMK definiert wurde, wird darauf hingewiesen, dass „benchmarks" festgelegt und nach ihnen beste Praktiken verglichen werden sollen. Benchmarking stellt eine formalisierte Methode des Leistungsvergleichs dar. In der Praxis der OMK dient dieser vielfach lediglich als Basis für einen Erfahrungsaustausch (kooperatives Benchmarking). Grundsätzlich besteht aber die Möglichkeit, den Vergleich für einen Leistungswettbewerb zwischen Mitgliedstaaten zu nutzen (kompetitives Benchmarking). Insofern erscheint es zumindest verkürzt, die OMK allein als Koordination in Netzwerken und Verhandlungen zu charakterisieren. Die Option eines kompetitiven Verfahrens der Koordinierung war von der Kommission angestrebt und ist jedenfalls nicht ausgeschlossen (Kerber/Eckardt 2007).

Zwei Varianten der OMK

Als Leistungswettbewerb spielte die OMK zunächst in der Tat eine geringe Rolle. Insofern geht ihre Einordnung als „weiche" Steuerungsform nicht an der Realität vorbei. Inzwischen wird sie aber in einigen Politikfeldern auch als Wettbewerbsmechanismus eingesetzt (vgl. Übersicht 14). In der Wirtschafts- und Beschäftigungspolitik etwa wird eine wesentlich präzisere und detailgenauere Steuerung angestrebt als in der Sozial- und Umweltpolitik. Hier werden nicht nur Indikatoren und Zielmarken definiert, von den Mitgliedstaaten werden auch Pläne über Maßnahmen verlangt, die sie ergreifen wollen. Gleiches gilt für Politiken, die soziale Inklusion fördern sollen. In diesen Politikfeldern, wie auch in der Umweltpolitik, werden „benchmarks" definiert. In der Beschäftigungs-, Forschungs- und Umweltpolitik werden darüber hinaus „scoreboards" angewandt. Dabei handelt es sich um eine vergleichende Bewertung der Mitgliedstaaten nach Indikatoren, aus der sich die relativen Leistungen alle Staaten in einer Rangordnung ersehen lässt. Scoreboards liefern also Informationen für den Leistungswettbewerb und zielen darauf, diesen zu induzieren.

Leistungswettbewerb durch die OMK

Übersicht 14:   Varianten der Offenen Methode der Koordinierung

Instrumente	Politikbereiche						
	Konjunkturpolitik	Beschäftigungspolitik	Forschung- und Entwicklungspolitik	Umweltpolitik	Gesundheitspolitik	Alterssicherung	Soziale Inklusion
Ziele und Leitlinien	X	X	X	X	-	-	X
Europäischer Aktionsplan	X	X	X	X	X	-	X
Nationale Aktionspläne	X	X	-	-	-	-	X
Peer review	-	X	informal	-	-	X	X
Indikatoren	X	X	X	X	-	-	X
Zielgrößen	X	X	X	X	-	-	X
Benchmarks	X	X	X	X	-	tw.	X
Scoreboards	-	X	X	X	-	-	-
Empfehlungen	X	X	-	-	-	-	-

Quelle: Eigene Zusammenstellung nach Laffan/Shaw 2005: 13-14.

Einschätzungen der Funktionsfähigkeit

Die Funktionsfähigkeit der OMK wird in der Literatur überwiegend als gering eingeschätzt (Zeitlin/Pochet/Magnusson 2005). Allerdings differenzieren Untersuchungen kaum zwischen solchen Verfahren, die ausschließlich dem Erfahrungsaustausch zwischen Experten dienen, und Verfahren, die auf einen Leistungswettbewerb zielen. Letztere sind bisher kaum untersucht. Kerber und Eckard weisen sicher zu Recht darauf hin, dass die OMK meisten auf Empfehlungen von Experten gerichtet ist und zu wenig dezentrale Innovationen fördert (Kerber/Eckardt 2007) Zu vermuten ist, dass ein wirklicher Leistungswettbewerb eher bewirken würde, die angestrebten Ziele zu erreichen. Er kann Veränderungen anstoßen, er erzeugt Anreize, neue Lösungen zu entwickeln oder zu unterstützen, und er setzt die Beteiligten in Mitgliedstaaten oder Regionen unter Veränderungsdruck. Ferner induziert er Nachahmungsprozesse mit der Folge, dass Innovationen sich ausbreiten und damit in vielen Gebietskörperschaften eine den Zielen der europäischen Politik näher kommende Politik betrieben wird.

Erklärung für Wahl zwischen den beiden Varianten

Ursachen dafür, dass die OMK dem Erfahrungsaustausch statt dem Leistungswettbewerb dient, sind vor allem in den betroffenen Staaten und Regionen zu suchen. Nationale Regierungen ziehen in der Regel „weiche" Formen der Koordinierung vor, also Verhandlungen in Netzwerken, die mit Empfehlungen oder „best practice"-Beispielen enden oder die Diffusion von Innovationen ohne besondere Anreize ermöglichen. Sie können auf diese Weise Begründungen für ihre Politik gegenüber nationalen Parlamenten und Interessengruppen finden, ohne dass sie sich Rechtfertigungszwängen unterwerfen müssen. Die effektivere kompetitive Variante der Koordinierung wird vermutlich erst dann akzeptiert, wenn der Reformdruck innerhalb von Mitgliedstaaten groß ist oder wenn die sozialen oder ökologischen Auswirkungen des europäischen Binnenmarktes öffentliche Diskussionen beherrschen. In beiden Fällen profitieren Regierungen von Impulsen für Veränderungen, um sich gegen starke Interessen im eigenen Land durchsetzen zu können. Dabei setzt der Wettbewerb aber voraus, dass ein Konsens über die Richtung von Veränderungen vorhanden ist. Die Chancen dafür stehen vermutlich dann besonders gut, wenn Staaten, die sich dem Politikwettbewerb verweigern, Gefahr laufen, im Standortwettbewerb um Unternehmen und Arbeitsplätze Nachteile befürchten zu müssen. Ferner dürften sich Bereiche für die kompetitive Variante der OMK anbieten, in denen Regierungen auf die Kooperation mit Verbänden angewiesen sind, aber verfestigte korporatistische Verhandlungskonstellationen Reformen blockieren. Dass dieser Koordinierungsmodus vor allem in der Arbeitsmarkt- und Technologiepolitik praktiziert wird, dürfte daher kein Zufall sein.

Die OMK geriet in den letzten Jahren zunehmend in die Kritik, weil sie als technokratisches Verfahren und als illegitime Einmischung europäischer Instanzen in die nationale Politik verstanden wurde. Ferner wurde die mangelnde Beteiligung des Europäischen Parlaments und der nationalen Parlamente beklagt. Diese Kritik trifft vor allem ein Verfahren, das den Anspruch erweckt, für gesellschaftliche Interessen offen zu sein, sich dann aber als Netzwerk von Beamten und Experten erweist. Die Praxis der OMK hat in vielen Fällen das Missverständnis provoziert, damit sei ein Verfahren deliberativer Politik oder gar Demokratie beabsichtigt gewesen. An diesem Maßstab kann man sie jedoch nicht messen. Die allfällige Kritik an der EU hat aber dazu geführt, dass die Bedeutung der OMK in der europäischen Mehrebenenpolitik erheblich gesunken ist. *(Missverständnis I: Technokratie und Zentralisierung)*

Ebenso falsch wäre es aber, den Leistungswettbewerb, der in einigen Bereichen durch die Methode induziert wurde, so zu verstehen, als wenn dadurch nationale oder regionale Politik determiniert würde. Im Unterschied zum Institutionenwettbewerb ist die Beteiligung am Leistungswettbewerb freiwillig, und dies schließt ein, dass vergleichende Bewertungen von Politik nicht zur Änderung dieser Politik führen müssen. Ziel von Rankings und Evaluierungen sind zwar Prozesse der Politikänderung, die aber nach den Regeln der Demokratie in den betroffenen Gebietskörperschaften beraten und beschlossen werden müssen. In diesen Beratungen und Entscheidungsprozessen können sich durchaus auch andere Bewertungen durchsetzen als in intergouvernementalen Prozessen. Wiederum sind es vor allem Akteure in den betroffenen Regierungssystemen, die Ergebnisse des Leistungsvergleichs weniger zur Überprüfung von Programmen und Maßnahmen nutzen, sondern daraus Schlussfolgerungen ableiten und als zwingend darstellen, sie also strategisch für ihre eigenen Ziele nutzen. Für solche Strategien sind Leistungsvergleiche in allem demokratischen Regierungssystemen anfällig. Empirische Untersuchungen müssten zeigen, ob dies, wie nach den oben vorgestellten theoretischen Überlegungen zu vermuten ist, besonders für Wettbewerbsdemokratien zutrifft. *(Missverständnis II: Determinismus)*

6.6 Governance-Formen im Europäischen Mehrebenensystem

Differenzierung und Variabilität der europäischen Mehrebenenpolitik

Das Europäische Mehrebenensystem ist wesentlich komplexer, d.h. intern differenzierter und variabler als der deutsche Bundesstaat. Aus diesem Grunde sind allgemeine Aussagen über das Regieren in der EU schwierig. Wenn man nicht bei der Beschreibung von Komplexität und Dynamik stehen bleiben will, so kann man jedenfalls versuchen, grundlegende Merkmale (Jachtenfuchs/Kohler-Koch 1996, 2004) und Typen von Governance in den unterschiedlichen Politikfeldern (Wallace 2005; Eising/Lenschow 2007; Tömmel 2008a; Scharpf 2001, 2006a) zu identifizieren.

Bedeutung von Hierarchie und Netzwerken

In der Literatur wird, stärker als in der hier vorgelegten Darstellung, die Bedeutung von Hierarchie und Netzwerken betont. Hierarchische Formen finden wir in der Tat in der Konfliktentscheidung durch den Europäischen Gerichtshof oder in der Geldpolitik der Europäischen Zentralbank (Scharpf 2006). Beide Institutionen handeln allerdings relativ unabhängig von Institutionen der Mitgliedstaaten, weshalb der Mehrebenencharakter der Entscheidungsprozesse (im Unterschied zu ihren Wirkungen) nicht sehr ausgeprägt ist. Auch der Vorrang des Europäischen Rechts und seine Durchsetzung werden als hierarchische Governance-Formen bezeichnet (Börzel 2008). Allerdings geht dieses Recht auf die hier als komplexes Verhandlungssystem dargestellte Mehrebenenpolitik zurück, und bei der Anwendung sind Mitgliedstaaten entweder autonom oder sie unterliegen wiederum Bedingungen von Mehrebenenpolitik, in denen Verhandlungen dominieren. Netzwerke spielen in der Entscheidungsvorbereitung und bei der Konkretisierung von Recht durch Regulierungsausschüsse eine wichtige Rolle, konkrete Entscheidungen werden allerdings ausgehandelt, d.h. Akteure koordinieren ihre Handlungen nicht einfach durch wechselseitigen Einfluss , sondern in direkter Kommunikation und expliziten Vereinbarungen, ggf. auch mit Mehrheitsentscheidung. Hierarchie und Netzwerke bilden demnach eher den Hintergrund, vor dem verhandelt wird. Diese Kombination von Mechanismen kollektiven Handelns ist durchaus typisch für Mehrebenenpolitik.

Formen intergouvernementaler Koordination

Für das Verständnis der europäischen Mehrebenenpolitik wichtig ist, dass sie nicht durch einen Modus dominiert wird, wie dies im deutschen Bundesstaat der Fall ist. Im Vergleich zu diesem weist sie einen höheren Grad an Differenzierung nach Funktions- und Politikfeldern auf, in denen sich verschiedene Governance-Formen finden. Im Kernbereich der EU, der Regulierung des Binnenmarkts, kommen Verordnungen und Richtlinien im Modus des joint decision-making zustande, daneben findet auch ein Institutionenwettbewerb um Regulierung statt, der auf wechselseitige Anpassung zwischen Mitgliedstaaten gerichtet ist. Blockaden der multilateralen Verhandlungen in der Rechtsetzung können ggf. im Modus der freiwilligen Verhandlung, sei es durch opt-out oder durch „verstärkte Zusammenarbeit" einer Gruppe von Mitgliedstaaten umgangen werden. In der regionalen Strukturpolitik ist die Förderpolitik dezentralisiert. Im institutionellen und finanziellen Rahmen, der nach dem Verfahren der europäischen Gesetzgebung beschlossen wird, stimmen die Regionen und die Kommission ihre Programme in bilateralen Verhandlungen ab, wobei die Beteiligten je nach Gegebenheiten der Mitgliedstaaten variieren. Die Dezentralisierung von Politik im Rahmen von Standardsetzung auf europäischer Ebene ist inzwischen ein weit verbreitetes Merkmal in verschiedenen Politikfeldern geworden, wobei allerdings die These, dass es sich dabei um eine neue „Architektur" des europäischen Regierens handelt, zu diskutieren ist (Sabel/Zeitlin 2008). Mit der Offenen Methode der Koordinierung ging die Union in Bereichen, die nationale und regionale Aufgaben betreffen, zu einem Verfahren über, das Leistungswettbewerbe ermöglicht und in einigen Politikfeldern auch verwirklicht, soweit die Regierungen der Mitgliedstaaten sich auf diese einließen.

Wesentliche Funktionsbedingungen von Governance im europäischen Mehrebenensystem sind die Strukturen der Verhandlungsdemokratie auf der europäischen Ebene und die Regierungssysteme der Mitgliedstaaten bzw. Regionen, die auf nationaler Ebene zwischen Wettbewerbs- und Verhandlungsdemokratien variieren, auf der regionalen Ebene oft auch als korporatistische oder pluralistische Verhandlungssysteme zu qualifizieren sind. Bei Verhandlungen zwischen den Ebenen sind vor allem die institutionelle Funktionsdifferenzierung und die verhandlungsdemokratischen Mechanismen des europäischen Regierungssystems dafür ursächlich, dass Arenen, deren Entscheidungen aufeinander abgestimmt werden müssen, nur lose gekoppelt sind. So ergibt sich Spielraum für strategische Interaktionen, die Blockaden verhindern. Für das Funktionieren des Wettbewerbs, der zwischen Mitgliedstaaten bzw. Regionen stattfindet, sind vorrangig deren Regierungssysteme relevant. Dies hat zur Folge, dass sich hier eher wettbewerbsdemokratische Strukturen bemerkbar machen und die Funktionsweise des intergouvernementalen Wettbewerbs behindern. Regierungen versuchen, Regulierungen des Institutionenwettbewerbs durchzusetzen, wenn sie diesen als Gefahr für ihre eigene Politik wahrnehmen, und den Leistungswettbewerb in einen Austausch von Erfolgsgeschichten und Erfahrungen zu transformieren, wenn sie nicht die erforderlichen Politikänderungen durchführen können oder wollen. Solche Entwicklungen sind Ausdruck von Interaktionsdynamiken, die je nach Situationen und Politikfeldern unterschiedliche Ergebnisse erzeugen.

Verhandlungs- und Wettbewerbsdemokratie im europäischen Mehrebenensystem

7 Dynamik der Mehrebenenpolitik I: Akteure und Interaktionsstrategien

Blockadegefahren und Dynamik

Nachdem im theoretischen Teil dargelegt wurde, dass Mehrebenensysteme vielfach hohe Entscheidungskosten verursachen, zeigen empirische Untersuchungen zu Bundesstaaten, zur EU und zu transnationalen Mehrebenensystemen, dass kollektives Handeln und politische Entscheidungen dennoch möglich sind und keinesfalls von Unregierbarkeit gesprochen werden kann. Für den deutschen Bundesstaat, der als besonders anfällig für Blockaden gilt, und die Europäische Union habe ich in den vorangegangenen beiden Kapitel gezeigt, dass Akteure Strategien entwickeln, um die Schwierigkeiten der Mehrebenenpolitik zu bewältigen. Dadurch erreichen sie nicht nur, die Regierbarkeit unter der Bedingung komplexer institutioneller Strukturen zu sichern, sondern erzeugen auch eine Dynamik, die für Mehrebenenpolitik typisch ist. In diesem Kapitel werde ich diese Strategien und Dynamik systematisch behandeln.

7.1 Von Störungen zu Strategien

Störungen der Mehrebenenpolitik:

Ausgangspunkt der folgenden Überlegungen ist die grundsätzliche Störungsanfälligkeit von Mehrebenenpolitik Diese beobachten wir nicht nur in vertikal differenzierten politischen Systemen, sondern auch in vielen anderen interorganisatorischen Kontexten. In der Literatur zu interorganisatorischen Verhandlungen wird diese Situation als Rollenkonflikt beschrieben. Tatsächlich handelt es sich aber um Konflikte, die durch Institutionen verursacht sind und somit auch Regelkonflikte implizieren. Gerhard Lehmbruch hat für den deutschen Bundesstaat von einem „Strukturbruch" zwischen föderalen Verhandlungssystemen und parlamentarischem Parteienwettbewerb gesprochen, diese Kennzeichnung später aber relativiert (Lehmbruch 2000), da es sich um einen Verbund inkompatibler Regelsysteme handelt. Repräsentanten demokratischer Regierungssysteme müssen in intergouvernementalen Beziehungen anders handeln, als dies nach demokratischen Regeln der intragouvernementalen Institutionen und Verfahren von ihnen verlangt wird. Sie sind also mit Erwartungen an ihr Handeln konfrontiert, die nicht ohne Weiteres vereinbar sind, sei es weil sie Handlungsspielräume beschränken oder durch Unsicherheit die Entscheidungskosten erhöhen. Unter solchen Bedingungen ist mit – je nach der institutionellen Konstellation mehr oder weniger starken – Störungen der politischen Prozesse zu rechnen. Störungen können sich in verschiedener Weise zeigen:

- Entscheidungsblockaden

- Zum einen können intergouvernementale Entscheidungsprozesse blockiert werden mit der Folge, dass der Status quo nicht verändert werden kann.

- Legitimationsdefizite

- Zum zweiten können Entscheidungen zustande kommen, die nicht auf allen Ebenen die notwendige Zustimmung finden, in denen also intragouvernementale Beteiligungs- und Kontrollverfahren blockiert werden und dann Legitimationsdefizite verursachen.

- Drittens können Störungen kumulieren und die Funktionsweise einer Mehrebenenstruktur grundsätzlich in Frage stellen, weil auch strategische Anpassungen blockiert sind. Dies ist der Fall, in dem sich ein Institutionenproblem stellt.

- Institutionenproblem

Mehrebenenpolitik unterliegt externen Einflüssen, die von gesellschaftlichen und politischen Entwicklungen im nationalen und internationalen Umfeld ausgehen. Finanzknappheiten verschärfen Konflikte, weil sie Verteilungsfragen aufwerfen; soziale Konflikte können neue Interessen mobilisieren, mit denen sich die Politik auseinandersetzen muss; durch Globalisierungs- oder Regionalisierungsprozesse verändern sich die Reichweiten von Aufgaben und Entscheidungen, die den Koordinationsbedarf auf ein größeres Territorium und damit oft zusätzliche Ebenen ausdehnen. Diese Faktoren dürfen bei der Analyse von Mehrebenenpolitik nicht ausgeblendet werden. Allerdings verursachen sie nicht unbedingt Koordinations-, Entscheidungs- oder Demokratieprobleme, sondern verändern nur den Kontext, in dem diese zu lösen sind. Störungen, die typischerweise in der Mehrebenenpolitik auftreten, sind in deren spezifischen institutionellen Strukturen und Interaktionen der Vetospieler angelegt. Diese sind daher zu betrachten, wenn nach Wegen gesucht wird, Blockaden der genannten Art zu vermeiden. Deren Auswirkungen hängen maßgeblich von Strategien der Akteure ab.

Externe und interne Ursachen

Die Reaktionen der betroffenen Akteure können die Schwierigkeiten verstärken, sie können aber auch Veränderungen auslösen, die aus der Problematik herausführen. Im Analyserahmen wurden zwei Arten von Dynamiken von Mehrebenensystemen unterschieden: solche, die unmittelbar aus den Interaktionen der Akteure resultieren und beabsichtigte wie unbeabsichtigte Effekte erzeugen, sowie explizite Reformen von Strukturen (Verfassungspolitik). Letztere werden notwendig, wenn auch strategische Interaktionen blockiert sind oder wenn die Interaktionsdynamik zu dauerhaften Machtverschiebungen führt, die nicht legitimiert sind. Dann kommt die Verfassung des Mehrebenensystems auf die politische Agenda. Das vorliegende Kapitel befasst sich mit den Interaktionsstrategien. Sie dienen zunächst der Vermeidung von Entscheidungsblockaden, aber auch von Machtverschiebungen zwischen Arenen und Akteuren. In beiden Fällen können sie Verfahren oder Strukturen verändern. Die Dynamik betrifft dann nicht nur die Veränderung des Status quo durch politische Entscheidungen, sondern auch die Bedingungen von Entscheidungen.

Arten von Dynamiken

Störungen sind Zustände, die in normativer Sicht als negativ bewertet werden müssen, wenn sie demokratisches Regieren verhindern. In empirisch-analytischer Sicht handelt es sich um Ereignisse, auf die Akteure reagieren. Damit ist zunächst zu klären, was strategisches Verhalten von Akteuren motiviert, das auf die Vermeidung von Blockadegefahren gerichtet ist (wenn auch nicht notwendigerweise dieses Ziel erreichen muss). Wenn wir davon ausgehen, dass Akteure – als rationale Egoisten – aus Interesse an Macht, dass sie – als strategische Interaktionspartner – aus Interesse an der Lösung von Problemen oder dass sie – als

Motivation von strategischen Reaktionen:

aufgeklärte Rationalisten – in Orientierung an Ideen und Normen handeln[20], dann lassen sich drei Gründe nennen, warum Blockadedrohungen der genannten Art strategische Interaktionen auslösen:

- Machtinteressen

- ■ Zum einen reagieren Akteure auf Entscheidungsblockaden oder Legitimationsdefizite, wenn sie dadurch an Macht verlieren. Für Vetospieler im Mehrebensystem beruht Macht entweder auf der Fähigkeit, angestrebte Ziele zu erreichen, indem sie den Status quo verändern, oder auf der Möglichkeit, durch Zustimmung oder deren Verweigerung politische Entscheidungen beeinflussen zu können.

- Interesse an Problemlösung

- ■ Zum zweiten reagieren Akteure auf Dilemmasituationen, die sie mit widersprüchlichen Anforderungen konfrontieren und bei denen sie ohne kollektives Handeln nur verlieren können. Diese Situation ist gerade in Mehrebensystemen angelegt. Akteure müssen oft mit Konkurrenten kooperieren oder mit Kooperationspartnern konkurrieren; sie müssen in Verhandlungen offen agieren, obgleich sie Bindungen in einer anderen Arena unterliegen; sie müssen sich auf Kompromisse oder Tauschgeschäfte einlassen, obgleich die Zustimmung dazu in der von ihnen vertretenen Organisation unsicher ist; sie müssen Macht einsetzen, um ihre Interessen zu verfolgen, obwohl sie dadurch Kooperation oder die Vertrauensbasis mit Verhandlungspartnern gefährden. Dilemmasituationen stellen „Fallen" dar, in die Akteure hinein geraten können, deren wiederholtes Auftreten aber sie dazu bringt, sich der Problematik bewusst zu werden und zu lernen, wie mit ihr umgegangen werden kann. Erfahrene Praktiker sind in der Lage, entsprechende Strategien zu entwickeln, mit denen sie die „Fallen" umgehen, entweder indem sie diese antizipieren oder indem sie ex-post ihre Verhaltensweisen auf Vorentscheidungen in anderen Arenen anpassen. Sie entwickeln heuristische Annahmen und Interaktionsregeln (Ostrom 1998), die sie aus Versuchen, Irrtümern und Erfolgen entwickeln.

- Leitideen und Normen

- ■ Zum dritten reagieren Akteure, wenn Entscheidungsblockaden ihren Leitideen und Normen widersprechen oder wenn sie auf falschen Problemwahrnehmungen bzw. unzureichendem Fachwissen beruhen. Ausgelöst werden solche Strategien meistens durch spezifische Situationen. Krisen etwa erfordern Entscheidungen und kooperative Verhaltensweisen, weshalb Akteure in der Regel darauf verzichten, Macht einzusetzen, wenn diese Blockaden auslöst. In Verteilungskonflikten können Blockadepolitiken ebenfalls als illegitim gelten, was alle Beteiligten zur Orientierung an Gerechtigkeitsnormen veranlasst, ohne dadurch egoistische Interessenverfolgung auszuschließen.

---

20 Hinter diesen Begriffen verbergen sich Handlungsmodelle, die man mit den Begriffen „homo ökonomicus", „homo politicus" und „homo sociologicus" bezeichnen kann. Das erste Modell beruht auf der Annahme, dass Akteure ihre individuellen Interessen maximieren wollen. Das zweiten Modell beschreibt Akteure als kollektiv handelnd in Situationen, die üblicherweise Dilemmata aufwerfen. Das dritte Handlungskonzept berücksichtigt, dass Akteure neben Interessen auch soziale Normen und Werte beachten. Auf eine ausführliche Diskussion dieser theoretischen Konzepte und auf eine Entscheidung für das eine oder andere Modell kann hier verzichtet werden. Es genügt zu begründen, dass strategische Reaktionen auf Blockadegefahren unabhängig von einer konkreten Handlungstheorie erklärt werden können.

Rein politische Entscheidungen werden in Frage gestellt, wenn sie nicht durch Expertise gestützt erscheinen, während Expertenentscheidungen wegen fachlicher Einseitigkeit problematisiert werden können. Auch solche Wahrnehmungen oder Bewertungen können dazu beitragen, Reaktionen auf Blockaden auszulösen.

Mit den bisher dargestellten Überlegungen kann erklärt werden, warum Akteure mit Blockadesituationen in der Mehrebenenpolitik strategisch umgehen. Noch nicht erklärt ist damit, wie Strategien so koordiniert werden können, dass Blockaden tatsächlich vermieden werden. Institutionalisierte Regeln können die Strategiewahl beschränken, aber sie können sie nicht in die richtige Richtung lenken, denn der institutionelle Kontext der Mehrebenenpolitik verursacht ja die Probleme, die durch strategisches Handeln der Vetospieler bewältigt werden müssen. Koordination muss mithin im Wege der einseitigen oder wechselseitigen Anpassung erfolgen.

Strategiekoordination:

Einseitige Anpassung bedeutet, dass ein Akteur den ersten Zug macht und andere diesem folgen. Ein solcher Zug kann nur von Akteuren erwartet werden, die sich dadurch mehr Vorteile als Nachteile erhoffen, sei es, weil sie in besonderer Weise von Blockaden negativ betroffen sind oder weil sie sich als erfolgreiche Führer profilieren können. Normalerweise setzt dies eine hegemoniale oder neutrale, aber mächtige Stellung voraus. Im deutschen Bundesstaat verfügen die Bundesregierung und die Regierungen der großen Länder über eine solche Stellung, und sie übernehmen in Verhandlungen im Mehrebenensystem häufig eine Führungsfunktion und beeinflussen mit ihren Strategien auch andere Länder. Auch in der EU sind es Regierungen führender Staaten, vor allem solche, die die Präsidentschaft inne haben, die erforderliche Strategien initiieren.

- Einseitige Anpassung

Wechselseitige Anpassung setzt ein Mindestmaß an Kommunikation voraus. Außerhalb von institutionalisierten Beziehungen sorgen Netzwerke dafür, dass Akteure Blockade vermeidende Strategien abstimmen können. Sie sorgen auch dafür, dass Akteure darauf vertrauen können, dass ihre Strategien von anderen nicht ausgebeutet werden. Die Gefahr der Ausbeutung von Akteuren, die um der kollektiven Entscheidung willen auf die Anwendung ihrer Macht verzichten, wird ferner verringert, wenn sich Interaktionssituationen wiederholen. Akteure, die sich einem problemlösenden Entscheidungsmodus entziehen, können in späteren Entscheidungsprozessen bestraft werden. Wie die Spieltheorie (z.B. Axelrod 1984) zeigt, lernen Interaktionspartner bei Dauerbeziehungen sehr schnell, welche Strategien zu Entscheidungen führen und welche eine Spirale der Konfliktverschärfung verursachen.

- Wechselseitige Anpassung

Neben Netzwerken und Dauerbeziehungen können Moderatoren dafür sorgen, dass Akteure ihre Strategien wechselseitig einander anpassen. Moderatoren können, müssen aber nicht in der Position von Vetospielern stehen. Die Europäische Kommission etwa erfüllt diese Funktion in den Gesetzgebungsprozessen der EU, ohne dass sie über Zwangsmittel verfügen kann. Auch Regierungen kleiner oder neutraler Mitgliedstaaten agieren in der EU nicht selten als Moderatoren und können eine Blockade vermeidende Interaktion erreichen. Die gleiche Rolle spielen im deutschen Bundesstaat Landesregierungen, die in konkreten

- Moderation

Entscheidungssituationen nicht direkt betroffen oder im Parteienwettbewerb neutral sind.

Wie oben erläutern, variiert die Störanfälligkeit von Mehrebenensystemen je nach Entscheidungskosten in den intergouvernementalen Koordinationsmechanismen, je nach den Regeln der demokratischen Regierungssysteme, die auf den einzelnen Ebenen etabliert sind, und je nach Intensität der Kopplungen zwischen den inter- und intragouvernementalen Arenen. Dementsprechend unterschiedlich ist die Blockadeanfälligkeit von Mehrebenenpolitik. Dies hat auf die Relevanz von Strategien Einfluss. Darüber hinaus bieten lose gekoppelte Mehrebenensysteme mehr Optionen für strategische Anpassung der Akteure.

Diese Unterschiede und die Tatsache, dass joint decision-making besonders störungsanfällig ist, machen verständlich, warum bisher vor allem in Verhandlungssystemen Auswege aus Blockaden („escape routes", Héritier 1999) gesucht und gefunden wurden. Der Schwerpunkt des folgenden Kapitels wird daher auf diesen Interaktionsstrategien beruhen. Gleichwohl sollte nicht übersehen werden, dass auch in intergouvernementalen Wettbewerben Störungen auftreten können und Akteure auf Legitimitätsdefizite oder Machtverluste reagieren. Wegen ihrer Eigendynamik geht es in Institutionenwettbewerben dabei vor allem darum, durch eine Steuerung und Kontrolle der Konkurrenz unerwünschte Ergebnisse, Entwicklungen und Machtverschiebungen zu vermeiden. Im Leistungswettbewerb stellt sich auch das Problem, den Wettbewerb in Gang zu halten.

Blockaden sind keine Naturereignisse, die zwangsläufig auftreten, sondern Ergebnisse kollektiven Handelns unter komplexen institutionellen Bedingungen oder sonstigen Umständen, die Entscheidungen erschweren, mit denen Probleme gelöst werden und denen Bürgerschaften, Parlamente oder Betroffene zustimmen können. Sie werden letztlich durch Akteure verursacht, die die Macht haben, Entscheidungen zu verhindern. Diese werden als Vetospieler bezeichnet (vgl. 3.1). Für die Vermeidung oder Auflösung von Blockaden sind daher die Interaktionen von Vetospielern relevant In Verhandlungssystemen der Mehrebenenpolitik ist zwischen internen und externen Vetospielern zu unterscheiden. Beide müssen darauf hinwirken, dass sowohl problemlösende Entscheidungen möglich werden als auch Zustimmung in demokratischen Verfahren auf den einzelnen Ebenen zustande kommt. Im intergouvernementalen Wettbewerb beeinflussen Konkurrenten durch strategische Anpassung die Politikergebnisse, für die sie in ihren Gebietskörperschaften Zustimmung gewinnen müssen. Interne Vetospieler bzw. Konkurrenten können die Entscheidungsstrukturen, -prozesse und -inhalte gestalten, während externe Vetospieler diese nur blockieren oder beeinflussen können. Die Funktionsweise und die Eigendynamik von Mehrebenenpolitik resultieren aus dem Zusammenspiel beider Gruppen von Akteuren.

Selbstverständlich kann Politik im Mehrebenensystem trotz strategischer Interaktion der Vetospieler scheitern. Ursächlich dafür können Fehler im Prozessmanagement oder in der Einschätzung der Interaktionssituation durch einzelne Akteure sein. Entscheidungen zu verhindern, kann aber auch im Interesse einzelner Akteure liegen, sei es, dass diese ihre Macht demonstrieren wollen oder dass sie vom Status quo begünstigt werden. Aber selbst in Mehrebenensystemen, die besonders für Blockaden anfällig sind, wie etwa im deutschen Regierungssystem, treten diese Situationen relativ selten auf, zumal alle Akteure in der Regel

---

Marginal notes:

Bedeutung von Strategien in unterschiedlichen Mehrebenensystemen

Bedeutung von inter- und intra gouvernementalen Interaktionen

Folgen von Strategien

ein gemeinsames Interesse an ihrer Vermeidung haben. Das bedeutet nicht, dass diesen Mehrebenensystemen deswegen eine besonders hohe Regierbarkeit oder demokratische Qualität zugesprochen werden darf. Blockade lösende Strategien können sich im Hinblick auf die Anforderungen an demokratisches Regieren positiv wie negativ auswirken. In der Regel können sie nicht gleichzeitig Effektivität und Legitimität gewährleisten.

Strategien können sich positiv auswirken,

Positive und negative Strategien

1. wenn sie eine Entscheidung ermöglichen (also Blockaden verhindern) und damit Regierbarkeit sichern,
2. wenn die Entscheidung geeignet ist, einen Zustand zu überwinden, der anerkanntermaßen als problematisch bewertet wird (Veränderung des Status quo),
3. und wenn sie entweder auf explizite Zustimmung treffen oder wenigstens zulassen, dass diejenigen Gremien oder Gruppen, deren Zustimmung für die demokratische Legitimation sorgt, die effektive Möglichkeit haben, Zustimmung oder Ablehnung zu äußern.

Das erste Kriterium steht für eine schwache, das zweite für eine starke Variante der Effektivität, das dritte Kriterium definiert Mindestanforderungen an die demokratische Legitimation von Politik. Sind diese Kriterien nicht erfüllt, spreche ich von negativen Strategien. Die Qualifizierung als positiv und negativ weist dabei auf Unterschiede hin, die im Ausmaß variieren. Ferner handelt es sich nicht um Bewertungen, sondern um Kategorien, die Folgen für die Funktionsweise demokratischen Regierens beschreiben sollen.

7.2 Strategien in Verhandlungssystemen

Verhandlungsstrategien sind in der Literatur zu Verhandlungen vielfach beschrieben worden, teils auf empirischer Grundlage und teils in theoretischen und normativen Beiträgen. Im Folgenden geht es um typische Strategien von Akteuren, die in Mehrebenensystemen verhandeln oder Verhandlungsergebnisse ratifizieren oder legitimieren müssen und dabei mit den beschriebenen Blockadegefahren konfrontiert sind. Sie sind grundsätzlich sowohl in multilateralen Zwangsverhandlungen (joint decision-making) als auch in freiwilligen Verhandlungen anzutreffen, allerdings mit unterschiedlichen Gewichten.

7.2.1 Strategien interner Vetospieler

Verhandlungsstrategien der internen Vetospieler, also der Vertreter von Regierungen, die direkt miteinander verhandeln, dienen generell dem Ziel, Interessen durchzusetzen und zugleich eine Einigung zu erreichen. In Mehrebenensystemen richten sie sich aber immer auch darauf, Verhandlungsergebnisse in den demokratischen Prozessen auf den einzelnen Ebenen durchzusetzen oder für sie Anerkennung zu gewinnen. Die Schwierigkeit liegt darin, beiden Anforderungen

Strategiewahl in Dilemmasituationen

gerecht zu werden, was die einzelnen Strategien in jeweils unterschiedlicher Weise leisten. Jede führt in das grundlegende Dilemma der Mehrebenenpolitik, und Akteure müssen in den konkreten Situationen entscheiden, wie sie diesem begegnen. Ob ihnen die Lösung gelingt, hängt letztlich vom Zusammenwirken von Strategien interner und externer Vetospieler ab. In der Forschung ist dieses bisher nur wenig untersucht und bisher finden sich keinen Aussagen über adäquate Strategiekombinationen.

Strategien zur Vermeidung von Blockaden

Die Strategien, zu denen interne Vetospieler bei drohenden Entscheidungsblockaden übergehen, richten sich auf die Gegenstände von Verhandlungen, auf Verfahren und Interaktionsbeziehungen der Akteure oder auf die institutionellen Rahmenbedingungen von Verhandlungsprozessen. Es geht also um Definitionen von Policies, die Gestaltung von Politics und die Nutzung von Optionen der Polity. Die ersten beiden sind in Scharpfs Arbeiten zur Politikverflechtungs- und Verhandlungstheorie beschrieben (Scharpf/Reissert/Schnabel 1976: 40-51; Scharpf 1978: 29-30). In der Literatur finden sich aber auch Hinweise, dass Akteure auch die institutionellen Bedingungen einer Verhandlung beeinflussen können.

Definition von Policies

In Hinblick auf die Definition der Politikinhalte fand Scharpf in seinen Studien zur Politikverflechtung zwischen Bund und Ländern heraus, dass die Verhandlungspartner sich auf konfliktminimierende Entscheidungsregeln einigen, indem sie Probleme so definieren, dass sich bei einer Einigung alle Akteure als Gewinner sehen können. Dass dadurch eine Entscheidung selbst in multilateralen Verhandlungen erleichtert werden kann, ist leicht verständlich. Das gelingt etwa durch

- Verteilungsregeln, die möglichst alle Beteiligten gleich behandeln (Gleichbehandlung),
- Verzicht auf Eingriffe in bestehende Strukturen und Besitzstände, wodurch vermieden wird, dass einzelne Beteiligte verlieren (Struktur- bzw. Besitzstandserhaltung),
- Kostenexternalisierung auf nicht beteiligte „Dritte" oder
- Ausklammerung von Teilentscheidungen über besonders konfliktträchtige Verhandlungsgegenstände.

Folgen

Alle diese Interaktionsregeln dienen dem Ziel, umverteilende Wirkungen von Entscheidungen zu vermeiden. Dies erleichtert nicht nur eine Einigung, weil Interessengegensätze ausgeklammert werden, sondern verringert auch die Wahrscheinlichkeit, dass Parlamente oder andere Kontrollgremien, die beteiligt werden müssen, ihre Zustimmung verweigern. Wie Scharpf betont hat, reduzieren diese Strategien aber die Qualität einer Entscheidung, weil die erzielbaren Kompromisse den Status quo kaum verändern und oft nicht den sachlichen Erfordernissen von Problemlagen und Aufgaben gerecht werden (Scharpf/ Reissert/Schnabel 1976: 48-52; Scharpf 1988). Entscheidungsfähigkeit, aber auch die Wahrscheinlichkeit der Zustimmung durch demokratische Kontrollorgane wird also auf Kosten der Qualität der Problemlösung erreicht.

Paketlösungen

Anders ist dies, wenn Themen nicht umdefiniert, sondern verbunden und als Verhandlungspakete behandelt werden, in denen die aggregierten Nutzen und

Kosten für die einzelnen Beteiligten in der Gesamtbilanz positiv ausfallen (Scharpf 1992). In der EU sind, wie wir gesehen haben (vgl. 6.2 und 6.4), Paketlösungen eine gängige Praxis, die sowohl institutionelle Reformen als auch Umverteilungen von Finanzen ermöglichen. Grundsätzlich tragen sie dazu bei, trotz divergierender Interessen Entscheidungen zu ermöglichen, die den Status quo signifikant verändern. Allerdings ist die Zustimmung in den demokratischen Institutionen und Verfahren der einzelnen Ebenen bzw. Gebietskörperschaften nicht sicher, weil hier die Pakete wieder aufgeschnürt und Teilaspekte getrennt betrachtet werden. Vieles spricht dafür, dass Verhandlungspakete bei Zwangsverhandlungen zu Schwierigkeiten führen können, weil sie mit zunehmender Zahl der Beteiligten zu viele Themen umfassen müssen und der Interessenausgleich dann zu kompliziert wird. Letztlich setzen sie bilaterale Konstellationen voraus, die entweder durch Koalitionsbildung oder in freiwilligen Verhandlungen durch selektive Kooperation erreichbar sind. Paketlösungen erfordern also ggf. entsprechende Verfahren und Strukturierung von Verhandlungssystemen (siehe unten).

Verteilungskonflikte, die in politischen Entscheidungen kaum vermieden werden können, lassen sich leichter lösen, wenn Akteure sich explizit auf Normen der Verteilungsgerechtigkeit verständigen, bevor sie über konkrete Ressourcenauf- oder -umverteilungen entscheiden. Für Mehrebenensysteme ist die Strategie, über Norm und Inhalte getrennt zu entscheiden, besonders günstig, weil Normen in allen Arenen gelten und sie gerade in demokratischen Verfahren, insbesondere in öffentlichen Diskussionen auf den einzelnen Ebenen erforderlich sind, um Verteilungsergebnisse zu rechtfertigen. Angesichts der besonderen Schwierigkeiten, in den Mitgliedstaaten der EU Akzeptanz für Verteilungsentscheidungen zu erreichen, ist es kein Zufall, dass sich Beispiele für diese Strategie besonders im europäischen Mehrebenensystem finden lassen und hier, wie etwa in der Strukturpolitik, Verteilungsnormen teilweise sogar institutionell verankert sind (vgl. oben 6.4). Die Trennung von Entscheidungen über Normen und über die Mittelverteilung trägt grundsätzlich dazu bei, sowohl Entscheidungsfähigkeit als auch Zustimmung zu fördern. Blockaden sind dennoch nicht ausgeschlossen, weil bei der Anwendung von Gerechtigkeits- oder Fairnessnormen erhebliche Konflikte auftreten können (Zintl 1992) und weil Akteure in der realen Politik selten im „Schleier der Unwissenheit" (Rawls 1999: 11) handeln, sie sich also meistens der Implikationen von Verteilungsnormen auf ihre eigenen Gewinne und Verluste bewusst sind. Für Mehrebenenpolitik wichtiger ist daher, dass die explizite Bestimmung von Verteilungsnormen es wahrscheinlicher macht, dass Kontrollgremien und externe Vetospieler den Ergebnissen intergouvernementaler Verhandlungen zustimmen.

Interne Vetospieler können auch Verfahren manipulieren, um Entscheidungen herbeizuführen. Entsprechende Strategien können den zeitlichen Ablauf, die sachliche Organisation und die Interaktionskonstellationen im Verhandlungsprozess betreffen:

- Im ersten Fall werden Prozesse sequenzialisiert, so dass Entscheidungen in Teilschritte zerlegt und Konflikte „klein gearbeitet" werden können (*„Sequenzialisierung"*, Scharpf/Reissert/Schnabel 1976: 44). In hierarchischen Systemen ist es möglich, rasch weitreichende Veränderungen durchzuset-

Trennung von Norm und Inhalt

Verfahrensgestaltung:

- Sequenzialisierung

zen, die dann schrittweise implementiert werden; in Verhandlungssystemen ist der umgekehrte Prozess zu erwarten, indem zunächst weniger einschneidende Vereinbarungen getroffen werden und Konflikte auf spätere Verfahren vertagt werden.

- Segmentierung ▪ Eine sachliche Aufteilung der Konfliktgegenstände innerhalb eines Verhandlungsprozesses bewirkt, dass konfliktträchtige von weniger konfliktträchtigen Bestandteilen getrennt werden („*Entscheidungssegmentierung*", Scharpf/ Reissert/Schnabel 1976: 47). Dies scheint eine in der EU verbreitete Praxis zu sein, wo zuerst die weniger konfliktträchtigen Themen entschieden werden und im weiteren Verhandlungsverlauf als nicht mehr disponibel ausgeklammert werden (Eising 2000a: 232). Während bei der Konfliktvertagung oder der inkrementellen Problembearbeitung die Gefahr besteht, dass wesentliche Probleme verdrängt werden, jedenfalls der Innovationsgrad der Politik gering ist, werden durch eine sachliche Zerlegung der Konfliktthemen Veränderungen eher erreichbar.

- Bilateralisierung, negative Koordination, Fraktionsbildung, Spezialisierung ▪ Die Veränderungen von Interaktionskonstellationen beschrieb Scharpf mit den Strategien der Bilateralisierung, der negativen Koordination, der Fraktionsbildung und der Spezialisierung (Scharpf/Reissert/Schnabel 1976: 42-44). *Bilateralisierung* ist in freiwilligen Verhandlungen leichter möglich als in Zwangsverhandlungen, dort aber als Strategie der Vorverhandlung nicht unbekannt. Die deutsche Bundesregierung versucht bei wichtigen Gesetzgebungsvorhaben immer wieder, durch Absprachen mit einzelnen Ländern eine zustimmende Mehrheit im Bundesrat zu erreichen. *Negative Koordination* ist ein Sonderfall von Bilateralisierung in multilateralen Verhandlungen, in denen Verhandlungsführer mit potentiellen Verweigerern Sonderverhandlungen führen und dadurch Konflikte schrittweise bearbeiten. Auch *Fraktionsbildungen* sind in den Bund-Länder-Beziehungen nicht selten, wo sie entweder nach Parteizugehörigkeit oder nach regionalen Interessen entstehen. Die Bundesregierung nutzt dies etwa in Verhandlungen über finanzpolitische Themen, indem sie Vorabsprachen mit Landesregierungen aushandelt, die dem eigenen parteipolitischen Lager zugehören (Renzsch 1991). In der EU sind die deutsch-französische Achse oder die Verhandlungen zwischen den Regierungen der großen Mitgliedstaaten als bekannteste Beispiele für Fraktionsstrategien zu nennen. Auch sie tragen dazu bei, Politikblockaden aufzulösen und innovative Entscheidungen zu realisieren. Allerdings gehen sie auf Kosten der Interessenberücksichtigung mit Gefahren für die Zustimmung in intragouvernementalen Verfahren. *Spezialisierung* ist wiederum eine Sonderform von Fraktionsbildung, wobei Verhandlungen zwischen den fachlich besonders betroffenen Akteuren (meistens in Ausschüssen) geführt werden.

Folgen   Strategien der Verfahrensgestaltung können die Entscheidungsfähigkeit erhöhen, weil Konfliktgegenstände und Konfliktbeziehungen geteilt und damit leichter bewältigt werden können. Außer im Fall der Sequenzialisierung ist mit einer höheren Wahrscheinlichkeit von Innovationen zu rechnen als bei konfliktminimierenden Definitionen von Entscheidungsgegenständen, vorausgesetzt es werden solche Themen vorrangig behandelt, die Innovationsmöglichkeiten bieten, und jene Akteure einbezogen, die für eine Veränderung des Status quo eintreten. Jedenfalls dienen Verfahrensstrategien dazu, die Agenda der Politik zu transformieren. Lediglich die sequenzielle Abarbeitung von Konflikten, tendenziell auch die Delegation von Verhandlungsmacht auf Spezialisten dürften konservative Entscheidungen begünstigen – erstere, indem die eigentlichen Konflikte vertagt werden, letztere, weil sie Interessen von Fachressorts und ihrer Klientel begünstigt. Allerdings ist die Wirkung aller dieser Strategien auf die Innovationsfähigkeit von Mehrebenenpolitik unsicher und von konkreten Bedingungen abhängig. Sicher ist aber, dass sie die Gefahr erhöhen, dass Zustimmung in demokratischen Verfahren nicht erreicht wird, da sie Beteiligte ausschließen, Verfahren intransparent machen und zur Diffusion von Verantwortung beitragen.

Strategien, welche die Entscheidungsstrukturen der Mehrebenenpolitik verändern, wurden von Scharpf als eher unwahrscheinlich bezeichnet. Seine These der „Politikverflechtungsfalle" besagt, dass selbst dann, wenn eine existierende Verflechtungsstruktur Akteure daran hindert, ihre Ziele oder eine effektive Politik zu verwirklichen, institutionelle Veränderungen unwahrscheinlich sind, weil diese Macht umverteilen (Scharpf 1985). Das ist sicher richtig, soweit damit institutionelle Reformen gemeint sind, die dauerhaft Machtverteilungen ändern. Praktisch realisierbar sind aber Veränderungen von Entscheidungsstrukturen in Mehrebenensystemen, die ohne Reform von Institutionen möglich sind, indem Akteure ihre Interaktionsregeln anpassen. Neue Regeln können dabei entweder für eine konkrete Entscheidungssituation genutzt werden oder zu dauerhaften, aber schrittweisen Veränderungen führen. Anders als dies in der Politikverflechtungstheorie unterstellt wird, scheinen diese Strategien durchaus relevant für die Politik in verflochtenen Mehrebenensystemen zu sein. Alle fördern sie die Entscheidungs- und Innovationsfähigkeit von Politik, allerdings meistens auf Kosten der demokratischen Kontrollen mit der Folge, dass die Machtbalance instabil werden kann. Die folgenden Beispiele für Strukturen verändernde Strategien sollen dies verdeutlichen:

Die erste Strategie bezeichne ich als *Arenenwechsel*. Gemeint ist damit die Verlagerung von Verhandlungen von blockadegefährdeten in andere Gremien. Meistens handelt es sich dabei um Verschiebungen zwischen Ebenen in der Entscheidungshierarchie von Regierungen (weshalb auch der Begriff „level shifting" verwendet wurde, Painter 1991: 278) oder zwischen Gremien mit generellen oder speziellen Zuständigkeiten. Dadurch werden nicht nur neue Akteure ins Spiel gebracht, sondern auch anstehende Probleme in einem veränderten Entscheidungskontext neu definiert. Die Strategie beinhaltet also einerseits eine Veränderung von Konfliktstrukturen durch Umdefinition des Entscheidungsproblems, andererseits aber auch eine Verlagerung der Verhandlungen in einen anderen institutionellen Kontext.[21] Elinor Ostrom erkannte die Bedeutung der Ebenenverlagerung in ihrer Untersuchung der common pool-Probleme (Ostrom 1990). Sie stellte fest, dass Akteure zur Lösung des Verhandlungsdilemmas fähig

Veränderung von Entscheidungsverfahren:

- Arenenwechsel

---

21 In der Literatur wird mit dem Begriff „level shifting" teilweise nur die Umdefinition des Verhandlungsgegenstands bezeichnet. Im Unterschied zu den oben genannten Veränderungen der Policies geht es hier aber darum, dass ein Thema in einen neuen Sachzusammenhang gestellt wird, der notwendigerweise einen anderen institutionellen Kontext erfordert.

sind, wenn sie den Interessenkonflikt zu einer Frage der Änderung der institutionellen Regeln machen. Arenenwechsel sind auch in der EU und in Bundesstaaten zu beobachten, wobei zwei Richtungen feststellbar sind: Zum einen können Fachausschüsse mit der Behandlung eines Problems betraut werden, über das es zwischen Ministern oder den Staats- und Regierungschefs keine Einigung gibt. Zum anderen werden Blockaden aufgelöst, wenn Entscheidungen aus sektoralen Fachgremien in Verhandlungen der Regierungschefs verlagert werden, in denen neue Entscheidungsspielräume entstehen, weil hier Themen gebündelt werden können („issue linkage") und Paketlösungen möglich sind.

- Einrichtung von Parallelinstitutionen

■ Eine weitere Variante der Strukturveränderung, die zur Überwindung drohender Blockaden beiträgt, besteht in der *Einrichtung von Parallelinstitutionen*, welche nicht durch die Interessenkonflikte zwischen Regierungen belastet sind, weil in ihnen sachliche Erwägungen im Vordergrund stehen. Im Unterschied zum Arenenwechsel wird hier das Verhandlungsthema nicht umdefiniert, sondern man nutzt im Aufgabenfeld vorhandene Institutionen, die unabhängig von den intergouvernementalen Interessenkonflikten Entscheidungsvorschläge erarbeiten können. Ein Beispiel hierfür ist der Wissenschaftsrat, welcher Bund-Länder-Verhandlungen in der Bildungs- und Forschungspolitik vorbereitet. Wenngleich seine fachlich begründeten Empfehlungen nicht selten den Interessen der Wissenschaftspolitik des Bundes und der Länder widersprechen (Kaase 1999), fördert er doch in einem durch ideologische Auseinandersetzungen und Verteilungsinteressen belasteten Politikfeld die Entscheidungsfähigkeit im deutschen Bundesstaat. Auch vertikal integrierte Parteien, wie sie in der Bundesrepublik bestehen, können als konfliktentlastende und -regelnde Parallelinstitutionen wirken, weil bei der Festlegung der Parteilinie Bundes- und Länderinteressen ausgeglichen werden müssen (Leonardi 2002). In der EU hat sich der Ausschuss der Ständigen Vertreter zu einer Art Parallelinstitution entwickelt, in der nach Schätzungen ca. 70 % der Vereinbarungen getroffen werden, die der Rat nur noch ratifiziert (Hix 1999: 68).

- Opting out

■ Während die bisher genannten Strategien in multilateralen Zwangsverhandlungen relevant sind, sind selektive Vereinbarungen nur in freiwilligen Verhandlungen möglich. In ihnen können einzelne Regierungen sich für *opting out* entscheiden. Sie verzichten freiwillig darauf, an einer Vereinbarung zu partizipieren, wenn ihnen die Kosten im Verhältnis zum Nutzen als zu hoch erscheinen. Wird der Rückzug von allen Beteiligten akzeptiert, ändert sich die Entscheidungsstruktur, indem die Zahl der Beteiligten verringert wird. Solche Auswege aus der Blockade werden besonders dann genutzt, wenn drohende Vetos von Parlamenten einer Regierung keinen Verhandlungsspielraum lassen oder wenn durch Verhandlungslösungen fundamentale Interessen einer Gebietskörperschaft tangiert werden. Diese Strategie kann zeitlich begrenzte Strukturveränderungen bewirken, wofür die europäische Politik Beispiele bietet. Sie kann aber auch zu einer dauerhaften Asymmetrie führen. Asymmetrische Strukturen gelten als Mittel, um Konflikte zu bewältigen, die durch Autonomiebestreben von Gliedstaaten oder regionalen Einheiten entstehen, und stellen hier ein „intrumental device for accomodating difference" dar (Burgess 2005: 222). Besonders häufig praktiziert wird opting out im kanadischen Bundesstaat, der dadurch trotz starker Regionalisierungstendenzen und trotz des Dualismus zwischen der französischsprachigen Provinz Quebec und der kanadischen Föderation stabilisiert werden konnte, aber nur auf der Basis freiwilliger Verhandlungen (Painter 1991; Watts 2002). Sind opting out-Klauseln nicht realisierbar, so können Vetos einzelner Akteure durch "Flexibilisierungsregeln" (am Beispiel der EU: Eichener 1997: 605; Eising 2000a: 245) umgangen werden. Regierungen wird dann zugestanden, beim Vollzug einer Entscheidung in ihrem Zuständigkeitsbereich von einer gemeinsamen Lösung abzuweichen, was eine faktische Dezentralisierung bedeutet.

- Schließlich können Strategien der Vetospieler darauf gerichtet sein, bestehende Institutionen oder Verfahren zu unterlaufen und die Konfliktregelung zu *informalisieren*. Dass Verhandlungslösungen in Gesprächen außerhalb der formalen Verfahren oder in inoffiziellen Expertengremien getroffen werden, ist ein üblicher und an sich nicht kritikwürdiger Vorgang in der politischen Praxis. Daraus können sich aber dauerhafte Wirkungen für Entscheidungsstrukturen ergeben, wenn sich informale Beziehungen zu Netzwerken verfestigen, die faktisch an die Stelle der institutionalisierten Koordinationsstrukturen treten.

(Randnotiz: - Informalisierung, Netzwerke)

Diese auf die Entscheidungsstrukturen gerichteten Strategien sind grundsätzlich geeignet, nicht nur die Entscheidungsfähigkeit, sondern auch die Innovationsfähigkeit von Politik zu steigern. In veränderten Kontexten können neue Gesichtspunkte in die Verfahren eingebracht, die Agenda modifiziert und neue Lösungen gefunden werden. Das gilt allerdings eher für zeitlich befristete Strukturänderungen, während Expertengremien oder informale Netzwerke auf Dauer auch Problemwahrnehmungen konservieren und Verhandlungen in Routinen erstarren lassen können. Die Folgen aller dieser Strategien für die Zustimmung zu Verhandlungslösungen variieren: Durch Arenenwechsel ist es möglich, dass der Kreis der involvierten Akteure erweitert und er somit für zusätzliche Interessen geöffnet wird, es kann aber auch das Gegenteil zutreffen. Die Nutzung von Parallelinstitutionen verlagert Macht aus formalen Entscheidungsinstanzen heraus, was entweder zur Versachlichung von Begründungen führen kann, die dann in den demokratischen Verfahren leichter akzeptiert werden, oder Kritik an einer Technokratie fördern kann mit dem gegenteiligen Effekt für Zustimmungschancen. Opting out-Klauseln und Flexibilitätsregeln schließen einzelne Akteure, Gruppen oder Gebiete aus, allerdings auf freiwilliger Basis. Insofern können sie zu anerkannten Konfliktlösungen führen. Informale Netzwerke dagegen schotten die Verhandlungen gegen externe Kontrollen ab und sind unter dem Aspekt der Interessenberücksichtigung, der Verantwortlichkeit und der Kontrolle besonders problematisch.

(Randnotiz: Folgen)

Übersicht 15:   Strategien interner Vetospieler in der Mehrebenenpolitik

	Entscheidungs-fähigkeit	Innovation	Zustimmung
Definition der policy			
– Gleichbehandlung	+	-	+
– Struktur- oder Besitzstandserhaltung	+	-	+
– Kostenexternalisierung	+	-	+/-
– Ausklammerung von Konflikten	+	-	+
– Paketlösungen	+	+	-/+
– Trennung von Norm- und Sachent-scheidung	+	+	+
Gestaltung von Verfahren bzw. Interaktionsstrukturen			
– Sequenzialisierung	+	-	-
– Segmentierung	+	+	+/-
– Bilateralisierung	+	+	-
– Koalitionsbildung	+	+	-
– negative Koordination	+	+/-	-
– Spezialisierung	+	-	-
Veränderung der Entscheidungsstrukturen			
– Arenenwechsel	+	+	+/-
– Parallelinstitutionen	+	+	-
– opting out, Flexibilisierung	+	+	+/-
– Informalisierung	+	+	-
Mobilisierung von Zustimmung			
– Verantwortungsverschiebung	+		-
– Politikdarstellung	+		+/-
– Politikvermittlung	+		+

Wie Übersicht 15 in der Zusammenfassung zeigt, können mit den genannten Strategien Blockaden vermieden und Entscheidungsfähigkeit in der Mehrebenenpolitik gesichert werden. Zielen diese auf die Umdefinition von Policies, um Konflikte zu vermeiden, verhindern sie jedoch effektive Politik, weil Entscheidungen den Status quo konservieren. Lediglich mit Paketlösungen können Veränderungen erreicht werden. Gleiches gilt für die meisten Verfahrensstrategien und Veränderungen der Entscheidungsstrukturen. Dies verweist auf die Ambivalenz der meisten Strategien, die nicht völlig aus dem Dilemma der Mehrebenenpolitik herausführen, weshalb effektives und demokratisches Regieren schwerlich zu vereinbaren sind.

Strategien zur Sicherung von Zustimmung

Allerdings haben wir bisher primär das Problem der Entscheidungsblockade betrachtet und weniger das der Blockade von Zustimmung, die in der Interaktion zwischen Akteuren in intergouvernementalen Verhandlungssystemen und Akteuren in intragouvernementalen Institutionen des demokratischen Regierungssystems, also zwischen internen und externen Vetospielern auftreten kann. Regierungen oder ihre Vertreter, die in der Mehrebenenpolitik verhandeln, müssen mit diesen Problemen rechnen. Dafür, dass sie demokratische Regeln nicht einfach ignorieren können, sorgen Reaktionen der externen Vetospieler, die im folgenden Abschnitt näher beschrieben sind. Regierungen müssen also Strategien entwickeln, um Zustimmung zu den Ergebnissen intergouvernementaler Verhandlungen zu erreichen. In der Literatur finden sich zumindest Hinweise, wie dies geschehen kann.

- *Verantwortungsverschiebung*: (blame avoidance; Pierson 1995; Weaver 1986): Indem Regierungen darauf verweisen, dass sie in Mehrebenenverhandlungen nicht allein für Politikergebnisse verantwortlich sind, da sie für betreffende Aufgaben nur partielle Kompetenzen besitzen und die anderen Verhandlungspartner an Entscheidungen mitgewirkt haben, können sie Politikergebnisse gleichsam als durch einen Zwang zur Einigung bedingt präsentieren. Sie umgehen damit die Notwendigkeit einer Begründung und expliziten Diskussion. Verantwortungsdiffusion wird in der Föderalismusliteratur und in öffentlichen Diskussionen oft als Strukturmerkmal verflochtener Mehrebenensysteme dargestellt. Formal sind aber Regierungen für Politikergebnisse verantwortlich, und zwar sowohl für ihre Verhandlungsstrategie als auch für die erzielte Vereinbarung. Verschleierung von Verantwortlichkeit ist daher als Strategie von Regierungen gegenüber Parlamenten oder der Öffentlichkeit zu betrachten. Sie gelingt vor allem, sofern multilaterale Verhandlungen zu Entscheidungen zwingen. In freiwilligen Verhandlungen, bei denen die Option der autonomen Entscheidung gegeben ist, ist sie schwerer anzuwenden. Sie erreicht ihren Zweck besonders in komplexen Verfahren mit Arenenwechsel, informellen Vorverhandlungen oder Parallelinstitutionen. Allerdings ist zu bezweifeln, ob diese Strategie gegenüber Parlamenten wirklich funktioniert, sofern diese nicht zur „Selbstentmachtung" tendieren (Klatt 1989). Dass durch Verantwortungsverschiebung Wähler gewonnen werden können, ist zu bezweifeln (Cutler 2004).   [*Verantwortungs-verschiebung*]

- *Politikdarstellung*: Müssen Verhandlungsergebnisse durch Parlamente oder in Referenden ratifiziert werden, versuchen Regierungen, diese positiv für die von ihnen repräsentierte Bürgerschaft oder für betroffene Gruppen darzustellen. Während das Argument der Verantwortungsdiffusion auf strukturelle Zwänge der Mehrebenenpolitik verweist, bezweckt die Politikdarstellung eine explizite Unterstützung für Entscheidungen, ohne Diskussionen über den Verlauf der Mehrebenenpolitik, mögliche Alternativen oder die Bewertung von Entscheidungen zu provozieren. Dies geschieht, indem einzelne Erfolge in Mehrebenenverhandlungen überbetont, jedoch die gesamte Bilanz der Ergebnisse oder ihre Kosten nicht erläutert werden. Wenn etwa nach intensiven Auseinandersetzungen zwischen Bund und Ländern über zustimmungspflichtige Gesetze sich am Ende jede Seite zum Sieger erklärt, dann entspricht dieses Verhalten genau der Strategie der positiven Politikdarstellung. In der europäischen Politik gelang die Politikdarstellung lange besonders gut, weil die Integration Europas in den Mitgliedstaaten generell positiv bewertet wurde und Regierungen den „permissiven Konsens" ausnutzen konnten, um ihr Engagement in Ratsverhandlungen als Erfolg zu präsentieren. Die Chance, auf diese Weise Zustimmung zu erreichen, ist   [*Politikdarstellung*] wohl höher als durch Verantwortungsverschiebung, weil nicht die negativen, sondern die positiven Aspekte der Politik betont werden. Allerdings kann diese Strategie auch den gegenteiligen Effekt verursachen, wenn sie öffentliche Diskussionen über Mehrebenenpolitik auslöst.

Politikvermittlung ■ *Politikvermittlung*: Wenn Regierungen nicht nur eine formale Zustimmung zu Verhandlungsergebnissen durch Parlamentsmehrheiten benötigen, sondern substanzielle Unterstützung suchen müssen, reichen die bisher genannten Strategien in der Regel nicht aus, da sie darauf zielen, Willensbildung in Kontrollgremien oder in der Öffentlichkeit zu vermeiden. Ein Weg, dauerhafte Zustimmung zur Mehrebenenpolitik zu erreichen, besteht darin, Politikvermittler einzusetzen. Auf diese Option wiesen Milner und Rosendorff (1997: 86-91) in ihrer Analyse des „two-level game" der internationalen Politik hin. Die Autoren argumentierten, dass Regierungen mit substantieller Unterstützung für ihre Politik rechnen können, wenn diese durch Verbände oder sonstige Akteure mitgetragen wird, die bei Parlamenten oder jedenfalls bei den Mehrheitsfraktionen bzw. -parteien Ansehen und Vertrauen genießen und deren Informationen und Bewertungen über die Mehrebenenpolitik akzeptiert werden. Politikvermittlung erfordert also die Beteiligung privater Akteure in der Mehrebenenpolitik, und sei es nur als Beobachter. In der internationalen Umwelt- oder Menschenrechtspolitik werden inzwischen vielfach Vertreter von Nicht-Regierungsorganisationen beteiligt, einerseits um ihren Sachverstand zu gewinnen, andererseits aber auch, um Politikergebnisse innerstaatlich besser vermitteln zu können. In der EU können Regierungen die Unterstützung von Experten und Verbänden suchen, die in vielen Politikfeldern an der Entscheidungsvorbereitung mitwirken. Politikvermittlung kann substanzielle Zustimmung erreichen, weil über sie implizit oder explizit Informationen und Begründungen geliefert werden.

Folgen Auf Zustimmung gerichtete Strategien haben keine Auswirkungen auf die Politikinhalte, sondern dienen dazu, Blockaden bereits ausgehandelter intergouvernementaler Vereinbarungen zu verhindern. Ob sie ausreichen, auch nur schwache Formen der Zustimmung zu erreichen, hängt von den Reaktionen der externen Vetospieler ab. Generell kann man davon ausgehen, dass Parlamentsmehrheiten in Wettbewerbsdemokratien sich eher passiv verhalten und ihre Regierung unterstützen. Gegenüber einer kritischen Öffentlichkeit oder den Parteien in einer Verhandlungsdemokratie bedarf es vermutlich der aktiven Politikvermittlung, um Zustimmungsverweigerung zu vermeiden. Wie im folgenden Abschnitt gezeigt wird, agieren aber vor allem Parlamente und ihre über die eigentliche Vetomacht verfügenden Mehrheitsfraktionen in einer Dilemmasituation: Je mehr sie ihre Macht nutzen, um die Mehrebenenpolitik zu kontrollieren, desto enger werden die Spielräume der betroffenen Regierungen für Verhandlungsstrategien, die eine Änderung des Status quo zulassen, und desto höher ist die Gefahr von Verhandlungsblockaden.

7.2.2   Strategien externer Vetospieler

Das Zusammenspiel von internen und externen Vetospielern ist in der Forschung zur Mehrebenenpolitik bislang nicht systematisch behandelt worden. In verschiedenen Zusammenhängen ist auf problematische Wirkungen von externen Kontrollen für Akteure, die in Verhandlungen miteinander kooperieren müssen, hingewiesen worden. In der Verhandlungsforschung hat man generell beobachtet, dass Verhandlungspartner dazu neigen, an Positionen festzuhalten und unflexibel zu verhandeln, wenn sie kontrolliert werden (zusammenfassend: Benz 1994: 187-192). Andererseits ist davon auszugehen, dass externe Kontrolleure ebenfalls an effektiven Verhandlungsergebnissen interessiert sein müssen und daher ihren Vertretern Verhandlungsspielräume einräumen (Czada 1997; Martin 2000). Damit ist aber nichts darüber ausgesagt, ob und wie Akteure diese Schwierigkeiten bewältigen können.

Die folgenden Ausführungen konzentrieren sich auf Parlamente als externe Vetospieler. Für diese Einschränkung sprechen zwei Gründe: Zum einen sind Parlamente strategiefähige korporative Akteure mit Vetomacht, während Verbände nur in Ausnahmefällen Proteste gegen Mehrebenenpolitik mobilisieren. Zum anderen liegen zu Parlamenten Forschungsergebnisse vor (Beinsheim/Brunnen-gräber 2008; Goetz/Meyer-Sahling 2008). Ich stütze mich vor allem auf eine Untersuchung zur Rolle ausgewählter nationaler Parlamente im europäischen Mehrebenensystem (Auel/Benz 2005; Benz 2004b). In ihr konnten eine Reihe von Strategien identifiziert werden. Ob diese auch von Landesparlamente im deutschen Bundesstaat genutzt werden, wäre im Einzelnen zu untersuchen. Im eng gekoppelten System des joint decision-making sind deren Spielräume allerdings wesentlich geringer als diejenigen nationaler Parlamente im lose gekoppelten europäischen Mehrebenensystem.

Beispiel: nationale Parlamente in der EU

Als externe Vetospieler, als die sie in parlamentarischen Regierungssystemen zu betrachten sind, haben Parlamente in der Mehrebenenpolitik grundsätzlich die Möglichkeit, Entscheidungen durch Einspruch zu verhindern. Entweder müssen sie Vereinbarungen zwischen Regierungen formal ratifizieren oder sie können der Regierung das Vertrauen entziehen. Werden Entscheidungen verbindlich, ohne dass sie formal ratifiziert werden, dann können Parlamente nur durch frühzeitige Intervention in intergouvernementale Verhandlungen ihre Vetomacht zur Geltung bringen und Entscheidungen verhindern. Nachträgliche Verweigerung von Zustimmung wirkt in diesem Fall nicht blockierend, sie kann aber innerhalb der betroffenen Gebietskörperschaften eine Regierungskrise auslösen. Für Regierungen ist diese Situation nicht weniger bedrohlich als eine Ablehnung der Ratifikation von intergouvernementalen Vereinbarungen.

Vetomacht

Explizite Verweigerung der Zustimmung erweist sich allerdings auch für Parlamente in der Regel als wenig attraktiv. Wenn diese den Status quo für schlechter halten als eine erreichte Verhandlungslösung, so müssen sie versuchen, Entscheidungsblockaden zu vermeiden. Durch nachträglichen Widerspruch zu intergouvernementalen Vereinbarungen, die ihre Regierung mit ausgehandelt hat, desavouieren Mehrheitsfraktionen die Regierung, die sie eigentlich unterstützen und von deren Erfolg ihre eigene Mehrheit abhängt. Allerdings ist ein Verzicht auf die Vetomacht für Parlamente ebenso wenig attraktiv, zumal sie

Dilemma der Vetomacht

sich dadurch nicht nur in der Öffentlichkeit als handlungsunfähig präsentieren, sondern auch Legitimationsdefizite hervorrufen.

Strategische Interak-
tion interner und
externer Vetospieler

Angesichts dieser beiden gleichermaßen nachteiligen Handlungsoptionen müssen Parlamente geeignete Strategien in der Mehrebenenpolitik finden, welche aus dem Dilemma herausführen. Diese finden sie primär in der Interaktion mit Mitgliedern oder Vertretern der eigenen Regierung (Martin 2000). Das Zusammenwirken einzelner Parlamente mit ihrer Regierung ist in der Mehrebenenpolitik immer in das weitere Interaktionsgefüge zwischen Staaten oder Gebietskörperschaften eingebunden. Wenn auch nur ein Parlament eine Vereinbarung blockiert, dann hat dies Folgen für alle, sofern nicht mit Mehrheit entschieden werden kann. In multilateralen Verhandlungssystemen sind jedoch Absprachen zwischen allen oder auch nur einer Mehrheit der Parlamente praktisch nicht möglich. Deren Entscheidungen können nur durch wechselseitige Anpassung koordiniert werden. Wenn Vereinbarungen sequentiell ratifiziert werden, dann passen sich später entscheidende Parlamente oft den früher ratifizierenden an. Ansonsten bemühen sie sich um Informationen über mögliche Reaktionen in anderen Staaten oder Gebietskörperschaften, die aber immer unvollständig sind. Strategienentscheidungen externer Vetospieler sind durch ein beträchtliches Maß an Unsicherheit erschwert.

Regeln und Routinen
in unterschiedlichen
parlamentarischen
Systemen

Innerhalb eines Staates oder einer Gebietskörperschaft prägen Institutionen und gewachsene Routinen die Beziehungen zwischen Regierungen und Parlamenten. In Wettbewerbsdemokratien stehen die Regierung und die Mehrheitsfraktion im Parlament traditionell in einem engen Vertrauensverhältnis, auf das sich eine Regierung verlassen kann, solange sie nicht im offenen Widerspruch zum Willen der Mehrheitspartei handelt, während die Opposition die Regierung zur öffentlichen Rechtfertigung ihres Handelns zwingt. In Verhandlungsdemokratien stützen sich Regierungen auf Koalitionen konkurrierender Parteien oder müssen als Minderheitsregierungen für einzelne Entscheidungen um Mehrheiten werben. Dies zwingt die Regierung, mit der (den) sie stützenden Fraktion(en) und mit den Oppositionsgruppen im Parlament zu verhandeln und zu kooperieren. Im deutschen Regierungssystem liegt eine Mischform vor, wobei die Regierung sich auf eine Mehrheit im Bundestag stützen kann, die durch stabile Koalitionen gesichert ist, in wichtigen Politikfeldern aber auch im Bundesrat eine Zustimmung erreichen muss, die sie in der Regel mit den Landesregierungen aushandelt. Das gilt auch für Entscheidungen der EU, die Angelegenheiten der Länder tangieren.

Institutionelle
Anpassung an
Mehrebenenpolitik

Mehrebenenpolitik im Allgemeinen, besonders aber Verhandlungssysteme führen grundsätzlich zu einer Machtverschiebung zwischen Regierung und Parlament. Jene gewinnt einen Informationsvorsprung, kann Initiativen ergreifen, Interessen definieren und Interaktionen bzw. Verfahren der Entscheidungsfindung beeinflussen (Moravcsik 1997). Parlamente und auch Mehrheitsfraktionen müssen dann versuchen, ihre eigene Informationsbasis zu verbessern und ihre Vetomacht zu behaupten. Im Prozess der Europäischen Integration reagierten die Parlamente aller Mitgliedstaaten mit institutionellen Reformen, die teils der Bestätigung ihrer Rechte auch in der europäischen Politik und teils der Verbesserung ihrer Informationsverarbeitungskapazität dienten (vgl. Maurer 2002; Maurer/Wessels 2001). Ebenso haben die Landesparlamente in Deutschland auf die sich ausweitende Politikverflechtung zwischen Bund und Ländern sowie zwischen den Ländern und der EU reagiert (Mielke/Reutter 2004). Diese Veränderungen variieren je nach den Mustern des historisch gewachsenen und in der Verfassung verankerten Regierungssystems. Generell wurden aber Parlamentsausschüsse eingerichtet, die sich auf die begleitende und nachträgliche Kontrolle intergouvernementaler Verhandlungen spezialisieren. Sie steigerten die Fähigkeit zu strategischer Reaktion auf intergouverementale Verhandlungen.

In ihrer Untersuchung zur Beteiligung nationaler Parlamente in der EU beschrieben Auel und Benz Praktiken, die als Vetostrategien und Einflussstrategien klassifiziert werden können (Auel/Benz 2005; Benz 2004b). Erstere beruhen auf der expliziten Nutzung von Vetomacht, die Parlamente aber in strategischer Weise einsetzen, d.h. nicht generell, sondern flexibel, selektiv oder zum Teil nur durch Drohung in öffentlicher Debatte. Einflussstrategien lassen Vetomacht latent, sie dienen der Information und Überzeugung von Akteuren, die direkt oder indirekt an Verhandlungen in der Mehrebenenpolitik mitwirken. Adressanten des Einflusses sind meistens die Mitglieder der eigenen Regierung, Parlamente wenden sich aber auch an andere Akteure.

Veto-Strategien werden in drei unterschiedlichen Varianten praktiziert:

- Parlamente können grundsätzlich verbindliche Mandate für intergouvernementale Verhandlungen ihrer Regierung beschließen. In Deutschland kann nach dem Wortlaut der Verfassung der Bundesrat in den Angelegenheiten, die im Schwerpunkt Kompetenzen der Länder betreffen, eine Stellungnahme abgeben, die die Regierung maßgeblich zu berücksichtigen hat (Art. 23 V GG). Dem Bundestag schreibt das Grundgesetz dieses Recht nicht explizit zu, es steht ihm jedoch nach den Regeln des parlamentarischen Regierungssystems zu. In Österreich wurde es durch die Verfassung bestätigt, in Dänemark geschah dies durch eine Vereinbarung zwischen der Regierung und dem Parlament. Den deutschen Landtagen wird ein Vetorecht gegenüber Entscheidungen ihrer Regierungen im Bundesrat abgesprochen, allerdings ergibt es sich auch hier aus den Regeln der parlamentarischen Verantwortlichkeit und Kontrolle. Wenn eine Landtagsmehrheit einen Beschluss fasst, wie die Regierung im Bundesrat abstimmen soll, so wird ein Bundesratsbeschluss nicht hinfällig, wenn er vom erklärten Willen eines Parlaments abweicht, die betreffende Regierung muss aber in ihrem Parlament mit politischen Konsequenzen rechnen. Solche bindenden Mandate engen den Handlungsspielraum von Regierungen ein, den sie in Verhandlungen benötigen, um Kompromisse mit den anderen Regierungen zu erreichen. Landtage verzichten daher grundsätzlich auf verbindliche Mandate, gleiches gilt auch für den Bundestag in europäischen Angelegenheiten. In Wettbewerbsdemokratien kann sich die Regierung grundsätzlich auf ihre Mehrheit stützen, die ihr nicht die Hände bindet. Anders ist dies in Verhandlungsdemokratien. In Dänemark wurde es gängige Praxis, dass das Parlament *flexible Mandate* definiert, die mit der Regierung ausgehandelt werden und an den laufenden Verhandlungsprozess in der EU angepasst werden. Dadurch formuliert das Parlament Vorgaben, erhält aber die Verhandlungsfähigkeit der Regierung und provoziert keine Blockaden in der Mehr-

Strategien

Veto-Strategien:

- Flexible Mandate

ebenenpolitik. Der Zwang zur ständigen Rückkopplung mit dem Europaausschuss nach dem dänischen Modell veranlasst allerdings den Regierungsvertreter, sich im Rahmen einer ausgehandelten Verhandlungslinie zu
bewegen, weil ansonsten die Zustimmung des Parlaments gefährdet ist. In
der Tendenz reduziert diese Strategie daher die Innovationsfähigkeit der
Mehrebenenpolitik.

- Selektive Vetos   ■   Mit der Praxis flexibler Mandate eng verbunden ist der *selektive Einsatz von
Vetos*. Er dient dazu, die Macht des Parlaments in der Mehrebenenpolitik zu
bestätigen, und stärkt dessen Position beim Aushandeln von Mandaten. Indem Parlamente ab und zu ihr Veto einlegen, verhindern sie eine inkrementelle Machtverschiebung zugunsten der Exekutive, in einer konkreten Entscheidungssituation blockieren sie aber Politik, wenn in den Mehrebenenverhandlungen Einstimmigkeit erforderlich ist, oder sie bringen ihre Regierung in eine Minderheitsposition, die es ihr nicht erlaubt, Interessen partiell
zu verwirklichen. Wie stark diese negativen Effekte zu gewichten sind,
hängt davon ab, wie häufig ein Parlament zu selektiven Vetos übergeht. In
der Praxis sind sie eher selten und meistens Ausdruck von innenpolitischen
Regierungskrisen.

- Symbolisierung   ■   Eine schwache Variante der Vetostrategien nutzen Parlamente, die lediglich
  der Vetomacht   in öffentlichen Debatten symbolisieren, dass sie über die Macht verfügen,
Zustimmung zu verweigern. Als *symbolisches Veto* bezeichne ich eine Entscheidung des Parlaments, mit der der Regierung vorgehalten wird, sie habe
das Mandat des Parlaments überschritten, dies aber nicht mit Konsequenzen
verbindet und das Ergebnis intergouvernementaler Verhandlungen akzeptiert. Diese Veto-Variante dürfte in Wettbewerbsdemokratien üblich sein
und es ist anzunehmen, dass auch deutsche Landesparlamente gelegentlich
damit ihrer Regierung zeigen, dass sie zu beachten sind. Vermutlich kommt
sie bei Mischfinanzierungen zum Einsatz, für die Parlamente mit dem Haus-
haltsgesetz Mittel beschließen müssen. Auch symbolische Vetos kann ein
Parlament aber nur selten nutzen, weil es ansonsten die Legitimität der Regierung in Frage stellt.

Einflussstrategien: Alle Vetostrategien haben Nachteile im Hinblick auf die Entscheidungs- und
Innovationsfähigkeit der Mehrebenensysteme und sie provozieren innenpoliti-
sche Auseinandersetzungen, von denen entweder die Opposition profitiert oder
die in der Bevölkerung Demokratieverdrossenheit fördern. Angesichts dieser
Problematik spielen in der Mehrebenenpolitik *Einflussstrategien* eine wichtigere
Rolle. Dabei können wiederum drei Typen unterschieden werden:

- Kommunikation   ■   Um die Fallen der Mehrebenenpolitik zu umgehen, aber zugleich Einfluss zu
  mit Regierung   gewinnen, nutzen Akteure in Parlamenten *Kommunikationsbeziehungen mit
ihrer Regierung*. Neben formellen Anhörungsverfahren oder parlamentari-
schen Verhandlungen sind dabei die Arbeit in Ausschüssen, informelle Kontakte zwischen einzelnen Politikern oder Parteigremien relevant. Mit dieser
Strategie versuchen vor allem deutsche Landtage, auf die Bundesgesetzgebung Einfluss gewinnen. Dass ihnen dies gelingt, lässt sich zumindest für
einzelne Politikfelder belegen (Kalke 2001). Auch der Europaausschuss des

Deutschen Bundestags versucht auf diese Weise, seine relative Schwäche in der Europapolitik zu kompensieren, die durch die Konkurrenz mit den Fachausschüssen und dem Bundesrat bedingt ist. Die auf europäische Angelegenheiten spezialisierten Abgeordneten sichern damit ihren Einfluss und ermöglichen Kontrolle der Exekutive. Zugleich vermitteln sie dadurch europäische Entscheidungen in die parlamentarische Öffentlichkeit, während die Verhandlungsspielräume der Regierung nicht eingeschränkt werden.

- Der Verbesserung der Informationsbasis von Parlamenten, aber auch der unmittelbaren Einflussnahme auf europäische Mehrebenenpolitik dienen *Direktkontakte* zu Akteuren anderer Ebenen oder Gebietskörperschaften unter Umgehung der eigenen Regierung (by-passing*)*. Der deutsche Bundestag etwa unterhält nicht nur, wie andere Parlamente der Mitgliedstaaten auch, Beziehungen zum Europäischen Parlament, sondern auch zu einer Reihe von Parlamenten anderer Mitgliedstaaten. Während gemeinsame Sitzungen von Ausschüssen für europäische Angelegenheiten relativ selten stattfinden, nimmt die Intensität von Kontakten zwischen einzelnen Abgeordneten zu. Die Europaausschüsse der nationalen Parlamente der EU-Mitgliedstaaten verfügen mit dem COSAC über ein eigenes Netzwerk, zudem hat sich inzwischen eine Art europäische Parlamentarierdiplomatie entwickelt (Neunreither 2006). Im internationalen Kontext spricht Stefan Marschall von einer „Parlamentsverflechtung" (Marschall 2005: 334). Im deutschen Bundesstaat funktionieren diese Kontakte über das vertikal integrierte Parteiensystem. Die Konferenz der Präsidentinnen und Präsidenten der Landtage ist in diesem Zusammenhang dagegen nicht relevant, da es hier um den Austausch in allgemeinen Parlamentsfragen und Verfassungsfragen geht. Parlamente können durch diese Beziehungen ihre Informationsbasis über Verhandlungsspielräume im Mehrebenensystem erweitern und die Kontrollen ihrer Regierung entsprechend präziser ausüben. Die Zustimmung eines Parlaments wird durch diese Strategie allerdings nicht gesichert.

  – Grenzüberschreitende Direktkontakte (by-passing)

- Unter den Einflussstrategien ist die *öffentliche Kontrolle* zweifellos die wichtigste. Sie kann intergouvernementale Verhandlungen begleiten, setzt in der Regel aber nach Abschluss von Vereinbarungen an. Regierungen erhalten damit ihre Entscheidungsfreiheiten in der Mehrebenenpolitik, aber sie müssen Reaktionen im Parlament antizipieren. Die Erwartung öffentlicher Kontrollen beeinflusst ihre Handlungsorientierungen und fördert in Verhandlungsprozessen den Modus des bargaining, weshalb innovative Entscheidungen wenig wahrscheinlich sind. Durch nachträgliche öffentliche Kontrolle können Parlamente die Mehrebenenpolitik nicht mitgestalten, ihr Einfluss wirkt indirekt. Aber ihre Zustimmung beruht auf einer aktiven Diskussion der Mehrebenenpolitik, und die öffentlichen Debatten erzeugen ein hohes Maß an Transparenz für die Wählerschaft. Wird Zustimmung verweigert, dann stellt das für die Regierung einen gravierenden Vorgang dar, und dementsprechend wird sie sich bemühen, diese Situation zu vermeiden. Während die ersten beiden Einflussstrategien in Verhandlungs- wie in Wettbewerbsdemokratien relevant sein dürften, ist öffentliche Kontrolle auf die strukturellen Bedingungen von Wettbewerbsdemokratie ausgerichtet. Sie wird dort vor allem von der Opposition erzwungen.

  – Öffentliche Kontrolle

Zusammenfassung Die folgende Übersicht fasst die Strategien zusammen, die Parlamente einsetzen können, um intergouvernementale Verhandlungssysteme wirksam zu beeinflussen und zu kontrollieren. Ferner werden wiederum Hypothesen über die Folgen für Entscheidungsfähigkeit, Innovation und Zustimmung angedeutet. Es ist zu betonen, dass es sich dabei um Tendenzaussagen handelt, die je nach institutionellen Bedingungen und Formen der demokratischen Regierungssysteme zu differenzieren sind.

Übersicht 16:   Strategien nationaler Parlamente in der Mehrebenenpolitik der EU

		Entscheidungs-fähigkeit	Innovation	Zustimmung
Vetostrategien	flexible Mandate	-/+	-	+
	selektive Vetos	-	-	+
	symbolische Vetos in öffentlicher Debatte	+	-/+	+/-
Einflussstrategien	Kommunikation mit Regierung	+	+/-	+
	grenzüberschreitende Direktkontakte	+	+	+/-
	öffentliche Kontrolle	+	-	+

7.3 Strategien im intergouvernementalen Wettbewerb

Beeinflussung der Wettbewerbsdynamik Wettbewerbe verlaufen nach einer Eigendynamik, die im Unterschied zu Verhandlungen von den beteiligten Akteuren nur eingeschränkt gesteuert werden kann. In Verhandlungen können sich die Akteure wechselseitig beeinflussen, währen sie im Wettbewerb auf wechselseitige Anpassung angewiesen sind, dabei aber unabhängig voneinander handeln. Keiner der Konkurrenten kann insofern als Vetospieler betrachtet werden, weil seine Entscheidung kollektives Handeln nicht verhindern kann. Gleichwohl sind sie dem Prozess nicht zwangsläufig ausgeliefert. Wettbewerb kann durch Strategien beeinflusst werden, der Leistungswettbewerb mehr als der Institutionenwettbewerb. Die Strategien der Konkurrenten werden im Folgenden erörtert.

Strategisches Handeln ist hierbei aus zwei Gründen relevant: Zum einen versuchen Akteure im intergouvernementalen Wettbewerb, dessen Verlauf und Ergebnisse zu ihren Gunsten zu beeinflussen, um negative Verteilungsfolgen zu verhindern oder zu minimieren. Dazu motiviert sie ihr Eigeninteresse. Zum anderen spielt aber auch das Problemlösungsinteresse eine Rolle. Wenn sich Akteure am Wettbewerb beteiligen, dann unter der Voraussetzung, dass dieser effektiv funktioniert.

Wettbewerb kann schlecht funktionieren und er kann sogar blockiert werden. Die Wirtschaftswissenschaft hat mit ihrer Theorie des Marktversagens darauf aufmerksam gemacht. Sie verweist auf Defizite, die durch die Natur der Güter und Leistungen, durch Informationskosten bzw.- asymmetrien oder durch Marktstrukturen verursacht sind. Informationsprobleme und Ungleichheit der Konkurrenten beeinträchtigen auch den hier betrachteten Wettbewerb zwischen Staaten oder Gebietskörperschaften. Dieser kann aus folgenden Gründen gestört sein: *Störungen des Wettbewerbs:*

- Wettbewerb wird blockiert, wenn sich wichtige Partner verweigern oder dominante Regierungen keinen fairen Wettbewerb zulassen. Ersteres stellt ein Problem des Leistungswettbewerbs dar, letzteres behindert den Institutionenwettbewerb. *- Wettbewerbsblockade*

- Wenn Vetospieler in den beteiligten Staaten oder Gebietskörperschaften Politikänderungen verhindern, die durch Wettbewerb induziert sind, ist dessen Funktionsweise ebenfalls blockiert. Wenn im Institutionenwettbewerb gleichsam Anpassungszwänge entstehen, die Parlamenten oder Wählerschaften keine wirklichen Entscheidungsmöglichkeiten lassen, dann führt dies zu Legitimationsproblemen, die sich zu Krisen des Regierens verschärfen können. *- Legitimationsproblem*

- Schließlich kann der Wettbewerb durch eine unzureichende oder fehlende institutionelle Ordnung gestört werden. Der Leistungswettbewerb erreicht in diesem Fall keine brauchbaren oder anerkannten Ergebnisse, der Institutionenwettbewerb gerät zu einem Verteilungskampf oder einem „race to the bottom", dessen Resultate keine Probleme lösen, sondern nur neue erzeugen. Koordination findet also entweder nicht statt oder sie führt zu einem Ergebnis, das für alle Beteiligten schlechter ist als der Status quo. *- Institutionenproblem*

Wettbewerb muss also durch Regeln gesteuert werden. Soweit dies durch eine übergeordnete Instanz, etwa eine Zentralregierung, die EU oder eine internationale Organisation geschieht, handelt es sich um Steuerung in der Hierarchie. In den meisten Fällen beobachten wir aber, dass solche Regeln ausgehandelt werden. Vertreter zentraler und dezentraler Gebietskörperschaften vereinbaren dann Ziele und Themen des Wettbewerbs sowie Verfahrens- und Fairnessregeln, die im Institutionenwettbewerb erforderlich sind, um unerwünschte Ergebnisse zu verhindern, und die im Leistungswettbewerb erst dessen Funktionieren gewährleisten. Solche Verhandlungen können mit den oben genannten Kategorien analysiert werden (vgl. Abschnitt 7.2.1). Da es bei der Gestaltung von Leistungswettbewerben um die Schaffung neuer Arenen und Verfahren geht, sind hierbei grundsätzlich nur Strategien zur Veränderung von Entscheidungsstrukturen relevant, während konfliktreduzierende Definitionen von Policies und Verfahrensgestaltungen nicht praktikabel sind. Bei der Regulierung des Institutionenwettbewerbs können diese Strategien eher vorkommen, weil Vertreter von konkurrierenden Gebietskörperschaften diesen primär als einen Verteilungskampf betrachten. *Steuerung durch Regeln*

Konkurrierende
Regierungen und
Verwaltungen als
strategisch handelnde
Akteure

Regierungen oder Verwaltungen, die mit ihrem Politikbereich im Wettbewerb stehen, können diesen blockieren, wenn sie über die erforderliche Macht verfügen. Wie das Beispiel der „gegenseitigen Anerkennung" in der EU zeigt (vgl. Abschnitt 6.5.1), versuchen Regierungen von Staaten oder dezentralen Gebietskörperschaften, den Institutionenwettbewerb durch ausgehandelte Regeln zu bändigen oder zu verhindern. Staaten, die über eigene Ressourcen verfügen und nicht auf mobile Steuerzahler angewiesen sind, können sich dem Wettbewerb entziehen. Für die weitere Analyse gehe ich jedoch davon aus, dass diese Möglichkeit nicht besteht oder genutzt wird. Ferner unterstelle ich, dass ein geeigneter Ordnungsrahmen vorhanden ist, der Wettbewerb als leistungsfähigen Koordinationsmodus etabliert. Damit stellt sich die Frage, wie die Konkurrenten verhindern, dass aus den Interaktionen Blockaden resultieren. Regierungen und Verwaltungen stehen dabei vor allem vor dem Problem, Zustimmung zu ihrer Politik im Wettbewerb zu erreichen.

Parlamente als
Vetospieler

Denn die Funktionsweise des Wettbewerbs hängt maßgeblich von Entscheidungen der Inhaber von Vetomacht in den betroffenen Regierungssystemen ab. Wie Untersuchungen zum Steuerwettbewerb und zum Regulierungswettbewerb gezeigt haben, können Parlamente oder andere „externe" Vetospieler verhindern, dass eine Regierung ihre Politik anpasst, um in der Konkurrenz nicht zu verlieren. Widerstände kommen von Vertretern jener Gruppen, die unter den Verteilungsfolgen der Steueranpassung leiden. Genauso wie Mehrebenenpolitik durch Verhandlungen müssen wir folglich auch den intergouvernementalen Wettbewerb als einen komplexen Prozess betrachten, der mit den intragouvernementalen Arenen verbunden ist. In diesen verfügen Akteure über Vetomacht, die Blockaden auslösen können. Die Dilemmasituation, in der über die Nutzung dieser Macht entschieden wird, stellt sich etwas anders dar als in Verhandlungssystemen. Vetos gegen autonome Entscheidungen einer Regierung, die auf den Wettbewerb reagiert, verhindern nur die Politik in der betreffenden Gebietskörperschaft, setzen den Koordinationsmechanismus aber nicht außer Kraft, solange eine genügend große Zahl an Konkurrenten beteiligt sind. Erst wenn viele externe Vetospieler negativ reagieren, ist der Mechanismus blockiert. Im Institutionenwettbewerb sind Vetos in der Regel mit Kosten verbunden, wenn mobile Steuerzahler mit Abwanderung reagieren. Im Leistungswettbewerb ist dies nicht der Fall, weil Vetos nur signalisieren, dass Parlamente oder Bürgerschaften eine andere Politik bevorzugen als diejenige, die im Wettbewerb als „best practice"-Vorbild identifiziert wurde. Die Verweigerung der Zustimmung ist daher wahrscheinlicher, und sie kann die Koordinierung verhindern.

7.3.1 Strategien von Konkurrenten (Regierungen, Verwaltungen)

Arten von Strategien:

Die unmittelbar im Wettbewerb handelnden Regierungen oder Verwaltungen verfügen unter der Voraussetzung, dass sie Wettbewerb weder verhindern noch seinen Verlauf beeinflussen können, über zwei Strategien der Anpassung. Sie können passiv reagieren, und ihre Politik an die durch den Wettbewerb verursachten Bedingungen anpassen, oder sie können sich aktiv darum bemühen, die Wettbewerbsfähigkeit ihrer Gebietskörperschaft zu steigern. Die Unterscheidung dieser beiden Optionen drückt aus, dass Regierungen und Verwaltungen im Wettbewerb eigene Politik verwirklichen können, ihre Agenda und ihre Entscheidungen also nicht völlig determiniert sind.

Passive Anpassung bedeutet, dass Regierungen und Verwaltungen ihre Ziele und Maßnahmen an den realen oder vermeintlichen Interessen mobiler Steuerzahler ausrichten oder dass sie sich komparative Bewertungen ihrer Politik zu eigen machen und Politikmodelle aus Leistungswettbewerben übernehmen. Die erste Reaktion im Institutionenwettbewerb kann mit den durch ihn gesetzten Sachzwängen gerechtfertigt werden. Allerdings sind diese schon deswegen nicht sehr eng, weil die Interessen mobiler Steuerzahler vielfältig, diffus und oft nur vorgegeben sind. Die Gründe, warum der Institutionenwettbewerb vielfach überschätzt wird, wurden oben bereits angeführt (ausführlich: Benz 2007a: 424-425). Dennoch argumentieren Regierungen in Staaten oder Regionen genauso wie Leiter von Kommunalverwaltungen immer wieder mit der Behauptung, ihre Gebietskörperschaft müsse im Standortwettbewerb konkurrenzfähig sein, und rechtfertigen dadurch Politik. Ähnliche Begründungsmuster finden wir auch in Politikfeldern, die dem Leistungswettbewerb unterliegen. Verwaltungsreformen etwa orientierten sich am Leitbild des „New Public Management", weil dieses die Effizienz von Staat und Verwaltung erhöhen sollte, die angesichts des globalen Steuerwettbewerbs als vordringlich galt. In der Wissenschaftspolitik wird seit einigen Jahrzehnten ein Governance-Modell für Universitäten durchgesetzt (Lange/Schimank 2008) mit der Behauptung, dadurch könne die Leistungsfähigkeit des „Standorts Deutschland" gesichert werden. Man erkennt aus beiden Beispielen, dass passive Anpassungsstrategien geeignet sind, Leistungswettbewerbe mit Institutionenwettbewerben gleichzusetzen. Diese Gleichsetzung beobachten wir in Deutschland auch in der Diskussion zwischen Städten, Regionen und Ländern, allerdings mit der Konsequenz, dass hier die Potentiale des Leistungswettbewerbs ignoriert werden, weil man diesen als Konkurrenz zwischen wirtschaftlich starken und schwachen Gebietskörperschaften missdeutet.

Die Strategie der *aktiven Wettbewerbspolitik* lässt sich in unterschiedlichen Varianten feststellen. Zum einen versuchen Staaten, Regionen oder Städte, im Institutionenwettbewerb durch Informationen auf ihre Qualitäten aufmerksam zu machen. Zu diesem Zweck haben etwa deutsche Länder und Regionen Wirtschaftsförderungsgesellschaften eingerichtet. Auf diese Weise wird das vorhandene Angebot an öffentlichen Leistungen als Stärke eingebracht, was Anpassungszwänge vermeidet. Eine zweite Variante betrifft den Leistungswettbewerb. In ihm bemühen sich Regierungen und Verwaltungen, die Wettbewerbsfähigkeit zu steigern, indem sie Unterstützung von Verbänden und Unternehmen mobilisieren. Dies lässt sich vor allem in den Regionenwettbewerben beobachten, in denen die Beteiligten nicht den Bedingungen einer Wettbewerbsdemokratie unterliegen, sondern ihre Programme und Maßnahmen in korporatistischen Verhandlungssystemen oder Partnerschaften zwischen öffentlichen und privaten Akteuren bestimmen. Hier gilt „regional governance" in Netzwerken, die Akteure aus verschiedenen gesellschaftlichen Bereichen einschließen, inzwischen als Voraussetzung regionaler Leistungsfähigkeit (Meincke 2008; Fürst 2001, 2007). Zum Dritten richtet sich aktive Wettbewerbspolitik an Parlamente und Bürgerschaften, also vor allem an „Vetospieler", die potentiell Politikänderungen, die

- Passive Anpassung

- Aktive Wettbewer

durch Wettbewerb induziert sind, gefährden können. Zugleich können Regierungen Leistungsvergleiche in internen Willensbildungsprozessen nutzen, um Zustimmung zu ihrer Politik zu gewinnen.

Im Leistungswettbewerb versuchen konkurrierende Akteuren darüber hinaus auch, die Kriterien und Verfahren der Evaluierung zu beeinflussen oder die Ergebnisse in ihrem Sinne zu interpretieren. Regierungen und Verwaltungen, die im Vergleich schlecht abschneiden, bemühen sich dabei, Bewertungen in Frage zu stellen. Diejenigen, die sich als Gewinner sehen, tendieren dazu, die Ergebnisse als objektive Daten zu interpretieren, die durch wissenschaftliche Analysen gestützt seien. Beide Strategien konnten in der Untersuchung des Wettbewerbs „Regionen Aktiv" festgestellt werden, und sie sind sicher nicht nur für diese Art des Leistungswettbewerbs typisch. Sie fördern oft eine Art intergouvernementale Debatte um Politikbewertungen, die an die Stelle des eigentlichen Wettbewerbs tritt, aber zumindest dazu beitragen kann, vergleichende Orientierungen bei Parlamenten und Wählerschaften zu wecken.

- Förderung von Diskursen

Eine dritte Strategie kann man als *Förderung von Diskursen* bezeichnen. Hierbei handelt es sich um den Versuch, die wechselseitige Anpassung, die durch den Wettbewerb induziert wird, durch ergänzende Diskussionen zu beeinflussen. Diskurse richten sich auf die Generierung und Verbreitung von Leitideen, die Politik nicht regulieren, sondern anleiten. Im Institutionenwettbewerb geht es dabei vor allem darum, Prinzipien der Fairness durchzusetzen, welche verhindern sollen, dass Politik sich ausschließlich an wirtschaftlicher Effizienz orientiert. Im Leistungswettbewerb geht es um Diskussionen der Vergleichsmaßstäbe und der Politikziele, nach denen Leistungen bewertet werden. Es wäre zu untersuchen, ob die im Rahmen der Offenen Methode der Koordinierung entstandenen Netzwerke einer solchen Strategie entspringen. Für den Leistungswettbewerb „Regionen Aktiv" lässt sich dieses jedenfalls nachweisen. Hier haben sich die Regionen regelmäßig zum Erfahrungsaustausch getroffen und interregionale Netzwerke aufgebaut, zum Teil gefördert durch das Bundesministerium bzw. die in seinem Auftrag tätig gewordene Geschäftsstelle, zum Teil in Eigeninitiative.

Diskurse dienen nicht nur dazu, intergouvernementale Koordination zu beeinflussen, sie können innerhalb der betroffenen Gebietskörperschaften Lernprozesse unterstützen, die die Anpassung an die Konkurrenz erleichtern und die Leistungsfähigkeit steigern. Intragouvernementale Diskurse bergen für Regierungen allerdings das Risiko in sich, dass ihnen die Agendamacht entgleitet und sie sich an zwei Fronten, nämlich im intergouvernementalen Leistungsvergleich wie in der intragouvernementalen Öffentlichkeit, der Kritik ausgesetzt sehen. Deshalb ist davon auszugehen, dass sie weniger von Regierungen als vielmehr durch Parlamente (und in diesen vor allem durch Oppositionsparteien) oder durch Verbände ausgelöst werden.

Folgen

Die Unterscheidung der drei Typen strategischer Reaktionen von Regierungen und Verwaltungen beruht nicht auf systematischer Forschung, sondern auf wenigen Fallstudien, im Wesentlichen aber auf theoretischen Überlegungen. Die Einteilung geht von den drei Handlungsmodellen aus, die eingangs skizziert wurden, wobei vermutet wird, dass passive Anpassung auf Machtsicherung, aktive Wettbewerbspolitik auf Problemlösung und Diskursstrategien auf Ideen und Normen gerichtet sind. Ob sich diese Typologie in weiteren empirischen Untersuchungen bewährt, muss abgewartet werden. Insofern sind Aussagen über mögliche Folgen dieser Strategien spekulativ. Allerdings ist leicht einzusehen, dass passive Anpassung die Entscheidungsfähigkeit erhält, weil unter dem Zwang des Wettbewerbs interne Politikblockaden vermieden werden. Dabei folgen Entscheidungen jedoch in der Regel vorgezeichneten Pfaden, die eigenständige Gestaltungsfähigkeit der Regierungen oder Verwaltungen ist also begrenzt. Ferner können sich zumindest auf längere Sicht Konflikte innerhalb der Parlamente und Wählerschaften verstärken, wenn die Folgen der Anpassung zwischen Gruppen ungleich verteilt sind. Aktive Wettbewerbspolitik dient der Vermeidung von Politikanpassungen, sie lässt also ebenfalls keine innovativen Entscheidungen erwarten, bietet aber eine höhere Gewähr für Zustimmung, weil sie impliziert, dass Politik sich nicht Zwängen unterwirft, sondern gestaltungsfähig ist. Diskursstrategien bergen Risiken für die Entscheidungsfähigkeit in sich, weil sie die Komplexität der Informationen, Interessen und Alternativen erhöhen, aber sie können Innovationen anstoßen und letztlich Legitimität durch Zustimmung generieren.

Unabhängig davon, ob diese Thesen zutreffen, ist festzustellen, dass Wettbewerb in Mehrebenensystemen einen spezifischen Mechanismus kollektiven Handelns verwirklicht, der Koordination bewirken kann, der aber auch blockiert werden kann, weil intergouvernementale Koordination mit intragouvernementalen Prozessen verbunden ist. Wie er im Einzelnen funktioniert, ob er als Institutionen- oder Leistungswettbewerb verläuft und welche Effekte er auslöst, hängt zu einem erheblichen Maß von strategischen Interaktionen der Akteure ab, die im Wettbewerb stehen. Zu diesen gehören neben den Regierungen und Verwaltungen, die unmittelbar in der Konkurrenz stehen, Parlamente, Verbände und andere private Organisationen. Parlamente sind dabei als Vetospieler besonders zu beachten.

Intergouvernementaler Wettbewerb als strategische Interaktion

7.3.2 Strategien externer Vetospieler

Die Reaktionen der „externen Vetospieler", in demokratischen Staaten oder Gebietskörperschaften also der Parlamente, können ebenfalls zwischen passiver Anpassung und aktiver Politik variieren. Erstere bedeutet, dass ein Parlament die Politik der Regierung akzeptiert, sei es weil Mehrheitsfraktionen keine Alternativen erkennen oder weil sie ihre Regierung unterstützen wollen. In diesem Fall drohen keine Blockaden und Parlamente verhindern keine Veränderungen der Politik, die durch den intergouvernementalen Wettbewerb induziert werden. *Akzeptanz* ist zu erwarten, wenn Politik durch einen ausgeprägten Institutionenwettbewerb bestimmt wird oder wenn sie von Regierungen und Parlamenten so wahrgenommen wird. Sie ist ferner in Wettbewerbsdemokratien wahrscheinlich, in denen starke Regierungen sich auf eine stabile Parlamentsmehrheit verlassen können. Unter diesen Voraussetzungen fanden Anfang der 1980er Jahre in Großbritannien die Reformen unter der Regierung Thatcher statt, die den britischen Staat international konkurrenzfähig machen sollten. Dieses Beispiel zeigt aber auch, dass eine derartige Konstellation nicht nur selten, sondern auch insta-

Passive Reaktion: Akzeptanz

bil ist. In anderen Staaten gelangen vergleichbare Reformen nicht, und in Groß-britannien trafen sie auf wachsende innenpolitische Widerstände innerhalb der Mehrheitspartei, die zu Korrekturen zwangen (Hesse/Benz 1990). Gerade in Wettbewerbsdemokratien stellt die Opposition die Zwangsläufigkeit von Politik-anpassung in Frage und löst Diskussionen über die Nutzen und Kosten der Ver-änderungen aus. Dabei macht sich im Verhältnis der europäischen Staaten inzwi-schen bemerkbar, dass die wirtschaftliche Konkurrenz insgesamt wesentlich kritischer betrachtet wird als noch vor etwa zwanzig Jahren und Regierungen Politikänderungen gegenüber ihren Parlamenten nicht mehr einfach mit Hinweis auf den Institutionenwettbewerb begründen können.

Aktive Reaktion:
Veto- und Einfluss-
strategien

Wenn Parlamente die Folgen des intergouvernementalen Wettbewerbs nicht ohne Einwände akzeptieren wollen, stehen ihnen die bereits beschriebenen Veto- und Einflussstrategien zu Verfügung. Anders als in Verhandlungssystemen ris-kieren sie mit Vetos keine unintendierten Nachteile durch Blockaden der Mehr-ebenenpolitik, weil der Wettbewerb dadurch nicht unterbunden wird. Vielmehr bewirken sie auf diese Weise eine Politik, an die sich Regierungen in anderen Gebietskörperschaften ggf. anpassen, wenn sie sich als erfolgreich erweist. Im Unterschied zu Vetostrategien, die sich gegen den Wettbewerb richten, haben Einflussstrategien den Vorteil, dass sie einen kommunikativen Prozess zwischen Regierung und Parlament auslösen, in dem Veränderungsimpulse aus dem inter-gouvernementalen Wettbewerb in intragouvernementale Lernprozesse umgesetzt werden können.

Forschungsfragen

Untersuchungen zum internationalen Steuerwettbewerb und zu Regulie-rungswettbewerben in der Verbaucher- und Umweltpolitik haben gezeigt, dass diese nicht zu den vielfach befürchteten Anpassungen an ein niedriges Niveau staatlicher Steuerung geführt haben. In der Steuerpolitik wird dies vor allem mit dem Einfluss innerstaatlicher Vetospieler erklärt (zusammenfassend: Wagschal 2003), in der Umweltpolitik entweder mit den wirtschaftlichen Vorteilen innova-tiver Umwelttechnologien (Simmons/Elkins 2004; Vogel 1995) oder mit der Koordinationsleistung internationaler Institutionen oder Regime (Holzinger/ Knill/Sommerer 2007). Es wäre allerdings auch für diese Prozesse zu untersu-chen, ob nicht der Einfluss dieser Faktoren je nach innerstaatlichen Institutionen oder Strategien von Parlamenten variiert. Der Effekt intragouvernementaler Politik und Vetospieler dürfte im Leistungswettbewerb noch höher zu gewichten sein. Aus der Untersuchung des Wettbewerbs „Regionen Aktiv" ist zu schließen, dass der Parteienwettbewerb sich negativ auf die Anpassungs- und Innovations-fähigkeit auswirken kann, während verhandlungsdemokratische Strukturen diese fördern. Weitere Untersuchungen müssten überprüfen, ob diese Erkenntnis gene-ralisiert werden kann. Jedenfalls sind in den strategischen Interaktionen der Mehrebenenpolitik auch in Wettbewerben externe Vetospieler zu beachten.

7.4 Private Akteure in der Mehrebenenpolitik

In den bisherigen Kapiteln kamen private Akteure in der Mehrebenenpolitik nur am Rande vor. Die Konzentration der Analyse auf das Zusammenwirken öffentli-cher Akteure diente dabei dem Zweck, die Funktionsmechanismen von Mehrebenenpolitik in ihren verschiedenen Formen sowie mögliche Strategien der Akteure, die formal an Entscheidungen beteiligt sind, zu erläutern. Dazu musste die Komplexität der Analyse beschränkt werden. Die Untersuchung scheint damit stark staatszentriert zu sein, obgleich das Konzept der multilevel governance dies gerade überwinden wollte (Hooghe/Marks 2001; Marks/Hooghe/Blanck 1996). Allerdings sollte einerseits nicht übersehen werden, dass Mehrebenenpolitik per se den Einfluss privater Akteure nicht erhöht hat, wie man dies von neuen Formen von Governance behauptet. Andererseits können diese Akteure das strategische Zusammenwirken von Regierungen, Verwaltungen und Parlamenten beeinflussen. Wie dies geschehen kann, soll im Folgenden erörtert werden.

Als private Akteure betrachte ich hier in erster Linie Verbände, die gesellschaftliche Interessen vermitteln. Als korporative Akteure mit einer funktional spezialisierten, aber territorial differenzierten Organisation sind sie in der Lage, sich an die Bedingungen eines Mehrebenensystems anzupassen. Dadurch verändern sich ihre Beziehungen zu Regierungen und Parlamenten, was für die Entwicklung von Governance in territorial differenzierten politischen Strukturen Folgen hat. Das gilt besonders für Mehrebenenpolitik in Verhandlungssystemen. In diesem Fall finden gerade die Phasen des politischen Prozesses, auf die Verbände Einfluss nehmen, nämlich die Agendadefinition und das Aushandeln von Entscheidungsvorschlägen, in intergouvernementalen Arenen statt. Damit müssen gesellschaftliche Interessen unter ganz anderen Bedingungen vermittelt werden, als dies im Nationalstaat, in Regionen oder in Lokalverwaltungen geschieht. Intergouvernementaler Wettbewerb wirkt sich auf die Beziehungen zwischen Regierungen und Verbänden ebenfalls aus, aber die politischen Prozesse, in denen Regierungen und Parlamente über ihre Reaktionen auf Konkurrenz entscheiden, verlaufen intragouvernemental. Verbände beeinflussen hier die Anpassungs- und Innovationsfähigkeit von Regierungen. Im intergouvernementalen Wettbewerb sind darüber hinaus Unternehmen besonders zu berücksichtigen. Mit diesem Begriff erfasse ich hier Organisationen, die gesellschaftlich relevante Ressourcen und Leistungen erbringen oder verweigern können, von denen die Wettbewerbsfähigkeit von Gebietskörperschaften abhängt.

Verbände und Unternehmen

Verbände können, ähnlich wie Parteien, einen eigenständigen Beitrag zur Koordination im Mehrebenensystem leisten. Das ist dann der Fall, wenn sie in dem Politikfeld, auf das sich ihre Arbeit richtet, nicht nur sektorale Interessen aggregieren, sondern gleichzeitig divergierende territoriale Interessen integrieren. Sie können damit das politische Mehrebenensystem von Konflikten entlasten, weil die Interessen, die sie vertreten und in politischen Prozessen artikulieren, ebenen- und regionsspezifische Differenzen überbrücken. Diese Bündelungsfunktion gelingt ihnen je nach Organisation in unterschiedlichem Maße. Zentralisierte Verbände können über Ebenen hinweg Interessen einheitlich vertreten. Allerdings laufen sie Gefahr, regionale oder lokale Sonderinteressen zu ignorieren oder zu unterdrücken, worauf die betroffenen Gruppen mit Austritt reagieren können. Unter Umständen kommt es zu einer territorialen Aufspaltung von Verbänden, die dann ebenso wie regionalisierte Parteien ihre Integrationsleistung nicht mehr erfüllen können. Föderal organisierte Verbände stehen vor einem ähnlichen Koordinationsproblem wie staatliche Akteure im Mehrebenensystem, allerdings sind sie wegen ihrer Spezialisierung auf besondere Interessen

Aggregationsleistung zentralisierter und föderal organisierter Verbände

mit einem geringeren Konfliktniveau konfrontiert. Die ebenenspezifische Differenzierung ihrer Organisation hat zudem den Vorteil, dass sie auf allen Ebenen Kontakte zu staatlichen Akteuren aufbauen und so die Chancen steigern können, ihre Interessen erfolgreich in politische Prozesse zu vermitteln.

Abgesehen von historischen Entwicklungen von Verbandsstrukturen und den Organisations- und Entscheidungskosten hängt die Existenz zentralisierter oder föderativ organisierter Verbände davon ab, wie stark gesellschaftliche Interessen territorial unitarisiert oder differenziert sind (Armingeon 2002). Im deutschen Bundesstaat haben sich in vielen Politikbereichen eher zentralisierte Verbandsorganisationen durchgesetzt, in denen trotz föderativer Untergliederung die Bundesebene dominiert. Das gilt vor allem für die Bereiche von Wirtschaft und Arbeit, die wie das integrierte deutsche Parteiensystem die Konfliktlinien der Industriegesellschaft abbildeten, welche die gesamte Gesellschaft betreffen. In Bereichen, in denen gesellschaftliche Strukturen stärker regional differenziert waren wie etwa in der Landwirtschaft, haben regionale Organisationen eine relativ starke Eigenständigkeit erhalten (Lehmbruch 2003). In der EU sind Verbandsorganisationen, ebenso wie die Parteien, überwiegend national organisiert oder sie arbeiten in europäischen Dachverbänden der nationalen Organisationen zusammen. Der Zentralisierungsgrad ist dabei in Wirtschaftsverbänden (Eising 2008) tendenziell höher als in anderen Bereichen.

Zentralisierte oder vertikal differenzierte Interessenvermittlung

Mehrebenensysteme eröffnen Verbänden Zugänge zur Politik auf unterschiedlichen Ebenen. Sie können also ihre organisatorischen Ressourcen und Strategien auf die Zentralebene konzentrieren oder auf unterschiedlichen Ebenen einsetzen. Die erste Option gewährleistet eine einheitliche Interessenvertretung, während die zweite dazu führen kann, dass ein Verband mit divergierenden Strategien und Forderungen auftritt und dadurch seine Einflusschancen schwächt. Zentralisierte Interessenvermittlung setzt aber voraus, dass verbandsinterne Konflikte gelöst werden, während eine auf mehreren Ebenen ansetzende Interessenvermittlung einen begrenzten internen Pluralismus zulassen kann. Ob es Verbänden im Mehrebenensystem gelingt, die Agenda der Politik und Verhandlungen zu beeinflussen, hängt allerdings auch von der im Mehrebenensystem praktizierten Koordinationsform ab.

Stärkt oder schwächt Mehrebenenpolitik Verbände?

Zum Zusammenhang von Mehrebenenpolitik und Strukturen der Interessenvermittlung finden sich in der Europaforschung unterschiedliche Thesen. Liesbet Hooghe und Gary Marks stellten fest, dass im vertikal und horizontal differenzierten europäischen Mehrebenensystem die Regierungen der Mitgliedstaaten nicht mehr kontrollieren können, ob Verbände überhaupt und welche Verbände auf welchen Wegen Zugang zum politischen Prozess erlangen können. „With its dispersed competencies, contending but interlocked institutions and shifting agendas, multilevel governance opens multiple points of access for interests. In this process of mobilization and counter-mobilization, national governments no longer serve as exclusive nexus between domestic politics and international relations" (Hooghe/Marks 2001: 28). Das Europäische Parlament und vor allem die Kommission sind für Verbände interessante Partner geworden, wenngleich auch sie allein die Vermittlung gesellschaftlicher Interessen nicht kontrollieren können und hinsichtlich der Kontakte mit Verbänden miteinander konkurrieren. Demgegenüber vertrat Edgar Grande die These, dass es den nationalen Regierungen durch

Kooperation im Mehrebenensystem gelingen kann, sich gegen den Einfluss von mächtigen Interessenorganisationen abzuschotten. Demnach können Regierungen den Machtverlust in der Politikverflechtung durch Machtgewinn gegenüber Verbänden kompensieren („Paradox der Schwäche", Grande 1994, 1996). Verhandlungssysteme in der Mehrebenenpolitik können also dazu beitragen, die Entwicklung von public-private governance zu verhindern, ja selbst die traditionellen Wege der Interessenvermittlung zu schwächen.

Die beiden Thesen widersprechen sich nur vermeintlich. Tatsächlich verweisen sie darauf, dass die Interaktionen zwischen Akteuren in intergouvernementaler Politik und Verbänden entweder in korrespondierenden oder nicht korrespondierenden Strukturen stattfinden. Hooghe und Marks beschreiben das Mehrebenensystem der EU als verflochten, aber als wenig integriert und nur lose gekoppelt. Grande hat in dem von ihm untersuchten Bereich der Forschungsförderung Strukturen ermittelt, die dem joint decision-making der deutschen Politikverflechtung gleichen. Diese eng gekoppelte Verhandlungsstruktur ist in der Tat gegen externe Einflüsse eher abgeschottet. In beiden Thesen wird unterstellt, dass Mehrebenenkoordination über Verhandlungen stattfindet. Die Beziehungen zwischen Staat und Verbänden fällt im intergouvernementalen Wettbewerb aber ganz anders aus. Ausgehend von diesen Überlegungen können Thesen zur Korrespondenz zwischen Mehrebenensystemen und Interessenvermittlung formuliert werden.

Korrespondenz zwischen Mehrebenensystemen und Interessenvermittlung:

Grandes These weist darauf hin, dass eng gekoppelte intergouvernementale Verhandlungssysteme schwerlich vereinbar sind mit einem starken Einfluss von Verbänden. Daraus folgt, dass besonders korporatistische Formen der Interessenvermittlung, die zu wechselseitigen Vereinbarungen zwischen Regierungen und Verbänden führen, entweder die Blockadegefahren in der Mehrebenenpolitik drastisch erhöhen oder selbst störanfällig werden. Wenn Vertreter von Regierungen in Zwangsverhandlungen ihre Politik mit Regierungen anderer Gebietskörperschaften koordinieren müssen, sind sie gegenüber Verbänden nicht in der Lage, verlässliche Zusagen zu machen und Verpflichtungen einzugehen. Wie Fritz Scharpf gezeigt hat, ist die konzertierte Aktion in der Bundesrepublik auch daran gescheitert, dass die Bundesregierung sich in der Wirtschaftspolitik gleichzeitig mit Länderregierungen und Vertretern der Kommunen abstimmen musste (Scharpf 1987). Ein funktionierender Korporatismus wiederum setzt Zentralisierung von Entscheidungskompetenzen voraus, oder er wird auf dezentralen Ebenen praktiziert, sofern sich die Zentralregierung auf Rahmensetzung zurückzieht, wie es in der Wirtschaftspolitik seit den 1980er Jahren festzustellen ist (Karlhofer 2002). Jedenfalls erfordert er eine hohe Autonomie der involvierten Regierungen. Freiwillige intergouvernementale Verhandlungen reduzieren zwar die Bindungen von Regierungen, allerdings nicht in einem Ausmaß, das diese Form der Mehrebenenpolitik mit Korporatismus grundsätzlich inkompatibel machen würde.

- Korporatistische Interessenvermittlung und intergouvernementale Verhandlungen

Korporatistische Interessenvermittlung scheint demgegenüber eine geeignete Form der Politik im intergouvernementalen Wettbewerb zu sein. Sie trägt dazu bei, dass Lasten der durch Institutionenwettbewerb induzierten Politikanpassung zwischen gesellschaftlichen Gruppen gerecht verteilt werden, etwa indem Absenkungen von Steuern auf Kapital oder von Sozialbeiträgen der Unternehmen mit höherer Besteuerung des Ressourcenverbrauchs durch die Wirtschaft oder

- Korporatistische Interessenvermittlung und intergouvernementaler Wettbewerb

des Luxuskonsums kompensiert werden. Im Leistungswettbewerb können Verhandlungen zwischen Regierungen und Verbänden dazu dienen, erfolgreiche Politik zu generieren oder umzusetzen. Erfolg im intergouvernementalen Wettbewerb erreichen Regierungen häufig auch, indem sie Kooperationsvereinbarungen mit Unternehmen abschließen, in denen diese sich etwa zu Forschung und Innovationen, zur Aufrechterhaltung von Standards des Umwelt-, Verbraucher- und Gesundheitsschutzes, zum Engagement in der Ausbildungsförderung oder zu anderen gesellschaftlich bedeutsamen Leistungen verpflichten und im Gegenzug dabei vom Staat unterstützt werden.

- Pluralistische Interessenvermittlung im lose gekoppelten europäischen Mehrebenensystem

Liesbet Hooghe und Gary Marks unterstellen in ihrer Theorie von multilevel governance einen in zweifacher Weise lose gekoppelten Verbund von Mehrebenenpolitik und Interessenvermittlung. Sie beschreiben einerseits das europäische Mehrebenensystem als dynamische Struktur variierender Netzwerke oder Verhandlungen. Regierungen verhandeln dabei freiwillig, und gleichzeitig stehen sie in Konkurrenz zueinander. Dies entspricht der Beschreibung der EU als lose gekoppeltes Mehrebenensystem, die oben (Kapitel 6) ausgeführt wurde. Das Bild, das die Autoren von den Aktivitäten von Verbänden zeichnen, deckt sich mit dem Begriff der pluralistischen Interessenvermittlung. In der Tat korrespondieren beide Formen der Politik. Freiwillige Verhandlungen und Verbändepluralismus lassen allen Akteuren genügend Handlungsfreiheiten, um Vereinbarungen zu treffen. Politikergebnisse hängen dann stark von schwer prognostizierbaren strategischen Interaktionen ab. Mögliche Konflikte zwischen intergouvernementalen Verhandlungen und Einflüssen konkurrierender Interessen werden in der EU durch eine sequenzielle Differenzierung des Mehrebenensystems verhindert. In der europäischen Rechtsetzung werden Verbände in der Phase der Agendadefinition beteiligt, während die Regierungsverhandlungen im Modus des joint decision-making von Verbänden abgeschottet werden (vgl. auch Héritier 1997). Diese kommen dann wieder bei der Umsetzung von Richtlinien und Verordnungen ins Spiel, sei es in den Regulierungsausschüssen oder in den Partnerschaften der regionalen Strukturpolitik.

- Klientelistische Interessenvermittlung in intergouvernementalen Verhandungen

Sektorale Formen des joint decision-making, wie sie etwa mit den Gemeinschaftsaufgaben in der Bundesrepublik Deutschland existieren, sind vielfach verbunden mit engen Beziehungen zwischen Fachressorts der zentralen und dezentralen Regierungen und Verbänden, die besondere Interessen vertreten. Aus der Sicht der Ressorts dienen sie dazu, Unterstützung für ihre Aufgaben zu sichern und die Qualität der Aufgabenerfüllung zu verbessern, während sie Verbänden privilegierte Einflusskanäle eröffnen. Dabei entstehen oft klientelistische Strukturen, die territoriale Konfliktlinien überbrücken. Diese erleichtern die Verhandlungen zwischen Spezialisten in der Exekutive, die ohnehin dadurch begünstigt werden, dass die Beteiligten an einer gemeinsamen Problemlösung bzw. der Verwirklichung von Programmen in der Konkurrenz mit anderen Ressorts interessiert sind. In Verhandlungen verbundene Spezialisten (in Deutschland spricht man von „Fachbruderschaften" und in der amerikanischen Literatur findet sich die Bezeichnung „technocrats"; Beer 1978) und Vertreter von Verbänden unterstützen sich wechselseitig in ihren Anliegen, die auf beiden Seiten relativ unabhängig von Zugehörigkeiten zu Gebietskörperschaften oder Ebenen definiert werden.

Solche ebenenübergreifenden Interaktionen zwischen Spezialisten und ihrer Klientel lassen intergouvernementalen Wettbewerb nicht zu. Wettbewerbe wiederum dienen teilweise dazu, strukturkonservative klientelistische Beziehungen und Fachbruderschaften aufzulösen. Institutionenwettbewerbe mögen dies erreichen, wenn sie Folgen für bestimmte Politikfelder haben, wenngleich deren Wirkung, wie erwähnt, nicht überschätzt werden darf. Leistungswettbewerbe erreichen dieses Ziel nach den Erfahrungen mit Regionenwettbewerben in der Bundesrepublik Deutschland dagegen nicht oder nur begrenzt. Gerade sektorale Netzwerke, die durch die deutsche Politikverflechtung verstärkt werden, erwiesen sich als resistent gegen Konkurrenzdruck, wenn dieser nur auf Leistungsvergleich beruht (Benz 2003; Meincke 2008).

- Klientelistische Interessenvermittlung im intergouvernementalen Wettbewerb

Diese Aussagen über Korrespondenzen und Inkompatibilitäten zwischen Formen von Governance in Mehrebenensystemen und Beziehungen zwischen öffentlichen und privaten Akteuren dürfen nicht darüber hinwegtäuschen, dass es sich dabei selten um stabile Zusammenhänge handelt. Der Grad der Variabilität ist in den genannten Konstellationen unterschiedlich, im lose gekoppelten Mehrebenensystem mit pluralistischer Interessenvermittlung ist er sehr hoch, während er in Klientelbeziehungen zwischen Verbänden und Fachbruderschaften der Exekutive eher gering ausfällt. In allen Fällen handelt es sich aber um Politikformen, deren Dynamik und Folgen nicht zuletzt von Interaktionen zwischen Akteuren bestimmt werden. Und je höher die Komplexität der Strukturen, desto größer werden die Möglichkeiten, Mehrebenenpolitik einerseits und Staat-Verbände-Beziehungen bzw. Public-Private-Partnerships andererseits strategisch gegeneinander auszuspielen. Genauso wie Mehrebenenverhandlungen dazu dienen können, Regierungen gegen Verbandseinfluss abzuschotten, können Wettbewerbe organisiert werden, um Kooperation zwischen öffentlichen und privaten Akteuren zu mobilisieren, dies durchaus auch mit dem Ziel, verfestigte Mehrebenenverhandlungen oder klientelistische Strukturen zu unterminieren.

Komplexität und Interaktionsdynamik

Hinweise auf Dynamiken sind abstrakt und sagen wenig über konkrete Formen von Governance in Politikfeldern aus. Präzisere Erkenntnisse erreicht man erst durch eine genaue Analyse und empirische Forschung. Diese erfordern ein hinreichend differenziertes Gerüst an Kategorien. Wichtig ist daher der Hinweis, dass es nicht ausreicht, die Beteiligung von privaten Akteuren in der Mehrebenenpolitik mit Governance oder „new modes of governance" zu bezeichnen und darunter eine bestimmte Form von Politik in Kooperation und Netzwerken zwischen öffentlichen und privaten Akteuren zu verstehen. Gerade im Kontext von multilevel governance ergeben sich vielfältige Strukturen und Interaktionskonstellationen, in denen kollektives Handeln in verschiedenen Mechanismen der verbundenen Arenen erzeugt wird. Theoretische und empirische Arbeiten zur Mehrebenenpolitik haben diese Komplexität bisher nur in Ansätzen erfasst. Die knappe Zusammenfassung in diesem Kapitel enthält somit wiederum mehr Hinweise auf offene Forschungsfragen als dass sie gesicherte Kenntnisse vermittelt. Sie hat allerdings vor allem den Zweck, Anleitungen und Grundlagen zur Analyse von konkreten Fällen von Mehrebenenpolitik zu liefern.

Notwendigkeit differenzierter Analysen

8 Dynamik der Mehrebenenpolitik II: Verfassungspolitik

Bedeutung von Institutionen und Verfassungen

Die Governance-Perspektive, die den Ausführungen in den vorangehenden Kapiteln zugrunde liegt (Benz u.a. 2007), lenkt den Blick auf Steuerung und Koordinierung in Kontexten, die nur teilweise durch institutionelle Strukturen erfasst sind. In der Mehrebenenpolitik geht es um „Grenzen überschreitende" Politik zwischen Gebietskörperschaften und Staaten, sie findet zudem vielfach unter direkter Beteiligung von Verbänden, Unternehmen oder zivilgesellschaftlichen Organisationen statt. Politik in Mehrebenensystemen überschreitet damit auch die Grenzen der Institutionen des demokratischen Regierungssystems. Allein deswegen muss davon ausgegangen werden, dass die stabilisierende und handlungsleitende Wirkung von Institutionen begrenzt ist. Die bisher beschriebene Dynamik von Mehrebenenpolitik beruht auf der Art und Weise, wie Akteure mit dem Aufeinandertreffen unterschiedlicher institutioneller Kontexte umgehen.

Institutionen werden dadurch aber nicht irrelevant. Wie in Kapitel 2 dargestellt, bestimmen Verfassungsregeln, wie Kompetenzen und Ressourcen zwischen Ebenen verteilt sind und nach welchen Verfahren Politik über die Grenzen hinweg koordiniert wird. Auch die Varianten von Governance-Formen, die hier vergleichend analysiert wurden, sind maßgeblich durch die Verfassung bestimmt. Wettbewerbsverfahren erfordern mehr Dezentralisierung von Kompetenzen als Verhandlungsverfahren. Zwangsverhandlungen und Leistungswettbewerbe beruhen auf geteilten Kompetenzen, während freiwillige Verhandlungen und Institutionenwettbewerbe getrennte Kompetenzen der zentralen und dezentralen Gebietskörperschaften voraussetzen. Verfassungen können also die Flexibilität für strategische Anpassung und den Wechsel von Governance-Formen behindern oder erleichtern. Zu fragen ist daher, ob, in welcher Weise und unter welchen Voraussetzungen in Mehrebenensystemen eine Reform der Verfassung gelingen kann.

Schwierigkeiten einer Verfassungsreform

Die Schwierigkeit von Verfassungsreformen liegt offensichtlich darin, dass mit ihnen Kompetenzen, Ressourcen und Beteiligungsrechte verändert werden. Dies bedeutet, dass Macht zwischen Ebenen, Institutionen und den in ihnen tätigen Akteuren umverteilt wird. Gleichzeitig sind Akteure, die von der Neuverteilung der Macht betroffen sind, an den Entscheidungen darüber beteiligt und verfügen oft über Vetopositionen. In Bundesstaaten, in denen Verfassungsreformen das Verhältnis zwischen Bund und Gliedstaaten betreffen, wirken deren Vertreter zumindest an der Aushandlung von Reformvorschlägen, meistens aber auch an der Ratifikation dieser Entwürfe mit, wobei eine Verfassung in der Regel nur mit qualifizierter Mehrheit geändert werden kann. In der EU kommen Änderungen der Verträge, die zwar nicht in formaler Hinsicht, aber hinsichtlich der in ihnen geregelten Grundlagen der institutionellen Ordnung einer Verfassung gleichzusetzen sind, nur unter Mitwirkung aller Mitgliedstaaten zustande.

Ihre Regierungen führen Vertragsverhandlungen, und die dabei vereinbarten Änderungsvorschläge müssen in allen Mitgliedstaaten nach den jeweils vorgesehenen Verfahren ratifiziert werden. Im deutschen Bundesstaat verhandeln Vertreter von Bund und Ländern über Änderungen des Grundgesetzes, die vom Bundestag und Bundesrat mit Zwei-Drittel-Mehrheit verabschiedet werden müssen. In anderen föderativen Staaten sind die Hürden, die bei einer Verfassungsänderung überwunden werden müssen, meistens höher als in Deutschland, wenngleich nur in Ausnahmefällen einstimmige Ratifikation in allen Gliedstaaten erforderlich ist (zum Vergleich von Regeln der Verfassungsänderung: Livingston 1956; Lorenz 2005; Watts 2008: 161-165). Dass diese Prozesse blockadegefährdet sind, lässt sich an vielen Fällen belegen. Aber dennoch kommen Verfassungsreformen in der Realität vor (Banting/Simeon 1985).

Verfassungsreformen werden durch die Dynamik von Mehrebenensystemen verursacht, die Machtverschiebungen bewirkt, welche nicht legitimiert sind und bestehenden Regeln widersprechen. Angesichts der ständigen Bestrebungen der Akteure, Macht zu gewinnen, sind Verfassungsfragen latent fast immer ein Thema, das unter bestimmten Umständen in den Vordergrund tritt und Reformprozesse auslöst. Meistens werden diese Fragen durch einschneidende Ereignisse manifest, wie etwa die Deutsche Einheit oder die Auflösung der Ost-West-Spaltung in Europa. Oft werden sie durch Regierungswechsel auf der zentralen Ebene angestoßen. Impulse für Verfassungsreformen können auch von Entscheidungen eines Verfassungsgerichts ausgehen, wenn damit latente Probleme offengelegt werden. Sie können aber auch, wie sich in der Geschichte der belgischen Verfassungsreformen seit 1970 gut zeigen lässt, infolge einer krisenhaften Zuspitzung von Konflikten erzwungen werden, die die Regierbarkeit blockieren.

Ursachen einer Verfassungsreform

Reformen können durch veränderte Rahmenbedingungen notwendig werden, die Anforderungen stellen, denen die bestehende Kompetenz- und Ressourcenverteilung nicht mehr angemessen ist. Ein maßgeblicher Grund dafür, dass Verfassungen auf die Agenda kommen, liegt jedoch in Blockaden von Politik, sei es der intergouvernementalen Entscheidungsprozesse oder der intragouvernementalen Legitimationsprozesse. Mit anderen Worten: Wenn Akteure nicht mehr in der Lage sind, die Dilemmasituationen der Mehrebenenpolitik zu bewältigen, dann bleibt nur die Änderung der Verfassung.

Grundsätzlich können Verfassungsreformen in Mehrebenensystemen relativ leicht auf die Agenda der Politik gebracht werden, weil Verfassungsprobleme von konkurrierenden Akteuren artikuliert werden können. Die institutionelle Gewaltenteilung erzeugt dabei „multiple streams" von Themen, die sich zu einem allgemein anerkannten politischen Problem verdichten können (Kingdon 1995; Zahariadis 2007). Initiativen zu Reformen können von Akteuren auf den zentralen und dezentralen Ebenen ausgehen. Innerhalb der Ebenen sind meistens Regierungen die treibenden Kräfte, seltener dagegen Parlamente oder gesellschaftliche Gruppen. Von Machtverschiebungen negativ betroffen sind vielfach die dezentralen Parlamente, aber sie verfügen selten über Initiativrechte oder können diese nur nutzen, wenn sie in mehreren Gebietskörperschaften entsprechende Parlamentsentscheidungen herbeiführen. Die deutschen Landtage haben über ihre Präsidentinnen und Präsidenten lange ihren Machtverlust durch Bund-Länder-Kooperation beklagt, ohne dass deswegen Reformprozesse einge-

Initiativen für eine Verfassungsreform

leitet wurden. In der EU haben nationale Parlamente über die Versammlung der Europaausschüsse (COSAC) entsprechende Klagen formuliert. Verfassungsreformen werden jedoch in der EU wie in Deutschland immer durch Regierungen eingeleitet. Politische Initiativen aus Parlamenten oder Parteien von Gliedstaaten kommen in multinationalen Föderalstaaten vor, sind aber selbst dort eher die Ausnahme als die Regel.

**Verfassungs-
verhandlungen**

So leicht Verfassungsprobleme auf die Agenda kommen, so schwer lassen sie sich lösen, da dies eine Einigung unter Akteuren mit oft entgegengesetzten Interessen erfordert. Theorien zur Erklärung politischer Entscheidungen begründen die Vermutung, dass Verfassungsverhandlungen mit hoher Wahrscheinlichkeit scheitern. Institutionentheorien verweisen auf die Vielzahl der Vetospieler und die Pfadabhängigkeit komplexer institutioneller Konfigurationen, die in Mehrebenensystemen zweifellos gegeben sind. Auch akteurszentrierte Verhandlungstheorien lassen Blockaden erwarten, insbesondere weil über Reformvorschläge Vertreter verhandeln, die entweder Interessen von Regierungen bzw. Gebietskörperschaften verpflichtet sind oder politische Parteien repräsentieren. Solche Akteure neigen zu bargaining-Verhalten, weshalb Verteilungskonflikte um Macht, Kompetenzen oder Finanzen nur sehr schwer gelöst werden können. Bestenfalls kommen Kompromisse zustande, die aber praktisch ausgeschlossen sind, wenn Machtansprüche mit Identitätsbehauptungen regionaler Bevölkerungsgruppen verbunden werden, wie dies in föderativen Systemen nicht selten geschieht. Die Tatsache, dass unter diesen Umständen dennoch Verfassungsreformen zu beobachten sind, stellt diese theoretischen Argumentationen aber in Frage. Offenbar müssen wir weitere Faktoren berücksichtigen, um den Erfolg oder Misserfolg von Verfassungsverhandlungen zu erklären.

**Verhandlungen über
Normen und Verfas-
sungsprinzipien**

Konflikte um Macht- und Ressourcenverteilungen zwischen den Ebenen oder Institutionen eines politischen Systems können grundsätzlich gelöst werden, wenn anerkannte Prinzipien die Verteilungsentscheidungen leiten oder wenn mehrere Konfliktgegenstände zu einer Paketlösung kombiniert werden können. Im ersten Fall müssen Repräsentanten in Verfassungsverhandlungen bereit sein, sich zuerst auf Normen oder Prinzipien zu verständigen, bevor sie Details der Kompetenzzuordnungen oder Regeln über Finanzen erörtern. Solche Verhandlungen im Modus des „arguing" entstehen allerdings nicht von selbst; ob sie gelingen, hängt von der Struktur der Verhandlungen ab. In Verfassungsverhandlungen scheint die Öffentlichkeit zu bewirken, dass Akteure ihre Machtansprüche normativ begründen müssen, selbst wenn sie ihre eigenen Interessen verfolgen (Elster 1998). Ferner kann eine geeignete Verhandlungsführung dazu beitragen, dass zunächst die Prinzipien und dann die Details geklärt werden. Darüber hinaus ist zu vermuten, dass Machtkonflikte zwischen Exekutiven und Parlamenten leichter zu lösen sind als Kompetenz- und Ressourcenkonflikte, weil jene der unstrittigen Leitlinie des Demokratieprinzips unterliegen, diese aber bestenfalls nach dem Subsidiaritätsprinzip entschieden werden können, das sich für konkrete Verfassungsfragen als Leerformel erweist (Treisman 2007). Probleme der Finanzverteilung sind schwieriger auszuräumen als Kompetenzkonflikte, weil Regierungen im ersten Fall die Verteilungswirkungen genau kalkulieren können, während Kompetenzverteilungen nicht nur Macht, sondern auch Belastungen bewirken und ihre Folgen daher eher diffus und unsicher ausfallen.

Verfassungsentscheidungen über die Machtverteilung zwischen Ebenen und *Paketlösungen* Institutionen können durch Paketlösungen gelingen, wenn gleichzeitig unterschiedliche Gegenstände oder Konfliktdimensionen behandelt werden. Die letzte Föderalismusreform in Deutschland, die 2006 in Kraft trat, zielte von Beginn an auf ein Tauschgeschäft, in dem der Bund den Ländern Kompetenzen übertragen sollte, diese umgekehrt auf Zustimmungsrechte des Bundesrats verzichten sollten. Dieses Beispiel zeigt aber die Grenzen einer solchen Strategie in Verfassungsreformen. Paketlösungen setzen voraus, dass Interessenkonflikte auf wenige Sachfragen beschränkt werden können, was in Mehrebenensystemen, wie oben erwähnt (vgl. 7.2.1), in multilateralen Verhandlungen selten gelingt. In der Föderalismusreform standen sich scheinbar Bund und Länder als zwei geschlossene Koalitionen gegenüber, allerdings bewerteten west- und ostdeutsche Länder die Kompetenzdezentralisierung unterschiedlich, weshalb die ursprünglich geplante Paketlösung nur ansatzweise zustande kam (Benz 2008). Vertragsreformen in der EU beinhalten oft ebenfalls Tauschgeschäfte, allerdings in aller Regel in Form von Konzessionen für einzelne Mitgliedsstaaten, die Einwände gegen spezifische Bestimmungen haben. Dabei besteht die Gefahr, dass andere Regierungen zusätzliche Forderungen stellen, bilaterale Tauschgeschäfte sich damit zu multilateralen Interessenkonstellationen erweitern, die eine Einigung erschweren. Zudem werden Gewinn- und Verlustrechnungen zu primären Entscheidungskriterien, während die eigentlichen Verfassungsprobleme sowie die Auswirkungen von Änderungen auf Regierbarkeit und Demokratie in den Hintergrund rücken. Im Übrigen enden Paketlösungen meistens damit, dass bestehende Machtverhältnisse aufrecht erhalten werden mit der Folge, dass Mehrebenensysteme schwerlich gegen Dynamiken gesellschaftlicher Prozesse und Machtpolitiken stabilisiert werden können.

Verfassungsverhandlungen, in denen es primär um Tauschgeschäfte geht, *Strukturen von* entstehen vor allem, wenn Verfassungsänderungen zwischen Vertretern von *Verfassungsverhand-* Regierungen, also in intergouvernementalen Verfahren ausgearbeitet werden und *lungen* Parteien oder gesellschaftliche Gruppen eine untergeordnete Rolle spielen. In parlamentarischen Gremien erhalten parteipolitische Bewertungen oder das Verhältnis zwischen Regierungen und Parlamenten eine größere Bedeutung. Aspekte der demokratischen Legitimation sowie Konsequenzen von Verfassungsregeln für öffentliche Aufgaben, für interregionale Verteilungsgerechtigkeit oder für die Effizienz des Regierens werden hier eher behandelt. Gleiches gilt, wenn Vertreter gesellschaftlicher Interessen mitwirken, für die die Machtverteilung zwischen den Ebenen nebensächlich ist, hingegen die Folgen für die Regierbarkeit in dem sie betreffenden Politikfeld im Mittelpunkt stehen. Der Vergleich zwischen der „Kommission von Bundesrat und Bundestag zur Modernisierung der bundesstaatlichen Ordnung" und dem „Konvent zur Zukunft der Europäischen Union", der den Entwurf eines Verfassungsvertrags erarbeitete, illustriert dies. In der deutschen Bundesstaatskommission verhandelten Vertreter von Bundestag und Bundesrat, jedoch dominierte die Bund-Länder-Konfliktlinie. Der Europäische Konvent setzte sich ebenfalls aus Vertretern von Regierungen und Parlamentariern zusammen, allerdings unterschied sich der Referenzrahmen der Verhandlungen deutlich von den intergouvernementalen Verhandlungen der Regierungen, in denen Vertragsänderungen ansonsten vorbereitet und entschieden werden. Parlamentarier bildeten lose Gruppen von Vertretern des Europäischen Parlaments oder nationaler Parlamente, die keine kohärenten Positionen vertraten und offen für Koalitionsbildungen quer zu den intergouvernementalen Konfliktlinien waren. Ihnen ging es weniger um Machtverteilung als um die Stabilisierung und Demokratisierung der EU. Der „Convention spirit", der die Arbeit des Konvents prägte, beeinflusste auch das Verhandlungsverhalten der im Konvent mitwirkenden Vertreter von Regierungen (Closa 2004: 201; vgl auch Magnette/Kalypso 2004). Hingegen fanden die Verhandlungen zu der Föderalismusreform in einem Rahmen statt, der durch die Konfrontation von Bund und Ländern geprägt war.

Verfassungsreformen werden in Verhandlungen ausgearbeitet, die zwingend den Charakter von multilateralen Zwangsverhandlungen annehmen. Sie betreffen immer alle Einheiten eines Mehrebenensystems, und formale Änderungen sind durch einseitige Entscheidungen nicht möglich. Daraus folgt nicht, dass Änderungsvorschläge in intergouvernementalen Verhandlungen ausgearbeitet werden müssen, auch wenn Vertreter der verschiedenen Ebenen und Gebietskörperschaften zu beteiligen sind. Je mehr sich der Kreis der Beteiligten und die Verfahren von „normalen" Verhandlungen in der Mehrebenenpolitik unterscheiden, desto größer dürfte die Wahrscheinlichkeit sein, dass signifikante Verfassungsänderungen vorgeschlagen werden. Je mehr sich in Verfassungsverhandlungen die Machtverhältnisse in intergouvernementalen Beziehungen widerspiegeln, desto eher drohen Verhandlungen zu scheitern oder mit geringen Änderungen zu enden.

Ratifikation von Verfassungsänderungen

Verfassungsverhandlungen legen die Grundlagen für Veränderungen, über den Erfolg oder Misserfolg von Reformen entscheiden letztlich aber Verfahren der Ratifikation. Die dabei geltenden Entscheidungsregeln wirken gleichsam wie ein Schatten auf die vorbereitenden Verhandlungen, weil diese dazu dienen, solche Entscheidungsvorschläge zu formulieren, die die erforderliche Zustimmung finden. Dieser Schatten ist diffus, wenn Verfassungsänderungen in Referenden beschlossen werden müssen, weil deren Ausgang kaum zu prognostizieren ist. Gerade deswegen erfordern Volksentscheide einen möglichst breiten Konsens zwischen gesellschaftlichen Gruppen, die in öffentlichen Diskussionen den Reformvorschlag unterstützen. In der Schweiz, wo Verfassungsänderungen in einem Volksentscheid ratifiziert werden müssen, werden deshalb Reformen in langen Verhandlungen unter Beteiligung aller relevanten gesellschaftlichen Interessenorganisationen vorbereitet, wobei der Einfluss von Regierungen und Parteien begrenzt ist (Braun 2008). Diese Voraussetzung einer Einigung zwischen Gruppenvertretern ist schwierig zu erfüllen, und Referenden bergen immer ein hohes Risiko des Scheiterns in sich. In der Bundesrepublik sind Zwei-Drittel-Mehrheiten in Bundestag und Bundesrat erforderlich, was normalerweise bedeutet, dass die Bundestagsfraktionen der großen Parteien und eine qualifizierte Mehrheit der Landesregierungen im Bundesrat zustimmen müssen. Die Praxis, die Kräfteverhältnisse in den ratifizierenden Legislativorganen auch in Verfassungsverhandlungen abzubilden, erklärt, warum in allen Phasen die Interessen der möglichen Vetospieler in Bund und Ländern dominieren und gesellschaftliche Interessen oder Werte keine Rolle spielen. Das erhöht die Wahrscheinlichkeit einer Ratifikation, lässt aber keine weitreichenden Reformen zu. In der EU, wo Vertragsänderungen durch die Regierungen und Parlamente der Mitgliedstaaten ratifiziert werden müssen und einzelne Mitgliedstaaten nationale Referenden durchführen, ist die Unsicherheit über den Verfahrensausgang extrem hoch. Dies wird in den Regierungsverhandlungen von einzelnen Regierungen ausgenutzt, um ihre nationalen Interessen durchzusetzen. Im Konventsprozess kamen diese Verhandlungsorientierungen dagegen weniger zum Tragen. Der Entwurf eines Verfassungsvertrags, den der Konvent erarbeitete, fand dennoch in Referenden in Frankreich und in den Niederlanden nicht die erforderliche Mehrheit, und die durch die Staats- und Regierungschefs überarbeitete Version des Vertrags von Lissabon scheiterte bislang in einem Referendum in Irland. Die Ursachen des Scheiterns liegen hierbei teilweise in der Struktur der Verhandlungen, teilweise aber auch an der hohen Hürde für eine Ratifikation, der alle Mitgliedstaaten zustimmen müssen.

Die Notwendigkeit, einfache oder sogar qualifizierte Mehrheiten in zwei Kammern der Legislative oder in zentralen und dezentralen Gebietskörperschaften zu erreichen, ist geeignet, formale Verfassungsänderungen zu erschweren. Darin liegt der Zweck dieser Regeln. In vielen Mehrebenensystemen sind die Anforderungen so hoch, dass selbst nach effektiven Verfassungsverhandlungen Reformen scheitern können. Andererseits können relativ einfache Ratifizierungsverfahren, wie sie für Änderungen des deutschen Grundgesetzes gelten, nicht gewährleisten, dass mit der Verabschiedung einer Verfassungsreform auch die angestrebten Ziele erreicht werden, wenn auch Verhandlungsergebnisse, die den kleinsten gemeinsamen Nenner der Beteiligten widerspiegeln, ratifiziert werden. Damit spricht vieles für die These, dass gelungene Verfassungsreformen in Mehrebenensystemen eher selten sind und selbst im Falle der Ratifikation eine nicht unerhebliche Diskrepanz zwischen Zielen und Ergebnissen besteht. *Grenzen der Verfassungsreform*

Institutionelle Reformen von Mehrebenensystemen sind deswegen nicht unmöglich, aber ihre Wirkungen sind „pfadabhängig" (vgl. oben 2.3). Verfassungsordnungen entwickeln sich meistens inkrementell durch Veränderungen einzelner Regeln oder Institutionen der einzelnen Ebenen, die Anpassungsprozesse in den verschiedenen Arenen auslösen (Pierson 2000; Lehmbruch 2002). Ausgelöst werden Reformen normalerweise durch Krisen, die meist durch schwerwiegende Effektivitäts-, Legitimations- oder Stabilitätsprobleme verursacht werden. Die Richtung der Veränderung ist allerdings durch diese Situationen nicht bestimmt. Vielmehr wird sie durch Faktoren wie Strukturen und Verfahren der Verfassungsverhandlungen, die darin wirkenden Machtverhältnisse, Leitideen der Reform sowie Entscheidungs- und Ratifikationsregeln bestimmt. Generell sind jedoch in komplexen Mehrebenensystemen weit reichende und dauerhafte Änderungen der Verfassungsordnung nicht zu erwarten. *Pfadabhängige Entwicklung*

Die Schwierigkeiten von Verfassungsreformen und die geringen Chancen, grundlegende Veränderungen zu bewirken, verweisen uns damit wieder auf Governance als kollektives Handeln interdependenter Akteure. Über den Erfolg von Governance wie das Scheitern („governance failure"; Jessop 1998, 2002: 236), das gerade in komplexen Mehrebenensystemen immer eine reale Gefahr darstellt, entscheiden weder Institution noch Verfahrensregeln allein. Die Eigendynamik von Governance kann durch Verfassung oder Recht nur begrenzt gesteuert werden. Vielmehr bedarf es eines ständigen Austarierens von Machtgleichge- *Verfassung als Rahmen einer akteurszentrierten Mehrebenenpolitik*

wichten („collibration"; Dunsire 1996), einer kontinuierlichen Anpassung des
Zusammenwirkens von Arenen und der in ihnen geltenden Koordinationsmodi.
Ob dies gelingt, hängt wesentlich von den Strategien der Akteure ab. Governance im Mehrebenensystem ist zwar institutionell geprägt, impliziert aber eine
akteurszentrierte Politik. Überspitzt ausgedrückt kann man daher feststellen,
dass die Entstehung von Mehrebenensystemen der Politik die Institutionalisierung von Herrschaft, die die Entstehung des modernen Territorialstaates hervor-
brachte, ein beträchtliches Stück rückgängig gemacht hat. Damit soll die Relevanz von Verfassungen und Verfassungspolitik nicht relativiert werden, jedoch
zum Ausdruck gebracht werden, dass diese angesichts der Komplexität der
Mehrebenenpolitik immer nur einen Rahmen setzen können. Gerhard Lehmbruch hat darauf bereits vor mehr als 20 Jahren hingewiesen:

„Interlocking politics ('Politikverflechtung') will increase in many political
dimensions – not only in federal ones. Countering this trend by 'decentralisation'
may be of some help, but will not be able decisively to reverse the trend. Main-
taining the delicate balance of co-operation and conflict in interlocking relation-
ships will depend upon political techniques that largely transcend the classical
tradition of constitution-making" (Lehmbruch 1985: 41).

9 Möglichkeiten und Grenzen einer demokratischen Mehrebenenpolitik

9.1 Problematik der demokratischen Legitimation

In den vorangegangenen Kapiteln wurde dargestellt, wie Politik in Mehrebenensystemen funktioniert, d.h. wie angesichts der Störungsanfälligkeit bzw. der Wahrscheinlichkeit von Blockaden politische Entscheidungen möglich sind. Indem ich auf die Notwendigkeit verwiesen habe, dass Mehrebenenpolitik innerhalb der beteiligten Gebietskörperschaften Zustimmung finden muss, habe ich implizit vorausgesetzt, dass Politik nicht einfach effektive Machtausübung bedeutet, sondern demokratisch legitimiert werden muss. Der Begriff des demokratischen Regierens sollte dies ausdrücken. Ferner habe ich Störungen nicht nur hinsichtlich der Entscheidungsfähigkeit, sondern auch der Zustimmung der legitimierten Organe oder der Betroffenen erörtert.

Die Analyse bestätigt die These, dass Regieren in der Mehrebenenpolitik in ein grundlegendes Dilemma führt. Effektive Entscheidungen und demokratische Legitimation können offenkundig nicht gleichzeitig optimiert werden (Dahl 1994; Scharpf 1999). Gelingt es, Politik über Grenzen von Gebietskörperschaften hinweg zu koordinieren, dann verlieren Parlamente und Bürgerschaften an Einfluss, während Regierungen und Verwaltungen an Macht gewinnen und sich leicht der Verantwortung in demokratischen Verfahren entziehen können. Wenn dagegen demokratische Kontrollen funktionieren und Regierungen bzw. Verwaltungen entweder Aufträge ihrer Parlamente ausführen oder sich darauf einstellen, zur Rechenschaft gezogen zu werden, dann verlieren Akteure in der Mehrebenenpolitik an Verhandlungs- oder Anpassungsfähigkeit, was die Effektivität der Koordination beeinträchtigt. Dilemma demokratischen Regierens

Dieses Dilemma demokratischen Regierens tritt in unterschiedlichen Ausprägungen auf (DeBardeleben/Hurrelmann 2007a):

Zum einen widerspricht Mehrebenenpolitik dem Kongruenzprinzip der Demokratie (Zürn 1996). Demokratische Prozesse sind immer in territorialen Kontexten organisiert. Wenn sich diese nicht mit den Wirkungsräumen der Entscheidungen decken, so ist der Kreis der Beteiligten nicht identisch mit dem Kreis der Betroffenen, wie es das Demokratieprinzip verlangt. In föderativen Systemen, in denen auf zentraler Ebene direkt gewählte Parlamente für die gesamte Bürgerschaft handeln, ist dieses Problem weniger gravierend als in der internationalen Politik, in der demokratische Repräsentation nur dezentral, in den Nationalstaaten existiert. Gleichwohl muss Mehrebenenpolitik immer auf zentraler wie dezentraler Ebene legitimiert werden und betrifft insofern Bürgerschaften, die sich zwar überlappen, aber nicht kongruent sind. Inkongruenz von Beteiligten und Betroffenen

Zum zweiten erschwert Mehrebenenpolitik die demokratische Repräsentation. Diese bedeutet nicht nur, dass gewählten Vertretern Macht übertragen wird, Problem demokratischer Repräsentation sondern erfordert auch, dass Repräsentanten und Repräsentierte miteinander über Interessen, Politikangebote und Politikergebnisse kommunizieren. Innerhalb einer Ebene vermitteln Parteien und Medien diese Kommunikation. In der Mehrebenenpolitik entstehen längere Repräsentationsketten, und Verfahren der intergouvernementalen Koordination finden in den auf Ebenen bezogenen öffentlichen Diskussionen wenig Beachtung. In der EU ist dieses Problem offensichtlich, da Parteien überwiegend in den nationalen oder regionalen Kontexten aktiv sind und hier auch Öffentlichkeit stattfindet. Selbst Europawahlen haben wenig Bezug zur europäischen Politik und werden von den Wählerschaften der Mitgliedstaaten zur Meinungsäußerung über ihre Regierungen genutzt. Auf europäischer Ebene werden politische Entscheidungen getroffen, während die öffentlichen Auseinandersetzungen um Macht und Einfluss in den Mitgliedstaaten stattfinden (Schmidt 2006). Im deutschen Bundesstaat gilt ähnliches, wenn auch mit umgekehrtem Verhältnis zwischen den Ebenen. Hier sind Länder oder lokale Gebietskörperschaften für viele Leistungsaufgaben oder den Vollzug der meisten Gesetzen zuständig, politische Diskussionen und vor allem Parteipolitik handeln aber primär von bundespolitischen Themen.

Interne und externe Verantwortlichkeit

Repräsentanten aus dem öffentlichen Sektor, die nach den Regeln eines demokratischen Regierungssystems ihren Parlamenten und Wählerschaften gegenüber verantwortlich sind, können sich der Rechenschaftspflicht und der öffentlichen Diskussion nicht auf Dauer, sondern nur im Einzelfall entziehen. Ihre Macht steht und fällt mit der Zustimmung oder deren Verweigerung in Kontrollorganen, in letzter Instanz in den gewählten Parlamenten. Regierungen sind also „intern", d.h. für Entscheidungen in ihrem Zuständigkeitsbereich verantwortlich, während ihre „externe" Verantwortlichkeit für intergouvernementale Politik schwach ist und keinen demokratischen Regeln unterliegt. Für die internationale Politik wurde vorgeschlagen, dieses Problem durch Beteiligung von Verbänden zu kompensieren, die für „transterritoriale", ebenenüberschreitende kollektive Interessen eintreten und dafür Verantwortung übernehmen (Keohane 2004; Wolf 2006). Hier können Menschenrechts- oder Umweltorganisationen diese Funktion erfüllen, in der EU und in nationalen Mehrebenensystemen kommen dafür Umwelt- und Verbraucherverbände, Sozialverbände oder Organisationen der Wissenschaft in Frage. Aufgrund ihres Engagements für Belange, die Grenzen der Gebietskörperschaften und der territorial organisierten Ebenen politischer Systeme überschreiten, kann man von diesen Verbänden ein hohes Maß an Verantwortlichkeit für „externe" Effekte erwarten. Allerdings zeigt sich in der Praxis ein weiteres Dilemma: In solchen Verbänden sind demokratische Willensbildungs- und Kontrollverfahren durch die Mehrebenenstruktur behindert. Dachverbände oder zentrale Leitungsebenen können in großen, national oder international operierenden Organisationen schwerlich durch Willensbildung von unten nach oben gesteuert werden. Transterritoriale Organisationen gesellschaftlicher Interessen sind extrem anfällig für Oligarchisierung (Risse 2006).

Effektivitäts-Demokratie-Dilemma

Das entscheidende Dilemma der Mehrebenenpolitik liegt jedoch in der Schwierigkeit, dass effektive Koordination und demokratische Legitimation schwerlich gleichzeitig gewährleistet werden können. Demokratische Legitimation verlangt, vereinfacht ausgedrückt, gesellschaftliche Probleme zu lösen und für politische Entscheidungen die Zustimmung der Betroffenen oder ihrer Reprä-

sentanten zu gewinnen. Normalerweise wird über Zustimmung oder Nichtzu-
stimmung in Wahlen und Abstimmungen nach dem Mehrheitsprinzip entschieden. Dabei kann kollektives Handeln in komplexen Entscheidungssituationen zu
Ergebnissen führen, die vermuten lassen, dass effektive Entscheidungen abgelehnt oder ineffektive Lösungen befürwortet worden sind (Riker 1982). In Mehrebenensystemen verschärft sich diese Problematik, weil über Problemlösungen
und Legitimität in unterschiedlichen Arenen befunden wird. Koordination zwischen Ebenen kann beeinträchtigt werden, gerade weil demokratische Willensbildung und Kontrolle in einzelnen Ebenen wirksam sind. Umgekehrt können
intergouvernementale Verfahren funktionieren, aber dennoch ihre Ergebnisse in
den zuständigen Organen der Gebietskörperschaften abgelehnt werden, weil hier
nur partielle Aspekte der intergouvernementalen Entscheidung bewertet werden.
Beide Fälle sind bei Themen, die politisch umstritten und gesellschaftlich relevant sind, wesentlich wahrscheinlicher als bei Angelegenheiten, die eher Rand-
themen oder spezielle Fragen betreffen. Die meisten Interaktionsstrategien der
Akteure können Entscheidungsblockaden verhindern, das Effektivitäts-
Demokratie-Dilemma aber nicht vermeiden (vgl. Kapitel 7).

Dass Politik in verflochtenen Mehrebenenstrukturen überhaupt demokrati- **Dilemma oder unauf-**
schen Normen entsprechen kann, wird angesichts dieser Dilemmas nicht selten **lösbarer Wider-**
bestritten. Demokratische Mehrebenenpolitik stellt für manche Beobachter einen **spruch?**
Widerspruch in sich selbst dar (Simeon/Cameron 2002; deutlich abgeschwächt
dagegen Simeon/Nugent 2008), andere sehen in der Mehrebenenkoordination
einen „Pakt mit dem Teufel", einen problematischen Tauschhandel, in dem Ent-
scheidungseffektivität auf Kosten demokratischer Beteiligungsverfahren und
Verantwortlichkeit erkauft wird (Peters/Pierre 2004). Mehrebenenpolitik wird
vielfach mit Dominanz der Exekutive oder von Fachverwaltungen, mit organisierter Unverantwortlichkeit und mit intransparenten Verfahren gleichgesetzt.

Wenn man Mehrebenenpolitik per se als undemokratisch betrachtet, liegt
die Schlussfolgerung nahe, dass nur eine Entflechtung der Ebenen mehr Demokratie bewirken kann. An dieser Forderung ist richtig, dass Kompetenzen klar
geordnet sein sollten. Eine Trennung von Zuständigkeiten zwischen Ebenen
reduziert aber nicht den Bedarf für Koordination, sondern erhöht diesen in der
Regel (vgl. Kap. 2). Wenn Entscheidungen zwischen Regierungen dann informell koordiniert werden, so entstehen erst recht Demokratiedefizite. Die geschilderten Dilemmas demokratischen Regierens in Mehrebenensystemen sind meistens nicht durch eine bestimmte Kompetenzverteilung verursacht, weshalb deren
Änderung auch zu keiner Lösung führt.

Unter der Voraussetzung, dass Politik zwischen Ebenen verflochten ist und **Lösungsvorschläge**
dies nicht zu vermeiden ist, wird in der Politikwissenschaft seit längerem das
Demokratieproblem von „multilevel governance" diskutiert, sei es mit Bezug auf
Bundesstaaten, auf die EU oder auf die internationale Politik (z.B. Abromeit
1998; Andersen/Burns 1996; Benz/Harlow/Papadopoulos 2007; Benz/Papado-
poulous 2006; DeBardeleben/Hurrelmann 2007; Føllesdal/Koslowski 1998;
Greven/Pauly 2000; Heinelt 2002; Held/Koenig-Archibugi 2004; Kohler-Koch/
Rittberger 2007; McGrew 1997; Streeck 1998). Dabei wurden zahlreiche Konzepte ausgearbeitet, die dazu beitragen sollen, Mehrebenenpolitik zu demokratisieren.

Stärkung demokratischer Institutionen und Verfahren

Zum einen wird eine Stärkung der intragouvernementalen Institutionen und Verfahren gefordert, die demokratische Legitimation sichern sollen. Besonderes Interesse gilt dabei Parlamenten. In Deutschland hat man sich in den Ländern immer wieder bemüht, die Landtage frühzeitig an Entscheidungen über Gemeinschaftsaufgaben zu beteiligen (Mielke/Reutter 2004). Die Staats- und Regierungschefs der EU reagierten auf Kritik am Demokratiedefizit zuerst mit der Aufwertung des Europäischen Parlaments, das seit 1979 direkt gewählt wird und schrittweise mehr Kompetenzen erhielt. In jüngster Zeit steht die Beteiligung der nationalen Parlamente im Mittelpunkt der Demokratisierungspolitik (Auel/Benz 2005; Maurer 2002). David Held (1995) forderte gar die Parlamentarisierung der globalen Ordnung. Mit solchen Entwicklungen wird die Machtverschiebung auf die Exekutive korrigiert, allerdings führen sie geradezu in die oben geschilderten Dilemmasituationen des demokratischen Regierens in Mehrebenensystemen hinein. Deswegen wurde auch vorgeschlagen, Regierungschefs direkt zu wählen, was die enge Kopplung der parlamentarischen Demokratie aufheben könnte (Arnim 2002: 232). Dementsprechend brachten Europaforscher das Konzept eines präsidentiellen Regierungssystems in die Diskussion (Coultrap 1999; Decker 2000). Ferner wurde angeregt, Entscheidungen in der Mehrebenenpolitik durch Verfahren der direkten Demokratie zu initiieren oder zu ratifizieren (Abromeit 1998; Schmitter 2000: 120; Zürn 1996: 27). Während der Übergang zu Präsidialregierungen vermutlich die Demokratie eher schwächt als stärkt, hängt die Wirkung von Volksinitiativen und Referenden maßgeblich von der konkreten Ausgestaltung der Verfahren ab. Ferner funktionieren sie nur, wenn organisierte Gruppen Initiativen ergreifen und öffentliche Diskussionen über Entscheidungsoptionen fördern, was in Mehrebenensystemen generell schwierig zu realisieren ist.

Demokratisierung intergouvernementaler Beziehungen

Zum zweiten finden sich Vorschläge, die darauf zielen, die Mehrebenenpolitik selbst zu demokratisieren. Philippe Schmitter (2006) hat ein Konzept von „European Governance Agencies" entworfen, das nach präzise definierten Regeln Mehrebenen-Verhandlungen für Verbände und private Akteure öffnen soll. Es kommt Überlegungen nahe, denen zufolge Mehrebenenpolitik als konsoziale Demokratie oder assoziative Demokratie ausgestaltet werden sollte (Cohen/Rogers 1994; Hirst 1994; Eising 2001; Schmidt 2000a). Ein weiteres Konzept findet sich unter der Bezeichnung „Democratic Network Governance" (Sorensen/Torfing 2007). Generell gesprochen geht es dabei um eine Beteiligung von Vertretern gesellschaftlicher Interessen in den intergouvernementalen Verhandlungen. Gegen diese Vorschläge lässt sich einwenden, dass sie zu einer sektoralen Fragmentierung der Politik, zu elitären Verhandlungssystemen, zu strukturkonservativen Verflechtungen zwischen Regierungen und Interessengruppen, zur Vernachlässigung schwer organisierbarer Interessen und zur Schwächung von Wahlen und Parlamenten führen (Papadopoulos 2004, 2007). Die demokratische Legitimität von Mehrebenenpolitik erfordert mithin zusätzliche Maßnahmen, die die Beteiligung aller relevanten Gruppen fördern und die Kontrolle von Vertretern organisierter Interessen erleichtern. Sie dürften jedoch die Entscheidungskosten erheblich steigern.

Deliberative Verfahren

Drittens gibt es Überlegungen, demokratische Verfahren so zu organisieren, dass eine kommunikative Verbindung intra- und intergouvernementaler Entscheidungen zustande kommt. Dazu soll das Konzept der deliberativen Demokratie dienen (Dryzek 1990; Elster 1998; Eriksen/Fossum 2000; Neyer 2003; Gerstenberg/Sabel 2002; Schmalz-Bruns 1999). Wenn in politischen Prozessen verallgemeinerbare Interessen formuliert werden und damit sachliche, zeitliche und soziale Selektivitäten von Interessenvertretung überwunden werden können, dann lassen sich intergouvernementale Entscheidungen leicht in der intragouvernementalen Arena rechtfertigen. Gut begründete Argumente, die in intragouvernementalen Verfahren formuliert werden, können in intergouvernementalen Verhandlungen nicht ignoriert werden und müssen von den Beteiligten berücksichtigt werden. Verallgemeinerbare Interessen sind gleichsam unbeeinflusst von Grenzen, in ihnen wird der Mehrebenencharakter von öffentlichen Aufgaben reflektiert. Möglich werden soll diese Form der Demokratie durch Beteiligung zivilgesellschaftlicher Akteure und geeignete Verfahren. Bisher gibt es allerdings keine konkreten Vorschläge, wie deliberative Demokratie in Mehrebenensystemen praktisch verwirklicht werden kann. Grenzüberschreitende und transnationale Diskurse in einzelnen Politikfeldern entsprechen selten dem Ideal, das die Theorie beschreibt. Deliberation setzt zudem eine Art Verständigungsgemeinschaft von Bürgerinnen und Bürgern voraus, die sich wechselseitig vertrauen und eine gemeinsame Sprache sprechen (Offe 1998). Diese Bedingung ist in Mehrebenensystemen kaum zu erfüllen.

Viertens wird die Ausdifferenzierung von Politik in Mehrebenensystemen als Form der Gewaltenteilung beschrieben, die durch Machtbegrenzung Legitimation erzeugt (Levy 2007; Moravcsik 2002). Dies setzt allerdings eine funktionierende Balance zwischen den Ebenen voraus (Weingast 1995). Vertreter dieser Variante der Demokratisierungspolitik fordern eine Stärkung der dezentralen Gebietskörperschaften, in denen Bürgerinnern und Bürger in kleine Räumen und Gemeinschaften an öffentlichen Angelegenheiten beteiligt sind. Gewaltenteilung soll daher nach dieser Vorstellung mit der Anwendung des Subsidiaritätsprinzips verbunden werden (Waschkuhn 1995). Während eine Macht beschränkende Gewaltenteilung zweifellos eine wichtige Voraussetzung von Demokratie darstellt und diese nur gegeben ist, wenn dezentrale Gebietskörperschaften ein wirksames Gegengewicht gegen die zentrale Ebene bilden, ist der im Subsidiaritätsprinzip angelegte Vorrang von Dezentralisierung kritisch zu diskutieren. Kleine Gemeinschaften sind nicht unbedingt demokratischer als große Gebietskörperschaften, und Dezentralisierung erzeugt immer Grenzen für das Regieren, die Demokratie eher erschweren als verbessern (Benz 2003c: 4-8; generell Bermann 1994).

Mit diesen Hinweisen ist die facettenreiche Diskussion zur Demokratisierung von Mehrebenenpolitik keineswegs vollständig erfasst. Sie sollten jedoch zwei Aspekte deutlich machen: Zum einen beruhen die dargestellten Überlegungen auf unterschiedlichen Begriffen von demokratischer Legitimation. Die normativen Konzepte von Demokratie reichen vom liberalen Modell der Machtbeschränkung bis hin zum Postulat einer anspruchsvollen deliberativen Willensbildung. Je nach dem, für welches Konzept man sich entscheidet, kommt man zu ganz unterschiedlichen Bewertungen der demokratischen Legitimation in Mehrebenensystemen. Zum anderen gehen fast alle politikwissenschaftlichen Diskussionsbeiträge davon aus, dass Mehrebenenpolitik auf Verhandlungen oder Netz-

Gewaltenteilung und Subsidiaritätsprinzip

Uneinheitliche Demokratiebegriffe und Konzentration auf Verhandlungssysteme

werken beruht. Weder wird dabei beachtet, dass Strukturen und Verfahren von Verhandlungen variieren können, noch werden alternative Koordinationsformen betrachtet. Dabei begibt man sich der Chance, durch eine vergleichende Analyse von Governance-Formen in Mehrebenensystemen die Demokratieproblematik differenzierter einschätzen zu können und neue Reformoptionen zu finden. Dieser Vergleich soll im Folgenden skizziert werden, wobei ich ein Konzept von demokratischer Legitimation zugrunde lege, das den Bedingungen komplexer Mehrebenenpolitik angemessen ist. Dieses ist zunächst darzustellen.

9.2 Ein Konzept demokratischer Legitimation in der Mehrebenenpolitik: Demokratie als Lernprozess

Abstrakter Demokratiebegriff

Wenn wir die Frage beantworten wollen, ob und in welcher Weise demokratisches Regieren in Mehrebenensystemen möglich ist, dann müssen wir zunächst klären, was unter demokratischer Legitimation zu verstehen ist. Der Begriff lässt sich abstrakt definieren und bezeichnet eine Herrschaft, die durch Zustimmung der Betroffenen gerechtfertigt ist. Diese Definition bietet jedoch lediglich einen Ausgangspunkt für Kontroversen und Demokratietheorien, in denen unterschiedliche Auffassungen vertreten werden, was mit Zustimmung der Betroffenen gemeint ist und wie diese verwirklicht werden soll. Diese Meinungsverschiedenheiten ziehen sich auch durch die Debatten über demokratisches Regieren in Mehrebenensystemen. Ein abstrakter Demokratiebegriff hilft dabei ebenso wenig zur Klärung wie ein konkretes Modell eines demokratischen Regierungssystems oder bestimmter Verfahren. Für Mehrebenensysteme ist einerseits zu berücksichtigen, dass Demokratie unter der Bedingung hoher Komplexität der Strukturen, Prozesse und Politikinhalte funktionieren muss, andererseits unterliegt sie anderen Voraussetzungen, als sie im modernen Staat gewährleistet sind, wo wir davon ausgehen, dass Regieren sowie demokratische Verfahren und öffentliche Diskussionen über Regieren im gleichen Territorium stattfinden, in dem sowohl öffentliche Aufgaben verursacht werden als auch Entscheidungen wirken.

Demokratie und Komplexität

Das Problem, das Komplexität für demokratisches Regieren stellt, wird in der Politikwissenschaft schon seit längerem diskutiert. In der deutschen Politikwissenschaft fand Ende der 1960er Jahre eine Debatte statt, die durch Beiträge von Niklas Luhmann (1969), Frieder Naschold (1972) und Fritz Scharpf (1970) geprägt wurde. Während Luhmann die Auffassung vertrat, dass sich Demokratie in modernen Gesellschaften im Wesentlichen in Vetorechten von Parlamenten verwirkliche, wies Naschold, ausgehend von einem Konzept partizipativer Demokratie, darauf hin, dass Effektivität und Partizipation sich zwar wechselseitig bedingten, sie aber in der praktischen Politik nicht gleichzeitig zu erfüllen seien. Kompexität erzeuge also Zielkonflikte, die nur durch ständige Bemühungen um einen optimalen Ausgleich der Ziele gelöst werden könnten. Scharpf definierte Demokratie als Regieren, das die authentischen Interessen der Betroffenen bzw. der Bürgerinnen und Bürger berücksichtigt, die in geeigneten Verfahren formuliert werden, und das gleichzeitig gesellschaftliche Probleme in effektiver Weise löst. Mit diesen zwei Anforderungen, die er in Anlehnung an das Politikmodell David Eastons als „input- und output-Legitimität" bezeichnete, erfasste er den von Naschold erkannten grundlegenden Zielkonflikt von Demokratie in komplexen politischen Systemen. In seinen späteren Untersuchungen zur Mehrebenenpolitik in der Europäischen Union griff er diese Kategorien wieder auf und betonte den Zielkonflikt. Im normativen Begriff von Demokratie, den er ursprünglich formulierte und dabei zugrunde legte, sind input- und output-Legitimität jedoch zwei Seiten der gleichen Medaille. Von Effektivität des Regierens kann nur gesprochen werden, wenn die Betroffenen Entscheidungen als effektiv anerkennen und ihnen deswegen zustimmen. Zustimmung setzt aber voraus, dass die Interessen von Bürgerinnen und Bürgern in Entscheidungen beachtet worden sind, also das Kriterium der input-Legitimität erfüllt ist.

Die Unterscheidung von input- und output-Legitimität wird der Tatsache gerecht, dass Demokratie in komplexen politischen Systemen nicht Regieren des Volkes bedeutet. Vielmehr erfordert Komplexität die Differenzierung zwischen Regierenden und Regierten. Der Begriff Demokratie besagt, dass Macht ausgeübt wird, die legitimiert werden muss. Legitimität kann dann als demokratisch gelten, wenn die Regierenden ihre Macht für die gemeinsamen Angelegenheiten der Regierten anwenden und dabei deren gemeinsamen Willen verwirklichen, welchen Bürgerinnen und Bürger frei bilden und äußern können. Dabei ist des Weiteren zu gewährleisten, dass allen Bürgerinnen und Bürger die gleichen Rechte der Meinungsfreiheit zustehen, soweit sie diese in friedlicher Weise ausüben, und dass sie alle die gleichen Chancen haben, auf politische Entscheidungen Einfluss zu nehmen (Dahl 1989: 107-131). *(Input- und output-Legitimität)*

Insoweit sind die Maßstäbe, denen Demokratie genügen muss, allgemein anerkannt. Freiheit und Gleichheit der Bürgerinnen und Bürger gelten als Voraussetzungen von demokratischer Herrschaft, die kollektive Entscheidungen nach dem Wollen des Volkes verwirklichen muss. Das Konzept der „komplexen Demokratie" (Schmidt 2000: 204-214) lässt allerdings offen, mit welchen Mechanismen Politik die Anforderungen von input- und output-Legitimation erfüllen kann. Um dies zu klären, sind zwei zentrale Fragen zu beantworten: Im Hinblick auf die input-Legitimität ist zu ermitteln, wie die vielen individuellen Interessen der Bürgerinnen und Bürger in ein „öffentliches Interesse" transformiert werden können, nach dem sich politische Entscheidungen richten sollen. Hinsichtlich der output-Legitimität muss erklärt werden, was Regierende veranlasst, das öffentliche Interesse zu verwirklichen und nicht ihren eigenen Interessen zu folgen. *(Freiheit und Gleichheit)*

Die erste Frage verweist auf das Problem kollektiven Handelns in komplexen Gesellschaften. Sie lässt sich in verschiedener Weise beantworten, je nach dem, welches Konzept von Demokratie man für richtig hält (Shapiro 2003). Nach der Theorie der deliberativen Demokratie werden Interessenkonflikte in öffentlichen Diskursen ausgetragen und führen zu einem Ergebnis, das alle anerkennen, weil es mit allgemein gültigen Gründen gerechtfertigt werden kann. Die Theorie liberaler Demokratie verweist dagegen auf Entscheiden durch Abstimmungen, in denen private Interessen nach dem Mehrheitsprinzip aggregiert werden. Beide Verfahren versagen jedoch unter der Bedingung von Komplexität. Deliberation wird unvermeidlich defizitär, weil sie durch Eliten dominiert wird (Sunstein 2001: 13-47), und die Mehrheitsregel erzeugt bei der Aggregation vielfältiger Interessen keine eindeutigen oder falsche Ergebnisse, weil Mehrhei- *(Problem kollektiven Handelns und öffentliches Interesse)* ten je nach Verfahrensweisen differieren (Riker 1982). In der Realität komplexer politischer Systeme geht das „öffentliche Interesse" deshalb nicht nur wegen der Passivität der Bürgerinnen und Bürger, sondern auch aus guten sachlichen Gründen nicht aus Partizipationsverfahren hervor. Partizipation setzt vielmehr bereits ein Politikangebot voraus, zu dem sich Bürgerinnen und Bürger äußern und das sie annehmen oder ablehnen können, entweder durch direktdemokratische Abstimmungen oder indem sie Repräsentanten in öffentliche Ämter wählen. Demokratie verwirklicht sich also in zwei miteinander verbundenen Prozessen: zum einen, indem Inhaber von Ämtern Politikvorschläge anbieten, die das öffentliche Interesse verwirklichen sollen, und zum anderen, indem diese Vorschläge daraufhin getestet werden, ob sie dem öffentlichen Interesse auch tatsächlich entsprechen, wobei letzteres durch die Zustimmung oder Ablehnung der Bürgerschaft geschieht. Unter der Bedingung von Komplexität ist die Differenzierung beider Prozesse unvermeidlich. Aber beide müssen zwingend durch kontinuierliche Wiederholungen verbunden werden. Politikangebote müssen erneuert werden, wenn die praktizierte Politik abgelehnt wird, und Bürgerinnen und Bürger müssen ihre Meinungen anpassen, wenn sich eine Politik, die ursprünglich abgelehnt wurde, als erfolgreich erweist.

Doppeltes Informationsproblem und kollektives Lernen

Bei der Bestimmung dessen, was als öffentliches Interesse gilt, stellt sich ein doppeltes Informationsproblem. Repräsentanten wissen nicht, was die Mehrheit des Volkes will. Sie erfahren dies erst aus den Reaktionen der Wählerschaft auf ihre Entscheidungsvorschläge oder Entscheidungen. Bürgerinnen und Bürger wiederum erfahren erst durch alternative Politikangebote der Repräsentanten, welche Probleme wie gelöst werden können. Ohne diese Angebote sind die meisten nicht in der Lage, Urteile über gesellschaftliche Probleme und erforderliche Maßnahmen zu treffen. Für die Urteilsbildung besonders relevant sind die Wirkungen implementierter Politik. Retrospektive Bewertungen sind rationaler als prospektive, vorausgesetzt, sie beruhen auf einer kritischen Auseinandersetzung mit Politikergebnissen, die Meinungsänderungen ermöglicht. Das öffentliche Interesse ergibt sich daher aus einem Prozess des kollektiven Lernens, in dem sowohl Regierende als auch Regierte wechselseitig ihre Meinungen überprüfen und ggf. revidieren (Riker 1982).

Meinungsfreiheit der Regierten und Handlungsfreiheit der Regierenden

Die zweite Frage nach der Motivation von Politikern, im öffentlichen Interesse zu handeln, scheint damit implizit beantwortet zu sein: Regierende reagieren auf die Meinungsäußerungen von Bürgerinnen und Bürgern. Zu beachten ist aber, dass effektive Politik in aller Regel kollektive Entscheidungen innerhalb eines Regierungssystems erfordert. Dabei sind verschiedene Akteure beteiligt, deren Handeln zu koordinieren ist. Dies ist nur möglich, wenn die betreffenden Akteure nicht an Aufträge und Weisungen gebunden sind, sondern frei entscheiden können. Die Differenzierung von Regierenden und Regierten erfordert also Freiheiten auf beiden Seiten: Die Regierten müssen ihre Meinung frei äußern und ändern können und die Regierenden müssen über Handlungsfreiheit verfügen.

Verantwortlichkeit, Kontrolle und Öffentlichkeit

Dass die Inhaber öffentlicher Ämter unter dieser Bedingung doppelter Freiheit für ihre Bürgerschaft handeln, ergibt sich aus ihrer Verantwortlichkeit. Sie müssen ihre Entscheidungen gegenüber den Regierten, für die sie handeln, begründen und rechtfertigen, und sie müssen mit Sanktionen rechnen, falls sie dem öffentlichen Interesse zuwider handeln. Demokratische Verfahren sehen daher zum einen vor, dass Regierende ihre Ämter durch Abwahl verlieren können. Zum anderen müssen Entscheidungen in öffentlichen Foren gerechtfertigt werden (Bovens 2007). Solche Foren werden durch Parlamente oder freie Medien bereitgestellt. Ihre Existenz ist eine essentielle Voraussetzung von Demokratie, da sie die strukturelle Differenzierung zwischen Regierenden und Regierten durch einen Prozess der Kommunikation überbrücken, wodurch die hierarchische Herrschaftsbeziehung in eine nicht-hierarchische öffentliche Debatte transformiert wird. Wenn Entscheidungen der Regierenden und Erwartungen der Bürgerschaft divergieren, dann sind nicht gleich Sanktionen zu ergreifen, vielmehr werden Diskussionen ausgelöst, die in einer wechselseitigen Anpassung von Meinungen und Politikangeboten enden sollten. Auf diese Weise wird input-Legitimität in output-Legitimität umgewandelt, und letztere wird somit vom Willen der Bürgerschaft statt aus Evaluierungen von Politikern oder Experten abgeleitet. Verantwortlichkeit verwirklicht sich also, ebenso wie politische Entscheidungen, in einem Prozess kollektiven Lernens zwischen Regierenden und Regierten.

Übersicht 17:   Demokratiebegriff

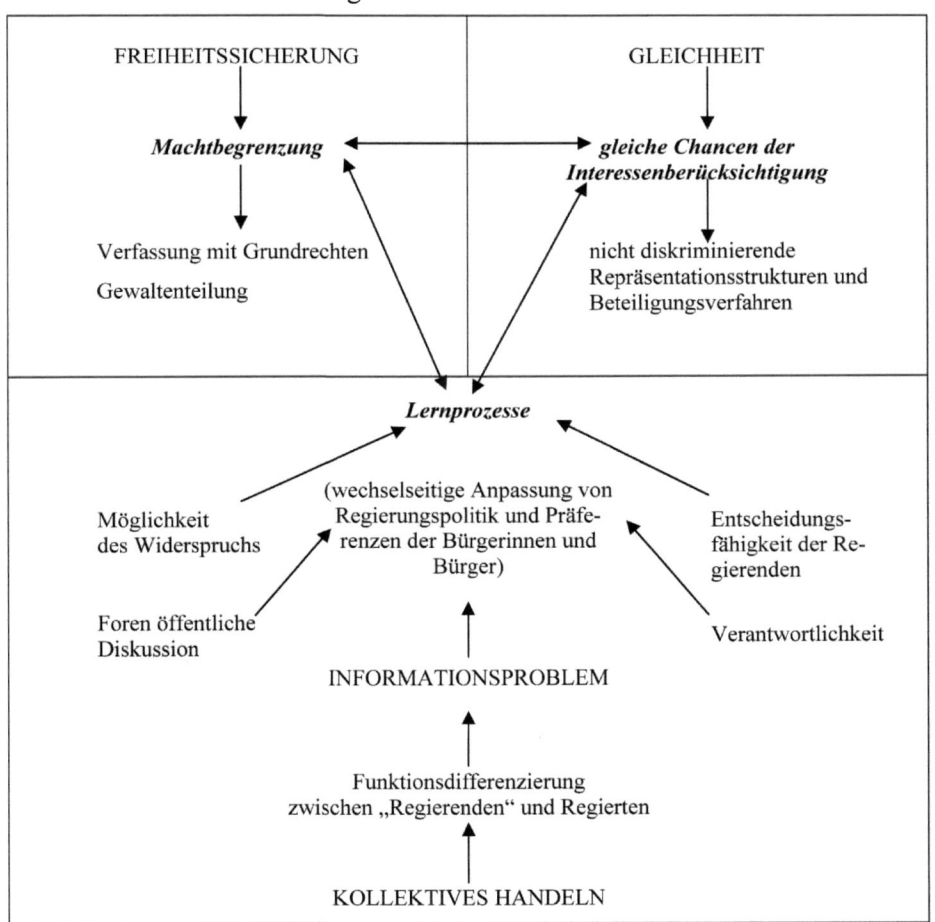

Demokratie als
Lernprozess

Demokratisches Regieren bedeutet demnach kollektives Handeln, in dem individuelle Interessen der Bürgerinnen und Bürger und politische Entscheidungen ständig aneinander angepasst werden, so dass beide so weit wie möglich in Übereinstimmung gebracht werden können. Völlige Identität ist dabei unmöglich und auch nicht wünschenswert, weil aus der Spannung zwischen Bürgerinteressen und Politik jene Lernprozesse induziert werden, die Demokratie ausmachen. Während Freiheit und Gleichheit die Bedingungen demokratischen Regierens definieren, ist mit dem Begriff des kollektiven Lernens der Mechanismus erfasst, der individuelle in kollektive Interessen transformiert und dies auch unter der Bedingung von Komplexität ermöglicht, d.h. wenn die Zahl der Betroffenen groß ist, wenn deren Interessen heterogen sind und wenn politische Entscheidungen in differenzierten institutionellen Strukturen eines Mehrebenensystems zu treffen sind (Übersicht 17).

Maßstäbe demokratischer Legitimation:

Damit dieser Lernprozess demokratische Legitimation erzeugt, muss er bestimmten Grundsätzen genügen.

- Gleichheit
der Beteiligungschancen

■ Dem Grundsatz der politischen Gleichheit entsprechend müssen alle Bürgerinnen und Bürger die Chance erhalten, an dem Prozess mitzuwirken, sei es direkt oder über ihre Vertreter. Die demokratische Legitimität hängt davon ab, inwieweit Institutionen oder Verfahren Chancengleichheit verwirklichen bzw. inwieweit sie selektiv wirken.

- Entscheidungsfähigkeit

■ Lernen setzt voraus, dass Politik bzw. gesellschaftliche Zustände, auf die sich Politik richtet, geändert werden können. Wenn Probleme zum Thema von Politik gemacht werden, so müssen wir erwarten, dass Entscheidungen getroffen werden, die entweder einen problematischen Zustand überwinden oder ihn gegen unerwünschte Entwicklungen stabilisieren. In jedem Fall sind Entscheidungen erforderlich, deren Qualität im Vergleich zu Politikblockaden bestimmt werden kann. Stagnation widerspricht daher den Anforderungen an demokratisches Regieren, deren Qualität mit dem Ausmaß an Innovation steigt.

- Demokratisches
Lernen

■ Demokratisches Lernen bedeutet, dass Interessendefinitionen der Regierten und der Politik der Regierenden wechselseitig angepasst werden. Einseitige Anpassung führt entweder zu einer elitären Politik, der die Wählerschaft folgt, ohne sie zu reflektieren, oder sie endet im Populismus, wenn die Regierenden ihre Entscheidungen den Wünschen der Bürgerschaft anpassen, wie auch immer diese ermittelt werden. Beide Varianten der einseitigen Anpassung unterstellen die Existenz eines öffentlichen Interesses, ohne dass dieses im demokratischen Prozess gebildet wird.

- Verantwortlichkeit

■ Schließlich beruht Demokratie auf öffentlicher Diskussion in geeigneten Formen, in denen Regierende zur Verantwortung gezogen werden können. Sie bedarf daher struktureller Arrangements, die effektive Informationsflüsse und Kommunikationsprozesse zulassen. Intransparente Verfahren sowie einseitige oder blockierte Kommunikation widersprechen den Grundsätzen demokratischer Legitimation.

Diese Kriterien demokratischer Legitimität lassen sich auf alle politischen Systeme anwenden. In Mehrebenensystemen resultieren Politikangebote und Entscheidungen aus intergouvernementalen Beziehungen. Je nach Governance-Modus werden sie ausgehandelt oder entstehen im Wettbewerb. Die Ergebnisse dieser Mehrebenenpolitik müssen sich an den öffentlichen Interessen orientieren, die auf den einzelnen Ebenen bzw. in verschiedenen Gebietskörperschaften formuliert werden. Indiz dafür, dass Entscheidungen und öffentliche Interessen in hinreichendem Maße konform gehen, ist die Zustimmung der Bürgerschaften bzw. ihrer gewählten Repräsentanten in Parlamenten. Demokratie in Mehrebenensystemen erfordert daher eine Verbindung von intergouvernementalen und intragouvernementalen Prozessen in einer Weise, die den hier definierten Kriterien demokratischen Lernens genügen. Ob dies der Fall ist, hängt von einer Vielzahl von Faktoren ab. Die folgenden Abschnitte konzentrieren sich auf die Frage, inwieweit verschiedene Typen der Mehrebenenpolitik geeignet sind, demokratisches Regieren zu ermöglichen, und welche Formen von intragouvernementaler Demokratie geeignet sind, in Kombination von bestimmten Typen von Mehrebenen-Governance demokratische Lernprozesse zu generieren.

Verbindung von Mehrebenenpolitik und Formen intragouvernementaler Demokratie

9.3 Demokratische Legitimation bei unterschiedlichen Governance-Formen

Demokratiedefizite in der Mehrebenenpolitik werden allgemein darauf zurückgeführt, dass intergouvernementale Beziehungen die demokratischen Institutionen und Verfahren in den involvierten Gebietskörperschaften schwächen. Dabei wird unterstellt, dass Entscheidungen in der intergouvernementalen Politik wenig Spielraum für intragouvernementale Politik lassen. Nach üblichen Annahmen verschärfen sich Demokratiedefizite, weil Entscheidungen zwischen den Ebenen durch Vertreter der Exekutive koordiniert werden und diese gegenüber Parlamenten, Interessengruppen und Wählerschaften an Macht gewinnen, indem sie ihre Kompetenzen gemeinsam ausüben und ihre Ressourcen zusammenführen. Mehrebenenpolitik, die eine effektive Lösung von Interdependenzproblemen erlaubt, erscheint damit notwendigerweise als elitär. In Bundesstaaten spricht man von einem „Exekutivföderalismus", und für die Europäische Mehrebenenpolitik wird eine ähnliche Entwicklung festgestellt (Moravcsik 1997). Wenn wir die verschiedenen Formen von Mehrebenenpolitik betrachten, zeigt sich jedoch, dass sich diese Thesen nicht verallgemeinern lassen. Im Folgenden will ich in zwei Schritten eine differenziertere Einschätzung erläutern. In einem ersten Schritt vergleiche ich die vier Typen von Mehrebenenpolitik hinsichtlich der Möglichkeiten und Grenzen demokratischer Legitimation. Im zweiten Schritt berücksichtige ich, wie Formen von Mehrebenen-Governance mit Mustern intragouvernementaler Demokratie verbunden sind, und untersuche, wie sich dies auf demokratische Legitimation auswirkt.

Notwendigkeit vergleichender Analyse von Mustern der Mehrebenenpolitik

9.3.1 Intergouvernementale Verhandlungen, Wettbewerb und demokratische Legitimation

Politikwissenschaftliche und wirtschaftswissenschaftliche Thesen

Das soeben genannte Argument, dass Mehrebenenpolitik grundsätzlich Demokratiedefizite verursacht, findet sich vor allem in politikwissenschaftlichen Studien. Vertreter der ökonomischen Theorie des Föderalismus halten ihm entgegen, dass diese These nur zutrifft, wenn Regierungen verhandeln, allerdings nicht, wenn intergouvernementale Koordination durch Wettbewerb erfolgt. Tatsächlich benötigen Regierungen für Verhandlungen Handlungsspielräume, um Kompromisse oder Paketlösungen zu finden. Oft einigen sie sich auf dem „kleinsten gemeinsamen Nenner" und beschließen marginale Veränderungen, die ihre unterschiedlichen Interessen nicht tangieren. Ferner tendieren sie dazu, Verantwortung auf ihre Verhandlungspartner abzuwälzen, wobei sie ausnutzen, dass der Ablauf von Verhandlungen für Parlamente und Medien schwer zu kontrollieren ist. Der ökonomischen Theorie zufolge verhindert intergouvernementaler Wettbewerb, dass diese Probleme entstehen. Er erzeuge Innovationen und transparente Verfahren der Mehrebenenkoordination. Auch diese These sollte allerdings nicht unbesehen verallgemeinert werden. Sie muss im Hinblick auf Formen des Wettbewerbs präzisiert werden. Im Vergleich der vier Formen von Mehrebenenpolitik lässt sich zeigen, dass die Gegenüberstellung von Wettbewerb und Verhandlungen unzureichend ist, dass joint decision-making wesentlich problematischere Folgen für Demokratie hat als freiwillige Verhandlungen, dass aber auch der Institutionenwettbewerb gravierende Demokratiedefizite verursacht, während der Leistungswettbewerb eher positive Wirkungen hat. Die Mechanismen der Koordination sowie die Bindungen, denen sie Akteure unterwerfen (enge oder lose Kopplungen), erklären die unterschiedlichen Effekte.

Joint decision-making ...

Über Mechanismen und Konsequenzen von *joint decision-making* informieren die Studien von Fritz W. Scharpf zur Politikverflechtung in Deutschland und Europa (Scharpf/Reissert/Schnabel 1976; Scharpf 1988, 1994, 1997a, 1999). Multilaterale Verhandlungen schließen viele Interessen ein, ähnlich der Regierung einer Großen Koalition (Schmidt 1996), weshalb ihre Selektivität relativ gering ist. Dem steht aber entgegen, dass Entscheidungen schwierig sind. Scharpfs Studien haben gezeigt, dass Regierungen in multilateralen Verhandlungen nur dann eine Einigung erreichen, wenn sie Entscheidungen mit redistributiven Wirkungen vermeiden. Paketlösungen sind schwierig, weil viele Interessen zu bündeln sind. Da in Zwangsverhandlungen keine Regierung mit einseitigen Handlungen drohen kann, die den Status quo verändern könnten, endet Mehrebenenkoordination nach diesem Verfahren in der Regel mit bestenfalls inkrementellen Veränderungen (vgl. Abschnitt 7.2.1). Damit ist die Regierbarkeit eines politischen Systems eingeschränkt, und Lernen erfolgt reaktiv, also im Wesentlichen in Form von Bemühungen der Regierungen, drohende Blockaden zu vermeiden. Um die Zustimmung von Parlamenten und Wählerschaften zu gewinnen, präsentieren Regierungen die erreichten Verhandlungsergebnisse als einzig mögliche Lösung und verhindern damit Diskussionen über alternative Entscheidungen. Angesichts drohender Blockaden können sie in öffentlichen Foren immer darauf hinweisen, dass die getroffenen Entscheidungen besser sind als keine Entscheidung. Zwangsverhandlungen binden Regierungen an getroffene Vereinbarungen in intergouvernementalen Verfahren, weil anders keine Politik möglich ist. Dies erhöht ihre Macht gegenüber den Instanzen demokratischer Kontrolle und den Foren, in denen Verantwortlichkeit eingefordert wird.

Die Schwierigkeiten, in multilateralen Verhandlungen zwischen Regierungen eine Vereinbarung zu erreichen, werden in aller Regel durch spezifische Verfahrensweisen verringert (vgl. Abschnitt 7.2.1). Dazu gehört, Verhandlungen auf Fachpolitiken zu konzentrieren (Spezialisierung). Sektorale Differenzierung von Politik wird durch die Komplexität des Regierens in modernen Gesellschaften erforderlich, weshalb die Organisation moderner Staaten grundsätzlich nicht nur territorial, sondern auch funktional gegliedert ist. Mehrebenenpolitik verstärkt die Sektoralisierung, indem Verhandlungen primär zwischen Einheiten der funktionalen Organisation geführt werden. Effektive Verhandlungen müssen zudem durch Experten in der Verwaltung vorbereitet werden. Im deutschen Bundesstaat wie in der EU funktionieren Verfahren des joint decision-making, weil sich die verantwortlichen Vertreter der Regierungen auf Zuarbeiten einer Verwaltung stützen, die ohne Verpflichtungen gegenüber Parteien und Parlamenten handelt und die sachlich begründete Optionen für Verhandlungsergebnisse auslotet. Oft werden sie dabei durch unabhängige Experten unterstützt, die dazu beitragen können, zumindest in einzelnen Phasen des intergouvernementalen Prozesses verständigungsorientiertes Verhandeln („arguing") zu fördern. Funktionale Spezialisierung, die Delegation von Teilentscheidungen auf Verwaltungen oder Experten bedeutet aber, dass Interessen nur selektiv berücksichtigt werden und Verantwortlichkeit für Entscheidungen verdeckt wird. Wie Studien zur Mehrebenenpolitik in der EU belegen, können die genannten Strukturen der multilateralen Verhandlungen innovative Entscheidungen erzeugen (Héritier 1999). Dem steht aber gegenüber, dass Lernen einseitig erfolgt und zu einer Angelegenheit von Regierungen bzw. Eliten wird, die in Politiknetzwerken kooperieren (Kohler-Koch/Eising 1999; Papadopoulos 2007).

... in sektoralen Beziehungen und Netzwerken

Freiwillige Verhandlungen reduzieren den Druck auf die beteiligten Regierungen, Kompromisse zu schließen, weil einseitiges Handeln möglich ist, weil Politik zwischen Ebenen in bilateralen Vereinbarungen koordiniert werden kann oder weil einzelnen Regierungen, die einer Vereinbarungen nicht zustimmen wollen, die Möglichkeit des „opt out" eingeräumt werden kann. Alle diese Auswege aus Blockaden multilateraler Verhandlungen bedeuten, dass bestimmte regionale Interessen ausgeschlossen werden. Falls Verhandlungen generell scheitern, führen unilaterale Entscheidungen der Gebietskörperschaften faktisch entweder in den Institutionenwettbewerb oder zur Zentralisierung von Politik. Auch bilaterale Vereinbarungen fördern die Macht der Zentralinstanz, während ein Alleingang einzelner Regierungen unter Umständen ungerechtfertigte Ungleichheit verursacht. Flexible Verhandlungsstrukturen und die Option aller Regierungen, ihre Politik autonom zu verwirklichen, machen eine Einigung schwieriger, jedoch innovative Lösungen wahrscheinlicher als bei joint decision-making. Sie können selbst in multinationalen Föderationen, in denen Identitätskonflikte die Mehrebenenkoordination zu blockieren drohen, kooperative intergouvernementale Beziehungen begründen. Dies belegen beispielsweise intergouvernementale Beziehungen im kanadischen Bundesstaat (Painter 1991). Hier konnten trotz tiefgreifender Konflikte der Föderation mit der Provinz Quebec und gegensätzli-

Freiwillige Verhandlungen

cher ökonomischer Interessen der Provinzen zahlreiche Vereinbarungen erreicht und pragmatische Kooperation zwischen den Regierungen des Bundes und der Provinzen in informellen Verfahren stabilisiert werden (Simeon 2006: 228-255).

Wechselseitige Verpflichtungen und Abhängigkeiten der Akteure in freiwilligen Verhandlungen sind weniger stark als in Zwangsverhandlungen, weshalb sie grundsätzlich eher lose gekoppelte Mehrebenenstrukturen erzeugen. Damit verbunden ist, dass Regierungen für ihre Entscheidungen verantwortlich bleiben, auch wenn diese auf Vereinbarungen in Mehrebenenverhandlungen beruhen. Sofern Parlamente ihre Regierungen auf konkrete Positionen verpflichten, riskieren sie nicht, Politikblockaden zu verursachen, wenn auf dieser Basis in intergouvernementalen Verhandlungen keine Einigung zustande kommt. Parlamentarische Kontrollen können zwar durch intransparente Verfahren beeinträchtigt sein, freiwillige Verhandlungen sind aber grundsätzlich mit intragouvernementaler Demokratie kompatibel.

Die höhere Flexibilität der Akteure hat allerdings auch Nachteile. Regierungen können von einer populistischen Politik profitieren, indem sie in der Mehrebenenpolitik hohe Forderungen für ihre eigene Gebietskörperschaft stellen, ohne zu riskieren, dass deswegen Verhandlungen völlig scheitern. Arenen der Mehrebenenpolitik können ausgenutzt werden, um Stärke zu beweisen. Wenn Regierungen mit einer solchen Strategie in eine isolierte Position geraten, können sie die opt out-Möglichkeit nutzen und sich in intragouvernementalen Prozessen als Verteidiger der Interessen ihrer Bürgerschaft präsentieren. Sie können bei Verhandlungsblockaden autonom handeln und die Verantwortung für misslungene Koordination auf andere Regierungen abschieben. Diese Strategie der populistischen Verantwortungsabwälzung ist im Modus des joint decision-making nicht anwendbar, weil Regierungen in diesem Fall gemeinsam Verantwortung für Entscheidungen oder ihr Scheitern tragen.

Institutionen-
wettbewerb

Im *Institutionenwettbewerb* bestehen für einzelne Regierungen keine Verpflichtungen gegenüber anderen Regierungen. Dennoch erzeugt dieser Koordinationsmodus, ähnlich wie Zwangsverhandlungen, enge Bindungen an Verfahren und Ergebnisse der Mehrebenenkoordination. Regierungen sind auf Steuereinnahmen angewiesen, und um diese zu erhöhen, müssen sie ihre Politik den Erwartungen mobiler Steuerzahler anpassen. Diese Erwartungen richten sich in der Regel nicht nur auf Ziele, sondern auch auf Mittel und konkrete Ergebnisse von Politik, wie etwa Regeln und Höhe der Besteuerung, Regulierungen wirtschaftlicher Aktivitäten oder Infrastrukturangebote. Daraus resultieren Restriktionen für das Regieren, die auch Parlamente und Wähler nicht ignorieren können. Faktisch wird dadurch Macht von den Parlamenten auf die Exekutive verschoben.

Die Demokratieproblematik, die daraus folgt, verschärft sich dadurch, dass das Handeln der Regierungen weniger durch kollektive Interessen bestimmt wird, die sich in demokratischen Lernprozessen bilden, als vielmehr durch partikulare Interessen, die vorgegeben sind. Wettbewerbe können generell Politikinnovationen induzieren. Der Institutionenwettbewerb führt aber auf längere Frist zu einer vereinheitlichten Politik, die sich nach ökonomischen Interessen richtet. Innovation ist damit eher erzwungen als erzeugt, sie resultiert aus einseitiger Anpassung von Politik an Bedingungen, die von einer bestimmten Gruppe von Akteure gesetzt werden. Diese Gruppe umfasst in der Regel private Unternehmer und Kapitalbesitzer, die in der Lage sind, ihre der Besteuerung unterliegenden Ressourcen zwischen Gebietskörperschaften zu verlagern. Hinsichtlich der demokratischen Legitimation von Mehrebenenpolitik ist es daher unerheblich, ob der Wettbewerb ein „race to the bottom" der ein „race to the top" auslöst (Holzinger 2003; Vogel 1995). Unabhängig davon, in welche Richtung sich Politik ändert, ist der Prozess kollektiven Lernens im Institutionenwettbewerb durch partikulare Eliten gesteuert. Die praktische Relevanz dieses Typs von Koordination in der Mehrebenenpolitik mag, wie erläutert, geringer sein, als dies in Diskussionen über einen Wettbewerbsföderalismus oder über die Effekte der Globalisierung unterstellt wird (Harrison 2006; Holzinger/Jörgens/Knill 2007; Voigt 1999: 189-191). Sofern der Institutionenwettbewerb jedoch funktioniert, verursacht er erhebliche Demokratiedefizite, die in der einschlägigen ökonomischen Literatur weitgehend vernachlässigt werden.

Leistungswettbewerb impliziert eine lose Kopplung der inter- und intragouvernementalen Prozesse, weil er weder formal noch faktisch Entscheidungen erzwingt. Deswegen wird er oft als „weiche Form" der Koordinierung charakterisiert. In der Tat beteiligen sich Regierungen freiwillig. Komparative Evaluierungen von Leistungen enden mit Empfehlungen für Politikänderungen und lösen in der Regel bestenfalls positive, jedoch keine negativen Sanktionen aus. Deswegen sollte die Wirkung von „benchmarking" und „blaming and shaming" nicht unterschätzt werden. Dabei hängt die Motivation von Regierungen oder Verwaltungen, zwischen Gebietskörperschaften geltende Standards anzustreben und ihre Politik entsprechend zu ändern, mehr von der Unterstützung in den intragouvernementalen Prozessen ab als von externen Anpassungszwängen. Wenn Evaluierungen negativ ausfallen und Diskrepanzen zwischen Standards und faktischen Leistungen aufzeigen, können Parlamente darauf mit kritischen Fragen reagieren und Medien können öffentliche Diskussionen auslösen. Bei gravierenden Leistungsdefiziten laufen Regierungen Gefahr, abgewählt zu werden, was demokratischen Regeln entspricht. Sollen Leistungswettbewerbe aber demokratisches Lernen generieren, so dürfen sie nicht in einer kritiklosen Übernahme zentral gesetzter oder intergouvernemental vereinbarter Standards enden, sondern sollen Parlamente und Bürgerschaften zu vergleichenden Orientierungen veranlassen, die sich auf diese Standards beziehen, damit sie mit diesen Informationen ihre Bewertungen von Regierungsentscheidungen und ihren eigenen Präferenzen prüfen. Die lose Kopplung von inter- und intragouvernementalen Politikprozessen, die dieser Modus der Mehrebenenkoordination impliziert, erzwingt auch keine Konvergenz von dezentralen Entscheidungen. Vielmehr ermöglicht Leistungswettbewerb kollektive Lernprozesse auf beiden Ebenen. Er fördert wechselseitiges Lernen über beste Praktiken zwischen den Gebietskörperschaften. Seine Ergebnisse werden in einer zweiten Stufe des wechselseitigen Lernens zwischen Regierungen, Parlamenten und Bürgerschaften aufgegriffen, wenn sie über eine für die jeweilige Gebietskörperschaft angemessene Politik zu entscheiden haben. Komparative Evaluierungen, die öffentliche Diskussionen auslösen, machen zudem politische Entscheidungen und mögliche Alternativen transparent, und sie bieten die Informationen, mit deren Hilfe Regierungen zur Verantwortung gezogen werden können. Mehrebenenkoordination durch Leistungswettbewerb trägt damit dazu bei, dass Politik innovativer wird, Politikänderun-

Leistungswettbewerb

gen wechselseitigem Lernen zwischen Regierenden und Regierten entspringen und demokratische Kontrollen funktionieren.

Das Beispiel der Offenen Methode der Koordinierung

Leistungswettbewerbe werden in der Mehrebenenpolitik zunehmend eingesetzt. Als Bestandteil des New Public Management haben sie an Bedeutung gewonnen, und in der EU kommt die Offene Methode der Koordinierung diesem Governance-Modus nahe. Empirische Studien zur OMK widersprechen der Einschätzung, dass diese demokratische Legitimation fördere. Allerdings bewerten diese Studien primär die Beteiligung von Betroffenen in intergouvernementalen Netzwerken, in denen Erfahrungen ausgetauscht werden, und untersuchen die Rolle von Parlamenten in deliberativen Prozessen (De la Porte/Nanz 2004; Zeitlin/Pochet/Magnusson 2005; Duina/Raunio 2007). Diese Erkenntnisse empirischer Forschung machen darauf aufmerksam, dass Leistungswettbewerbe je nach ihrer Ausgestaltung selektiv wirken und bestimmte Ziele und Interessen privilegieren können. Diese Selektivität mag notwendig und begründet sein, sie ergibt sich jedoch nicht aus dem Mechanismus selbst, sondern aus vorgegebenen Entscheidungen, die durch andere Verfahren zu legitimieren sind.

Empirische Untersuchungen zur OMK haben auch gezeigt, dass in der Praxis Experten und Spezialisten in den Verwaltungen den intergouvernementalen Koordinierungsprozess dominieren (De la Porte/Nanz 2004). Das liegt allerdings nicht an Funktionsdefiziten des Leistungswettbewerbs, sondern an der praktischen Anwendung der OMK, die in den meisten Politikbereichen keine vergleichende Evaluierung beinhaltet und in einer Art technokratischer Steuerung von oben transformiert wurde (Kerber/Eckardt 2007). Der starke Einfluss von Experten und Bürokraten widerspricht demokratischen Normen – auch denen, die sich aus dem Konzept des demokratischen Lernens ergeben. Verantwortlich dafür sind Regierungen und Verwaltungen, die nicht bereit sind, ihre Leistungen einer vergleichenden Evaluierung zu unterwerfen, sofern sie dadurch riskieren, in intragouvernementalen Verfahren ihre Macht einzubüßen. Diese Erkenntnisse sprechen nicht gegen die Einschätzung, dass der Leistungswettbewerb mehr als andere Formen der Mehrebenenpolitik demokratische Legitimation fördern kann. Sie weisen aber darauf hin, dass die Bedingungen intragouvernementaler Politik Einfluss darauf haben, ob die Potentiale genutzt werden können. Dieser Zusammenhang gilt, wie im nächsten Abschnitt ausgeführt wird, nicht nur für diesen Modus, sondern für alle Modi der Mehrebenenpolitik

Zwischenergebnis

Die Zwischenbilanz des Vergleichs der vier Formen von Mehrebenenkoordination ist in der nachfolgenden Übersicht zusammengefasst. Sie zeigt, dass kein Governance-Modus allen Kriterien genügt und jeder spezifische Demokratiedefizite verursacht. Die Bilanz aus Vor- und Nachteilen der einzelnen Modi fällt jedoch unterschiedlich aus. Freiwillige Verhandlungen und Leistungswettbewerbe sind weniger anfällig für die dargestellten Dilemmas demokratischen Regierens als multilaterale Zwangsverhandlungen (joint decision-making) und Institutionenwettbewerbe. Bei dieser Feststellung handelt es sich um eine Tendenzaussage, die zunächst abgeleitet wurde, ohne besondere Bedingungen zu berücksichtigen, unter denen Mehrebenenpolitik in der Realität stattfindet. Vergleichende Untersuchungen sind erforderlich, um die hier dargestellten Bewertungen weiter zu präzisieren.

Übersicht 18:   Demokratische Legitimation bei unterschiedlichen
GovernanceFormen

	Joint decision-making	Freiwillige Verhandlungen	Institutionen-wettbewerb	Leistungs-wettbewerb
Selektivität	gering	relativ gering	hoch	?
Art des Lernens	elitär	(populistisch)	elitär	wechselseitig
Veränderung	gering	mittel	gering bis mittel	stark
Verantwortung (Transparenz, Kommunikation)	ineffektiv	effektiv	ineffektiv	effektiv

9.3.2 Demokratische Mehrebenenpolitik unter Bedingungen von Wettbewerbs- oder Verhandlungsdemokratien in Gebietskörperschaften

Wie in den vorangehenden Kapiteln dargelegt wurde, wird die Anwendung und Wirkung der verschiedenen Modi von Mehrebenenpolitik maßgeblich von intragouvernementalen Strukturen und Verfahren beeinflusst. Diese stellen auch eine wesentliche Bedingung für die demokratische Legitimation der Mehrebenenpolitik dar. Die jeweilige Verfassung von Demokratie sowie die politische Organisation der Gesellschaft in Parteien und Verbände haben signifikante Effekte auf die Funktionsweise von Governance in Mehrebenensystemen. Aus Gründen der Vereinfachung unterscheide ich dabei zwischen Wettbewerbs- und Verhandlungsdemokratien (Lijphart 1999; vgl. Kapitel 4.3) mit vertikal integrierten oder regionalisierten Parteiensystemen (Grande 2002; Thorlakson 2005). Diese Muster von Demokratie haben Einfluss darauf, wie sich Akteure in der intergouvernementalen Politik verhalten und inwiefern Ergebnisse der Mehrebenenkoordination akzeptiert und implementiert werden. Ich will im Folgenden für die vier Governance-Modi zeigen, welche Demokratieformen sich günstig der ungünstig auf die demokratische Legitimation von Mehrebenenpolitik auswirken. Die Argumentation beruht auf empirischen Studien zum deutschen Föderalismus und zur EU, ergänzend ziehe ich Studien zum kanadischen Föderalismus heran, die Erkenntnisse über freiwillige Verhandlungen in einer parlamentarischen Demokratie mit einem regionalisierten Parteiensystem liefern. Mit diesen Fällen sind die möglichen Kombinationen aus Formen von Mehrebenenpolitik und Mustern demokratischer Regierungssysteme nicht vollständig erfasst. Sie können aber die hier relevanten Zusammenhänge illustrieren.

Die Bedingungen für demokratische Legitimität in Verfahren des *joint decision-making* lassen sich am Beispiel des deutschen Föderalismus erkunden (vgl. Kapitel 5). In Diskussionen wird zwar allgemein die Dominanz der Exekutive über Parlamente konstatiert, andererseits wird aber auch auf den Einfluss der Parteien hingewiesen, der nicht nur negative, sondern auch positive Konsequenzen hat. Diese Ambivalenz der Einschätzungen resultiert aus der Konstellation eines parlamentarischen Regierungssystems mit einem vertikal integrierten Parteiensystem (Lehmbruch 2000). Der ausgeprägte Parteienwettbewerb, der sich

Einfluss intragouvernementaler Demokratiemuster

Joint decision-making, Wettbewerbsdemokratie, integriertes Parteiensystem

lange Zeit auf die Konfrontation der beiden großen Parteien und ihrer Koalitionspartner konzentrierte, förderte in intergouvernementalen Verhandlungen über Gesetzgebungsvorhaben ein bargaining-Verhalten und erzeugte so eine Interaktionskonstellation, die Fritz W. Scharpf anschaulich als "antagonistische Kooperation" beschrieb (Scharpf 1989: 132). In den Phasen der Geschichte der Bundesrepublik Deutschland, in denen jeweils eine der großen Parteien die Mehrheit im Bundestag und im Bundesrat kontrollierte, erwies sich Reformpolitik als schwierig. Zwar konnten Blockaden durch konfliktreduzierende Strategien vermieden werden; Kompromisse, die in informellen Verhandlungen oder im Vermittlungsausschuss erreicht wurden, führten aber selten zu einschneidenden Veränderungen des Status quo. Im Übrigen wurden Verhandlungsprozesse zu Recht als elitäre Politik kritisiert, weil in ihnen vor allem Parteiführer und Regierungschefs Entscheidungen trafen und sich dabei auf die vorbereitende Tätigkeit von kooperierenden Ministerialverwaltungen stützten. Reformpolitik schien, nach den Erfahrungen der Jahre zwischen 1966 und 1969, nur in einer Großen Koalition möglich. Aber wie die Mehrebenenpolitik unter der seit 2005 amtierenden Bundesregierung zeigt, ändert allein der Übergang von einer impliziten in eine explizite Große Koalition nichts an den strukturellen Bedingungen des Regierens im Bundesstaat. Der dualistische Parteienwettbewerb erweist sich also als ungünstig für demokratische Legitimation der Mehrebenenpolitik.

Positive Wirkungen des integrierten Parteiensystems

Positiv wirkt sich hingegen die Tatsache aus, dass die deutschen Parteien ebenenübergreifend organisiert sind. In intergouvernementalen Verhandlungen werden vielschichtige territoriale Konflikte in Parteienkonflikte transformiert, die die Interessenvielfalt reduzieren. Umgekehrt können ideologische Konflikte zwischen Parteien in territoriale Bund-Länder-Konflikte umgewandelt werden, die grundsätzlich Kompromisse ermöglichen. In beiden Fällen treffen sich zwei Gruppen von Akteuren, also entweder Vertreter der Regierungsmehrheit und der Oppositionsparteien oder Vertreter des Bundes und der Länder, zwischen denen Positionen vorgeklärt sind. Diese Verhandlungsstruktur verringert Entscheidungskosten und bewirkt Transparenz über Handlungsoptionen und Verantwortlichkeiten der Regierungen (Renzsch 1999).

In den letzten zwei Jahrzehnten wandelte sich das Parteiensystem in zweierlei Hinsicht (vgl. Abschnitt 5.7). Mit nunmehr fünf Parteien im Deutschen Bundestag ist der Wettbewerb deutlich pluralistischer geworden und der alte Dualismus zwischen Christdemokraten und Sozialdemokraten hat an Bedeutung verloren. Die gleiche Entwicklung kann auch in den Ländern beobachtet werden. Auf beiden Ebenen müssen Parteien bereit sein, miteinander in variablen Koalitionen zu kooperieren, wenn sie stabile Regierungen bilden wollen. Gleichzeitig ist die vertikale Integration der Parteien schwächer geworden. Ökonomische Disparitäten und Konflikte um die Finanzverteilung verursachen zunehmende Interessendivergenzen zwischen Bund und Ländern sowie zwischen den Länderregierungen, die innerhalb der Parteien nur schwer zu überbrücken sind. Beide Entwicklungen erhöhen die Entscheidungskosten in intergouvernementalen Verhandlungen, weil das Ausmaß der Interessenkonflikte zugenommen hat und Koalitionsbildungen in der Mehrebenenpolitik nicht mehr durch vorgegebene Konfliktlinien vorhersehbar sind, sondern ausgehandelt werden müssen. Die Dezentralisierung von Kompetenzen durch die Föderalismusreform, die 2006 in

Kraft trat, fördert diese Entwicklung. Die Reform hat jedoch den Bedarf für joint decision-making in der Gesetzgebung und in den Gemeinschaftsaufgaben nur unwesentlich verringert. Es bleibt abzuwarten, wie unter diesen Bedingungen Mehrebenenpolitik im deutschen Bundesstaat funktioniert. Klar ist aber, dass sich auch weiterhin Politikänderungen nur inkrementell vollziehen und einem starken Einfluss der Parteiführungen und Regierungschefs unterliegen, kollektive Lernprozesse also strukturell gehemmt und elitär bleiben.

In der Europäischen Union ist joint-decision-making im Ministerrat relativ lose verbunden mit parlamentarischen Demokratien in den Mitgliedstaaten. Angesichts der starken Dezentralisierung von Kompetenzen und der nationalen Differenzierung von Gesellschaften blieb das Parteiensystem dezentralisiert und inkohärent. Die Bildung europäischer Parteien bewirkt jedenfalls keine vertikale Integration der Parteiorganisationen (Thorlakson 2005). Unter diesen Bedingungen eines hohen Pluralismus der Interessen müsste man vermuten, dass Entscheidungen in der Mehrebenenpolitik schwieriger sind als im deutschen Bundesstaat. In der EU hat sich jedoch eine besondere Form der Verhandlungsdemokratie entwickelt (vgl. Kapitel 6), die in der institutionellen Gewaltenteilung zwischen Europäischem Parlament und Ministerrat angelegt ist, während sie sich in Deutschland erst infolge des Wandels des Parteiensystems abzeichnet. Parteienwettbewerb wirkt nur in den Mitgliedstaaten auf die Formulierung nationaler Verhandlungspositionen, und nationale Wettbewerbsdemokratien beeinflussen die europäische Mehrebenenpolitik nur begrenzt. Unter diesen Bedingungen können Akteure variable Koalitionen bilden. Die Verhandlungsdemokratie unterstützt auch die Beteiligung von Verbänden und privaten Akteuren, die besonders die Agenda der europäischen Politik mitbestimmen. Variabilität von Koalitionen und der Einfluss von Akteuren, die keinen Parteibindungen unterliegen, fördern politisches Lernen im Sinne innovativer Entscheidungen. Diese trugen zu einer dynamischen europäischen Integration bei, die trotz der Notwendigkeit multilateraler Vereinbarungen kaum durch Interessenkonflikte blockiert wurde. Die Flexibilität der Akteurskonstellationen und die sektoral differenzierten Verhandlungsmuster führen allerdings zu einer schwerlich durchschaubaren Mehrebenenpolitik, die nur durch Experten nachvollzogen werden kann. Die Komplexität und Dynamik der europäischen Politikentwicklung macht es für Parlamente schwer, ihre Regierung zur Verantwortung zu ziehen (Benz 2003b, 2007b).

Joint decision-making kann also eher innovative Politik zulassen, wenn Regierungssysteme der Gebietskörperschaften einer Verhandlungsdemokratie entsprechen als wenn eine Wettbewerbsdemokratie existiert. Die Offenheit für Politikänderungen geht aber auf Kosten der demokratischen Verantwortlichkeit der Regierungen. Unter der Bedingung eines territorial differenzierten Parteiensystems jedenfalls kommt die vermittelnde Leistung der Parteien gegen die Dominanz der Exekutiven nicht zum Tragen, die in einem integrierten Parteiensystem zur Transparenz beiträgt. Mehrebenenpolitik wird dadurch nicht nur elitär, sondern vollzieht sich auch ohne öffentliche Diskussion.

Mehrebenenkoordination durch *freiwillige Verhandlungen* lässt sich besonders gut im kanadischen Bundesstaat studieren. In einer Verfassungsordnung, die einerseits den Provinzen weitreichende Kompetenzen zuweist, andererseits es dem Bund erlaubt, durch Finanzhilfen dezentrale Politik zu unterstützen, die

Marginalien:

Joint decisionmaking, Verhandlungsdemokratie und dezentralisiertes Parteiensystem

Freiwillige Verhandlungen, Parteienwettbewerb, regionalisiertes Parteiensystem

darüber hinaus wenig geteilte Kompetenzen vorsieht, entstanden mit zunehmender Aufgabenverflechtung intergouvernementale Verhandlungen, ohne dass dadurch Zwänge zu multilateraler Politikkoordination des Bundes und der Provinzen institutionalisiert wurden. Mehrebenenpolitik ähnelt mehr der Praxis internationaler Diplomatie (Simeon 2006) als der Politikverflechtung, die in Deutschland und in der EU etabliert ist. Trotz Bemühungen um eine stärkere Kontinuität finden Konferenzen der Regierungen nicht regelmäßig statt, sondern dann, wenn sie von Premierministern initiiert werden. Dieser Modus der Mehrebenenpolitik ist in Kanada verbunden mit demokratischen Regierungssystemen im Bund und in den Provinzen, die dem britischen Modell einer Wettbewerbsdemokratie entsprechen, allerdings die Besonderheit aufweisen, dass der Föderalismus die Entstehung eines regionalisierten Mehrparteiensystems förderte (Simeon/Nugent 2008; Wolnietz/Carty 2006).

Die parlamentarische Demokratie mit Mehrheitswahlrecht erzeugt im Bund und in den Provinzen einen intensiven Parteienwettbewerb um Ämter und Angelegenheiten der jeweiligen Gebietskörperschaften, der eine effektive demokratische Kontrolle der Regierungen begünstigt. Der Pluralismus regionaler Interessen, der durch das Parteiensystem nicht gefiltert, sondern erst zum Ausdruck gebracht wird, sowie häufige Regierungswechsel erschweren hingegen intergouvernementale Verhandlungen. Es ist daher nicht erstaunlich, dass multilaterale Vereinbarungen des Bundes mit allen Provinzen häufig auf Kompromissen beruhen, die in einzelnen Gebietskörperschaften abgelehnt werden. Die erforderlichen Verfassungsreformen des kanadischen Bundesstaates sind an diesen Schwierigkeiten gescheitert (Russells 2004). In Politikfeldern wurden intergouvernementale Vereinbarungen häufig dadurch erreicht, dass einzelnen Provinzen ein opt out-Recht eingeräumt wurde. Bemühungen um eine Institutionalisierung intergouvernementaler Kooperation erwiesen sich als wenig erfolgreich. Sie scheiterten im Wesentlichen am Konflikt zwischen Mehrebenenpolitik und dem Primat der Parlamente (Papillon/Simeon 2004). Nur durch freiwillige Verhandlungen können Störungen vermieden werden, die der Parteienwettbewerb in der Mehrebenenpolitik verursacht (Bolleyer 2006). Sie erlauben ein begrenztes Maß an Politikinnovation, obwohl die Verhandlungspartner ihre engen Bindungen an Parlamentsmehrheiten beachten müssen.

Das regionalisierte Parteiensystem hat dabei den Vorteil, dass Regierungen Interessen ihrer Gebietskörperschaft vertreten können, ohne einer die Ebenen übergreifenden Partei verpflichtet zu sein. Sofern Parlamente über die erforderlichen Informationen und Kapazitäten zur Informationsverarbeitung verfügen, können sie ihre Regierungen zur Verantwortung für intergouvernementale Vereinbarungen ziehen. Regierungschefs und Minister sind sich dieser Verpflichtungen sehr wohl bewusst und berücksichtigen sie in der Mehrebenenpolitik (Carty/Wolnietz 2004). In der Wettbewerbsdemokratie können sie sich dabei auf berechenbare Mehrheiten stützen und dementsprechend ihre Verhandlungspositionen definieren, die in Verhandlungsdemokratien immer unsicher, weil von variablen Koalitionen abhängig sind. Tendenzen in Richtung einer Verhandlungsdemokratie, die sich angesichts unsicherer Mehrheitsverhältnisse inzwischen zumindest auf Bundesebene abzeichnen, begünstigen daher nicht unbedingt die demokratische Legitimation der kanadischen Mehrebenenpolitik. Minderheitsregierungen, die infolge des fragmentierten Parteiensystems offenbar wahrscheinlicher geworden sind, verlangen Politikabsprachen zwischen Eliten, gleichzeitig schwächen sie die Gegenmacht der Opposition, die für Transparenz und parlamentarische Kontrolle sorgt. Verhandlungsdemokratische Strukturen erweisen sich daher als problematische Voraussetzung für eine demokratische Mehrebenenpolitik, die im Modus der freiwilligen Verhandlungen funktioniert.

Wie Strukturen der intragouvernementalen Demokratie sich auf kompetitive Modi der Mehrebenenkoordination auswirken, ist schwierig zu beurteilen, weil kaum Erkenntnisse aus empirischer Forschung verfügbar sind. Für den *Institutionenwettbewerb* weisen Untersuchungen zur Steuerpolitik (Ganghof 2006; Wagschal 2005) darauf hin, dass mächtige Vetospieler in Gebietskörperschaften Politikanpassungen verhindern können mit der Folge, dass durch Wettbewerb induzierte Politikinnovationen blockiert werden. In parlamentarischen Demokratien mit klaren Mehrheitsverhältnissen scheinen Anpassungen eher möglich zu sein als in Verhandlungsdemokratien, aber Entscheidungen sind in diesem Fall eher durch den Parteienwettbewerb als durch den intergouvernementalen Wettbewerb bestimmt (Benz 2007a). Wenn Kontroversen zwischen Parteien sich auf die Frage konzentrieren, wie Regierungen auf den Institutionenwettbewerb reagieren, sich also beide Wettbewerbe thematisch überlagern, ist je nach Mehrheitsverhältnissen mit starker Politikänderung oder Blockaden zu rechnen. In Mehrebenensystemen kann sich so das bekannte Muster der „stop and go"-Politik verfestigen, das Wettbewerbsdemokratien charakterisiert. Dies erklärt, warum sich gerade Staaten mit Verhandlungsdemokratien ohne diese Friktionen auf die Herausforderungen der Globalisierung einstellen konnten. Sie reagierten auf den internationalen Wettbewerb mit moderaten Politikänderungen, die unter Beteiligung aller relevanten gesellschaftlichen Interessengruppen beschlossen wurden (Katzenstein 1985).

Institutionenwettbewerb, Wettbewerbs- oder Verhandlungsdemokratien

Der *Leistungswettbewerb* funktioniert unter der Bedingung eines ausgeprägten Parteienwettbewerbs ebenfalls nur mangelhaft. Regierungen und Oppositionsparteien können zwar intergouvernementale Leistungsvergleiche nutzen, um Bestätigung für ihre Politik bzw. Programme zu erlangen. Dies trägt aber weder zur intergouvernementalen Koordination noch zur Politikinnovation bei, weil für politische Entscheidungen der Parteienwettbewerb ausschlaggebend ist. Nur solche Parteien, die aus dem Leistungswettbewerb Unterstützung für ihre Politik ableiten können, setzen dessen Ergebnisse um, während andere dazu neigen, die Validität der Evaluierung zu bestreiten. Für diese Thesen lassen sich Hinweise aus der vergleichenden Föderalismusforschung gewinnen.

Leistungswettbewerb und Wettbewerbsdemokratie

In Kanada wurde die Möglichkeit des Leistungswettbewerbs im „Social Union Framework Agreement" von 1999 eingeführt. In diesem vereinbarten Regierungen des Bundes und der Provinzen (ohne Beteiligung Quebecs), dass sie Wirkungen ihrer sozialpolitischen Programme beobachten und überprüfen, dass sie Informationen über erfolgreiche Politik austauschen und Fortschritte nach gemeinsamen Zielen und Indikatoren vergleichend bewerten. In der praktischen Sozialpolitik wurden diese Maßnahmen aber nicht umgesetzt. Dies haben anhaltende Konflikte zwischen Regierungen, die konkurrierenden Parteien verpflichtet sind, verhindert. In Deutschland haben die Länderregierungen sich bisher erfolgreich gegen komparative Evaluierungen ihrer Leistungen gewehrt. Vor einigen

Jahren löste die PISA-Studie der OECD, die Wirkungen von Schulsystemen auf die Fähigkeiten von Schülerinnen und Schülern international und auch zwischen den deutschen Ländern verglich, heftige Diskussionen aus. In deren Folge wurde mit der Verfassungsreform von 2006 der Leistungswettbewerb im Bildungswesen im Grundgesetz verankert, der demnach zulässig ist, wenn alle Länder dem Verfahren zustimmen. Es ist allerdings unsicher, ob dieser Mechanismus in einem politischen System funktioniert, in dem Regierungen starken Parteibindungen unterliegen. Unter den gleichen Bedingungen des Parteienwettbewerbs auf nationaler Ebene wurde die Offene Methode der Koordinierung in der EU in einen Modus des Erfahrungsaustauschs und der persuasiven Politik umgewandelt, während sich Regierungen nur in Ausnahmefällen einer vergleichenden Leistungsbewertung und einem echten Wettbewerb stellen (vgl. Abschnitt 6.5.2). Solange sie die Ergebnisse nicht kalkulieren können, versuchen Regierungen und Mehrheitsfraktionen in Parlamenten, den Risiken komparativer Evaluierung auszuweichen. Regierungen wollen vermeiden, für Leistungsdefizite verantwortlich gemacht zu werden, und Mehrheitsfraktionen wollen in der Konkurrenz mit der Opposition die Regierung unterstützen und nicht kritisieren.

Leistungswettbewerb und Verhandlungsdemokratie

Bemerkenswerter Weise funktionieren in Deutschland Leistungswettbewerbe, die Bundesministerien zwischen Regionen veranstalten, die unterhalb der Länderebene existieren (vgl. Abschnitt 5.7). Hier konnten beachtliche Politikinnovationen erreicht werden. In diesem Fall sind aber nicht Länderregierungen zuständig, die im Parteienwettbewerb agieren, sondern regionale Verbände von Gemeinden oder Netzwerke von öffentlichen und privaten Akteuren, die gemeinsam regionalpolitische Aufgaben erfüllen. Diese Beispiele belegen, dass ein Leistungswettbewerb die Beteiligung neuer Akteure fördert und Lernprozesse stimuliert, die zur Veränderung von Strukturen und Politikinhalten führen (Benz 2007a). Ferner deuten sie darauf hin, dass der Leistungswettbewerb – ebenso wie der Institutionenwettbewerb – eher mit verhandlungsdemokratischen Strukturen kompatibel ist als mit Wettbewerbsdemokratie und nur unter diesen Bedingungen seine demokratiefördernde Wirkung entfaltet. Dies gilt unabhängig von der Mehrebenenstruktur des Parteiensystems.

Zusammenfassung

Die folgende Übersicht fasst die Thesen über die Effekte intragouvernementaler Muster von Demokratie auf die Chancen einer demokratischen Mehrebenenpolitik zusammen. Die Aussagen stehen wiederum unter dem Vorbehalt, dass sie durch systematische komparative Forschung erst noch zu überprüfen sind. Unabhängig von deren Resultaten ist aber festzuhalten, dass demokratische Legitimation von Mehrebenenpolitik auch davon abhängt, ob demokratisches Lernen durch intragouvernementale Politik begünstigt oder beeinträchtigt wird. Die vergleichende Bewertung von Governance-Formen in Mehrebenensystemen, die im vorangehenden Abschnitt erläutert wurde, gilt also nur bedingt. Damit Mehrebenenkoordination nicht nur funktioniert, sondern auch demokratisch legitimiert werden kann, müssen Formen intergouvernementaler Governance und Muster intragouvernementaler Demokratie zusammenpassen.

Übersicht 19:   Wirkungen von Demokratieformen auf Mehrebenenpolitik

	Joint decision-making	Freiwillige Verhandlungen	Institutionenwettbewerb	Leistungswettbewerb
günstige intragovernementale Bedingungen	Verhandlungsdemokratie integriertes Parteiensystem	Wettbewerbsdemokratie regionalisiertes Parteiensystem	Verhandlungsdemokratie	Verhandlungsdemokratie
ungünstige intragovernementale Bedingungen	Wettbewerbsdemokratie regionalisiertes Parteiensystem	integriertes Parteiensystem Verhandlungsdemokratie	Wettbeberbsdemokratie	Wettbewerbsdemokratie

9.4 Demokratisierung von Mehrebenenpolitik

Die Funktionsweise von Mehrebenenpolitik wird in erheblichem Maß von strategischen Interaktionen der Akteure bestimmt, die auf Vermeidung von Blockaden und auf Zustimmung zu Politikergebnissen gerichtet sind (vgl. Kapitel 7). Ob diese Interaktionen Maßstäben demokratischen Regierens genügen, hängt unter anderem davon ab, ob die jeweils genutzten Koordinationsmechanismen eines Mehrebenensystems dafür eher günstige oder ungünstige Voraussetzungen schaffen. Das bedeutet nicht, dass Demokratie ausschließlich von Strukturen bestimmt wird, vielmehr verlangt sie auch geeignete Verfahrensweisen und Bereitschaft der Regierenden, der Repräsentanten in Parlamenten und der Bürgerinnen und Bürger, sich auf wechselseitige Prozesse kollektiven Lernens einzulassen und sich dafür zu engagieren. Abgesehen davon variieren Demokratiedefizite der Mehrebenenpolitik aber je nach dem, welche Formen intergouvernementaler Koordination und welche Form intragouvernementaler Demokratie kombiniert sind.

Nach der hier dargestellten Analyse erweist sich joint decision-making nicht als sehr effektiv, wenn Regierungen, die Vereinbarungen aushandeln müssen, konkurrierende Parteien vertreten. Dem Nachteil, dass in der Regel nur inkrementelle Politikänderungen möglich sind, steht der Vorteil gegenüber, dass alle regionalen Interessen berücksichtigt werden, ferner kann ein integriertes Parteiensystem zu transparenten Verhandlungen und Verantwortlichkeiten beitragen. Freiwillige Verhandlungen funktionieren unter der Bedingung eines integrierten Parteiensystems schlechter als Zwangsverhandlungen; und wenn Gebietskörperschaften in Mustern einer Verhandlungsdemokratie regiert werden, gehen Politikänderungen aus Lernprozessen hervor, die durch Eliten dominiert werden, und zwar stärker, als dies in diesem Modus der Mehrebenenpolitik ohnehin angelegt ist. Institutionenwettbewerb wird durch Parteienwettbewerb in parlamentarischen Regierungssystemen blockiert oder fördert eine elitäre und sozial einseitige Politik. Lernprozesse und Transparenz, die durch Leistungswettbewerb gefördert werden, kommen unter solchen Bedingungen schwerlich zustande. Um die dargestellten Demokratisierungspotentiale dieses Governance-Modus zu nutzen,

Vergleich der Demokratisierungspotentiale von Formen der Mehrebenenpolitik

müssen in den konkurrierenden Gebietskörperschaften verhandlungsdemokratische Strukturen gegeben sein.

Gestaltbarkeit der Mehrebenenpolitik

Die Ergebnisse der vergleichenden Analyse fallen demnach ambivalent aus, indem sie zeigen, dass alle Formen von Mehrebenenpolitik mehr oder weniger gegen die genannten Kriterien des Demokratiekonzepts verstoßen. Aber sie liefern auch Hinweise darauf, wie die demokratische Legitimation von Mehrebenenpolitik verbessert werden kann. Zu beachten ist dabei, dass die jeweilige Kombination aus inter- und intragouvernementalen Politikmustern nicht beliebig gestaltbar ist. Die demokratischen Regierungssysteme in den Gebietskörperschaften sind vorgegeben, sie beruhen auf Verfassungsregeln, die nur schwer geändert werden können, auf emergenten Praktiken des Regierens, die der Pfadabhängigkeit von Entwicklungen unterliegen, wenn sie überhaupt durch institutionelle Reformen beeinflusst werden können, und auf gesellschaftlichen Konfliktstrukturen und Interessenorganisationen.

Dies bedeutet, dass die Form der Mehrebenenpolitik an die Bedingungen intragouvernementaler Regierungssysteme angepasst werden muss. Allerdings ist auch dies nur eingeschränkt möglich. Kein Modus von Governance eignet sich für alle Aufgaben, die in einem politischen Mehrebenensystem zu erfüllen sind. Wenn alle Gebiete von Entscheidungen betroffen sind, sind bilaterale Verhandlungen oder opt-out nicht zweckmäßig, und freiwillige Verhandlungen wandeln sich faktisch in joint decision-making im Schatten der Hierarchie, sofern die Zentralregierung fähig und bereit ist, bei gescheiterten Verhandlungen Entscheidungen zu treffen. Leistungswettbewerb setzt nicht nur voraus, dass Regierungen Informationen für vergleichende Evaluierungen bereitstellen, sondern auch, dass Ziele, Standards, Indikatoren und Bewertungsverfahren anerkannt sind. Andererseits gibt es Politikfelder wie etwa die Steuer- und Wirtschaftspolitik, die kaum dem Einfluss des Institutionenwettbewerbs entzogen werden können, da Entscheidungen in diesen Bereichen Standortentscheidungen von Unternehmern und Kapitalflüsse beeinflussen und die Politikerfolge von den dadurch verursachten Wirkungen direkt abhängen.

Aufgabenspezifische Variation von Governance-Formen

Im Unterschied zu Demokratieformen in Regierungssystemen können die Formen der Mehrebenenkoordination jedoch zwischen Politikfeldern variieren und entsprechend angepasst werden. In vielen Bundesstaaten und transnationalen Föderationen können wir sektorspezifische Unterschiede in der Mehrebenenpolitik feststellen. In Staaten, in denen die Verfassung intergouvernementale Beziehungen relativ präzise regelt, wie dies etwa in der Bundesrepublik Deutschland der Fall ist, sind die Variationen geringer (vgl. aber Scheller/Schmid 2008). Wenn viele Kompetenzen nach Funktionen aufgeteilt sind, ist joint decision-making wahrscheinlicher, als wenn alle Funktionen in einem Aufgabenbereich jeweils einer Ebene zugewiesen werden. Keine Verfassung schließt aber Anpassungen von Mehrebenenpolitik aus. So können etwa gemeinsame Entscheidungen der Gebietskörperschaften darauf beschränkt werden, einen Institutionen- und Verfahrensrahmen für Leistungswettbewerbe zu bestimmen. Opt-out kann von der Zustimmung aller Regierungen abhängig gemacht werden, oder eine Zusammenarbeit von wenigen Regierungen kann für „opt-in" anderer Regierungen geöffnet werden, wie dies etwa im Verfahren der „verstärkten Zusammenarbeit" in der EU vorgesehen ist. Bei der Wahl von Formen der Mehrebenenkoordination ist des

Weiteren zu berücksichtigen, dass der Parteienwettbewerb nicht in allen Politik-feldern gleich wirkt. Regionale Entwicklungspolitik und Forschungspolitik zeich-nen sich in Deutschland zum Beispiel dadurch aus, dass Entscheidungen stärker durch Experten und durch Kooperation zwischen Regierungen und privaten Ak-teuren und weniger durch Parteipolitik beeinflusst werden.

Daraus folgt, dass Demokratisierung von Mehrebenenpolitik nicht allein durch institutionelle Reformen erreicht werden kann, sondern durch flexible Anpassung an jeweilige Bedingungen der Aufgaben. Da keine Kombination von inter- und intragouvernementalen Politikformen alle Kriterien demokratischer Legitimation gleichermaßen erfüllt, ist immer abzuwägen, welche Kriterien für eine bestimmte Aufgabe oder Situation vorrangig sind. Eine Optimierung im Hinblick auf Maßstäbe demokratischer Legitimation erreicht man am besten durch Variabilität von Governance-Formen. Die Verfassung eines Mehrebenen-systems muss daher Voraussetzungen für Flexibilität bieten, gleichzeitig aber auch Leitlinien setzen, nach denen Entscheidungen über die Governance-Form zu treffen sind.

Demokratisierung durch flexible Anpassung und Verfassungsreform

10 Schluss

Regieren in
Dilemmasituationen
Die Probleme demokratischer Legitimation in Mehrebenensystemen werfen drängende Fragen für die Politikwissenschaft auf, die bisher unzureichend beantwortet sind. Der vorliegende Text sollte die komplexe Problematik der Mehrebenenpolitik darstellen, den Forschungsstand bilanzieren und einen analytischen Rahmen für vergleichende Forschung umreißen. Darüber hinaus sollten Möglichkeiten und Grenzen des demokratischen Regierens in Mehrebenensystemen ausgelotet werden. Als eine wichtige Erkenntnis ist dabei festzuhalten, dass Mehrebenenpolitik unter den Bedingungen demokratischer Regierungssysteme immer Dilemmasituationen aufwirft, die in konkreten Entscheidungssituationen geeignete Interaktionsstrategien der Akteure erfordern und in normativer Hinsicht eine Abwägung zwischen Kriterien demokratischer Legitimation verlangen. Für praktische Mehrebenenpolitik ist es hilfreich, wenn die Wissenschaft auf Dilemmasituationen aufmerksam macht, diese präzise analysiert und Optionen für Auswege darlegt. Insofern kann die politikwissenschaftliche Forschung über Mehrebenenpolitik inzwischen wichtige Hilfestellungen für die Praxis bieten.

Unvermeidbarkeit
von Mehrebenenver-
flechtung
Der Überblick über Theorien und empirische Studien zeigt, dass trotz einer Fülle von Literatur, die nur noch schwer zu überblicken ist, wichtige Fragen nicht angemessen beantwortet sind oder mögliche Antworten kontrovers diskutiert werden. Weithin anerkannt ist inzwischen aber in der Politikwissenschaft, dass man die Problematik von Mehrebenensystemen nicht auf die Alternative von Verflechtung und Entflechtung reduzieren kann. Institutionelle Strukturen von Regierungssystemen sind notwendigerweise territorial differenziert, und gleichzeitig haben Aufgaben, die Regierungen erfüllen müssen, Mehrebenencharakter, d.h. ihre Ursachen und Wirkungen überschreiten die Grenzen von Zuständigkeitsräumen. Wenn Kompetenzen getrennt werden, ändert dies nichts an der Interdependenz von Entscheidungen, die koordiniert werden müssen. Die entscheidende Herausforderung von Wissenschaft und Praxis liegt daher darin, geeignete Formen und Verfahren der Mehrebenenkoordination zu finden.

Forschungsbedarf
Die durch diese Perspektive geleitete Forschung hat in den vergangenen Jahrzehnten eine breite Diskussion über multilevel governance in der nationalen und transnationalen Politik ausgelöst (Enderlein/Wälti/Zürn 2009). Auf der Grundlage vorliegender Theorien und Analysen können wir die in Mehrebenensystemen verursachten Schwierigkeiten demokratischen Regierens erklären und wissen um die Dilemmasituationen, die auftreten. Unsere Erkenntnisse über Wege, auf denen praktische Politik diesen Schwierigkeiten entkommen kann, sind aber begrenzt und noch zu wenig durch systematische Forschung gestützt. Klar ist nur, dass es kein bestes Modell von Mehrebenenpolitik gibt, das unter allen Bedingungen geeignet ist, effektives und demokratisches Regieren zu gewährleisten. Praktikable und situationsgerechte Lösungen finden wir daher nur, wenn wir verschiedene Formen vergleichen und ihre Vor- und Nachteile ermitteln.

Bei der Suche nach geeigneten Formen und Verfahren einer demokratischen Mehrebenenpolitik ist zu beachten, dass ihr Funktionieren davon bestimmt wird, wie Institutionen und Interaktionen zusammenwirken. Auf diesen Zusammenhang lenkt das Governance-Konzept den Blick (Benz u.a. 2007). Ergebnisse von Mehrebenenpolitik und Wirkungen bestimmter Governance-Modi können nur erklärt werden, wenn neben den Institutionen auch strategische Interaktionen der Akteure berücksichtigt werden. Institutionen können Mehrebenenstrukturen für Blockaden anfällig machen, aber das bedeutet nicht, dass Koordination auch tatsächlich blockiert wird. Akteure beeinflussen vielmehr durch ihren Umgang mit Blockadegefahren die konkreten Folgen. Dass Mehrebenenpolitik immer die Grenzen von Institutionen überschreitet, die Akteurshandeln regeln, macht diese aber nicht zu einem formlosen Prozess, vielmehr können die jeweiligen Institutionen der einzelnen Ebenen und Gebietskörperschaften Handlungsspielräume der Akteure erheblich einschränken.

Governance-Perspektive: Institutionen und Interaktionen

Dabei sind es besonders Institutionen der demokratischen Regierungssysteme, die Macht begrenzen. Demokratie erweist sich als ein Hindernis für effektive Mehrebenenkoordination, wie umgekehrt effektive Koordination die Funktionsweise demokratischer Institutionen beeinträchtigen kann. Die Ursache dafür liegt im Auseinanderfallen von kollektivem Handeln und demokratischer Willensbildung. Letztere ist an den territorialen Rahmen von Gebietskörperschaften gebunden, während gesellschaftliche Probleme zunehmend in der Arena grenzenüberschreitender Mehrebenenpolitik bearbeitet werden. Das bedeutet nicht, dass Mehrebenenpolitik per se undemokratisch wäre, aber es bedeutet, dass demokratische Legitimität unter anderen Bedingungen zu verwirklichen ist als im Rahmen von Staaten und ihren Gebietskörperschaften. Sie stellt zudem Herausforderungen, die dauerhaft bestehen und mit denen Politik in hoch entwickelten Gesellschaften immer befasst ist, weil es keine Form der Mehrebenenpolitik gibt, die effektives Regieren und demokratische Legitimation garantiert. Da Arenen, in denen Entscheidungen getroffen werden, nicht identisch sind mit Arenen, in denen über Annahme oder Ablehnung dieser Entscheidungen befunden wird, kann keine institutionelle Ordnung gewährleisten, dass effektive Entscheidungen Zustimmung finden und solche Entscheidungen, die akzeptiert werden, deswegen effektiv sind. Effektivität beruht auf der Fähigkeit von Akteuren, Dilemmas kollektiven Handelns zu bewältigen, mit denen Politik generell konfrontiert ist, die aber durch ihren Mehrebenencharakter wesentlich komplizierter werden. Die erforderliche Zustimmung der Bürgerschaft oder ihrer Vertreter zu politischen Entscheidungen ergibt sich aus Lernprozessen, die eine wechselseitige Anpassung von kollektiven Entscheidungen in verschiedenen Arenen erfordern, wobei ebenfalls widersprüchliche Anforderungen zu erfüllen sind. Mehrebenenpolitik ist daher ein durch Spannungen geprägter Prozess, dessen Ergebnisse grundsätzlich ambivalent bleiben.

Mehrebenenpolitik in demokratischen Regierungssystemen

Diese Schwierigkeiten und Ambivalenzen sind darauf zurückzuführen, dass Mehrebenenpolitik gleichzeitig Handlungsfreiheiten und Macht der Regierenden steigert und beschränkt. Sie steigert Macht, indem sie es Regierenden erlaubt, ihre Kompetenzgrenzen zu überschreiten und auf gesellschaftliche Entwicklungen und politische Entscheidungen jenseits dieser Grenzen einzuwirken sowie grenzüberschreitende Probleme zu bewältigen. Ferner befreit sie Regierungshan-

Machtsteigerung und Machtbegrenzung

deln partiell von Restriktionen der intragouvernementalen Institutionen und Verfahren. Mehrebenenpolitik beschränkt Macht, weil Regierende ihre Kompetenzen nicht „souverän" erfüllen können, sondern ihre Entscheidungen mit anderen Regierungen koordinieren müssen, sei es durch Verhandlungen oder durch wechselseitige Anpassung, und weil Vetospieler in den demokratischen Regierungssystemen gegen die Machterweiterung zugunsten der Regierungen Gegenmacht einsetzen.

Balance von Machtschaffung und -begrenzung

Die Gleichzeitigkeit von Machschaffung und Machtbeschränkung stellt keine Besonderheit von Mehrebenensystemen dar, sondern kennzeichnet demokratisches Regieren generell. Mehrebenenpolitik stellt nur eine zusätzliche Stufe in der Entwicklung dieser scheinbaren Paradoxie von Demokratie dar. Diese beruht auf einer immer neu auszutarierenden Balance von Handlungsfreiheit und Handlungsbeschränkung der Machtinhaber, von autonomer Gestaltungsfähigkeit politischer Führer und Vetos der Kontrollorgane. In komplexen Mehrebenensystemen ist es die strukturell angelegte Gewaltenteilung zwischen intra- und intergouvernementaler Politik, die der Machtkonzentration entgegen wirkt, sei es durch intergouvernementalen Wettbewerb, der intragouvernementale Macht begrenzt, oder durch Gegenmacht von „externen" Vetospielern, die eine Verselbständigung von intergouvernementalen Verhandlungen verhindert. Wettbewerbe und Vetos verringern die Entscheidungs- und Handlungsfähigkeit der für die Ausübung von Herrschaft Verantwortlichen. Das ist ihr Zweck, aber darin liegt auch ihr Problem. Denn Demokratie, die auch Regierung „für das Volk" darstellen soll, erfordert eine effektive Herrschaft. Die richtige Balance aus Machtschaffung und -beschränkung, von Macht und Gegenmacht zu erreichen, stellt die entscheidende Herausforderung demokratischen Regierens generell und des Regierens in Mehrebenensystemen im Besonderen dar.

Demokratie als kollektiver Lernprozess

In Mehrebenensystemen ist das Zusammenwirken von inter- und intragouvernementaler Politik ausschlaggebend für das Verhältnis von Machtschaffung und Machtbegrenzung. Es ergibt sich zum einen aus den jeweiligen Formen von Mehrebenenkoordination und der Ausgestaltung intragouvernementaler Demokratie (Benz 2004; Bolleyer 2006; Watts 1999). Zum anderen resultiert es aus politischen Prozessen, in denen nicht nur Probleme bearbeitet werden sondern Akteure versuchen, ihre Macht zu erhalten oder auszudehnen. Der strategische Umgang mit Macht und die Dynamik von Machtverhältnissen sind angesichts der Ambivalenz jeder Mehrebenenstruktur nicht nur unvermeidlich, sondern auch notwendig, um eine den konkreten Umständen angemessene Balance aus Handlungsfähigkeit und -begrenzung herzustellen Diese Balance kann nur verwirklicht werden, wenn das Zusammenspiel von Macht und Gegenmacht nicht in der dauernden Blockade endet, sondern dynamische Prozesse generiert. Demokratie verwirklicht sich daher in Mehrebenensystemen in kollektiven Lernprozessen, in denen neben Interessen auch Machtverhältnisse angepasst werden.

Dimensionen demokratischer Lernprozesse

Daraus folgt, dass kollektive Lernprozesse in demokratischen Mehrebenensystemen mehrere Dimensionen von Politik betreffen, nämlich die Entscheidung über konkrete Aufgaben (policy-making), die Auseinandersetzung um Macht (politics) sowie die Änderung von Institutionen bzw. der Verfassung (polity). Dementsprechend kann demokratisches Regieren in dreierlei Hinsicht blockiert werden. Dies ist zum einen der Fall, wenn Politikänderung behindert oder die

Präferenzentwicklung und Willensbildung der Regierenden durch elitäre oder populistische Politik unterbunden wird. Zum zweiten können Prozesse der Machtdynamik zwischen den inter- und intragouvernementalen Arenen blockiert sein und keine situationsangemessene Anpassung von Macht und Machtbeschränkung zulassen. Drittens können, worauf das Konzept der Politikverflechtungsfalle hinweist (Scharpf 1988), institutionelle Reformen der Mehrebenenstrukturen scheitern, die notwendig werden können, um Blockaden von Entscheidungsprozessen und Machtdynamiken aufzulösen.

Wie diese Blockaden zu vermeiden sind und wie demokratisches Regieren in Mehrebenensystemen erreicht oder verbessert werden kann, sind Fragen, die sich immer wieder neu stellen. Für ihre Lösung können keine generellen Empfehlungen gegeben werden. Einerseits sind geeignete Interaktionsformen bzw. Handlungsstrategien der Akteure erforderlich. Andererseits zeigte die vergleichende Analyse, dass multilaterale Zwangsverhandlungen und Institutionenwettbewerbe demokratisches Regieren, Anpassungen der Machtverhältnisse und institutionelle Reformen schwieriger machen als freiwillige Verhandlungen und Leistungswettbewerbe, vor allem dann, wenn sie mit wettbewerbsdemokratischen Mustern intragouvernementaler Politik verbunden sind. Diese Aussage ist jedoch mit Vorbehalten zu versehen, weshalb sich daraus keine Reformempfehlungen ableiten lassen. Formen der Mehrebenenkoordination müssen nicht nur mit Institutionen und Verfahren der demokratischen Regierungssysteme auf den einzelnen Ebenen kompatibel sein, sondern auch den Aufgaben und Situationen der Aufgabenerfüllung angemessen sein (vgl. auch Scharpf 1997a).

Demokratisierung von Mehrebenenpolitik als Daueraufgaben

Die im letzten Kapitel skizzierten Überlegungen zu einer Demokratisierung der Mehrebenenpolitik können deshalb keine Patentlösungen bieten. Formen der Mehrebenenpolitik müssen sich immer unter konkreten Bedingungen bewähren und erst dann erkennt man, ob sie funktionieren oder nicht. Eine effektive und demokratisch legitimierte Mehrebenenpolitik bedarf variabler Kombinationen verschiedener Governance-Formen, die sich nicht auf ein Modell von Föderalismus reduzieren lassen. Für die Praxis sollte daher das analytische Instrumentarium der Politikwissenschaft wichtiger sein als Vorschläge für Reformen. Wenn diese hier angedeutet wurden, dann nur um zu erläutern, zu welchen Schlussfolgerungen eine Analyse führen kann. Letztere ist entscheidend, weshalb sie auch die eigentliche Aufgabe der politikwissenschaftlichen Beschäftigung mit Governance in Mehrebenensystemen darstellt.

Analyse als Voraussetzung von Demokratievorschlägen

Literaturverzeichnis

Abromeit, Heidrun, 1998: Democracy in Europe. How to legitimize politics in a non-state polity, Oxford: Berghan Books.

Abromeit, Heidrun, 1998a: Ein Vorschlag zur Demokratisierung des europäischen Entscheidungssystems, in: Politische Vierteljahresschrift 39 (1), 80-90.

Abromeit, Heidrun/Michael Stoiber, 2006: Demokratien im Vergleich. Einführung in die vergleichende Analyse politischer Systeme, Wiesbaden: VS.

Adam, Brigitte/Thorsten Wiechmann, 1999: Neue Formen regionaler Kooperation für eine nachhaltige Entwicklung - diskutiert am Beispiel des Bundeswettbewerbes „Regionen der Zukunft (IÖR-Texte Band 121), Dresden: Institut für ökologische Raumentwicklung.

Agranoff, Robert (Hrsg.), 1999: Accommodating Diversity: Asymmetry in Federal States, Baden-Baden: Nomos.

Agranoff, Robert, 2004: Autonomy, Devolution and Intergovernmental Relations, in: Regional and Federal Studies 14 (1), 26-65.

Aja, Eliseo, 2001: Spain: Nation, Nationalism, and Regions, in: John Loughlin (Hrsg.), Subnational Democracy in the European Union. Challenges and Opportunities, Oxford: Oxford University Press, 229-253.

Alemann, Ulrich von, 2003: Das Parteiensystem der Bundesrepublik Deutschland, Opladen: Leske + Budrich (3. Aufl.).

Allen, David, 2005: Cohesion and the Structural Funds. Transfers and Trade-Offs, in: Helen Wallace/William Wallace (Hrsg.), Policy-Making in the European Union, Oxford: Oxford University Press (5. Aufl.), 213-242.

Althusius, Johannes, [1614] 1995: Politica, an abridged Translation of Politics Methodically Set Forth and Illustrated with Sacred and Profane Examples, herausgegeben und übersetzt von Frederick S. Carney, Indianapolis: Liberty Fund (erste Veröffentlichung der 2. Aufl.: 1614) (Deutsche Ausg.: Politik, Übersetzt von Heinrich Janssen, in Auswahl hrsg. von Dieter Wyduckel, Berlin: Duncker und Humblot, 2003).

Andersen, Svein S./Tom R. Burns (Hrsg.), 1996: The European Union: How Democratic Is It?, London u.a.: Sage.

Andersen, Svein S./Tom R. Burns, 1996a: The European Union and the Erosion of Parliamentary Democracy: A Study of Post-parliamentary Governance, in: Svein S. Andersen/Kjell A. Eliassen (Hrsg.), The European Union: How Democratic Is It?, London u.a.: Sage, 227-251.

Armingeon, Klaus, 2002: Verbändesysteme und Föderalismus. Eine vergleichende Analyse, in: Arthur Benz/Gerhard Lehmbruch (Hrsg.), Föderalismus. Analysen in entwicklungsgeschichtlicher und vergleichender Perspektive (PVS-Sonderheft 32), Wiesbaden: Westdeutscher Verlag, 213-233.

Arnim, Hans Herbert von, 2002: Wer kümmert sich um das Gemeinwohl: Von der Auflösung der politischen Verantwortung im Parteienstaat, in: Zeitschrift für Rechtspolitik 35, 223-232.

Arzberger, Kai, 2002: Politikverdrossenheit. Bedeutung, Verwendung und empirische Relevanz eines politikwissenschaftlichen Begriffs, Wiesbaden: Westdeutscher Verlag.

Auel, Katrin, 2003: Der Beitrag der regionalen Ebene zur demokratischen Legitimation des europäischen Mehrebenensystems, Baden-Baden: Nomos.

Auel, Katrin, 2007: Democratic Accountability and National Parliaments – Re-Defining the Impact of Parliamentary Scrutiny in EU Affairs, in: European Law Journal 13 (4), 487-504.

Auel, Katrin/Arthur Benz, 2005: Politics of Adjustment - The Europeanization of National Parliamentary Democracy, in: Journal of Legislative Studies 11 (3-4), 372-393.

Axelrod, Robert, 1984: The Evolution of Cooperation, New York: Basic Books.

Bacharach, Samuel B./Edward J. Lawler 1981: Bargaining. Power, Tactics, and Outcomes, San Francisco u.a.: Jossey-Bass.

Bache, Ian, 1998: The Politics of European Union Regional Policy. Multi-Level Governance or Flexible Gatekeeping?, Sheffield: Sheffield Academic Press.

Bache, Ian, 2008: Europeanization and Multilevel Governance: Cohesion Policy in the European Union and Britain, Lanham/Md.: Rowman & Littlefield.

Bache, Ian/Matthew Flinders (Hrsg.), 2004: Multi-level Governance, Oxford: Oxford University Press.

Bache, Ian/Matthew Flinders, 2004a: Themes and Issues in Multi-level Governance, in: Ian Bache/Matthew Flinders (Hrsg.), Multi-level Governance, Oxford: Oxford University Press, 1-11.

Bakvis, Herman/Grace Skogstad, 2008: Canadian Federalism. Performance, Effectiveness, and Legitimacy, Oxford: Oxford University Press (2. Aufl.).

Banting, Keith G./Richard Simeon 1985: The Politics of Constitutional Change, in: Keith G. Banting/Richard Simeon (Hrsg.), Redesigning the State: The Politics of Constitutional Change, Toronto: University of Toronto Press, 1-29.

Bartolini, Stefano, 1999: Collusion, Competition and Democracy, Part I, in: Journal of Theoretical Politics 11, 435-470.

Bartolini, Stefano, 2005: Restructuring Europe. Centre formation, System Building and Political Structuring Between the Nation-state and the European Union, Oxford: Oxford University Press.

Batt, Lothar-Helge, 1994: Regionalisierte Industriepolitik, Frankfurt a.M.: Lang.

Bauer, Michael/Jörg Bogumil/Falk Ebinge/Christoph Knill, 2007: Modernisierung der Umweltverwaltung. Reformstrategien und Effekte in der Umweltverwaltung, Berlin: Edition Sigma.

Beer, Samuel H., 1978: Federalism, Nationalism, and Democracy in America, in: American Political Science Review 72, 9-21.

Beinsheim, Marianne/Achim Brunnengräber, 2008: Die Parlamente im Globalisierungsprozess, in: Zeitschrift für Internationale Beziehungen 15 (1), 73-100.

Bentele, Karlheinz, 1979: Kartellbildung in der allgemeinen Forschungsförderung, Politikverflechtung III, Meisenheim: Hain.

Benz, Arthur, 1984: Zur Dynamik der föderativen Staatsorganisation, in: Politische Vierteljahresschrift 25 (1), 53-73.

Benz, Arthur, 1985: Föderalismus als dynamisches System, Opladen: Westdeutscher Verlag.

Benz, Arthur, 1994: Kooperative Verwaltung. Funktionen, Voraussetzungen und Folgen, Baden-Baden: Nomos.

Benz, Arthur, 1998: Politikverflechtung ohne Politikverflechtungsfalle – Koordination und Strukturdynamik im europäischen Mehrebenensystem, in: Politische Vierteljahresschrift 39, 558-589.

Benz, Arthur, 1998a: Postparlamentarische Demokratie? Demokratische Legitimation im kooperativen Staat, in: Michael Th. Greven (Hrsg.), Demokratie - Eine Kultur des Westens?, Opladen: Leske + Budrich, 201-222.

Benz, Arthur, 2000: Politische Steuerung in lose gekoppelten Mehrebenensystemen, in: Raimund Werle/Uwe Schimank (Hrsg.), Gesellschaftliche Komplexität und kollektive Handlungsfähigkeit, Frankfurt a.M./New York: Campus, 99-126.

Benz, Arthur, 2000a: Two types of Multi-level Governance: Intergovernmental Relations in German and EU Regional Policy, in: Regional and Federal Studies 10, 21-44.

Benz, Arthur, 2003: Mehrebenenverflechtung in der Europäischen Union, in: Markus Jachtenfuchs/Beate Kohler-Koch (Hrsg.), Europäische Integration, Opladen: Leske + Budrich (2. Aufl.), 327-361.

Benz, Arthur, 2003a: Konstruktive Vetospieler in Mehrebenensystemen, in: Renate Mayntz/Wolfgang Streeck (Hrsg.), Die Reformierbarkeit der Demokratie: Innovationen und Blockaden, Frankfurt a.M./New York: Campus, 205-236.

Benz, Arthur, 2003b: Compounded Representation in EU Multi-Level Governance, in: Beate Kohler-Koch (Hrsg.), Linking EU and National Governance, Oxford: Oxford University Press, 82-110.

Benz, Arthur, 2003c: Föderalismus und Demokratie. Eine Untersuchung zum Zusammenwirken zweier Verfassungsprinzipien (polis-Arbeitspapiere Nr. 57), Hagen: Fern-Universität Hagen, Institut für Politikwissenschaft.

Benz, Arthur, 2004: Multilevel Governance – Governance in Mehrebenensystemen, in: Arthur Benz (Hrsg.), Governance – Regieren in komplexen Regelsystemen, Wiesbaden: VS, 125-146.

Benz, Arthur, 2004a: Leistungswettbewerbe in der regionalen Raumentwicklungspolitik, in: DISP - Dokumente und Informationen zur Schweizerischen Orts-, Regional- und Landesplanung 157 (2), 4-10 (online: http://www.nsl.ethz.ch/index.php/de/content/view/full/875/).

Benz, Arthur, 2004b: Path-dependent Institutions and Strategic Veto-Players - National Parliaments in the European Union, in: West European Politics 29 (5), 875-900.

Benz, Arthur, 2005: Verfassungspolitische Alternative zur Entflechtungspolitik – Konzept und Konsequenzen für die Raumordnung, in: Raumforschung und Raumordnung 63, 123-133.

Benz, Arthur, 2005a: Verwaltung als Mehrebenensystem, in: Bernhard Blanke/ Stephan von Bandemer/Frank Nullmeier/Göttrik Wewer (Hrsg.), Handbuch zur Verwaltungsreform, Wiesbaden: VS (3. Aufl.), 18-26.

Benz, Arthur, 2006: Verwaltungspolitik im föderativen Wettbewerb der Länder? – Mögliche Konsequenzen einer Änderung von Art. 84 Abs. 1 GG, in: Verwaltungsarchiv 97 (4-3), 318-331.

Benz, Arthur, 2007: Verhandlungen, in: Arthur Benz/Susanne Lütz/Uwe Schimank/Georg Simonis (Hrsg.), Handbuch Governance. Theoretische Grundlagen und empirische Anwendungsfelder, Wiesbaden: VS, 106-118.

Benz, Arthur, 2007a: Inter-Regional Competition in Co-operative Federalism. New Modes of Multi-level Governance in Germany, in: Regional and Federal Studies 17 (4), 421-436.

Benz, Arthur, 2007b: Accountable Multilevel Governance by the Open Method of Coordination?, in: European Law Journal 13 (4), 505-522.

Benz, Arthur, 2008: Der moderne Staat. Grundlagen der politologischen Analyse, München: Oldenbourg (2. Aufl.).

Benz, Arthur, 2008a: Entwicklung von Governance im europäischen Mehrebenensystem, in: Ingeborg Tömmel (Hrsg.), Die Europäische Union: Governance und Policy-Making, Wiesbaden: VS, 36-57.

Benz, Arthur, 2008b: Föderalismusreform in der „Entflechtungsfalle", in: Jahrbuch für Föderalismus, hrsg. vom Zentrum für Föderalismusforschung, Baden-Baden: Nomos, 180-190.

Benz, Arthur/Dietrich Fürst/Heiderose Kilper/Dieter Rehfeld, 1999: Regionalisierung. Theorie - Praxis - Perspektiven, Opladen: Leske + Budrich.

Benz, Arthur/Carol Harlow/Yannis Papadopoulos (Hrsg.), 2007: Accountability in EU Multilevel Governance (European Law Journal, Sonderheft, 13 Heft 4), Oxford: Blackwell.

Benz, Arthur/Gerhard Lehmbruch (Hrsg.), 2002: Föderalismus. Analysen in entwicklungsgeschichtlicher und vergleichender Perspektive (PVS-Sonderheft 32), Wiesbaden: Westdeutscher Verlag.

Benz, Arthur/Susanne Lütz/Uwe Schimank/Georg Simonis (Hrsg.), 2007: Handbuch Governance. Theoretische Grundlagen und empirische Anwendungsfelder, Wiesbaden: VS.

Benz, Arthur/Yannis Papadopoulos (Hrsg.), 2006: Governance and Democracy – Comparing National, European and Transnational Experiences. London: Routledge.

Benz, Arthur/Fritz W. Scharpf/Reinhard Zintl, 1992: Horizontale Politikverflech-tung. Zur Theorie von Verhandlungssystemen, Frankfurt a.M./New York: Campus.

Benz, Arthur/Christina Zimmer, 2008: The EU's competences: The "vertical" perspective on the multi-level system, in: Living Reviews in European Governance 3 (3), http://www.livingreviews.org/Articles/lreg-2008-3.

Bermann, George A., 1994: Taking Subsidiarity Seriously. Federalism in the European Community and the United States, in: Columbia Law Review 94, 331-456.

Berry, Frances S./William D. Berry, 1999: Innovation and Diffusion Models in Policy Research, in: Paul A. Sabatier (Hrsg.), Theories of the Policy Process, Boulder: Westview Press, 169-200.

Besley, Timothy/Anne Case, 1995: Incumbent Behavior: Vote-Seeking, Tax-Setting, and Yardstick Competition, in: American Economic Review 85, 25-45.

Beyme, Klaus von, 1997: Der Gesetzgeber. Der Bundestag als Entscheidungszentrum, Opladen: Westdeutscher Verlag.

Börzel, Tanja A., 1998: Organizing Babylon - on the different conceptions of policy networks, in: Public Administration 76, 253-273.

Börzel, Tanja A., 2008: European Governance - Verhandlungen und Wettbewerb im Schatten der Hierarchie, in: Ingeborg Tömmel (Hrsg.), Die Europäische Union: Governance und Policy-Making, Wiesbaden: VS, 61-91.

Bolleyer, Nicole, 2006: Federal Dynamics in Canada, the United States, and Switzerland: How Substates Internal Organisation Affects Intergovernmental Relations, in: Publius: The Journal of Federalism 36 (4), 471-502.

Borràs, Susana/Kerstin Jacobsson, 2004: The Open Method of Co-ordination and New Governance Patterns in the EU, in: Journal of European Public Policy 11 (2), 185-208.

Bothe, Michael, 1994: Föderalismus - ein Konzept im geschichtlichen Wandel, in: Tilman Evers (Hrsg.), Chancen des Föderalismus in Deutschland und Europa, Baden-Baden: Nomos, 19-31.

Bovens, Marc, 2007: Analysing and Assessing Accountability. A Conceptual Framework, in: European Law Journal 13 (4), 447-468.

Braun, Dietmar, 2004: Föderalismustheorie, in: Roland Jun/Ludger Helms (Hrsg.), Politische Theorie und Regierungslehre, Wiesbaden: VS.

Braun, Dietmar, 2008: Verfassungsänderung trotz vieler Veto-Spieler: Föderalismusreform in der Schweiz, in: Susumu Shikano/Joachim Behnke/Thomas Bräuninger (Hrsg.), Jahrbuch für Handlungs- und Entscheidungstheorie, Bd. 5, Wiesbaden: VS, 87-118.

Breton, Albert, 1987: Towards a Theory of Competitive Federalism, in: European Journal of Political Economy 3 (1/2), 263-329.

Breton, Albert, 1996: Competitive Governments: An Economic Theory of Politics and Finance, Cambridge: Cambridge University Press.

Buchanan, James M./Gordon Tullock, 1962: The Calculus of Consent. Logical Foundations of Constitutional Democracy, Ann Arbor: University of Michigan Press.

Bundesministerium der Finanzen, 2004: Effizienz und Effektivität der Steuerverwaltung, Bundesstaatskommission, Arbeitsunterlage 0066 (11.05. 2004), in: Dokumentation der Kommission von Bundestag und Bundesrat zur Modernisierung der bundesstaatlichen Ordnung, hrsg. vom Deutschen Bundestag, Bundesrat Öffentlichkeitsarbeit, Zur Sache 1/2005, Berlin (CD-Rom).

Bunge, Mario, 1997: Mechanisms and Explanation, in: Philosophy of Social Science 27 (4), 410-465.

Burgess, Michael, 2005: Comparative Federalism: Theory and Practice, London/ New York: Routledge.

Burley, Anne-Marie/Walter Mattli, 1993: Europe Before the Court: A Political Theory of Legal Integration, in: International Organization, 47 (1), 41-76.

Busch, Per-Olof/Helge Jörgens/Kerstin Tews, 2005: The Global Diffusion of Regulatory Instruments: The Making of a New International Environmental Regime, in: The Annals of the American Academy of Political and Social Science 598 (1), 146-167.

Cairns, Alan C., 1977: The Governments and Societies of Canadian Federalism, in: Canadian Journal of Political Science 10, 695-726.

Caporaso, James A./Joerg Wittenbrink, 2006: The new modes of governance and political authority in Europe, in: Journal of European Public Policy 13 (4), 471-480.

Carty, R. Kenneth/Steven B. Wolnietz, 2004: Political Parties and the Canadian Federation Politics, in: J. Peter Meekison u.a. (Hrsg.), Canada: The State of the Federation 2002. Montreal/Kingston: McGill-Queen's University Press, 57-76.

Castells, Manuel, 2001: Das Informationszeitalter I: Die Netzwerkgesellschaft, Opladen: Leske + Budrich.

Chandler, William M./Gary W. Cox/Mathew D. McCubbins, 2006: Agenda Control in the Bundestag, 1980-2002, in: German Politics 15 (1), 27-48.

Chapman, Ralph J.K., 1993: Structure, Process and the Federal Factor: Complexity and Entanglement in Federations, in: Michael Burgess/Alain-G. Gagnon (Hrsg.), Comparative Federalism and Federation, Toronto: University of Toronto Press, 69-77.

Closa, Carlos, 2004: The Convention method and the transformation of EU constitutional politics, in: Erik Oddvar Eriksen/John Erik Fossum/Agustín José Menéndez (Hrsg.), Developing a Constitution for Europe, London/New York: Routledge, 183-206.

Cohen, Joshua/Joel Rogers, 1994: Solidarity, Democracy, Association, in: Wolfgang Streeck (Hrsg.), Staat und Verbände (PVS-Sonderheft 25), Opladen: Westdeutscher Verlag, 136-159.

Coleman, James S., 1995: Grundlagen der Sozialtheorie, Band 1: Handlungen und Handlungssysteme, München/Wien: Oldenbourg.

Conzelmann, Thomas/Randall Smith (Hrsg.), 2008: Multi-level Governance in the European Union: Taking Stock and Looking Ahead, Baden-Baden: Nomos.

Coultrap, John, 1999: From Parliamentarism to Pluralism. Models of Democracy and the European Union's 'Democratic Deficit', in: Journal of Theoretical Politics 11 (1), 107-135.

Crouch, Colin/Patrick Le Galès/Carlo Trigilia/Helmut Voelzkow, 2001: Local Production Systems in Europe: Rise or Demise?, Oxford: Oxford University Press.

Crozier, Michèl/Jean-Claude Thoenig, 1976: The Regulation of Complex Organized Systems, in: Administrative Science Quarterly 21, 547-570.

Cutler, Fred, 2004: Government Responsibility and Electoral Accountability in Federations, in: Publius: The Journal of Federalism 34 (2), 19-37.

Czada, Roland, 1997: Vertretung und Verhandlung. Aspekte politischer Konfliktregelung in Mehrebenensystemen, in: Arthur Benz/Wolfgang Seibel (Hrsg.), Theorieentwicklung in der Politikwissenschaft - Ein Zwischenbilanz, Baden-Baden: Nomos, 237-259.

Dahl, Robert A., 1989: Democracy and Its Critics, New Haven: Yale University Press.

Dahl, Robert A., 1994: A Democratic Dilemma: System Effectiveness versus Citizen Participation, in: Political Science Quarterly 109, 23-34.

DeBardeleben, Joan/Achim Hurrelmann (Hrsg.), 2007: Democratic Dilemmas of Multilevel Governance, Basingstoke: Palgrave Macmillan.

DeBardeleben, Joan/Achim Hurrelmann, 2007a: Introduction, in: Joan DeBardeleben/Achim Hurrelmann (Hrsg.), Democratic Dilemmas of Multilevel Governance, Basingstoke: Palgrave Macmillan, 1-14.

Decker, Frank, 2000: Demokratie und Demokratisierung jenseits des Nationalstaates. Das Beispiel der Europäischen Union, in: Zeitschrift für Politikwissenschaft 10 (2), 585-629.

De la Porte, Caroline/Patricia Nanz, 2004: The OMC – a deliberative-democratic mode of governance? The cases of employment and pensions, in: Journal of European Public Policy 11 (2), 267-288.

Döring, Herbert, 1995: Is Government Control of the Agenda Likely to Keep "Legislative Inflation" at Bay?, in: Herbert Döring (Hrsg.), Parliaments and Majority Rule in Western Europe, Frankfurt a.M./New York: Campus, 654-687.

Dryzek, John, 1990: Discursive Democracy. Politics, Policy and Political Science, Cambridge: Cambridge University Press.

Duchacek, Ivo, 1970: Comparative Federalism. The Territorial Dimension of Politics, New York: Holt, Rinehard and Winston.

Duina, Francesco/Tapio Raunio, 2007: The open method of coordination and national parliaments: further marginalization or new opportunities?, in: Journal of European Public Policy 14 (4), 489-506.

Dunsire, Andrew, 1996: Tipping the balance: autopoiesis and governance, in: Administration and Society 28 (3), 299-334.

Eberlein, Burkard/Dieter Kerwer, 2004: New Governance in the European Union, A Theoretical Perspective, in: Journal of Common Market Studies 42, 121-142.

Eder, Klaus/Hans-Jörg Trenz, 2003: The Making of an European Public Space. The Case of Justice and Home Affairs, in: Beate Kohler-Koch (Hrsg.), Linking EU and National Governance, Oxford: Oxford University Press, 51-68.

Eichener, Volker, 1997: Effective European problem-solving: lessons from the regulation of occupational safety and environmental protection, in: Journal of European Public Policy 4, 591-608.

Eichhorst, Werner/Eric Thode/Frank Winter, 2004: Benchmarking Deutschland 2004. Arbeitsmarkt und Beschäftigung, Berlin: Springer.

Eising, Rainer, 2000: Begrenzte Rationalität und regulatives Lernen in der EG: die Liberalisierung der Elektrizitätsversorgung, in: Politische Vierteljahresschrift 41 (2), 251-278.

Eising, Rainer, 2000a: Liberalisierung und Europäisierung. Die regulative Reform der Elektrizitätsversorgung in Großbritannien, der Europäischen Gemeinschaft und der Bundesrepublik Deutschland, Opladen: Leske + Budrich.

Eising, Rainer, 2001: Assoziative Demokratie in der Europäischen Union?, in: Bernhard Wessels/Annette Zimmer (Hrsg.), Verbände und Demokratie in Deutschland, Opladen: Leske + Budrich, 293-329.

Eising, Rainer, 2004: Multilevel Governance and Business Interests in the European Union, in: Governance 17 (2), 211-245.

Eising, Rainer, 2008: The Political Economy of State-Business Relations in Europe, London/New York: Routledge.

Eising, Rainer/Andrea Lenschow, 2007: Governance in der Europäischen Union, in: Arthur Benz/Susanne Lütz/Uwe Schimank/Georg Simonis (Hrsg.), Handbuch Governance. Theoretische Grundlagen und empirische Anwendungsfelder, Wiesbaden: VS, 325-338.

Elazar, Daniel, 1995: Althusius' Grand Design for a Federal Commonwealth, in: Johannes Althusius, Politica, herausgegeben und übersetzt von Frederick S. Carney, Indianapolis: Liberty Fund, xxxv-xlvi

Elster, Jon, 1986: The Market and the Forum. Three Varieties of Political Theory, in : Jon Elster/Aanund Hylland (Hrsg.), Foundations of Social Choice Theory, Cambridge: Cambridge University Press, 103-132.

Elster, Jon, 1998: Deliberation and Constitution Making, in: Jon Elster (Hrsg.), Deliberative Democracy, New York: Cambridge University Press, 97- 122.

Elster, Jon (Hrsg.), 1998a: Deliberative Democracy, Cambridge: Cambridge University Press.

Enderlein, Henrik/Sonja Wälti/Michael Zürn (Hrsg.), 2009: Handbook on Multi-level Governance, Cheltenham: Edward Elgar.

Eriksen, Oddvar Erik/John Erik Fossum, 2004: Democracy in the European Union: Integration through Deliberation?, London: Routledge.

Erk, Jan, 2008: Explaining Federalism. State, Society and congruence in Austria, Belgium, Canada, Germany and Switzerland, London/New York: Routledge.

Europäischer Rat, 2000: Schlussfolgerung des Vorsitzes, Europäischer Rat Lissabon, 23./24. März 2000 (www.europarl.europa.eu/summits/lis1_de.htm).

Evans, Peter B., 1993: Building an Integrative Approach to International and Domestic Politics. Reflections and Projections, in: Peter B. Evans/Harold K. Jacobson/Robert D. Putnam (Hrsg.), Double-Edged Diplomacy. International Bargaining and Domestic Politics, Berkeley: University of California Press, 397-430.

Evans, Peter B./Harold K. Jacobson/Robert D. Putnam (Hrsg.), 1993: Double-Edged Diplomacy. International Bargaining and Domestic Politics, Berkeley: University of California Press.

Fabbrini, Sergio (Hrsg.), 2005: Democracy and Federalism in the European Union and the United States: Exploring post-national Governance, London/New York: Routledge.

Faludi, Andreas/Bas Waterhout, 2002: The Making of the European Spatial Development Perspective: No Masterplan!, London/New York: Routledge.

Fearon, James D., 1997: Signaling Foreign Policy Interests: Tying Hands versus Sinking Costs, in: Journal of Conflict Resolution 41, 68-90.

Filippov, Mikhail/Peter C. Ordeshook/Olga Shvetsova, 2004: Designing Federalism. A Theory of Self-Sustainable Federal Institutions, Cambridge: Cambridge University Press.

Føllesdal, Andreas/Peter Koslowski (Hrsg.), 1998: Democracy and the European Union, Berlin: Springer.

Franklin, Mark N./Susan E. Scarrow, 1999: Making Europeans? The Socializing Power of the European Parliament, in: Robert S. Katz/Bernhard Weßels (Hrsg.), The European Parliament, the National Parliaments and European Integration, Oxford: Oxford University Press, 45-60.

Frenkel, Max, 1984: Föderalismus und Bundesstaat, Band 1: Föderalismus, Bern: Lang.

Frey, Bruno S., 1997: Ein neuer Föderalismus für Europa: Die Idee der FOJC, Tübingen: Mohr-Siebek.

Frey, Bruno/Reiner Eichenberger, 1995: Competition among Jurisdictions. The Idea of FOJC, in: Lüder Gerken (Hrsg.), Competition among Institutions, Basingstoke: Macmillan, 209-229.

Frey, Bruno S./Reiner Eichenberger, 1999: The New Democratic Federalism for Europe, Cheltenham: Elgar.

Fürst, Dietrich, 2001: Regional governance – ein neues Paradigma der Regionalwissenschaften?, in: Raumforschung und Raumordnung 59, 370-380.

Fürst, Dietrich, 2007: Regional Governance, in: Arthur Benz/Susanne Lütz/Uwe Schimank/Georg Simonis (Hrsg.), Handbuch Governance. Theoretische Grundlagen und empirische Anwendungsfelder, Wiesbaden: VS, 353-365.

Ganghof, Steffen, 2006: The Politics of Income Taxation. A Comparative Analysis (ECPR Monographs), Colchester: Routledge.

Genschel, Philip, 2002: Steuerharmonisierung und Steuerwettbewerb in der Europäischen Union, Frankfurt a.m./New York: Campus.

Gerstenberg, Oliver/Charles Sabel, 2002: Deliberative Polyarchy: An Institutional Ideal for Europe, in: Christian Joerges/Renaud Dehousse (Hrsg.), Good Governance in Europe's Integrated Market, Oxford: Oxford University Press, 289-341.

Gibbins, Roger, 1982: Regionalism. Territorial Politics in Canada and the United States, Toronto: Butterworths.

Göbel, Marcus, 2002: Von der Konvergenzstrategie zur offenen Methode der Koordinierung, Baden-Baden: Nomos.

Goetz, Klaus H./Jan-Hinrik Meyer-Sahling, 2008: The Europeanisation of national political systems: Parliaments and executives, in: Living Reviews of European Governance 3 (2), http://www.livingreviews.org/lreg-2008-2 (zitiert im Oktober 2008).

Grande, Edgar, 1994: Vom Nationalstaat zur europäischen Politikverflechtung. Expansion und Transformation moderner Staatlichkeit - untersucht am Beispiel der Forschungs- und Technologiepolitik, Habilitationsschrift: Universität Konstanz.

Grande, Edgar, 1996: Das Paradox der Schwäche. Forschungspolitik und die Einflußlogik europäischer Politikverflechtung, in: Markus Jachtenfuchs/Beate Kohler-Koch (Hrsg.), Europäische Integration, Opladen: Leske + Budrich (1. Aufl.), 373-399.

Grande, Edgar, 2002: Parteiensystem und Föderalismus, in: Arthur Benz/Gerhard Lehmbruch (Hrsg.), Föderalismus. Analysen in entwicklungsgeschichtlicher und vergleichender Perspektive (PVS-Sonderheft 32), Wiesbaden: West-deutscher Verlag, 179-212.

Grande, Edgar/Markus Jachtenfuchs (Hrsg.), 2000: Wie problemlösungsfähig ist die EU? Regieren im europäischen Mehrebenensystem, Baden-Baden: Nomos.

Greven, Michael Th./Louis W. Pauly (Hrsg.), 2000: Democracy Beyond the State?, Lanham: Rowman and Littlefield.

Große Hüttmann, Martin, 2008: „Föderalismus taugt nicht für Europa". Politikverflechtung und Europapolitik in Deutschland, in: Hendrik Scheller/Josef Schmid (Hrsg.), Föderale Politikgestaltung im deutschen Bundesstaat, Baden-Baden: Nomos, 127-147.

Gualini, Enrico, 2004: Multi-level Governance and Institutional Chance. The Europeanization of Regional Policy in Italy, Aldershot: Ashgate.

Habermas, Jürgen,1992: Faktizität und Geltung, Frankfurt a.M.: Suhrkamp.

Hamilton, Alexander/James Madison/John Jay, 1788/1994: Die Federalist-Artikel, hrsg. von Angela Adams und Willi Paul Adams, Paderborn: Schöningh (Erstveröffentlichung: 1788).

Harrison, Kathryn (Hrsg.), 2006: Racing to the Bottom? Provincial Interdependence in the Canadian Federation, Vancouver: UBC Press.

Hayek, Friedrich A., 1969: Der Wettbewerb als Entdeckungsverfahren, in: Friedrich A. Hayek, Freiburger Studien, Tübingen: Mohr-Siebeck, 249-265.

Hedström, Peter/Richard Swedberg (Hrsg.), 1998: Social Mechanisms. An Analytical Approach to Social Theory, New York: Cambridge University Press.

Heinelt, Hubert (Hrsg.), 1995: Politiknetzwerke und europäische Strukturfondsförderung. Ein Vergleich zwischen EU-Mitgliedstaaten, Opladen: Leske + Budrich.

Heinelt, Hubert (Hrsg.), 2002: Participatory Governance In Multi-Level Context : Concepts And Experience, Opladen: Leske + Budrich.

Heinze, Rolf G./Helmut Voelzkow (Hrsg.), 1997: Die Regionalisierung der Strukturpolitik in Nordrhein-Westfalen, Opladen: Westdeutscher Verlag.

Held, David, 1995: Democracy and the Global Order. From the Modern State to Cosmopolitan Governance, Cambridge: Polity Press.

Held, David/Mathias Koenig-Archibugi (Hrsg.), 2004: Global Governance and Public Accountability (Government and Opposition, Sonderheft, 39, Heft 2, London: London School of Economics and Political Science.

Héritier, Adrienne 1997: Die Koordination von Interessenvielfalt im europäischen Entscheidungsprozeß: Regulative Politik als „Patchwork"; in: Arthur Benz/Wolfgang Seibel (Hrsg.), Theorieentwicklung in der Politikwissenschaft - eine Zwischenbilanz, Baden-Baden: Nomos, 261-279.

Héritier, Adrienne, 1999: Policy-Making and Diversity in Europe. Escaping Deadlock, Cambridge: Cambridge University Press.

Héritier, Adrienne, 2002: New Modes of Governance in Europe: Policy-Making without Legislating, in: Adrienne Héritier (Hrsg.), Common Goods. Reinventing European and International Governance, Lanham: Rowman and Littlefield, 185-206.

Héritier, Adrienne, 2007: Mutual recognition: comparing policy areas, in: Journal of European Public Policy 14 (5), 667-681.

Hesse, Joachim Jens (Hrsg.), 1978: Politikverflechtung im föderativen Staat: Studien zum Planungs- und Finanzierungsverbund zwischen Bund, Ländern und Gemeinden, Baden-Baden: Nomos.

Hesse, Joachim Jens/Arthur Benz, 1990: Modernisierung der Staatsorganisation. Staatliche Institutionspolitik im internationalen Vergleich: USA, Großbritannien, Frankreich, Bundesrepublik Deutschland, Baden-Baden: Nomos.

Hintze, Otto, 1970: Die Entstehung der modernen Staatsministerien, in: Ders., Staat und Verfassung. Gesammelte Abhandlungen zur allgemeinen Verfassungsgeschichte, hrsg. von Gerhard Oestreich, Göttingen: Vandenhoeck & Ruprecht (3. Aufl.).

Hirst, Paul Q., 1994: Associative Democracy. New Forms of Economic and Social Governance, Amherst: University of Massachusetts Press.

Hix, Simon, 1999: The Political System of the European Union, New York: St. Martins Press.

Hix, Simon, 2001: Legislative Behaviour and Party Competition in the European Parliament: An Application of Nominate to the EU, in: Journal of Common Market Studies 39, 581-594.

Hix, Simon/Abdul Noury/Gerard Roland, 2005: Power to the parties: cohesion and competition in the European Parliament 1979–2001, in: British Journal of Political Science 35 (2), 209–34.

Hodson, Dermont/Imelda Maher, 2001: The Open Method as a New Mode of Governance: The Case of Soft Economic Policy Coordination, in: Journal of Common Market Studies 39, 719-746.

Hohn, Hans-Willi/Uwe Schimank, 1990: Konflikte und Gleichgewichte im Forschungssystem. Akteurkonstellationen und Entwicklungspfade in der staatlich finanzierten außeruniversitären Forschung, Frankfurt a.M.: Campus.

Holzinger, Katharina, 2001: Verhandeln statt Argumentieren oder Verhandeln durch Argumentieren? Eine empirische Analyse auf der Basis der Sprechakttheorie, in: Politische Vierteljahresschrift 42 (3), 414-446.

Holzinger, Katharina, 2002: Transnational Common Goods: Regulatory Competition for Environmental Standards, in: Adrienne Héritier (Hrsg.), Common Goods. Reinventing European and International Governance, Lanham: Rowman and Littlefield, 59-82.

Holzinger, Katharina, 2003: Common Goods, Matrix Games, and Institutional Solutions, in: European Journal of International Relations 9, 173-212.

Holzinger, Katharina, 2005: Die EU als politisches System, in: Katharina Holzinger u.a., Die Europäische Union. Theorien und Analysekonzepte, Paderborn: Schönigh, 81-152.

Holzinger, Katharina/Helge Jörgens/Christoph Knill (Hrsg.), 2007: Transfer, Diffusion und Konvergenz von Politiken (PVS-Sonderheft 38), Wiesbaden: VS.

Holzinger, Katharina/Christoph Knill/Thomas Sommerer, 2007: Konvergenz in der Umweltpolitik in Europa? Der Einfluss internationaler Institutionen und der ökonomischen Integration, in: Katharina Holzinger/Helge Jörgens/Christoph Knill (Hrsg.), Transfer, Diffusion und Konvergenz von Politiken (Politische Vierteljahresschrift, Sonderheft 38), Wiesbaden: VS, 377-406.

Hooghe, Liesbet, 1995: Subnational Mobilisation in the European Union, in: West European Politics 18 (3), 175-198.

Hooghe, Liesbet, 1996: Introduction: Reconciling EU-Wide Policy and National Diversity, in: Liesbet Hooghe (Hrsg.), Cohesion Policy and European Integration, Oxford: Clarendon Press, 1-24.

Hooghe, Liesbet, 1996a: Building a Europe With the Regions: The Changing Role of the European Commission, in: Liesbet Hooghe (Hrsg.), Cohesion Policy and European Integration, Oxford: Clarendon Press, 89-127.

Hooghe, Liesbet (Hrsg.), 1996b: Cohesion policy and European Integration, Oxford: Clarendon Press.

Hooghe, Liesbet/Gary Marks, 2001: Multi-level Governance and European Integration, Lanham: Rowman & Littlefield.

Hooghe, Liesbet/Gary Marks, 2003: Unravelling the Central State, But How? Types of Multi-level Governance, in: American Political Science Review 97 (2), 233-243.

Hooghe, Liesbet/Michael Keating, 1994: The politics of European Union regional policy, in: Journal of European Public Policy 1 (3), 367-393.

Hough, Daniel/Charlie Jeffery, 2002: Regionalwahlen in Mehr-Ebenen-Systemen, in: Thomas Conzelmann/Michèle Knodt (Hrsg.), Regionales Europa, Europäisierte Regionen, Frankfurt a.M./New York: Campus, 213-237.

Hough, Daniel/Charlie Jeffery (Hrsg.), 2006: Devolution and electoral Politics, Manchester/New York: Manchester University Press.

Howard, Dick, 2001: Die Grundlegung der amerikanischen Demokratie, Frankfurt a.M.: Suhrkamp.

Hrbek, Rudolf, 1986: Doppelte Politikverflechtung: Deutscher Föderalismus und Europäische Integration. Die deutschen Länder im EG-Entscheidungsprozess; in: Rudolf Hrbek/ Uwe Thaysen (Hrsg.), Die deutschen Länder und die Europäischen Gemeinschaften, Baden-Baden: Nomos, 17-31.

Hueglin, Thomas O., 1991: Sozietaler Föderalismus. Die politische Theorie des Johannes Althusius, Berlin: de Gruyter.

Hueglin, Thomas/Alan Fenna, 2006: Comparative Federalism. A Systematic Inquiry, Petersboroug/Ont.: Broadview Press.

Iida, Keisuke, 1996: Involuntary Defection in Two-Level Games, in: Public Choice 89, 283-303.

Immergut, Ellen, 1992: Health Politics: Interests and Institutions in Western Europe, Cambridge: Cambridge University Press.

Jachtenfuchs, Markus/Beate Kohler-Koch, 1996: Regieren im dynamischen Mehrebenensystem, in: Dies. (Hrsg.), Europäische Integration, Opladen: Leske + Budrich, 15-44.

Jachtenfuchs, Markus/Beate Kohler-Koch, 2004: Governance in der Europäischen Union, in: Arthur Benz (Hrsg.), Governance – Regieren in komplexen Regelsystemen, Wiesbaden: VS, 77-101.

Jansen, Dorothea, 2006: Einführung in die Netzwerkanalyse. Grundlagen, Methoden, Forschungsbeispiele, Wiesbaden: VS (3. überarb. Aufl.).

Jansen, Dorothea/Klaus Schubert (Hrsg.), 1995: Netzwerke und Politikproduktion, Marburg: Schüren.

Jeffery, Charlie, 2000: Sub-National Mobilisation and European Integration: Does it make any difference?, in: Journal of Common Market Studies 38 (1), 1-23.

Jeserich, Kurt G.A./Hans Pohl/Georg-Christoph von Unruh (Hrsg.), 1983: Deutsche Verwaltungsgeschichte, Band 1, Stuttgart: Deutsche Verlags-Anstalt.

Jessop, Bob, 1998: The rise of governance and the risks of failure: the case of economic development, in: International Social Science Journal 155, 29-45.

Jessop, Bob, 2002: The Future of the Capitalist State, Cambridge: Polity Press.

Jessop, Bob, 2004: Multi-level Governance and Metagovernance, in: Ian Bache/Matthew Flinders (Hrsg.), Multi-level Governance, Oxford: Oxford University Press, 49-74.

Jordan, Andrew J., 2001: The European Union. An Evolving System of Multi-level Governance…or Government?, in: Policy and Politics 29 (2), 193-208.

Judge, David/David Earnshaw, 2003: The European Parliament, New York: Palgrave Macmillan.

Kaase, Max, 1999: Politik im Zwiespalt zwischen Wandel und Status Quo. Eine Analyse im Hinblick auf den deutschen Wissenschaftsrat, in: Jürgen Gerhards/Ronald Hitzler (Hrsg.), Eigenwilligkeit und Rationalität sozialer Prozesse, Opladen: Westdeutscher Verlag, 234-257.

Kaiser, André, 1998: Vetopunkte in der Demokratie. Eine Kritik neuerer Ansätze der Demokratietypologie und ein Alternativvorschlag, in: Zeitschrift für Parlamentsfragen 29 (3), 525-541.

Kalke, Jens, 2001: Bedeutungsverlust der Landtage? Ein empirischer Test anhand der Drogenpolitik, in: Zeitschrift für Parlamentsfragen 31, 309-325.

Karlhofer, Ferdinand, 2002: Sozialpartnerschaftliche Interessenvermittlung in föderativen Systemen. Ein Vergleich Deutschland – Österreich – Schweiz, in: Arthur Benz/Gerhard Lehmbruch (Hrsg.), Föderalismus. Analysen in entwicklungsgeschichtlicher und vergleichender Perspektive (PVS-Sonderheft 32), Wiesbaden: Westdeutscher Verlag, 234-252.

Kassim, Hussein/B. Guy Peters/Vincent Wright (Hrsg.), 2000: The National Co-ordination of EU Policy. The Domestic Level, Oxford: Oxford University Press.

Katzenstein, Peter J., 1985: Small States in the World Markets, Ithaca NY: Cornell University Press.

Keohane, Robert, 2004: Global Governance and Democratic Accountability, in: David Held/Mathias Koenig-Archibugi (Hrsg.), Taming Globalization: Frontiers of Governance, London: Polity Press, 130-159.

Kerber, Wolfgang/Martina Eckardt, 2007: Policy Learning in Europe: The Open Method of Coordination and Laboratory Federalism, in: Journal of European Public Policy 14 (2), 227-247.

Kilper, Heiderose/Roland Lhotta, 1996: Der Föderalismus in der Bundesrepublik Deutschland, Opladen: Leske + Budrich (2. Aufl.).

Kingdon, John W., 1995: Agendas, Alternatives, and Public Policies, New York: Harper-Collins College Publ. (2. Aufl.).

Klatt, Hartmut, 1989: Die Rolle der Parlamente im föderalen Entscheidungsprozeß, in: Thomas Ellwein/Joachim Jens Hesse/Renate Mayntz/Fritz W. Scharpf (Hrsg), Jahrbuch zur Staats- und Verwaltungswissenschaft, Baden-Baden: Nomos, 119-156.

Kleger, Heinz, 2001: Bürgergesellschaft und Demokratie in Europa, in: Welttrends. Zeitschrift für internationale und vergleichende Studien Nr. 30/2001, 133-150.

Kluth, Winfried (Hrsg.), 2007: Föderalismusreformgesetz. Einführung und Kommentar, Baden-Baden: Nomos.

Knill, Christoph, 2003: Europäische Umweltpolitik. Steuerungsprobleme und Regulierungsmuster im Mehrebenensystem, Opladen: Leske + Budrich.

Kohler-Koch, Beate, 1998: Regionale Leistungskraft und regionale Nutzenbilanz, in: Beate Kohler-Koch u.a., Interaktive Politik in Europa, Opladen: Leske + Budrich, 125-152.

Kohler-Koch, Beate, 1998a: Leitbilder und Realität der Europäisierung der Regionen, in: Beate Kohler-Koch u.a., Interaktive Politik in Europa, Opladen: Leske + Budrich, 231-253.

Kohler-Koch, Beate/Rainer Eising (Hrsg.), 1999: The Transformation of Governance in the European Union, London/New York: Routledge.

Kohler-Koch, Beate/Rittberger, Berthold, 2006: Review Article: The 'Governance Turn' in EU Studies, in: Journal of Common Market Studies 44, 27-49.

Kohler-Koch, Beate/Berthold Rittberger (Hrsg.), 2007: Debating the Democratic Legitimacy of the European Union, Lanham u.a.: Rowman and Littlefield.

Kotzian, Peter, 2007: Arguing and Bargaining in International Negotiations: On the Application of the Frame-Selection Model and its Implications, in: International Political Science Review 28 (1), 79-99.

Kymlicka, Will, 2005: Federalism, Nationalism and Multiculturalism, in: Dimitrios Karmis/Wayne Norman (Hrsg.), Theories of Federalism: A Reader, New York: Palgrave Macmillan, 269-292.

Laffan, Brigid, 2000: The Big Budgetary Bargains: From Negotiation to Authority, in: Journal of European Public Policy 7 (5), 725-743.

Laffan, Brigid/Shaw, Colin, 2005: Classifying and Mapping OMC in Different Policy Areas (Report for NEWGOV New Modes of Governance, Integrated Project Priority 7: Citizens and Governance in the Knowledge-based Society, 2005) (http://eucenter.wisc.edu/OMC/ Papers/laffanShaw.pdf).

Lambsdorff, Otto Graf, 1997: Plädoyer für einen echten Föderalismus, in: Süddeutsche Zeitung, 01.09.1997, 10.

Lange, Stefan/Uwe Schimank, 2004: Governance und gesellschaftliche Integration, in: Stefan Lange/Uwe Schimank (Hrsg.), Governance und gesellschaftliche Integration, Wiesbaden: VS, 9-44.

Lange, Stefan/Uwe Schimank, 2008: Zwischen Konvergenz und Pfadabhängigkeit: New Public Management in den Hochschulsystemen fünf ausgewählter OECD-Länder, in: Katharina Holzinger/Helge Jörgens/ Christoph Knill (Hrgs.), Transfer, Diffusion und Konvergenz von Politiken (Politische Vierteljahresschrift, Sonderheft 38), Wiesbaden: VS, 522-548.

Laursen, Finn, 2001: The Danish Folketing and its European Affairs Committee: Strong Players in the National Policy Cycle, in: Andreas Maurer/Wolfgang Wessels (Hrsg.), National Parliaments on their Ways to Europe: Losers or Latecomers?, Baden-Baden: Nomos, 99-115.

Laver, Michael/Kenneth A. Shepsle, 1990: Coalitions and Cabinet Governments, in: American Political Science Review 84, 873-890.

Lehmbruch, Gerhard 1985: Constitution-making in Young and Aging Federal Systems, in: Keith G. Banting/Richard Simeon (Hrsg.), Redesigning the State. The Politics of Constitutional Change, Toronto: Toronto University Press, 30-41.

Lehmbruch, Gerhard, 1989: Institutional Linkages and Policy Networks in the Federal System of West Germany, in: Publius. The Journal of Federalism 19, 221-235.

Lehmbruch, Gerhard, 1997: Die korporative Verhandlungsdemokratie in Westmitteleuropa, in: Schweizerische Zeitschrift für Politische Wissenschaft 2, 19-41.

Lehmbruch, Gerhard, 1999: Verhandlungsdemokratie, Arenenverflechtung und Entscheidungsblockaden, in: Andreas Busch (Hrsg.), Demokratie in Ost und West, Frankfurt a.M.: Suhrkamp, 402-424.

Lehmbruch, Gerhard, 2000: Parteienwettbewerb im Bundesstaat. Regelsysteme und Spannungslagen im Institutionengefüge der Bundesrepublik Deutschland, Wiesbaden: Westdeutscher Verlag (3. Aufl.).

Lehmbruch, Gerhard, 2002: Der unitarische Bundesstaat in Deutschland. Kontinuität und Wandel, in: Arthur Benz/Gerhard Lehmbruch (Hrsg.), Föderalismus. Analysen in entwicklungsgeschichtlicher und vergleichender Perspektive (PVS-Sonderheft 32), Wiesbaden: Westdeutscher Verlag, 53-110.

Lehmbruch, Gerhard, 2003: Das deutsche Verbändesystem zwischen Unitarismus und Föderalismus, in: Renate Mayntz/Wolfgang Streeck (Hrsg.), Die Reformierbarkeit der Demokratie: Innovationen und Blockaden, Frankfurt a.M./New York: Campus, 259-288.

Lemco, Jonathan, 1991: Political stability in federal governments, New York u.a.: Praeger.

Leonardi, Uwe, 2002: Parteien im Föderalismus der Bundesrepublik Deutschland. Scharniere zwischen Staat und Politik, in: Zeitschrift für Parlamentsfragen 33 (1), 180-195.

Leuprecht, Christian/Harvey Lazar (Hrsg.), 2007: Spheres of Governance: Comparative Studies of Cities in Multilevel Governance Systems, Montreal: McGill-Queen's University Press.

Levy, Jacob, 2007: Federalism, Liberalism, and the Separation of Loyalties, in: American Political Science Review 101 (3), 459-477.

Lijphart, Arend, 1999: Patterns of Democracy: Government Forms and Performance in Thirty-Six Countries, New Haven/London: Yale University Press.

Linz, Juan, 1999: Democracy, Multinationalism and Federalism, in: Wolfgang Merkel/Andreas Busch (Hrsg.), Demokratie in Ost und West, Frankfurt a.M.: Suhrkamp, 382-401.

Livingston, William S., 1956: Federalism and Constitutional Change, Oxford: Clarendon Press.

Livingston, William S., 1967: A note on the nature of federalism, in: Aaron Wildavsky (Hrsg.), American Federalism in Perspective, Boston: Little, Brown and Company, 33-40.

Lord, Christopher, 1998: Democracy in the European Union, Sheffield: Sheffield Academic Press.

Lorenz, Astrid, 2005: How to Measure Constitutional Rigidity: Four Concepts and Two Alternatives, in: Journal of Theoretical Politics 17 (3), 339-361.

Luhmann, Niklas, 1969: Komplexität und Demokratie. Zu Frieder Naschold: "Demokratie und Komplexität", in: Politische Vierteljahresschrift 10, 314-325.

Luhmann, Niklas, 1997: Die Gesellschaft der Gesellschaft (2 Bände), Frankfurt a.M.: Suhrkamp.

Luhmann, Niklas, 2000: Die Politik der Gesellschaft, Frankfurt a.M.: Suhrkamp.

Mäding, Heinrich, 2006: Städte und Regionen im Wettbewerb – ein Problemaufriss, in: Deutsche Zeitschrift für Kommunalwissenschaften, Band II: Wandel kommunaler Entscheidungsprozesse, 121-133.

Magnette, Paul/Kalypso, Nikolaidis, 2004: The European Convention. Bargaining in the Shadow of Rhetoric, in: West European Politics 27, 381-404.

Mann, Michael, 1993: The Sources of Power. Volume II: The rise of classes and nation-states 1760-1914, Cambridge: Cambridge University Press.

Manow, Philip/Simone Burkhart, 2006: Kompromiss und Konflikt im parteipolitisierten Föderalismus der Bundesrepublik, in: Zeitschrift für Politikwissenschaft 16 (3), 807-824.

Manow, Philip/Armin Schäfer/Hendrik Zorn, 2008: Europe's party-political centre of gravity, in: Journal of European Public Policy 15 (1), 20-39.

Marin, Bernd/Renate Mayntz (Hrsg.), 1991: Policy Networks. Empirical Evidence and Theoretical Considerations, Frankfurt a.M./New York: Campus.

Marks, Gary, 1993: Structural Policy and Multilevel Governance in the EC, in: Alan Cafruny/Glenda Rosenthal (Hrsg.), The State of the European Community, Vol. 2, The Maastricht Debates and Beyond, Boulder: Lynne Rienner, 391-410.

Marks, Gary, 1996: Politikmuster und Einflußlogik in der Strukturpolitik, in: Markus Jachtenfuchs/Beate Kohler-Koch (Hrsg.), Europäische Integration, Opladen: Leske + Budrich, 313-344.

Marks, Gary, 1997: An Actor-Centred Approach to Multi-Level Governance, in: Regional and Federal Studies 6 (2), 20-38.

Marks, Gary/Liesbet Hooghe, 2004: Contrasting Visions of Multi-level Governance, in: Ian Bache/Matthew Flinders (Hrsg.), Multi-level Governance, Oxford: Oxford University Press, 15-30.

Marks, Gary/Liesbet Hooghe/Kermit Blank, 1996: European Integration from the 1980s: State-Centric v. Multi-Level Governance, in: Journal of Common Market Studies 34 (3), 341-378.

Marschall, Stefan, 2005: Transnationale Repräsentation in parlamentarischen Versammlungen. Demokratie und Parlamentarismus jenseits des Nationalstaates, Baden-Baden: Nomos.

Martin, Lisa, 2000: Democratic Commitments: Legislatures and International Cooperation, Princeton: Princeton University Press.

Maurer, Andreas, 2002: Parlamentarische Demokratie in der Europäischen Union: Der Beitrag des Europäischen Parlaments und der nationalen Parlamente, Baden-Baden: Nomos.

Maurer, Andreas/Wolfgang Wessels (Hrsg.), 2001: National Parliaments on their Ways to Europe: Losers or Latecomers?, Baden-Baden: Nomos.

Mayer, Frederick W., 1992: Managing Domestic Differences in International Negotiations: The Strategic Use of Internal Side Payments, in: International Organization 46, 793-818.

Mayntz, Renate, 2003: Zur Theoriefähigkeit makrosozialer Aussagen, in: Renate Mayntz (Hrsg.), Akteure – Mechanismen – Modelle, Frankfurt a.M./New York: Campus, 7-34.

Mayntz, Renate/Fritz W. Scharpf, 1995: Der Ansatz des akteurszentrierten Institutionalismus, in: Renate Mayntz/Fritz W. Scharpf (Hrsg.), Gesellschaftliche Selbstregelung und politische Steuerung, Frankfurt a.M./New York: Campus, 39-72.

McGrew, Anthony (Hrsg.), 1997: The Transformation of Democracy? Globalization and Territorial Democracy, Cambridge: Polity Press.

McKay, David H., 2001: Designing Europe: Comparative Lessons from the Federal Experience, Oxford: Oxford University Press.

Meincke, Anna, 2008: Wettbewerb, Kooperation und regionale Netzwerke, in: Michael Böcher/Max Krott/Sebastian Tränkner (Hrsg.), Regional Governance und integrierte ländliche Entwicklung: Ergebnisse der Begleitforschung zum Modell- und Demonstrationsvorhaben "Regionen Aktiv", Wiesbaden: VS, 69-108.

Menon, Anand/Martin Schain (Hrsg.), 2006: Comparative Federalism: The European Union and the United States in Comparative Perspective, Oxford: Oxford University Press.

Mielke, Siegfried/Werner Reutter (Hrsg.), 2004: Länderparlamentarismus in Deutschland, Wiesbaden: VS.

Milner, Helen V./Peter Rosendorff, 1997: A Model of the Two-Level Game, in: Helen V. Milner, Interests, Institutions, and Information. Domestic Politics and International Relations, Princeton: Princeton University Press, 67-98.

Milner, Helen V./Peter Rosendorff, 1997a: Democratic Politics and International Trade Negotiations: Elections and Divided Government as Constraints on Trade Liberalization, in: Journal of Conflict Resolution 41, 117-146.

Mo, Jongryn, 1995: Domestic Institutions and International Bargaining: The Role of Agent Veto in Two-Level Games, in: American Political Science Review 89 (4), 914-924.

Montesquieu, Charles Louis de Secondat, [1748] 1951: Vom Geist der Gesetze, hrsg. von Ernst Forsthoff, Tübingen: Mohr.

Moore, Carolyn, 2008: A Europe of the Regions vs. the Regions in Europe: Reflections on Regional Engagement in Brussels, in: Regional and Federal Studies 18 (5), 517-535.

Morath, Konrad (Hrsg.), 1999: Reform des Föderalismus. Beiträge zu einer gemeinsamen Tagung von Frankfurter Institut und Institut der deutschen Wirtschaft Köln, Bad Homburg: Frankfurter Institut und Institut der deutschen Wirtschaft.

Moravcsik, Andrew, 1997: Warum die Europäische Union die Exekutive stärkt: Innenpolitik und internationale Kooperation, in: Klaus Dieter Wolf (Hrsg.), Projekt Europa im Übergang, Baden-Baden: Nomos, 211-269.

Moravcsik, Andrew, 1998: The Choice for Europe. Social Purpose and State Power from Messina to Maastricht, London: UCL Press.

Moravcsik, Andrew, 2002: In Defence of the „Democratic Deficit". Reassessing Legitimacy in the European Union, in: Journal of Common Market Studies 40 (4), 603-624.

Münch, Ursula, 1997: Sozialpolitik und Föderalismus: Zur Dynamik der Aufgabenverteilung im sozialen Bundesstaat, Opladen: Leske + Budrich.

Münch, Ursula, 2008: Vernachlässigung eines „Hausguts". Bundesdeutsche Bildungspolitik zwischen Europäisierung und Entstaatlichung, in: Hendrik Scheller/Josef Schmid (Hrsg.), Föderale Politikgestaltung im deutschen Bundesstaat, Baden-Baden: Nomos, 186-215.

Nägele, Frank, 1996: Regionale Wirtschaftsförderung. Ein Politikfeld im Prozeß der deutschen Vereinigung, Opladen: Leske + Budrich.

Naschold, Frieder, 1972: Organisation und Demokratie. Untersuchung zum Demokratisierungspotential in komplexen Organisationen, Stuttgart u.a.: Kohlhammer (3. Aufl.).

Neidhart, Leonhard, 1970: Plebiszit und pluralitäre Demokratie. Eine Analyse der Funktionen des schweizerischen Gesetzesreferendums, Bern: Francke.

Neidhart, Leonhard, 2002: Das politische System der Schweiz. Fundamente und Institutionen, Zürich: NZZ Verlag.

Neunreither, Karlheinz, 2006: The European Parliament and National Parliaments: Conflict and Cooperation, in: Katrin Auel/Arthur Benz (Hrsg.), The Europeanisation of Parliamentary Democracy, London: Routledge, 164-187.

Neyer, Jürgen, 2003: Discourse and Order in the EU: A Deliberative Approach to Multi-Level Governance, in: Journal of Common Market Studies 41 (4), 687-706.

Nicolaïdis, Kalypso, 1996: Mutual recognition of regulatory regimes: some lessons and prospects, Jean Monnet Paper Series, Cambridge, MA: Harvard Law School.

Nicolaïdis, Kalypso, 2004: Globalization with human faces: managed mutual recognition and the free movement of professionals, in: Fiorella Kostoris Padoa Schioppa (Hrsg.), The Principle of Mutual Recognition in the European Integration Process, Basingstoke: Palgrave Macmillan, 129-189.

Nicolaïdis, Kalypso/Susanne K. Schmidt, 2007: Mutual Recognition 'on trial': The Long Road to Services Liberalization, in: Journal of European Public Policy 14 (5), 717-734.

Niedermayer, Oskar, 2001: Nach der Vereinigung: Der Trend zum fluiden Fünfparteiensystem, in: Oscar W. Gabriel/Oskar Niedermayer/Richard Stöss (Hrsg.), Parteiendemokratie in Deutschland, Bonn: Bundeszentrale für Politische Bildung (2. Aufl.), 107-127.

North, Douglas, 1990: Institutions, Institutional Change and Economic Performances. Cambridge: Cambridge University Press.

Norton, Philip (Hrsg.), 1996: National Parliaments and the European Union, London: Frank Cass.

Nullmeier, Frank, 2000: Politische Theorie des Sozialstaats, Frankfurt a.M: Campus.

Oates, Wallace E., 1972: Fiscal Federalism, New York: Harcourt Brace Jonavich.

Oates, Wallace E., 1999: An Essay on Fiscal Federalism, in: Journal of Economic Literature 39, 1120-1149.

O'Brennan, John/Tapio Raunio (Hrsg.), 2007: National Parliaments within the Enlarged European Union, London: Routledge.

Offe, Claus, 1998: Demokratie und Wohlfahrtsstaat. Eine europäische Regimeform unter dem Streß der europäischen Integration, in: Wolfgang Streeck (Hrsg.), Internationale Wirtschaft, nationale Demokratie. Herausforderungen für die Demokratietheorie, Frankfurt a.M./New York: Campus, 99-136.

Ohmae, Kenicki, 1995: The End of the Nation State, London: Harper Collins Publishers.

Ostrom, Elinor, 1990: Governing the Commons. The Evolution of Institutions for Collective Action, Cambridge: Cambridge University Press.

Ostrom, Elinor, 1998: A Behavioral Approach to the Rational Choice Theory of Collective Action, in: American Political Science Review 92, 1-22.

Ostrom, Vincent/Charles M. Tiebout/Robert Warren, 1961: The Organization of Government in Metropolitan Areas. A Theoretical Inquiry, in: American Political Science Review, 55, 831-842.

Pahre, Robert/Paul A. Papayoanou, 1997: Using Game Theory to Link Domestic and International Politics, in: Journal of Conflict Resolution 41, 4-11.

Painter, Martin 1991: Intergovernmental Relations in Canada: An Institutional Analysis, in: Canadian Journal of Political Science 24, 269-288.

Painter, Martin, 2001: Multi-level governance and the emergence of collaborative federal institutions in Australia, in: Policy and Politics 29 (2), 137-150.

Papadopoulos, Yannis, 2004: Governance und Demokratie, in: Arthur Benz (Hrsg.), Governance – Regieren in komplexen Regelsystemen, Wiesbaden: VS, 215-237.

Papadopoulos, Yannis, 2007: Problems of Democratic Accountability in Network and Multi-level Governance, in: European Law Journal 13 (4), 469-486.

Papillon, Martin/Richard Simeon, 2004: The Weakest Link? First Minister Conferences in Canadian Intergovernmental Relations, in: J. Peter Meekison u.a. (Hrsg.), Canada: The State of the Federation 2002, Montreal/Kingston: McGill-Queen's University Press, 113-140.

Peter, Sahra/Karlheinz Knickel, 2006: Empowerment of Regional Partnerships: The Example of the Regional Action Pilot Program in Germany, in: DISP 166 (3), 16-25.

Peters, B. Guy/Jon Pierre, 2004: Multi-level Governance and Democracy: A Faustian Bargain?, in: Ian Bache/Matthew Flinders (Hrsg.), Multi-level Governance, Oxford: Oxford University Press, 75-89.

Pierre, Jon/Gerry Stoker, 2000: Towards multilevel governance, in: Patrick Dunleavy u.a. (Hrsg.), Developments in British politics, London: Macmillan (6. Aufl.), 29-46.

Pierson, Paul, 1995: Fragmented Welfare States: Federal Institutions and the Development of Social Policy, in: Governance 8, 449-478.

Pierson, Paul, 2000: Increasing Returns, Path Dependence and the Study of Politics, in: American Political Science Review 94, 251-267.

Pierson, Paul, 2004: Politics in Time. History, Institutions and Social Analysis, Princeton/Oxford: Princeton University Press.

Pitkin, Hanna Fenichel, 1972: The Concept of Representation. Berkeley: University of California Press.

Pollack, Marc A., 2005: Theorizing EU-Policy Making, in: William Wallace/ Helen Wallace/Marc A. Pollack (Hrsg.), Policy-Making in the European Union, Oxford: Oxford University Press (5. Aufl.), 13-48.

Potratz, Wolfgang, 2000: Dezentral und koordiniert? Die Innenwelt der regionalisierten Strukturpolitik in NRW, München: Hampp.

Prittwitz, Volker von (Hrsg.), 1996: Verhandeln und Argumentieren, Opladen: Leske + Budrich.

Putnam, Robert, 1988: Diplomacy and Domestic Politics: The Logic of Two-level Games, in: International Organization 42, 427-460.

Pyke, Frank/Werner Sengenberger (Hrsg.), 1992: Industrial districts and local economic regeneration, Genf: International Institute for Labour Studies.

Radaelli, Claudio M., 2003: The Open Method of Coordination: A new governance architecture for the European Union?, Sieps Report 2003: 1, Stockholm.

Rawls, John A., 1999: A Theory of Justice, Cambridge: Harvard University Press (revised edition).

Reigner, Hélène, 2001: Multi-level governance or co-administration? Transformation and continuity in French local government, in: Policy and Politics 29 (2), 181-192.

Renzsch, Wolfgang, 1991: Finanzverfassung und Finanzausgleich, Bonn: Dietz.

Renzsch, Wolfgang, 1996: Budgetäre Anpassung statt institutionellen Wandels. Zur finanziellen Bewältigung der Lasten des Beitritts der DDR zur Bundesrepublik, in: Hellmut Wollmann u.a. (Hrsg.), Transformation der politisch-administrativen Strukturen in Ostdeutschland, Opladen: Leske + Budrich, 49-118.

Renzsch, Wolfgang, 1999: Party Competition in the German Federal State: New Variations of an Old Theme, in: Regional and Federal Studies 9 (3), 180-192.

Renzsch, Wolfgang, 2000: Bundesstaat oder Parteienstaat: Überlegungen zu Entscheidungsprozessen im Spannungsfeld von föderaler Konsensbildung und parlamentarischem Wettbewerb in Deutschland, in: Everhard Holtmann/Helmut Voelzkow (Hrsg.), Zwischen Wettbewerbs- und Verhandlungsdemokratie, Wiesbaden: Westdeutscher Verlag, 53-78.

Rhodes, Roderick A.W., 1981: Control and Power in Central-Local Government Relations, Westmead: Gower.

Richter, Annegret, 2006: Föderalismusreform und Europapolitik, in: Aus Politik und Zeitgeschichte 50/2006, 18-23.

Riker, William H., 1964: Federalism. Origins, Operation, Significance, Boston/ Toronto: Little Brown & Co.

Riker, William, 1982: Liberalism against Populism: A Confrontation Between the Theory of Democracy and the Theory of Social Choice, San Francisco: W.H. Freeman.

Risse, Thomas, 2006: Transnational Governance and Legitimacy, in: Arthur Benz/Yannis Papadopoulos (Hrsg.), Governance and Democracy - Comparing National, European and Transnational Experiences, London: Routledge, 179-199.

Rodden, Jonathan, 2006: Hamilton's Paradox: The Promise And Peril of Fiscal Federalism, Cambridge: Cambridge University Press.

Rodden, Jonathan/Susan Rose-Ackerman, 1997: Does Federalism Preserve Markets, in: Virginia Law Review 83, 1521-1572.

Rokkan, Stein, 1999: State Formation, Nation-Building, and Mass Politics in Europe. The Theory of Stein Rokkan (hrsg. von Peter Flora mit Stein Kuhnle und Derek Unwin), Oxford: Oxford University Press.

Rosamond, Ben, 2000: Theories of European Integration, Basingstoke/London: Palgrave.

Rosenau, James N., 2004: Strong Demand, Huge Supply: Governance in an Emerging Epoch, in: Ian Bache/Matthew Flinders (Hrsg.), Multi-level Governance, Oxford: Oxford University Press, 31-48.

Rudzio, Kolja, 2000: Funktionswandel der Kohäsionspolitik unter dem Einfluß des Europäischen Parlaments, Baden-Baden: Nomos.

Russells, Peter H., 2004: The Constitutional Odyssey. Can Canada Become a Sovereign People?, Toronto: University of Toronto Press (3. Aufl.).

Sabatier, Paul A., 1987: Knowledge, Policy-Oriented Learning and Policy Chance: An Advocacy Coalition Framework, in: Knowledge: Creation, Diffusion, Utilization 8, 649-692.

Sabel, Charles F./Oliver Gerstenberg, 2002: Directly Deliberative Polyarchy: An Institutional Ideal for Europe?, in: Christian Joerges/René Dehousse (Hrsg.), Good Governance in Europe's Integrated Market, Oxford: Oxford University Press, 289-341.

Sabel, Charles F./Jonathan Zeitlin, 2008: Learning from Difference: The New Architecture of Experimentalist Governance in the EU, in: European Law Journal 14 (2), 271-327.

Sachverständigenrat zur Begutachtung der gesamtwirtschaftlichen Entwicklung, 1991: Jahresgutachten, Bundestags-Drucksache 11/8472.

Sachverständigenrat für Umweltfragen, 2007: Umweltverwaltungen unter Reformdruck: Herausforderungen, Strategien, Perspektiven, Berlin: SRU.

Salmon, Pierre, 1987: Decentralisation as an Incentive Scheme, in: Oxford Review of Economic Policy 3, 24-43.

Sauerland, Dirk, 1997: Föderalismus zwischen Freiheit und Effizienz. Der Beitrag der ökonomischen Theorie zur Gestaltung dezentralisierter politischer Systeme, Berlin: Duncker und Humblot.

Scharpf, Fritz W., 1970: Demokratietheorie zwischen Utopie und Anpassung. Konstanz: Universitätsverlag.

Scharpf, Fritz W., 1978: Theorie der Politikverflechtung. Ein kurzgefaßter Leitfaden, in: Joachim Jens Hesse (Hrsg.), Politikverflechtung im föderativen Staat, Baden-Baden: Nomos, 65-74.

Scharpf, Fritz W., 1985: Die Politikverflechtungsfalle: Europäische Integration und deutscher Föderalismus im Vergleich, in: Politische Vierteljahresschrift 26, 323-356.

Scharpf, Fritz W., 1987: Sozialdemokratische Krisenpolitik in Europa, Frankfurt a.M./ New York: Campus.

Scharpf, Fritz W., 1988: The Joint Decision Trap. Lessons from German Federalism and European Integration, in: Public Administration, 66 (3), 239-278.

Scharpf, Fritz W., 1989: Der Bundesrat und die Kooperation auf der "dritten Ebene", in: Bundesrat (Hrsg.), Vierzig Jahre Bundesrat, Baden-Baden: Nomos, 121-162.

Scharpf, Fritz W., 1992: Koordination durch Verhandlungssysteme: Analytische Konzepte und institutionelle Lösungen, in: Arthur Benz/Fritz W. Scharpf, Reinhard Zintl, Horizontale Politikverflechtung. Zur Theorie von Verhandlungssystemen, Frankfurt a.M./New York: Campus, 51-96.

Scharpf, Fritz W., 1993: Versuch über Demokratie im verhandelnden Staat, in: Roland Czada/Manfred G. Schmidt (Hrsg.), Verhandlungsdemokratie, Interessenvermittlung, Regierbarkeit, Opladen: Westdeutscher Verlag, 25-45.

Scharpf, Fritz W., 1993a: Positive und negative Koordination in Verhandlungssystemen, in: Adrienne Héritier (Hrsg.), Policy-Analyse (PVS-Sonderheft 24), Opladen: Westdeutscher Verlag, 57-83.

Scharpf, Fritz W., 1994: Optionen des Föderalismus in Deutschland und Europa, Frankfurt a.M./New York: Campus.

Scharpf, Fritz W., 1995: Federal Arrangements and Multi-Party Systems, in: Australian Journal of Political Science 30, 27-39.

Scharpf, Fritz W., 1997: Games Real Actors Play, Boulder/Col.: Westview Press.

Scharpf, Fritz W., 1997a: Introduction: The Problem-solving Capacity of Multi-level Governance, in: Journal of Public Policy 4 (4), 520-538.

Scharpf, Fritz W., 1999: Governing in Europe: Effective and Democratic?, Oxford: Oxford University Press.

Scharpf, Fritz W., 2001: Notes Toward a Theory of Multilevel Governing in Europe, in: Scandinavian Political Studies 24 (1), 1-26.

Scharpf, Fritz W., 2006: Recht und Politik in der Reform des Föderalismus, in: Michael Becker/Ruth Zimmerling (Hrsg.), Politik und Recht (PVS-Sonderheft 36), Wiesbaden: VS, 307-332.

Scharpf, Fritz W., 2006a: The Joint-Decision Trap Revisited, in: Journal of Common Market Studies 44 (4), 845-64.

Scharpf, Fritz W./Bernd Reissert/Fritz Schnabel, 1976: Politikverflechtung. Theorie und Empirie des kooperativen Föderalismus in der Bundesrepublik, Kronberg/Ts: Scriptor.

Schatz, Heribert/Robert Chr. van Ooyen/Sascha Werthes, 2000: Wettbewerbsföderalismus. Aufstieg und Fall eines politischen Streitbegriffs, Baden-Baden: Nomos.

Scheller, Hendrik/Josef Schmid (Hrsg.), 2008: Föderale Politikgestaltung im deutschen Bundesstaat. Variable Verflechtungsmuster in Politikfeldern, Baden-Baden: Nomos.

Schelling, Thomas, 1960: The Strategy of Conflict, Cambridge Mass.: Harvard University Press.

Schelsky, Helmut, 1953: Wandlungen der deutschen Familie in der Gegenwart, Dortmund: Ardey.

Schimank, Uwe, 1995: Politische Steuerung und Selbstregulation des Systems der organisierten Forschung, in: Renate Mayntz/Fritz W. Scharpf (Hrsg.), Gesellschaftliche Selbstregelung und politische Steuerung, Frankfurt a.M./New York: Campus, 101-139.

Schimank, Uwe, 1996: Theorien gesellschaftlicher Differenzierung, Opladen: Leske + Budrich.

Schimank, Uwe, 2002: Theoretische Modelle sozialer Strukturdynamiken. Ein Gefüge von Generalisierungsniveaus, in: Renate Mayntz (Hrsg.), Akteure – Mechanismen – Modelle, Frankfurt a.M./New York: Campus, 151-178.

Schimank, Uwe, 2007: Elementare Mechanismen, in: Arthur Benz u.a. (Hrsg.) Handbuch Governance, Wiesbaden: VS, 29-45.

Schmalz-Bruns, Rainer, 1999: Deliberativer Supranationalismus: Demokratisches Regieren jenseits des Nationalstaats, in: Zeitschrift für internationale Beziehungen 6 (2), 185-244.

Schmid, Josef, 2002: Wohlfahrtsstaaten im Vergleich. Soziale Sicherung in Europa: Organisation, Finanzierung, Leistungen und Probleme, Wiesbaden: Leske + Budrich (2. Aufl.).

Schmid, Josef, 2002a: Sozialpolitik und Wohlfahrtsstaat in Bundesstaaten, in: Arthur Benz/Gerhard Lehmbruch (Hrsg.), Föderalismus. Analysen in entwicklungsgeschichtlicher und vergleichender Perspektive (PVS Sonderheft 32), Wiesbaden: Westdeutscher Verlag, 279-305.

Schmid, Josef/Susanne Blancke, 2001: Arbeitsmarktpolitik der Bundesländer. Chancen und Restriktionen einer aktiven Arbeitsmarkt- und Strukturpolitik im Föderalismus, Berlin: edition sigma.

Schmidt, Manfred G., 1994: Politikverflechtung zwischen Bund, Ländern und Gemeinden, Hagen: FernUniversität in Hagen.

Schmidt, Manfred G., 1996: Germany: The Grand Coalition State, in: Joseph M. Colomar (Hrsg.), Political Institutions in Europe, London: Routledge, 62-98.

Schmidt, Manfred G., 2000: Demokratietheorien, Opladen: Leske + Budrich (3. Aufl.).

Schmidt, Manfred G., 2000a: Der konsoziative Staat. Hypothesen zur politischen Struktur und zum politischen Leistungsprofil der Europäischen Union, in: Edgar Grande/Markus Jachtenfuchs (Hrsg.), Wie problemlösungsfähig ist die Europäische Union? Regieren im Europäischen Mehrebenensystem, Baden-Baden: Nomos, 33-58.

Schmidt, Susanne K., 2004: Rechtsunsicherheit statt Regulierungswettbewerb: Die nationalen Folgen des europäischen Binnenmarkts für Dienstleistungen. Habilitationsschrift zur Erlangung einer Venia Legendi im Fach Politikwissenschaft, Hagen: FernUniversität in Hagen.

Schmidt, Susanne K., 2007: Mutual recognition as a new mode of governance, in: Journal of European Public Policy 14 (5), 667-681.

Schmidt, Susanne K. (Hrsg.), 2008: Mutual Recognition as a New Mode of Governance, Abingdon/Oxon: Routledge.

Schmidt, Vivien A., 2006: Democracy in Europe. The EU and National Polities, Oxford: Oxford University Press.

Schmitter, Philippe C., 2000: How to democratize the European Union ... and why bother?, Lanham/Md.: Rowman & Littlefield.

Schmitter, Philippe, 2006: Governance in the European Union: a viable mechanism for future legitimation?, in: Arthur Benz/Yannis Papadopoulis (Hrsg.), Governance and Democracy, London: Routledge, 158-175.

Schout, Adriaan,/Andrew Jordan, 2005: Coordinated European Governance: Self-Organizing or Centrally Steered?, in: Public Administration 83 (1), 201-220.

Shapiro, Ian, 2003: The State of Democratic Theory, Princeton: Princeton University Press.

Simeon, Richard, 2006: Federal-Provincial Diplomacy. The Making of Recent Policy in Canada, Toronto: University of Toronto Press (3. Aufl.).

Simeon, Richard/David Cameron, 2002: Intergovernmental Relations and Democracy: An Oxymoron If There Ever Was One, in: Herman Bakvis/Grace Skogstad (Hrsg.), Canadian Federalism. Don Mills/Ontario: Oxford University Press, 278-295.

Simeon, Richard/Amy Nugent, 2008: Parliamentary Canada and Intergovern-mental Canada: Exploring the Tensions, in: Herman Bakvis/Grace Skogstad (Hrsg.), Canadian Federalism, Don Mills/Ontario: Oxford University Press (2. Aufl.), 89-111.

Simmons, Beth A./Zachary Elkins, 2004: The Globalization of Liberalization: Policy Diffusion in the International Political Economy, in: American Political Science Review 98 (1), 171-189.

Smiley, Donald, 1984: Federal States and Federal Societies, with Special Reference to Canada, in: International Political Science Review 5, 443-454.

Smismans, Stijn, 2006: The legitimacy of functional participation in European risk regulation: a case study of occupational health and safety, in: Arthur Benz/Yannis Papadopoulos (Hrsg.), Governance and Democracy - Comparing National, European and International Experiences, London: Routledge, 115-137.

Sorensen, Eva/Jacob Torfing (Hrsg.), 2007: Theories of Democratic Network Governance, New York: Palgrave Macmillan.

Speer, Rainer, 2007: Steuern und Steuerverwaltung, in: Rainer Holtschneider, Walter Schön (Hrsg.), Die Reform des Bundesstaates, Baden-Baden: Nomos, 373-379.

Stepan, Alfred, 1999: Federalism and Democracy: Beyond the U.S. Model, in: Journal of Democracy 10, 19-34.

Streeck, Wolfgang (Hrsg.), 1998: Internationale Wirtschaft, nationale Demokratie. Herausforderungen für die Demokratietheorie, Frankfurt a.M./New York: Campus.

Sturm, Roland/Heinrich Pehle, 2001: Das neue deutsche Regierungssystem, Opladen: Leske + Budrich.

Sunstein, Cass R., 2001: Designing Democracy. What Constitutions Do, Oxford: University of Oxford Press.

Swenden, Wilfried: 2006: Federalism and Regionalism in Western Europe. A Comparative and Thematic Analysis, Basingstoke: Palgrave.

Thöni, Erich, 1986: Politökonomische Theorie des Föderalismus, Baden-Baden: Nomos.

Thoenig, Jean Claude, 1978: State, Bureaucracies, and Local Government in France, in: Kenneth Hanf/Fritz W. Scharpf (Hrsg.), Interorganizational Policy-Making, Beverly Hills/London: Sage, 167-197.

Thorlakson, Lori, 2005: Federalism and the European party system, in: Journal of European Public Policy 12 (3), 468–487.

Tiebout, Charles M., 1956: A pure theory of local expenditures, in: Journal of Political Economy 65 (5), 416-424.

Tilly, Charles, 2001: Mechanisms in Political Science, in: American Political Science Review 4, 21-41.

Tömmel, Ingeborg, 2008: Das politische System der EU, München/Wien: Oldenbourg (3. Aufl.).

Tömmel, Ingeborg (Hrsg.), 2008a: Die Europäische Union: Governance und Policy-Making (PVS-Sonderheft 40), Wiesbaden: VS.

Tränhardt, Dietrich, 1990: Bildungspolitik, in: Klaus von Beyme/Manfred G. Schmidt (Hrsg.), Politik in der Bundesrepublik Deutschland, Opladen: Westdeutscher Verlag, 177-202.

Treib, Oliver/Holger Bähr/Gerda Falkner, 2007: Modes of governance: towards conceptual clarification, in: Journal of European Public Policy 14 (1), 1-20.

Treisman, Daniel, 2000: The Causes of Corruption: A Cross-National Study, in: Journal of Public Economics 76, 399-457.

Treisman, Daniel, 2007: The Architecture of Government: Rethinking Political Decentralization, Cambridge: Cambridge University Press.

Trenz, Hans-Jörg, 2002: Zur Konstitution politischer Öffentlichkeit in der Europäischen Union, Baden-Baden: Nomos.

Trubek, David/Louise G. Trubek, 2005: The Open Method of Coordination and the Debate over 'Hard' and 'Soft' Law, in: Jonathan Zeitlin/Philippe Pochet/ Lars Magnusson (Hrsg.), The Open Method of Coordination in Action. The European Employment and Social Inclusion Strategies, Brüssel: P.I.E.- Peter Lang, 83-103.

Tsebelis, George, 1995: Decision Making in Political Systems: Veto Players in Presidentialism, Parliamentarism, Multicameralism and Multipartyism, in: British Journal of Political Science 25, 289-325.

Tsebelis, George, 2002: Veto Players. How Political Institutions Work, Princeton: Princeton University Press.

Vanberg, Viktor/Wolfgang Kerber, 1994: Institutional Competition Among Jurisdictions: An Evolutionary Approach, in: Constitutional Political Economy 5 (2), 193-219.

Vogel, David, 1995: Trading Up. Consumer and Environmental Regulation in the Global Economy, Cambridge: Harvard University Press.

Voigt, Stefan, 1999: Explaining Constitutional Change: A Positive Economics Approach, Cheltenham: Edward Elgar.

Wachendorfer-Schmidt, Ute, 2003: Politikverflechtung im Vereinigten Deutschland, Wiesbaden: Westdeutscher Verlag.

Wagschal, Uwe, 1999: Blockieren Vetospieler Steuerreformen?, in: Politische Vierteljahresschrift 40 (4), 628-640.

Wagschal, Uwe, 2003: Die Politische Ökonomie der Besteuerung, in: Herbert Obinger/ Uwe Wagschal/Bernhard Kittel (Hrsg.), Politische Ökonomie, Opladen: Leske + Budrich, 259-288.

Wagschal, Uwe, 2005: Steuerpolitik und Steuerreformen im internationalen Vergleich, Münster: Lit Verlag.

Walker, David B., 1995: The Rebirth of Federalism. Slouching toward Washington, New Jersey: Chatham House.

Wallace, Helen, 2005: An Institutional Anatomy and Five Policy Modes, in: Helen Wallace/William Wallace/Marc A. Pollack (Hrsg.), Policy-Making in the European Union, Oxford: Oxford University Press (5. Aufl.), 49-90.

Wallace Helen/William Wallace/Mark A. Pollack (Hrsg.), 2005: Policy-making in the European Union, Oxford: Oxford University Press.

Walton, Richard E./Robert B. McKersie, 1965: A Behavioral Theory of Labor Negotiations, New York: McGraw-Hill.

Waschkuhn, Arno, 1995: Was ist Subsidiarität? Ein sozialphilosophisches Ordnungsprinzip: Von Thomas von Aquin bis zur „Civil Society", Opladen: Westdeutscher Verlag.

Watts, Ronald, 1999: German Federalism in Comparative Perspective, in: Charlie Jeffery (Hrsg.), Recasting German Federalism, London/New York: Pinter, 265-284.

Watts, Ronald, 2002: Federal Evolution. The Canadian Experience, in: Arthur Benz/Gerhard Lehmbruch (Hrsg.), Föderalismus. Analysen in entwicklungsgeschichtlicher und vergleichender Perspektive (PVS-Sonderheft 32), Wiesbaden: Westdeutscher Verlag, 157-176.

Watts, Ronald, 2008: Comparing Federal Systems, Montreal/Kingston: McGill-Queens University Press (3. Aufl.).

Weale, Albert, 2000: Environmental Governance in Europe. An ever closer ecological Union, Oxford: Oxford University Press.

Weaver, R. Kent, 1986: The Politics of Blame Avoidance, in: Journal of Public Policy 6 (4), 371–398.

Weick, Karl, 1985: Der Prozeß des Organisierens, Frankfurt a.M.: Suhrkamp.

Weingast, Barry R., 1995: The Economic Role of Political Institutions: Market-Preserving Federalism and Economic Development, in: Journal of Law, Economics, and Organization 11, 1-31.

Wessels, Wolfgang, 2000: Die Öffnung des Staates. Modelle und Wirklichkeit grenzüberschreitender Verwaltungspraxis 1960-1965, Opladen: Leske + Budrich.

Wessels, Wolfgang, 2008: Das politische System der Europäischen Union, Wiesbaden: VS.

Wessels, Wolfgang, 2008a: Gesetzgebung in der Europäischen Union, in: Wolfgang Ismayr (Hrsg.), Gesetzgebung in Westeuropa: EU-Staaten und Europäische Union, Wiesbaden: VS, 654-684.

Wiechmann, Thorsten/Sabine von Löwis/Johann Kaether (Hrsg.), 2004: Das Modellvorhaben „Regionen der Zukunft'. Erfahrungen und Schlussfolgerungen für eine nachhaltige Regionalentwicklung in Deutschland, Dresden: Institut für Ökologische Raumentwicklung.

Wiener, Antje/Thomas Diez, 2004: European Integration Theory, Oxford: Oxford University Press.

Wiesner, Achim, 2006: Politik unter Einigungszwang. Eine Analyse föderaler Verhandlungsprozesse, Frankfurt a.M./New York: Campus.

Wolf, Klaus Dieter, 2000: Die Neue Staatsräson – Zwischenstaatliche Kooperation als Demokratieproblem in der Weltgesellschaft, Baden-Baden: Nomos.

Wolf, Klaus-Dieter, 2006: Private Actors and the Legitimacy of Governance Beyond the State. Conceptional Outlines and Empirical Explorations, in: Arthur Benz/Yannis

Papadopoulos (Hrsg.), Governance and Democracy - Comparing National, European and Transnational Experiences, London: Routledge, 200-227.

Wolnietz, Steven B./R. Ken Carty, 2006: Disconnected Competition in Canada, in: Dan Hough, Charlie Jeffery (Hrsg.), Devolution and Electoral Politics, Manchester/New York: Manchester University Press, 54-75.

Wright, Deil S., 1988: Understanding Intergovernmental Relations, Pacific Grove/Cal.: Brooks-Cole (3. Aufl.).

Zahariadis, Nikolaos, 2007: The Multiple Streams Framework: Structure, Limitations, Prospects, in: Paul A. Sabatier (Hrsg.), Theories of the Policy Process, Boulder, Col. u.a.: Westview Press (2. Aufl.), 65-92.

Zeitlin, Jonathan/Philippe Pochet/Lars Magnusson (Hrsg.), 2005: The Open Method of Coordination in Action. The European Employment and Social Inclusion Strategies, Brüssel: P.I.E.- Peter Lang.

Ziblatt, Daniel F., 2002: Recasting German Federalism? The Politics of Fiscal Decentralisation in Post-Unification Germany, in: Politische Vierteljahres-schrift 43, 624-652.

Ziblatt, Daniel, 2006: Structuring the State. The Formation of Italy and Germany and the Puzzle of Federalism, Princeton/Oxford: Princeton University Press.

Zimmer, Christina/Gerald Schneider/Michael Dobbins, 2005: The Contested Council: Conflict Dimensions of an Intergovernmental EU Institution, in: Political Studies 53 (2), 402-422.

Zintl, Reinhard, 1992: Kooperation und Aufteilung des Kooperationsgewinns bei horizontaler Politikverflechtung, in: Arthur Benz/Fritz W. Scharpf/Reinhard Zintl: Horizontale Politikverflechtung: Zur Theorie von Verhandlungs-systemen, Frankfurt a.M./New York: Campus, 97-146.

Zürn, Michael, 1996: Über den Staat und die Demokratie im europäischen Mehrebenen-system, in: Politische Vierteljahresschrift 37, 27-55.